PROGRAMMATION JAVA

SCHAUM'S

PROGRAMMATION JAVA

John R. HUBBARD
Professeur de mathématiques et d'informatique
à l'université de Richmond (Virginie, USA)

Traduit de l'américain par Virginie Maréchal

2e édition

EdiScience

L'édition originale de cet ouvrage est parue sous le titre :
Schaum's Outline of Programming with Java, 2nd ed.

ISBN 2 10 048664 0

Jean-Marc Farinone a participé à l'adaptation française de cet ouvrage.

Sommaire

Avant-propos

Comme tous les livres de notions fondamentales proposés dans la série Schaum's, celui-ci est en premier lieu destiné aux personnes qui souhaitent étudier seules, de préférence en complément d'un cours sur les bases de la programmation en Java.

Cet ouvrage comprend plus de 300 exemples et exercices d'entraînement. L'auteur est convaincu que la programmation s'apprend par la pratique. C'est pourquoi il propose ici un large éventail d'exemples bien structurés et accompagnés d'explications précises.

Le code source des exemples et les exercices peuvent être téléchargés depuis le site web de l'auteur *http://www.mathcs.richmond.edu/~hubbard/books/*. Toutes les corrections et les addenda seront également disponibles sur ce site.

JOHN R. HUBBARD
Richmond, Virginie

Chapitre 1

Les bases de Java

Ce chapitre présente les notions de base du langage de programmation Java et décrit ses fonctionnalités les plus importantes. Il vous explique comment télécharger le kit de développement logiciel Java 2 (J2SDK ou *Java 2 Software Development Kit*) mis au point par Sun Microsystems et comment créer et exécuter quelques programmes Java simple. Il vous permet également de vous familiariser avec les notions de variable et de types de données.

1.1 LE LANGAGE DE PROGRAMMATION JAVA

Le langage de programmation Java a été mis au point par James Gosling chez Sun Microsystems au début des années 1990 et signifie café en argot américain. L'essor du Web a incité les développeurs à améliorer ce langage, il a été enrichi et est devenu très populaire entre autre pour la programmation.

Ce succès est dû en partie au fait qu'il ne soit lié à aucune plate-forme. Concrètement, cela signifie que le programme compilé peut être exécuté sur tous les ordinateurs actuellement disponibles, ou presque. Cette indépendance distingue Java de la plupart des langages de programmations qui ont recours à des compilateurs différents selon le système d'exploitation utilisé. Par exemple, un programme en C++ compilé sur une machine UNIX ne pourra pas être exécuté sous Windows.

Outre l'efficacité et la flexibilité, le libre choix de la plate-forme permet également de stocker un programme compilé Java sur un seul serveur, programme qui peut ensuite être aisément téléchargé et exécuté par n'importe quelle machine cliente dans le cadre des systèmes en réseau. Java rend cette opération possible grâce à une compilation du code source en un langage binaire « *pseudo-code* » appelé *bytecode*. Le poste de travail client peut ensuite exécuter ce code grâce à un programme nommé *machine virtuelle Java* ou JVM. À l'instar du code source lui-même, le bytecode binaire n'est pas lié au système d'exploitation, ce qui signifie qu'un même fichier en bytecode peut être utilisé sur n'importe quel ordinateur.

La plupart des navigateurs web (Netscape Communicator, Microsoft Internet Explorer, etc.) sont fournis avec une machine virtuelle. Par conséquent, lorsque vous chargez une page web comprenant les instructions d'exécution d'un programme Java, le navigateur lance la machine virtuelle qui télécharge le bytecode pour l'exécution. Il ne vous reste plus qu'à consulter les résultats qui s'affichent sur la page web, à savoir des images animées, des formulaires de saisie de données, des boutons, des panneaux déroulants, des cases à cocher, *etc.*

La machine virtuelle Java est un *interpréteur* : elle traduit et exécute chaque instruction en bytecode séparément dès que le programme en a besoin. Ce processus est parfois relativement lent, c'est pourquoi Java propose également des compilateurs locaux, qualifiés de *compilateurs JIT* (*Just-in-time* ou juste à temps) pour chaque système. Ils sont capables de compiler un fichier en bytecode en une image exécutable qui sera traitée plus rapidement. Ces compilateurs sont fournis avec certains navigateurs web (par exemple, Netscape).

Java doit également sa popularité à sa prise en charge de la véritable programmation orientée objet (OOP), à sa vaste collection de bibliothèques de classes et à la prise en charge gratuite proposée par Sun Microsystems.

1.2 INSTALLATION DU KIT DE DÉVELOPPEMENT LOGICIEL JAVA

Les étapes de conception, de codage, de test, de débogage, de rédaction de la documentation, de maintien et de mise à jour constituent le processus global de *développement logiciel*. Les débutants choisissent généralement l'une des deux options suivantes lorsqu'ils doivent développer un logiciel Java : ils utilisent soit un environnement de développement intégré, soit la ligne de commande.

L'*environnement de développement intégré* (*Integrated Development Environment* ou IDE) est une collection de programmes interconnectés destinés à faciliter le développement logiciel. Si votre ordinateur comporte déjà un environnement IDE, par exemple JBuilder ou BlueJ, passez directement à la section 1.4. Vous pouvez télécharger gratuitement l'IDE `NetBeans` de Sun Microsystems avec la dernière version de Java.

Si vous n'avez pas le temps d'apprendre à utiliser un IDE, rien ne vous empêche d'avoir recours à la ligne de commande du système pour compiler et exécuter les programmes Java (ce programme est nommé `Invite de commandes` Windows). Cependant, si vous optez pour cet environnement, vous devrez utiliser deux éditeurs de texte distincts pour écrire vos programmes. Ainsi, sous Windows, `Bloc-notes` ou `WordPad` vous permettent d'effectuer cette opération. Vous avez également la possibilité de télécharger un éditeur orienté Java. Pour cela, recherchez des éditeurs sur le site `www.tucows.com`.

Le kit de développement logiciel Java, ou SDK, regroupe toutes les bibliothèques de classes Java ainsi que les outils logiciels nécessaires au développement de programmes Java. Vous pouvez vous le procurer gratuitement en ligne sur le site de Sun Microsystems.

Pour télécharger et installer Java, effectuez les opérations suivantes :

1. Allez sur `java.sun.com` et sélectionnez `J2SE 1.4.2 SDK`.
2. La première page de téléchargement `Download` est similaire à celle de la figure 1.1.
3. Sélectionnez NetBeans IDE avec J2SE ou uniquement J2SE. NetBeans est un environnement de développement intégré qui permet d'écrire et d'exécuter des programmes Java.
4. Sur la page suivante, faites défiler l'écran jusqu'à la fin et cliquez sur le bouton `ACCEPT`.
5. Vous arrivez alors à la page illustrée à la deuxième fenêtre de la figure 1.1, où vous pouvez sélectionner le téléchargement en fonction de votre système d'exploitation (Windows ou Linux).
6. Cliquez sur le lien et enregistrez le fichier `j2sdk` dans un dossier de votre ordinateur.
7. Une fois le téléchargement terminé, ouvrez le fichier `.exe` que vous avez téléchargé, par exemple `j2sdk-1_4_2-nb-3_5_1-bin-windows.exe` et double-cliquez dessus pour installer le logiciel.
8. Retournez à la première page de téléchargement et téléchargez la documentation du SDK (située en bas de la page).

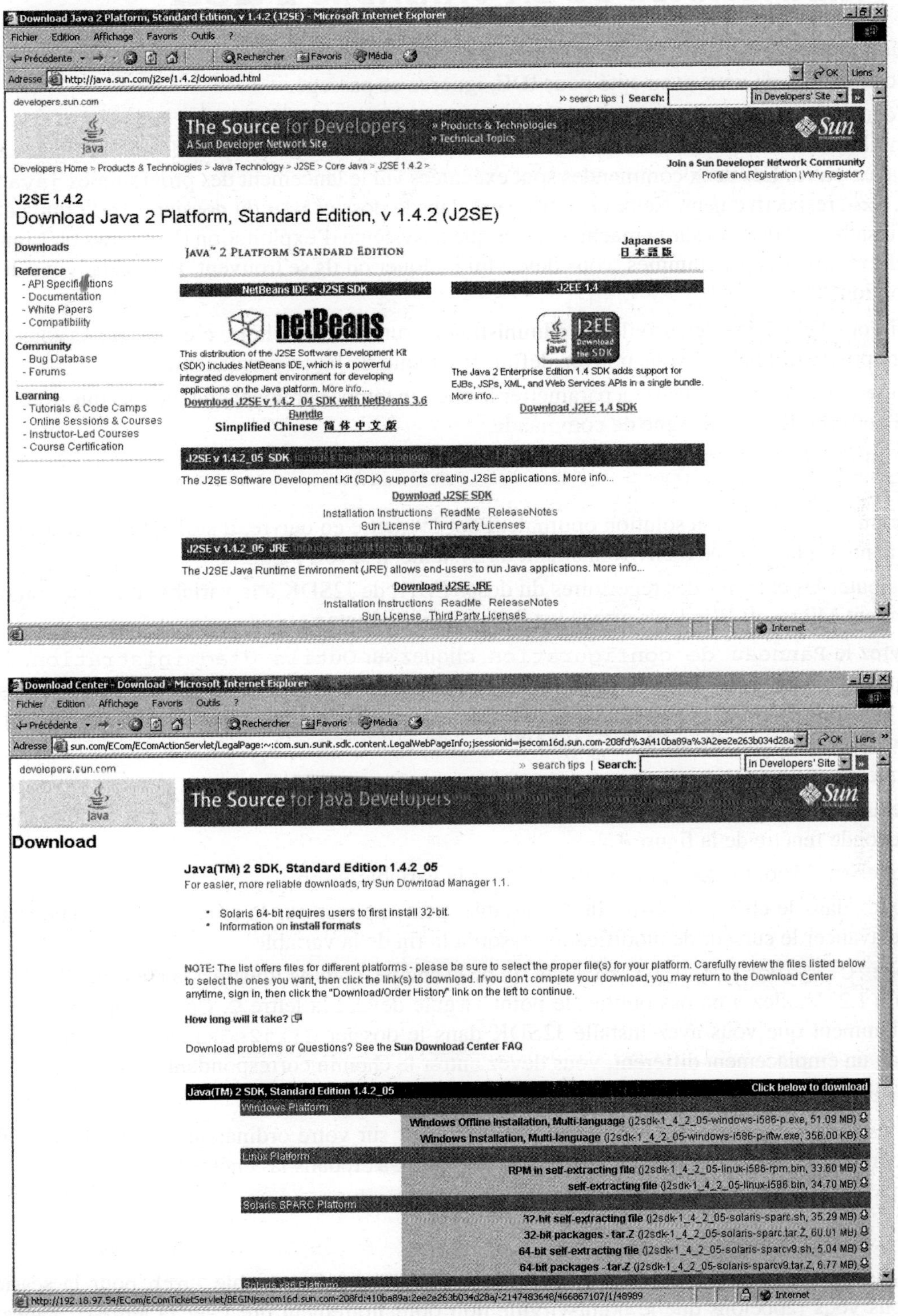

Figure 1.1 Pages de téléchargement de Java 2 Standard Edition (J2SE)

1.3 PARAMÉTRAGE DE LA VARIABLE Path

Cette section décrit le paramétrage du système pour compiler et exécuter un programme Java depuis la ligne de commande. Si vous avez opté pour IDE, ignorez ce passage.

Pour compiler un programme Java depuis la ligne de commande, utilisez la commande `javac` (pour java compiler). De la même manière, pour exécuter un programme compilé depuis la ligne de commande, tapez `java`. Ces deux commandes sont exécutées *via* le lancement des programmes `javac.exe` et `java.exe`, respectivement. Ceux-ci se trouvent dans le dossier `bin` du dossier `j2sdk` qui a été créé lors de l'installation de Java sur la machine. Pour que le système d'exploitation (Windows ou Linux) soit capable d'exécuter ces programmes, vous devez lui indiquer où ils se trouvent. Pour cela, vous disposez de trois options :

A – Si vous bénéficiez des privilèges administrateur sur votre machine, c'est-à-dire si vous utilisez votre propre ordinateur, vous pouvez définir le chemin de façon permanente.

B – La seconde solution consiste à paramétrer le chemin temporairement chaque fois que vous utilisez une nouvelle fenêtre de ligne de commande.

C – Et enfin, vous pouvez spécifier les chemins en préfixe des commandes chaque fois que vous exécutez celles-ci.

A – La première option est la solution optimale. Pour la mettre en œuvre, il suffit d'ajouter les chemins des commandes à la variable d'environnement du système, à savoir `Path`.

Pour ajouter les chemins des répertoires du dossier `bin` de J2SDK à la variable `Path` sur un ordinateur exécutant Microsoft Windows, procédez de la façon suivante :

1. Ouvrez le `Panneau de configuration`, cliquez sur `Outils d'administration`, double-cliquez sur `Gestion de l'ordinateur`, cliquez avec le bouton droit de la souris sur `Gestion de l'ordinateur (local)`, sélectionnez `Propriétés`, puis cliquez sur l'onglet `Options avancées`, comme illustré à la figure 1.2.
2. Cliquez sur le bouton `Variables d'environnement`.
3. Sélectionnez la variable `Path` dans la section nommée `Variables système`, comme indiqué à la seconde fenêtre de la figure 1.2.
4. Cliquez sur le bouton `Modifier` afin d'éditer la variable `Path`.
5. Cliquez dans le champ `Valeur` de la variable, puis appuyez sur la touche Fin du clavier afin de faire avancer le curseur de modification jusqu'à la fin de la variable.
6. Tapez `;C:\j2sdk1.4.2_01\bin` à la fin de la chaîne, comme illustré à la troisième fenêtre de la figure 1.2. Veillez à ne pas oublier le point-virgule devant la lettre `C`. Cet exemple suppose bien évidemment que vous avez installé J2SDK dans le dossier `C:\j2sdk1.4.2_01`. Si vous avez choisi un emplacement différent, vous devez entrer le chemin correspondant.
7. Cliquez sur `Ok` pour fermer la fenêtre.

B – Si vous ne disposez pas des privilèges administrateur sur votre ordinateur Windows, la meilleure solution consiste à paramétrer temporairement la variable `Path` dans la fenêtre `Invite de commandes` lorsque vous la lancez. Pour cela, entrez la commande :

```
set path = %path%;C:\j2sdk1.4.2_01\bin
```

Vous ajoutez ainsi la chaîne `;C:\j2sdk1.4.2_01\bin` à la variable `Path` pour la session en cours. Nous vous rappelons que le point-virgule doit obligatoirement précéder la lettre `C`. Tapez cette chaîne uniquement si vous avez installé J2SDK dans le dossier `C:\j2sdk1.4.2_01`. Si l'installation a eu lieu à un autre emplacement, utilisez le chemin correspondant.

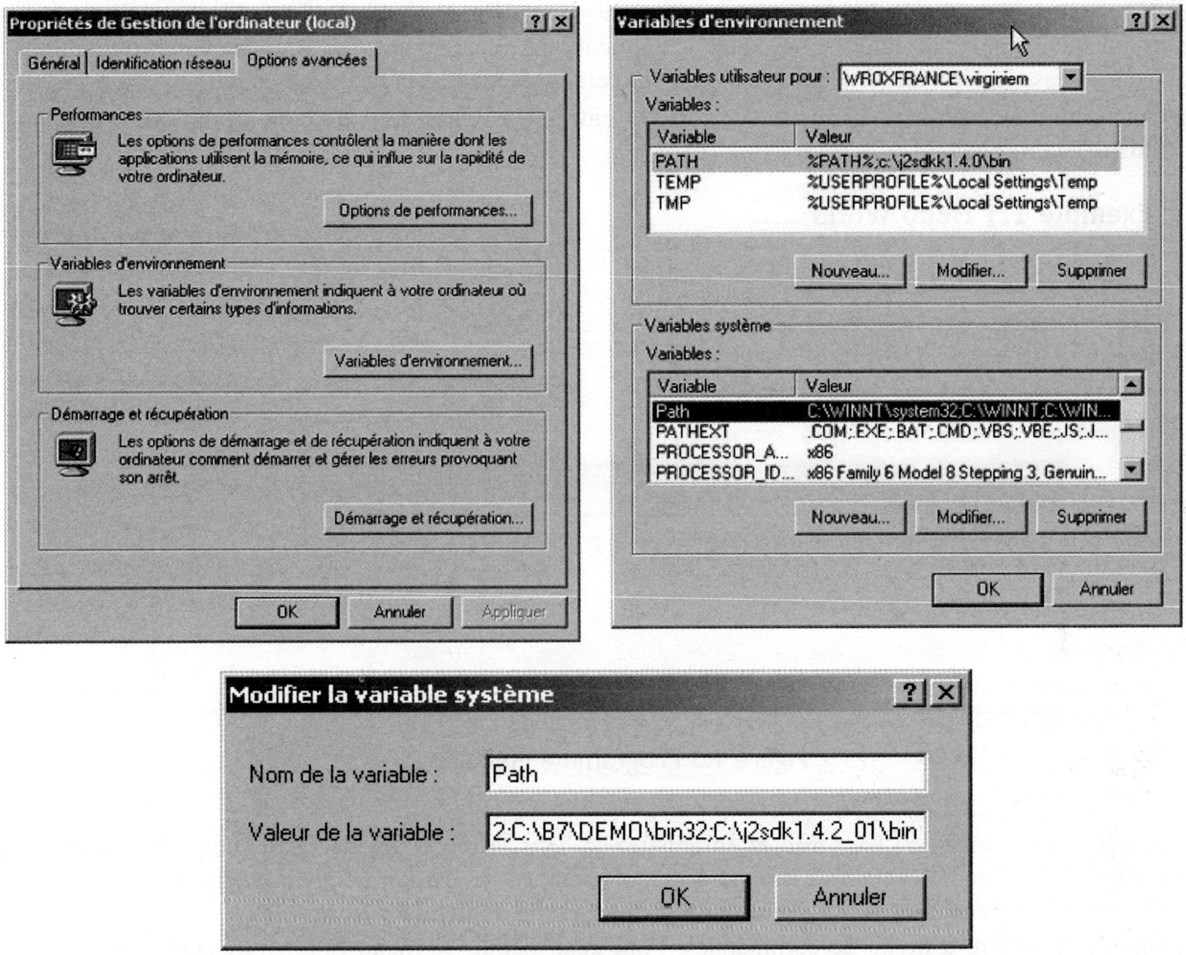

Figure 1.2 Modification de la variable d'environnement Path sous Windows

C – Afin de vérifier comment la variable `Path` est définie, vous pouvez exécuter la commande suivante dans une fenêtre d'invite de commandes :

```
echo %path%
```

Grâce au symbole (`%`) qui précède et suit la variable, cette dernière est évaluée.

La troisième option consiste à ajouter le chemin devant les commandes `javac` et `java` chaque fois que vous les utilisez, comme illustré ci-après :

```
C:\j2sdk1.4.2_01\bin\javac Hello.java
C:\j2sdk1.4.2_01\bin\java Hello
```

1.4 CRÉATION ET EXÉCUTION DE VOTRE PREMIER PROGRAMME JAVA

Cette section n'utilise pas l'environnement IDE, mais les étapes sont identiques lorsque vous y avez recours. Il vous suffit alors d'utiliser les commandes de menu appropriées au lieu de la ligne de commande. Nous supposons également que vous travaillez sous Windows. Sachez cependant que les opérations qui suivent sont similaires sous Linux. L'application `Invite de commandes` peut être modifiée de façon à ressembler à une fenêtre de script. Pour cela, procédez de la façon suivante :

1. Ouvrez une fenêtre dans un éditeur de texte et entrez les lignes de texte de l'exemple 1.1, comme illustré à la figure 1.3.

Exemple 1.1 Hello World

```
class Hello {
  public static void main(String[] args) {
   System.out.println("Hello, World!");
  }
}
```

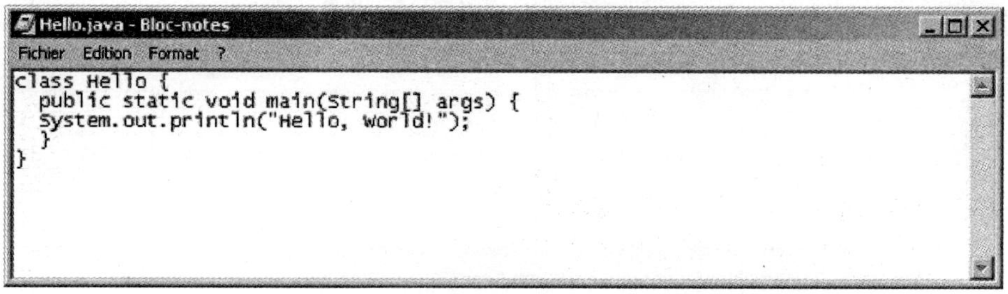

Figure 1.3 Programme Hello.java

2. Nommez ce fichier `Hello.java` et enregistrez-le dans le répertoire de votre choix. Attention : si vous utilisez Bloc-notes, pensez à remplacer `.txt` par `Tous les fichiers` dans le champ `Type` de la fenêtre `Enregistrer sous` afin d'obtenir un type de fichier `.java`.
3. Ouvrez la fenêtre d'invite de commandes. Pour cela, depuis le menu `Démarrer`, tapez `command prompt` dans la fenêtre `Exécuter` ou bien cliquez sur `Programmes > Accessoires > Invite de commandes` sous Windows 2000.
4. Pour modifier l'apparence de la fenêtre d'invite qui s'affiche, il suffit de cliquer avec le bouton droit de la souris sur sa barre de titre, puis de sélectionner `Propriétés`. Dans la section `Options d'édition` de l'onglet `Options`, vous pouvez alors sélectionner `Mode d'édition rapide` afin de pouvoir copier (en sélectionnant et en appuyant sur `Entrée`) et coller (en cliquant avec le bouton droit de la souris) dans la fenêtre. De la même manière, sous l'onglet `Police`, sélectionnez `Lucida Console` puis, sous l'onglet `Couleurs`, définissez un texte noir et un arrière-plan blanc. Toutes les captures d'écran de ce chapitre reflètent ces modifications.
5. Utilisez les commandes `dir` et `cd` pour retrouver le répertoire contenant le programme `Hello.java`.
6. Exécutez ces quatre commandes afin de compiler et d'exécuter le programme :

```
dir
javac Hello.java
dir
java Hello
```

Vous devriez obtenir un résultat similaire à celui de la figure 1.4. La première commande `dir` indique où se trouve le fichier de code source `Hello.java`. La commande `javac` qui suit compile ce code source, puis génère un nouveau fichier `Hello.class`, comme le prouve l'exécution de la seconde commande `dir`. Quant à la commande `java`, elle exécute le programme compilé et imprime la sortie `Hello, World!`.

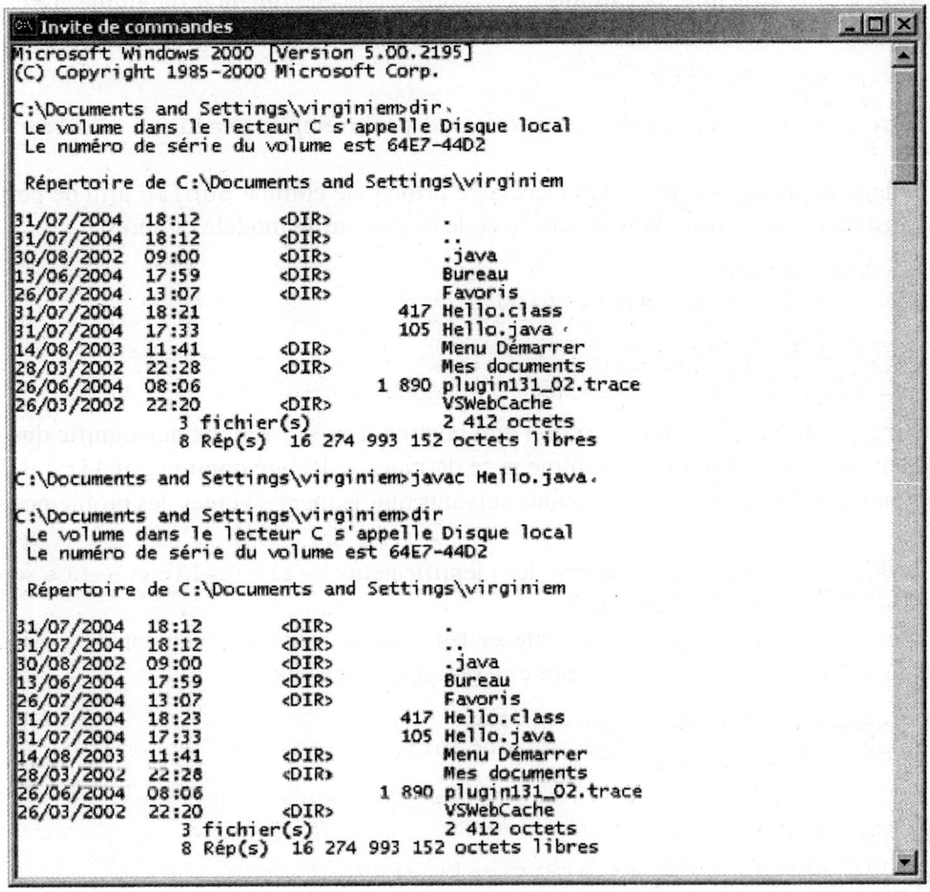

Figure 1.4 Compilation et exécution du programme Hello.java

1.5 COMPOSANTS PRINCIPAUX D'UN PROGRAMME JAVA SIMPLE

Le programme Java de l'exemple 1.1 est composé d'une *classe principale*, nommée `Hello`, qui contient une méthode principale, `main()`, qui appelle une méthode `println()` dont le rôle est d'imprimer la chaîne `"Hello, World!"`. Chaque programme Java repose sur cette structure de base et la plupart d'entre eux comportent plusieurs instructions exécutables. Cependant, chacun doit également être inclus dans une définition de classe Java comprenant une méthode `main()`. Le modèle de base de tout programme Java est donc le suivant :

```
class Name {
  public static void main(String[] args) {
```

```
        statements
    }
}
```

Dans le cadre de cette structure, la variable *Name* correspond au nom du programme et `statements` à la séquence d'instructions exécutables. L'instruction de sortie standard est :

```
System.out.println(string);
```

string correspond ici à une chaîne de caractères, par exemple `"Hello, World!"` que nous venons de voir.

Il est généralement préférable de déclarer la classe principale comme `public` afin de permettre son accès depuis plusieurs répertoires. Dans ce cas, le code repose sur le modèle ci-après :

```
public class Name {
    public static void main(String[] args) {
        statements
    }
}
```

Ici, le fichier qui contient le code source doit être nommé *Name*`.java`, ce qui signifie que le nom de fichier doit être identique à celui du programme si ce dernier est déclaré comme `public`.

Il est important de mentionner les deux points suivants qui risquent de créer des problèmes si vous les ignorez :

1. Java est *sensible à la casse*. Par conséquent, les identificateurs `Hello`, `hello` et `HeLLo` seront considérés comme différents par le compilateur.
2. Le compilateur ignore le formatage du texte et les espaces vides supplémentaires. Ainsi, le programme de l'exemple 1.1 pourrait tout à fait être rédigé comme suit :

```
class Hello { public static void
main(String[] args) { System.out.println("Hello, World!"); } }
```

ou encore :

```
class Hello {
  public static void main(String[] args) {
    System.out.println("Hello, World!");
  }
}
```

En ce qui concerne le second point, efforcez-vous surtout de rédiger un code facile à comprendre par d'autres programmeurs. Dans cette optique, les experts de Sun Microsystems recommandent un style de codage spécifique que nous respecterons scrupuleusement dans le cadre de cet ouvrage (voir **[Java8]**).

1.6 VARIATIONS DU PROGRAMME `Hello World`

Nous vous proposons ci-après quelques variations du programme `Hello` de base.

Exemple 1.2 Hello World, version 2

```
class Hello {
  public static void main(String[] args) {
    String greetings = "Hello, World!";
```

```
4      System.out.println(greetings);
5    }
6 }
```

Cette version crée un objet `String` nommé `greetings` au niveau de la ligne 3. Cet objet contient le littéral de chaîne `"Hello, World!"`. À la ligne 4, l'objet est passé à la méthode `println()` qui imprime la chaîne comme nous l'avons déjà vu à l'exemple 1.1, ligne 3.

Dans le cas présent, l'objet `String` nommé `greetings` a été créé en tant que variable locale dans la méthode `main()`. Vous pouvez également le définir comme variable de classe hors de la méthode `main()`. Cette deuxième solution est généralement préférable, notamment lorsque plusieurs méthodes utilisent l'objet.

Exemple 1.3 Hello World, version 3

```
class Hello {
  private static String greetings = "Hello, World!";

  public static void main(String[] args) {
    System.out.println(greetings);
  }
}
```

Cette méthode produit un résultat identique à celui des exemples 1.1 et 1.2. Cependant, dans ce cas, la classe `Hello` contient deux *membres de classes* : la variable `String` nommée `greetings` et une méthode `main()`. Un membre de classe qui joue le rôle de variable est qualifiée de *champ*.

Vous remarquerez que les deux champs et méthodes sont composés de cinq parties identiques :

```
modificateur static type nom valeur
```

Le *modificateur* correspond à l'un des mots-clés, à savoir `private`, `protected` ou `public`, mais sa présence n'est pas obligatoire.

Le mot-clé `static` peut également être omis. Il fait partie des quelques mots-clés de Java. Dans l'exemple 1.3, le champ est de type `String` et la méthode de type `void`. Le `nom` est également un identificateur générique, `greetings` pour le champ et `main` pour la méthode dans le cas présent. La `valeur` est encore plus générique. Il s'agit ici de l'*initialiseur* :

```
= "Hello, World!"
```

Pour la méthode `main()`, c'est le *bloc* qui est utilisé :

```
{ System.out.println(greetings); }
```

La méthode se distingue essentiellement du champ parce qu'elle est composée d'une *liste de paramètres* et d'un bloc. Ici, la liste de paramètres de la méthode `main()` est :

```
(String[] args)
```

En règle générale, les classes peuvent avoir trois types de membre : les *champs*, les *méthodes* et les *constructeurs*. La version qui suit en contient un de chaque.

Exemple 1.4 Hello World, version 4

Cette version produit un résultat identique à celui des exemples précédents.

```
class Hello {
  private String greetings = "Hello, World!";
```

```
3
4   public Hello() {
5     System.out.println(greetings);
6 }
7
8   public static void main(String[] args) {
9     new Hello();
10  }
11 }
```

Ce programme définit un champ non statique `private` nommé `greetings` à la ligne 2, un constructeur `public` nommé `Hello` à la ligne 4 et une méthode `public` nommée `main` à la ligne 8. Ces trois composants sont membres de la classe `Hello`.

L'exécution du programme provoque les événements suivants :

1. Le système d'exécution Java crée l'objet `String` nommé `greetings` à la ligne 2 et lui affecte la valeur de littéral de chaîne `"Hello, World!"`.
2. Le système lance l'exécution du programme en appelant la méthode `main()` à la ligne 8.
3. La méthode `main()` appelle le constructeur `Hello()` à la ligne 9.
4. Le constructeur `Hello()` de la ligne 4 est alors exécuté.
5. Il imprime l'objet `greetings` à la ligne 5. Étant donné qu'il a pour valeur la chaîne `"Hello, World!"`, le résultat obtenu est identique à celui de l'exemple 1.1.

Un champ ou une méthode peuvent être déclarés comme `static` ou non. Dans l'exemple 1.3, le champ `greetings` est déclaré comme `static`, ce qui n'est pas le cas à l'exemple 1.4. Quant à la méthode `main()`, elle est toujours déclarée comme `static`.

La règle veut qu'une méthode `static` ne puisse pas utiliser directement de champs ni de méthodes non `static`. C'est pourquoi, dans l'exemple 1.3, où `main()` utilise directement le champ `greetings` à la ligne 5, le champ doit être `static`. En revanche, dans l'exemple 1.4, seul le constructeur utilise directement le champ `greetings` (ligne 5).

Un *constructeur* présente donc des similitudes avec une méthode, à l'exception de trois points importants : il n'a pas de type, son nom est identique à celui du nom de la classe (`Hello` dans le cadre de l'exemple 1.4) et il est appelé (activé) *via* le mot-clé `new` (voir la ligne 9 de l'exemple 1.4).

1.7 UTILISATION DES ARGUMENTS EN LIGNE DE COMMANDE

Les programmes des exemples précédents ne sont pas très utiles dans la mesure où ils n'ont pas d'entrées.

La méthode la plus simple pour donner une entrée à un programme Java consiste à utiliser des arguments en ligne de commande.

Les programmes des deux derniers exemples avaient recours à un objet `String` nommé `greetings` pour intégrer le littéral de chaîne `"Hello, World!"`, qui était passé à la méthode `println()` en vue de son « impression » (c'est-à-dire son affichage). La méthode `main()` contient des paramètres `String`. La liste de paramètres :

```
(String[] args)
```

déclare un tableau de paramètres `String` de longueur arbitraire. Le symbole `String[]` signifie « un tableau d'objets `String` ». Ce tableau se nomme `args` (pour arguments) et chaque élément qui le compose est nommé `args[0]`, `args[1]`, `args[2]`, *etc.*

Jusqu'à présent, pour exécuter ces programmes, nous avons entré :

```
java Hello
```

dans la ligne de commande de l'application `Invite de commandes`. Cependant, dans l'exemple suivant, nous entrerons :

```
java Hello George
```

La chaîne `"George"` jouera le rôle de l'argument de ligne de commande et sera automatiquement attribuée au paramètre `args[0]` de `String`. Elle peut en effet être utilisée de cette manière dans le programme exécuté.

Exemple 1.5 Entrée en ligne de commande

```
class Hello {
  public static void main(String[] args) {
    System.out.println("Hello, " + args[0]);
  }
}
```

Si vous entrez la commande suivante en ligne de commande :

```
java Hello George
```

vous obtenez la sortie :

```
Hello, George
```

Vous pouvez bien évidemment entrer n'importe quel nom en ligne de commande, par exemple :

```
java Hello Mathieu
```

donnera le résultat :

```
Hello, Mathieu
```

Si vous utilisez un IDE au lieu de la ligne de commande pour exécuter les programmes, un élément de menu vous permet théoriquement d'entrer les arguments de ligne de commande. Pensez notamment à consulter les fichiers d'aide pour savoir où entrer ces arguments.

L'exemple suivant illustre l'utilisation des arguments en ligne de commande.

Exemple 1.6 Divers arguments en ligne de commande

Ce programme peut être exécuté à l'aide de différents arguments.

```
class Test {
  public static void main(String[] args) {
    System.out.println("Vous avez saisi " + args.length + "
                          arguments.");
    System.out.println("Le 1er est :\t" + args[0]);
    System.out.println("Le 2e est :\t" + args[1]);
```

```
6       System.out.println("Le 3e est :\t" + args[2]);
7 }
8 }
```

Si vous exécutez le programme comme suit :

```
java Test alpha beta gamma delta
```

vous obtenez le résultat suivant :

```
Vous avez saisi 4 arguments.
Le 1er est : alpha
Le 2e est : beta
Le 3e est : gamma
```

La sortie de la ligne 3 imprime une chaîne composée de trois chaînes distinctes : le littéral `"Vous avez saisi"`, la valeur de l'expression `args.length` et le littéral `" arguments."`. L'expression `args.length` avait la valeur entière 4 lors de cette exécution. En règle générale, le champ `length` de l'objet `args` contient le nombre d'arguments en ligne de commande lors de l'exécution du programme. Dans le cas présent, il y en avait quatre, à savoir `alpha`, `beta`, `gamma` et `delta`. Lorsque la valeur entière 4 est combinée à l'expression `String "Vous avez saisi " + 4 + " arguments."`, le littéral de chaîne `"Vous avez saisi 4 arguments."` est formé, puis passé à la méthode `println()` de la ligne 3. Lorsqu'il est utilisé avec des chaînes, le symbole « + » indique une opération de concaténation et lie les chaînes.

Ligne 4, le paramètre `args[0]` contient la chaîne `"alpha"`. L'expression de chaîne `"Le 1er est :\t" + args[0]` est évaluée au littéral de chaîne `"Le 1er est :\talpha"`. Le symbole `\t` représente le seul caractère de tabulation. La sortie obtenue est donc :

```
Le 1er est: alpha
```

Les instructions de sortie des lignes 5 et 6 fonctionnent selon le même modèle :

```
Le 2e est : beta
Le 3e est : gamma
```

Vous remarquerez que l'argument en ligne de commande `delta` a été attribué au paramètre `args[3]`, or ce dernier n'est pas utilisé dans le programme.

La figure 1.5 illustre deux exécutions du programme de l'exemple 1.6 : la première utilise les quatre arguments en ligne de commande, comme décrit dans notre exemple, tandis que la seconde a recours à deux arguments uniquement. Dans le deuxième cas, le programme ne se satisfait pas de ces informations et tente d'accéder à `args[2]`, le troisième élément du tableau, au niveau de la ligne 6. Étant donné que seuls deux arguments ont été entrés, le programme ne trouve pas le troisième élément et plante. En fait, il s'arrête de façon abrupte et affiche le message d'erreur :

```
Exception in thread "main" java.lang.ArrayIndexOutOfBoundsException: 2
at Test.main(Test.java:6).
```

En Java, le terme « exception » fait référence à une erreur. Dans le cas présent, ce message indique :

1. L'erreur a eu lieu dans le thread `main` qui était exécuté ;
2. Elle a été provoquée par l'absence de l'index du tableau recherché ;
3. Elle a eu lieu dans la méthode `main()` de la classe `Test` (à savoir `Test.main`) ;
4. Elle a eu lieu précisément au niveau de la ligne 6 du programme `Test.java`.

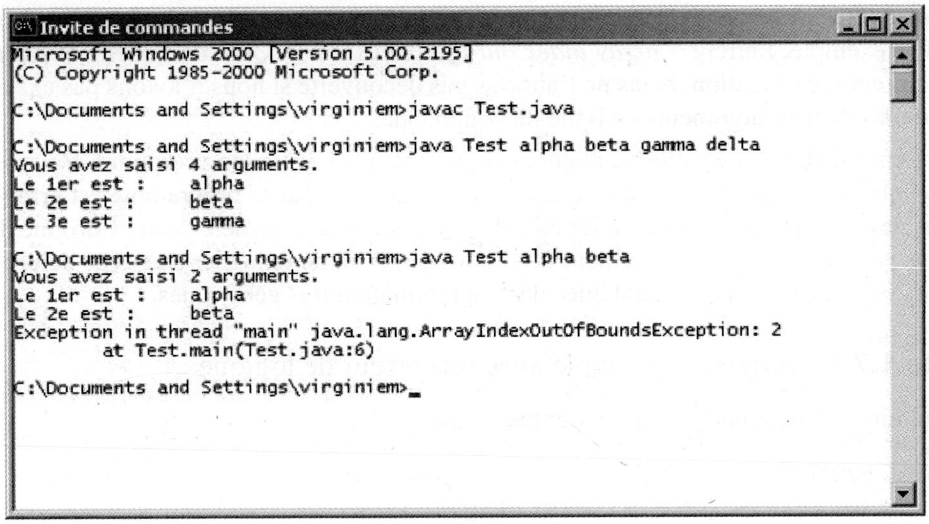

Figure 1.5 Exécution du programme Test.java à l'aide d'arguments en ligne de commande

Cette erreur est nommée « *array index out of bounds exception* » parce que l'index du tableau présent ligne 6 avait la valeur 2, alors que seules les valeurs 0 à 1 étaient disponibles. La valeur d'index 2 était donc « *out of bounds* », c'est-à-dire hors des limites définies. Cette erreur est particulièrement courante avec les tableaux. Heureusement, le système d'exécution Java la détecte systématiquement et vous la signale.

Pour conclure sur ce point, vous avez probablement remarqué que les numéros d'index du tableau `args[]` de l'exemple 1.6 semblent être décalés d'1. En fait, le numéro d'argument 1 est stocké dans `args[0]`, le numéro d'argument 2 dans `args[1]`, etc.

Tous les tableaux fonctionnent sur ce modèle en Java, c'est-à-dire avec une *indexation base zéro* selon laquelle la numérotation commence à 0 et non à 1.

1.8 RECHERCHER ET CORRIGER LES ERREURS

Les programmeurs aiment nommer « bogues » les erreurs qu'ils rencontrent. Ce terme a une histoire, mais sachez qu'une erreur reste une erreur, qui empêche systématiquement le programme de s'exécuter correctement.

Nous avons déjà vu le type d'erreur « array index out of bounds exception » à l'exemple 1.6. Il s'agit d'une erreur d'exécution, c'est-à-dire qu'elle a eu lieu lors de l'exécution du programme.

Vous serez amené à corriger trois types d'erreur de programmation :

- *erreur à la compilation*, signalée par le compilateur ;
- *erreur d'exécution* (ou *runtime error)*, signalée par le système d'exécution ;
- *erreur de logique*, signalée par l'utilisateur qui obtient des résultats erronés.

Les erreurs à la compilation sont généralement les plus simples à résoudre puisque le compilateur vous indique ce qui ne va pas et où se situe le problème. Il s'agit souvent de fautes de frappe et de syntaxe, par exemple l'oubli d'un point-virgule.

Les erreurs d'exécution sont également faciles à traiter, bien que leur détection pose parfois quelques problèmes. Par exemple, l'erreur *« array index out of bounds exception »* de l'exemple 1.6 n'a pas eu lieu lors de la première exécution. Nous ne l'aurions pas découverte si nous n'avions pas exécuté le programme avec plus de trois arguments en ligne de commande.

Quant aux erreurs de logique, elles sont généralement les plus difficiles à résoudre. Vous les détecterez parfois uniquement après avoir constaté que la sortie générée par le programme est erronée. Le cas échéant, vous devrez reprendre l'analyse logique du programme afin de déterminer l'origine de l'erreur, ce qui ne vous permettra pas nécessairement de la corriger. Afin de remédier à ce type de problème, les programmeurs ont mis au point des stratégies de programmation très génériques.

Exemple 1.7 Un programme simple avec une erreur de logique

Ce programme contient une erreur de logique simple.

```
1 class Wrong {
2   public static void main(String[] args) {
3     int n = 1000000000; // un million
4     System.out.println("Un million :\t" + n);
5     System.out.println("Deux millions :\t" + (n + n));
6     System.out.println("Trois millions :\t" + (n + n + n));
7   }
8 }
```

Vous obtenez la sortie :

```
Un million : 1000000000
Deux millions : 2000000000
Trois millions : -1294967296
```

L'instruction de la ligne 3 déclare la variable `n` comme variable de type `int`. Il s'agit du type d'entier le plus courant dans Java. La variable est initialisée à la valeur 1 000 000 000. Notez que les virgules ne sont pas autorisées dans le littéraux numériques. L'expression `// un million` est un commentaire qui est donc ignoré par le compilateur.

L'instruction de sortie de la ligne 4 imprime la valeur de `n` et celle de la ligne 5 imprime la valeur de `(n + n)`. Ces deux instructions sont correctes, contrairement à celle de la ligne 6 qui imprime un nombre négatif important pour `(n + n + n)`. Il s'agit d'une erreur de logique.

Vous rencontrez ici un problème de *dépassement de capacité d'entier* : la valeur 3 000 000 000 est plus importante que la valeur possible de la plus grande des expressions de type `int`, à savoir 2 147 483 647. Mais ce type d'erreur est étrange (voir l'annexe A, section A.5 pour en savoir plus) dans la mesure où la valeur obtenue est négative. Vous vous exposez donc à de sérieux problèmes si vous la reproduisez dans un programme à grande échelle dont les résultats sont utilisés par d'autres modules. Des navettes spatiales de plusieurs millions de dollars ont été perdues en raison de ce type d'erreur de programmation.

Pour corriger cette erreur, utilisez le type d'entier `long` au lieu de `int`, en déclarant `n` à la ligne 9. Ce type ne connaît pas de dépassement de capacité tant que les valeurs ne dépassent pas 9 223 372 036 854 775 807 (soit plus de neuf quintillions !).

1.9 DOCUMENTATION JAVA

Avec leurs 2 300 classes et 23 000 méthodes, les bibliothèques de classe Java impliquent la rédaction d'une documentation détaillée. En effet, même les programmeurs Java les plus expérimentés doivent parfois vérifier les différentes fonctionnalités qui constituent ce langage.

C'est pourquoi Sun Microsystems propose pour chaque classe une page web qui décrit tous ses champs, constructeurs et méthodes. Ces pages web constituent la *documentation* de Java et sont rédigées au format HTML afin de faciliter leur consultation dans un navigateur web, par exemple Microsoft Internet Explorer. La page d'index de cette documentation disponible en anglais est illustrée à la figure 1.6. Elle peut être téléchargée depuis le site de Sun (voir **[Java2]**) ou être consultée directement en ligne.

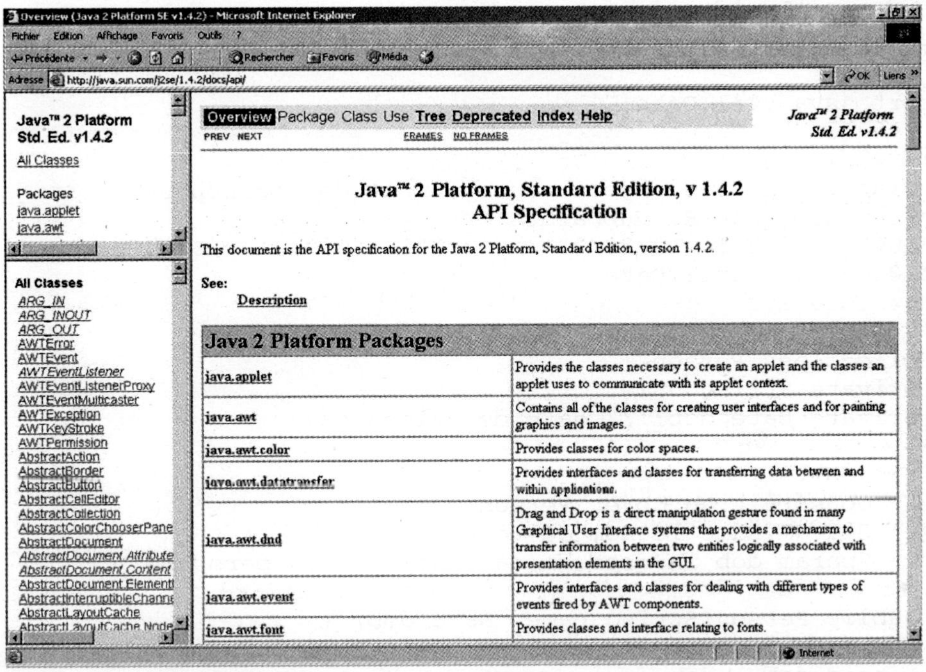

Figure 1.6 Page web principale de la documentation API Java

1.10 COMMENTAIRES ET JAVADOC

Les programmes informatiques sont lus par deux entités différentes, à savoir les compilateurs et les êtres humains. Pour que le compilateur fonctionne, le texte du code source doit respecter rigoureusement des règles syntaxiques spécifiques. Par exemple, un point-virgule doit être inséré après la parenthèse de droite à la ligne 3 du programme `Hello` que nous avons vu à l'exemple 1.1.

En revanche, les êtres humains ne s'attachent pas au mode de rédaction de ces instructions, mais ont plutôt besoin d'explications sur leur signification. Les langages de programmation vous permettent d'inclure ces explications dans le code source sous forme de *commentaires* qui sont ignorés par le compilateur.

Les commentaires Java peuvent être rédigés de trois façons. Vous pouvez ainsi entrer un *commentaire de type C*, qui commence par les symboles `/*` et se termine par `*/`. La seconde option consiste à utiliser un *commentaire de type C++*, qui commence par `//` et se termine à la fin de la ligne de texte. Enfin, vous pouvez taper un *commentaire Javadoc*, qui commence par le triple symbole `/**` et se termine par `*/`. Ces trois possibilités sont illustrées ci-après.

Exemple 1.8 Classe `Person` documentée

Il ne s'agit pas d'un programme Java à proprement parler dans la mesure où il ne contient aucune méthode `main()`, mais d'une classe Java valide qui contient les trois types de commentaire Java que nous venons de voir.

```
1 /*
2  * @(#)Person.java 2.1 12/20/03
3  * Copyright 2004 McGraw-Hill Companies, Inc.
4  */
5
6 import java.util.Date;
7
8 /**
9  * Classe dont les objets représentent des personnes.
10  * @author John R. Hubbard
11  * @version 2.1, 12/20/03
12  * @see java.util.Date
13  * @since 1.2
14  */
15 public class Person {
16   private String name;
17   private Date dob; // date de naissance
18
19   /**
20    * Construit un objet Person.
21    * @param name le nom de la personne.
22    * @param dob la date de naissance de la personne.
23   */
24   public Person(String name, Date dob) {
25     this.name = name;
26     this.dob = dob;
27 }
28
29   /**
30    * Renvoie une chaîne avec les informations sur la personne.
31    * @return une chaîne avec les informations sur la personne
32    */
33   public String toString() {
34     return name + "(" + dob + ")";
35 }
36 }
```

Le commentaire des lignes 1 à 4 est un commentaire de type C qui identifie le nom du fichier (`Person.java`), sa date de création (Dec. 20, 2003) et son copyright. Les astérisques des lignes 2 et 3 ne sont pas nécessaires, ils facilitent simplement la présentation du bloc de commentaire.

Le commentaire des lignes 8 à 14 est un commentaire Javadoc qui identifie l'auteur, la version, la date, ainsi que d'autres classes Java pertinentes dans ce contexte et la version de Java (`1.2`) qui prend en charge cette classe. Les astérisques des lignes 9 à 13 ne sont pas indispensables, mais ils facilitent la présentation du bloc de commentaire. Les symboles `@` des lignes 10 à 13 identifient les mots-clés Javadoc, à savoir `@author`, `@version`, `@see` et `@since`, qui seront lus par le préprocesseur Javadoc et utilisés afin de créer la page Javadoc de la figure 1.7.

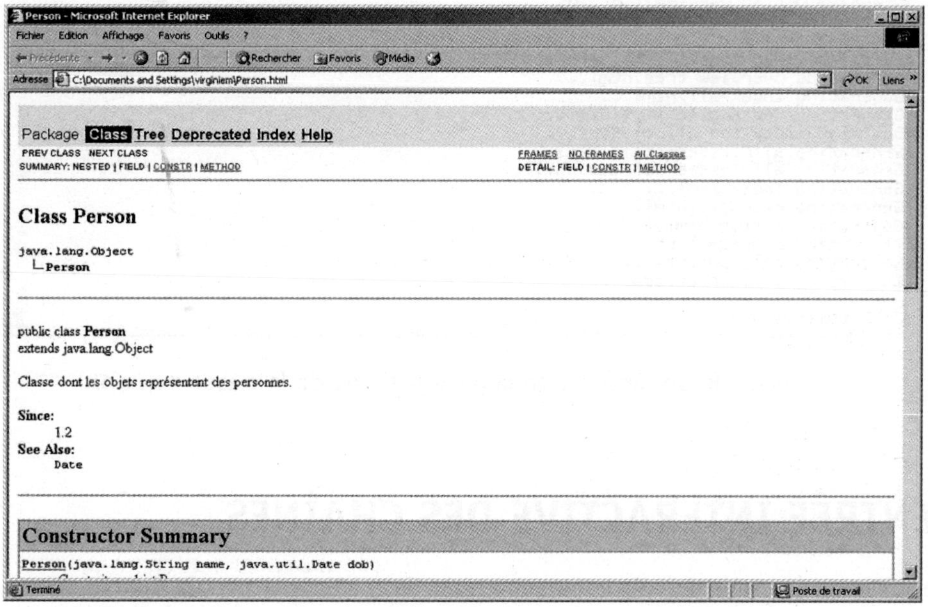

Figure 1.7 Page web Javadoc de la classe **`Person`**

Le commentaire de la ligne 17 est un commentaire C++ qui fait référence au code Java se trouvant sur la même ligne.

Les commentaires des lignes 19 à 23 et 29 à 32 sont de type Javadoc. Ils font également référence au bloc de code qui les précède : dans le cas présent, il s'agit du constructeur `Person()` de la ligne 24 et de la méthode `toString()` de la ligne 33. La première instruction résume le rôle du constructeur ou de la méthode. Les lignes suivantes font référence à des parties spécifiques : `@param` pour « paramètre » et `@return` pour « valeur renvoyée ». Ici encore, le symbole `@` identifie les mots-clés Javadoc qui seront utilisés par le préprocesseur afin de générer la page web Javadoc.

La fenêtre de la ligne de commande présentée à la figure 1.8 illustre la compilation du fichier `Person.java` afin de générer un page web Javadoc. La commande permettant de générer le Javadoc est tout simplement `javadoc`. Notez comment le système répond et indique la génération de 12 fichiers. L'un d'entre eux, `Person.html`, correspond à la page web de cette classe qui est présentée à la figure 1.7 et a un format similaire à celui de toutes les pages web Javadoc.

Dans le cadre de cet ouvrage, nous inclurons les commentaires dans les fichiers de code source. Afin de simplifier les choses, nous utiliserons uniquement les commentaires de type C++, mais un logiciel destiné à la production est généralement construit sur le modèle du code de l'exemple 1.8.

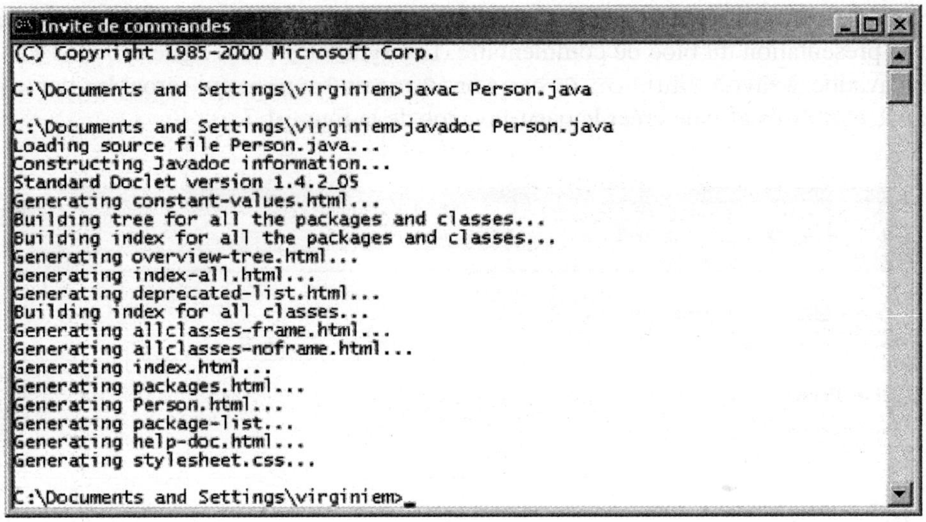

Figure 1.8 Génération de la page Javadoc de la classe `Person`

1.11 ENTRÉE INTERACTIVE DES CHAÎNES

La section 1.7 nous a permis de voir comment entrer des chaînes depuis la ligne de commande. Nous allons maintenant nous concentrer sur la saisie interactive des chaînes au cours de l'exécution du programme. Ce type d'entrée est également qualifié d'*entrée standard* ou d'*entrée console*.

L'entrée interactive est légèrement plus complexe en Java que lorsque vous utilisez d'autres langages de programmation comme le C++ ou le Visual Basic. En effet, Java gère toutes les entrées via les objets de flux qui lancent des exceptions destinées à être attrapées.

Pour entrer une chaîne, vous devez disposer des quatre composants suivants du code Java :

```
import java.io.*;
BufferedReader in;
throws IOException
in = new BufferedReader(new InputStreamReader(System.in));
```

Vous pouvez ensuite lire une chaîne par ligne d'entrée à l'aide de :

```
in.readLine()
```

Nous reviendrons sur ces classes et méthodes d'entrée plus en détail au chapitre 12, notre objectif étant simplement ici d'indiquer que le code crée un objet, nommé `in`, capable d'exécuter la méthode `readLine()` afin d'entrer des chaînes interactivement.

Exemple 1.9 Programme `Hello` interactif

Ce programme est presque identique à celui de l'exemple 1.5, mais il lit le nom interactivement au lieu de procéder depuis la ligne de commande. Pour cela, les quatre composants que nous avons mentionnés précédemment doivent être ajoutés au code :

```
import java.io.*;

```

```
3 class Hello {
4   public static void main(String[] args) throws IOException {
5     BufferedReader in;
6     in = new BufferedReader(new InputStreamReader(System.in));
7     System.out.print("Entrez votre nom : ");
8     String name = in.readLine();
9     System.out.println("Hello, " + name);
10  }
}
```

L'exécution interactive est représentée à la figure 1.9.

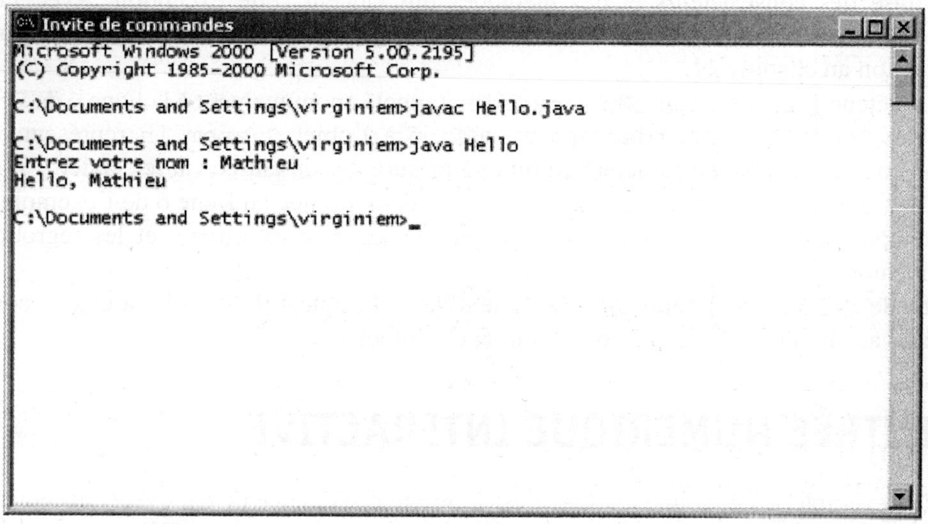

Figure 1.9 Sortie du programme **`Hello`** de l'exemple 1.9

L'instruction `import` se trouve à la ligne 1 et doit être située devant la classe principale qui est définie.

La clause `throws IOException` se trouve à la fin de la ligne 4 et doit être située à la fin de l'en-tête de la méthode `main()`, comme dans le cas présent.

La déclaration de la variable `in` se trouve la ligne 5. Vous pouvez l'insérer au-dessus de la méthode `main()` si vous le souhaitez, mais elle doit apparaître avant que l'objet `in` ne soit utilisé.

La ligne 6 instancie l'objet d'entrée `BufferedReader` auquel la variable `in` fait référence. Elle doit être insérée entre la déclaration de la variable (ligne 5) et son utilisation (ligne 8).

L'objet `in` est utilisé à la ligne 8, où il appelle la méthode `readLine()` afin d'entrer une chaîne. Dans le cas présent, il affecte cette chaîne à l'objet `name` déclaré sur la même ligne.

Ce programme imprime une « invite » ligne 7. Vous remarquerez que nous avons utilisé la méthode `print()` au lieu de `println()` afin de laisser le curseur sur la même ligne et de donner à la sortie l'aspect d'une invite.

Dans notre exemple d'exécution, le curseur s'arrête à la fin de l'invite `"Entrez votre nom : "`. L'utilisateur peut alors taper `Mathieu` avant d'appuyer sur la touche `Entrée`. À ce moment-là, le système d'exécution Java passe le littéral de chaîne `"Mathieu"` à l'objet `in`, et la méthode `readLine()` le renvoie dans l'expression `in.readLine()`. À ce stade, la ligne 8 est exécutée comme s'il s'agissait de :

```
String name = "Mathieu";
```

Par conséquent, la ligne 9 est exécutée comme s'il s'agissait de :

```
System.out.println("Hello, " + "Mathieu");
```

(voir la figure 1.9).

L'instruction `import` (ligne 1 de l'exemple 1.9) est indispensable pour indiquer au compilateur où il doit rechercher les définitions des classes `IOException`, `InputStreamReader` et `BufferedReader`. La clause `IOException` (ligne 4 de l'exemple 1.9) doit être spécifiée dans la mesure où la méthode `main()` utilise des constructeurs et des méthodes qui lancent cette exception. Avec Java, ce type d'exception doit être soit attrapé, soit relancé comme dans le cas présent. Nous reviendrons sur le concept d'exception au chapitre 11.

Le constructeur de classe `InputStreamReader` (appelé anonymement à la ligne 6 de l'exemple 1.9) crée un objet `InputStreamReader`, qui est associé à l'objet `System.in` représentant le clavier d'entrée. Cet objet gère chaque caractère au fur et à mesure de son entrée *via* le clavier.

Le constructeur de classe `BufferedReader` (créé dans l'objet `in` ligne 6 de l'exemple 1.9) met en mémoire tampon les caractères fournis par l'objet `InputStreamReader` et les regroupe dans une chaîne en mémoire tampon.

La méthode `readLine()` (appelée à la ligne 8 de l'exemple 1.9) renvoie la chaîne contenant tous ces caractères accumulés dans la mémoire tampon de l'objet `in`.

1.12 ENTRÉE NUMÉRIQUE INTERACTIVE

L'entrée de l'exemple 1.9 était une *chaîne*, c'est-à-dire une séquence de caractères lus comme du texte. Les ordinateurs distinguent chaînes et numéros qui sont stockés et traités différemment. Par exemple, l'opérateur + fonctionne avec ces deux types, mais génère alors des résultats complètement différents. Ainsi, `"George" + " " + "Bush"` équivaut à la chaîne `"George Bush"`, tandis que l'expression 22 + 44 équivaut au numéro 66. Cette section est donc destinée à vous apprendre à entrer des données numériques.

Chaque variable dans un programme Java doit être déclarée avant d'être utilisée, par exemple :

```
String name;
```

doit précéder toute utilisation de la variable `name`. Cette déclaration indique au compilateur le type et le nom de la variable. Elle peut éventuellement inclure une initialisation :

```
String myName = input.readLine();
```

Les variables numériques sont déclarées ainsi :

```
long m; // m est un entier 64 bits
double x; // x est un nombre décimal 64 bits
int n = 44; // n est un entier 32 bits initialisé à 44
```

La figure 1.10 représente la structure de ces variables. Vous remarquerez que chacune d'entre elles a une valeur. Cependant, si cette dernière n'est pas initialisée, elle est imprévisible.

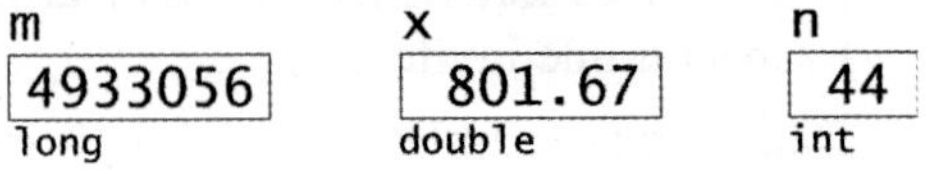

Figure 1.10 Variables numériques

Exemple 1.10 Calculer votre date de naissance

Ce programme est similaire à celui de l'exemple 1.9 sur de nombreux points, mais il s'applique à une chaîne entrée sous forme de numéro. Il extrait la valeur numérique de la chaîne et lui applique quelques calculs simples.

```
1 import java.io.*;
2
3 class YearOfBirth {
4  public static void main(String[] args) throws IOException {
5    BufferedReader in;
6    in = new BufferedReader(new InputStreamReader(System.in));
7    System.out.print("Entrez votre age: ");
8    String input = in.readLine();
9    int age = Integer.parseInt(input);
10    System.out.println("Vous avez " + age + " ans maintenant.");
11    int year = 2004 - age;
12    System.out.println("Vous etes probablement ne en " + year);
13  }
14}
```

La figure 1.11 illustre la sortie de ce programme. Au cours de cette exécution, l'utilisateur entre le nombre 37 et l'objet `string` de la ligne 8 conserve le littéral de chaîne 37. À la ligne 9, nous utilisons une méthode spéciale, nommée `Integer.parseInt()`, qui renvoie la valeur entière du numéro stocké dans la chaîne qui lui est passé. Par conséquent, la variable entière `age` contient 37. Dans la mesure où il s'agit d'un nombre, nous pouvons le soustraire de 2004 à la ligne 11 et obtenir ainsi l'année entière (`year`) qui s'affiche en sortie à la ligne 12.

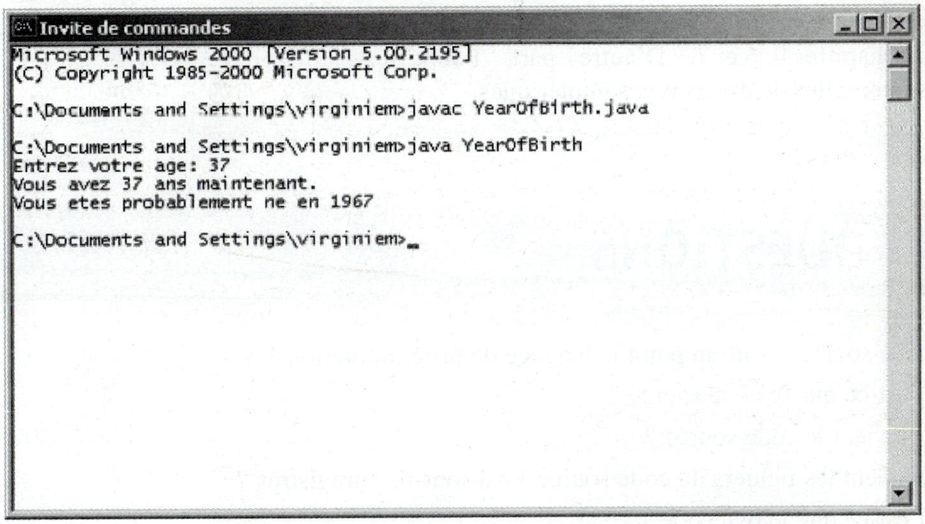

Figure 1.11 Le programme de l'exemple 1.10

1.13 TYPES DE DONNÉES

Avec Java, chaque variable a un *type* et une *valeur*. Par exemple, la variable `year` de l'exemple 1.10 est de type `int` et a la valeur 1967. Le type `int` signifie que la variable a une valeur entière, située entre –2 147 483 648 et 2 147 483 647, qui peut être modifiée à l'aide de certains opérateurs arithmétiques comme + et `/`.

Le type de variable détermine également le mode de stockage de la valeur dans la mémoire de l'ordinateur. Par exemple, la valeur `int` de `1967` serait stockée sous forme de chaîne binaire `00000000000000000000011110101111` (en fait, le numéral binaire de 1967 est 11110101111). La valeur 0 est stockée comme une variable de type `double`.

Les types `int` et `double` font partie des huit types primitifs définis dans Java. Les six autres sont `long`, `short`, `char`, `byte`, `float` et `boolean`.

La figure 1.12 représente ces types et leur classification dans la structure de types de données Java.

Outre les huit types primitifs, vous pouvez également utiliser les types de référence, à savoir les *interfaces*, les *classes* et les *tableaux*. Par exemple, la variable `input` de l'exemple 1.10 est un type de référence classe qui fait référence à un objet de la classe `String`. Nous reviendrons sur les notions d'interface, de classe et de tableau respectivement aux chapitres 9, 6 et 7. D'autre part, l'annexe A détaille les intervalles de divers types numériques.

```
Types de données Java
├─ Types primitifs
│  ├─ Types numériques
│  │  ├─ Types entiers
│  │  │  ├─ Entiers
│  │  │  │  ├─short
│  │  │  │  ├─int
│  │  │  │  └─long
│  │  │  └─ Caractères
│  │  │     └─char
│  │  └─ Types à virgule flottante
│  │     ├─float
│  │     └─double
│  ├─ Types de données binaires
│  │  └─byte
│  └─ Types logique booléen
│     └─boolean
└─ Types de référence
   ├─ Interfaces
   ├─ Classes
   └─ Tableaux
```

Figure 1.12
Types de données Java

? QUESTIONS

1.1 Quelle société a mis au point le langage de programmation Java ?

1.2 Qu'est-ce que le code source ?

1.3 D'où vient le code source ?

1.4 Comment les fichiers du code source Java sont-ils enregistrés ?

1.5 Qu'est-ce que le bytecode ?

1.6 D'où vient le bytecode ?

1.7 Comment les fichiers du bytecode Java sont-ils enregistrés ?

1.8 Que signifie « portable » dans un contexte de programmation informatique ?

1.9 En quoi le bytecode Java diffère-t-il des autres langages informatiques de bas niveau ?

1.10 Quelle est la différence entre un compilateur et un interpréteur ?

1.11 Qu'est-ce qu'une machine virtuelle Java ?

1.12 Qu'est-ce qu'une application ?

1.13 Qu'est-ce qu'un développeur ?

1.14 Qu'est-ce qu'une API Java ?

1.15 Qu'est-ce qu'un environnement IDE ?

1.16 Qu'est-ce que le JDK ?

1.17 Que signifie l'acronyme JVM ?

1.18 Quelle est la différence entre un commentaire de type C et un commentaire de type C++ ?

1.19 Qu'est-ce qu'un objet « stream » ?

1.20 Qu'est-ce qu'une exception ?

1.21 Que signifie « sensible à la casse » ?

1.22 Quelles sont les différences entre une variable et un objet ?

1.23 Quels sont les huit types de données primitifs en Java ?

1.24 Qu'est-ce que le type de données de référence ?

¿ RÉPONSES

1.1 Java a été mis au point par Sun Microsystems, Inc.

1.2 Le code source est le texte qui compose un programme informatique.

1.3 Le code source est écrit par les programmeurs, généralement à l'aide d'un éditeur de texte.

1.4 Le code source Java est enregistré dans des fichiers dont le nom se termine par `.java`.

1.5 Le bytecode est la traduction du code source Java en langage de niveau intermédiaire.

1.6 Le bytecode est généré par le compilateur Java lorsqu'il compile le code source Java.

1.7 Le bytecode Java est enregistré dans des fichiers dont le nom se termine par `.class`.

1.8 Un programme informatique est dit portable lorsqu'il peut être exécuté sur différents types d'ordinateur.

1.9 Les programmes en bytecode sont portables.

1.10 Un compilateur convertit le code source en un langage machine susceptible d'être exécuté de nombreuses fois sur le même type d'ordinateur. En revanche, un interpréteur traduit et exécute chaque instruction du code source séparément chaque fois que cela s'avère nécessaire.

1.11 Une machine virtuelle Java est un système logiciel qui traduit et exécute le bytecode Java.

1.12 Dans le domaine de Java, une application est un programme informatique qui peut être utilisée sans .

1.13 Dans le domaine informatique, un développeur est une personne qui écrit des programmes informatiques.

1.14 L'acronyme API signifie *Application Programming Interface*, c'est-à-dire interface de programmation des applications. L'API Java regroupe toutes les bibliothèques qui définissent les classes et les interfaces Java standard.

1.15 L'acronyme IDE signifie *Integrated Development Environment*, c'est-à-dire environnement de développement intégré. Il décrit un système logiciel commercial conçu de façon à faciliter le développement des programmes informatiques (voir les annexes A et B pour en savoir plus).

1.16 L'acronyme JDK signifie Java Development Kit, c'est-à-dire Kit de développement Java. Il correspond à l'ensemble des fichiers susceptibles d'être téléchargés sur le site de Sun Microsystems en vue du développement des applications Java. Il comprend le compilateur et l'API Java.

1.17 L'acronyme JVM signifie *Java Virtual Machine*, c'est-à-dire machine virtuelle Java (voir la question 1.11).

1.18 Un commentaire de type C commence par `/*` et se termine par `*/`, comme suit :

```
int size; /* la taille de l'objet */
```

En revanche, un commentaire de type C++ commence par `//` et se termine à la fin de la ligne de texte, de la façon suivante :

```
int size; // la taille de l'objet
```

1.19 Les flux de données se servent de l'objet `stream` pour passer d'un objet à l'autre. Par exemple, les objets `System.in`, `reader`, `input` et `System.out` de l'exemple 1.9 sont des objets `stream`.

1.20 Une exception est une erreur d'exécution.

1.21 Un environnement logiciel, par exemple un langage de programmation ou un système d'exploitation, est sensible à la casse s'il fait une différence entre les versions en majuscules et en minuscules. Java est sensible à la casse, mais DOS ne l'est pas.

1.22 Une variable peut avoir une seule valeur, alors qu'un objet peut avoir de nombreux champs, chacun avec sa propre valeur.
Une variable a un nom unique, contrairement à l'objet qui a un ou plusieurs champs.
Une variable a un type primitif ou de référence, tandis qu'un objet est une instance de classe qui peut être définie par le programmeur ou correspondre à l'une des classes de bibliothèque Java.
Une variable est créée par sa déclaration, mais l'objet doit être créé par un constructeur qui est appelé à l'aide de l'opérateur `new`.

1.23 Les huit types de données primitifs Java sont `boolean`, `char`, `byte`, `short`, `int`, `long`, `float` et `double`.

1.24 Un type de référence s'applique à une classe donnée. De cette façon, chaque variable déclarée comme ayant ce type de référence peut uniquement faire référence aux instances (objets) de cette classe.

? EXERCICES D'ENTRAÎNEMENT

1.1 Écrivez et exécutez un programme Java capable d'initialiser un objet `String` avec votre prénom et de l'imprimer sur trois lignes distinctes.

1.2 Écrivez et exécutez un programme Java capable d'initialiser un objet `String` avec votre prénom et de l'imprimer trois fois sur une même ligne, en séparant les trois occurrences par des espaces de la façon suivante :

```
John John John
```

1.3 Écrivez et exécutez un programme Java capable d'afficher une invite permettant à l'utilisateur d'entrer son prénom et son nom de famille séparément, puis de l'accueillir de la façon suivante :

```
Entrez votre nom de famille : Bush
Entrez votre prenom : George
Hello, George Bush
```

1.4 Recompilez et exécutez le programme `Wrong` de l'exemple 1.7 en omettant les parenthèses qui encadrent les expressions `n + n` de la ligne 5 et `n + n + n` de la ligne 6. Expliquez la sortie.

1.5 Écrivez et exécutez un programme Java capable d'initialiser une variable entière `n` avec la valeur 5814 et d'utiliser les opérateurs de division et de reste afin d'extraire et d'imprimer chaque chiffre composant `n`. La sortie doit être similaire à :

```
n = 5814
Les chiffres de n sont 5, 8, 1 et 4
```

Astuce : utilisez `n/1000` pour extraire les milliers de `n`, puis servez-vous de `n %= 1000` pour supprimer les milliers de `n`.

1.6 Écrivez et exécutez un programme Java capable d'entrer un entier correspondant à une température en Fahrenheits, puis de calculer et d'imprimer son équivalent en degrés Celsius. Utilisez la formule de conversion $C = 5(F - 32)/9$.

1.7 Écrivez et exécutez un programme Java capable d'entrer un entier correspondant à une température en Celsius, puis de calculer et d'imprimer son équivalent en degrés Fahrenheit. Utilisez la formule de conversion $F = 1.8C + 32$.

1.8 Les grillons ont tendance à striduler en été selon une cadence liée à la température. Cette cadence est calculée d'après la formule $T = 40 + c/4$, c correspondant au nombre de stridulations par minute et T à la température exprimée en degrés Fahrenheit. Écrivez et exécutez un programme Java capable d'entrer le nombre de stridulations par minute et de sortir la température correspondante sous forme décimale.

¿ SOLUTIONS

1.1

```
class PrintName {
  public static void main(String[] args) {
    String name = "John";
    System.out.println(name);
    System.out.println(name);
    System.out.println(name);
```

```
  }
}
```

1.2

```
class PrintNameOnOneLine {
  public static void main(String[] args) {
    String name = "John";
    System.out.println(name + " " + name + " " + name);
  }
}
```

1.3

```
import java.io.*;
class PrintNames {
  public static void main(String[] args) throws IOException {
    BufferedReader in;
    in = new BufferedReader(new InputStreamReader(System.in));
    System.out.print("Entrez votre nom de famille : ");
    String lastName = in.readLine();
    System.out.print("Entrez votre prenom : ");
    String firstName = in.readLine();
    System.out.println("Hello, " + firstName + " " + lastName);
  }
}
```

1.4

```
class Wrong {
  public static void main(String[] args) {
    int n = 1000000000; // one million
    System.out.println("Un million :\t" + n);
    System.out.println("Deux millions :\t" + n + n);
    System.out.println("Trois millions :\t" + n + n + n);
}
}
```

Vous obtenez le résultat suivant :

```
Un million : 1000000000
Deux millions : 10000000001000000000
Trois millions : 100000000010000000001000000000
```

Les entiers sont convertis individuellement en chaînes.

1.5

```
class ExtractDigits {
  public static void main(String[] args) {
    int n = 5814;
    System.out.println("n = " + n);
    System.out.print("Les chiffres de n sont ");
    System.out.print(n/1000);
    n %= 1000;
    System.out.print(", " + n/100);
    n %= 100;
    System.out.print(", " + n/10);
    n %= 10;
    System.out.println(", et " + n);
  }
}
```

1.6

```
import java.io.*;
class FahrenheitToCelsius {
  public static void main(String[] args) throws IOException {
```

```
    InputStreamReader reader = new InputStreamReader(System.in);
    BufferedReader input = new BufferedReader(reader);
    System.out.print("Entrez la temperature en Fahrenheit : ");
    String text = input.readLine();
    int fahrenheit = new Integer(text).intValue();
    System.out.print(fahrenheit + " degres Fahrenheit = ");
    int celsius = 5*(fahrenheit - 32)/9;
    System.out.println(celsius + " degres Celsius.");
  }
}
```

1.7

```
import java.io.*;
class CelsiusToFahrenheit {
  public static void main(String[] args) throws IOException {
    InputStreamReader reader = new InputStreamReader(System.in);
    BufferedReader input = new BufferedReader(reader);
    System.out.print("Entrez la temperature en Celsius : ");
    String text = input.readLine();
    int celsius = new Integer(text).intValue();
    System.out.print(celsius + " degres Celsius = ");
    int fahrenheit = 9*celsius/5 + 32;
    System.out.println(fahrenheit + " degres Fahrenheit.");
  }
}
```

1.8

```
import java.io.*;
class Crickets {
  public static void main(String[] args) throws IOException {
    InputStreamReader reader = new InputStreamReader(System.in);
    BufferedReader in = new BufferedReader(reader);
    System.out.print("Entrez le nombre de stridulations par minute
    ➥ : ");
    int chirps = Integer.parseInt(in.readLine());
    int temp = 40 + chirps/4;
    System.out.println("La temperature est de " + temp +
            " degres Fahrenheit.");
  }
}
```

Chapitre 2

Les chaînes

Une chaîne est une séquence de caractères. Les mots, les phrases et les noms sont donc des chaînes. Par exemple, le message `"Hello, World!"` est une chaîne. Ce chapitre décrit deux classes de chaîne principales : `String` et `StringBuffer`.

2.1 LA CLASSE String

Le type de chaîne Java le plus simple est un objet de la classe `String`. Ces objets sont immuables, ce qui signifie qu'ils ne peuvent pas être modifiés.

Exemple 2.1 Un objet `String` simple

Ce programme imprime certaines propriétés d'un objet `String` nommé `alphabet`.

```
1  class TestStringClass {
2    public static void main(String[] args) {
3      String alphabet = "ABCDEFGHIJKLMNOPQRSTUVWXYZ";
4      System.out.println("Cette chaine est : " + alphabet);
5      System.out.println("Sa longueur est : " + alphabet.length());
6      System.out.println("Le caractere de l'index 4 est : "
7       + alphabet.charAt(4));
8      System.out.println("L'index du caractere Z est : "
9       + alphabet.indexOf('Z'));
10     System.out.println("Sa version en minuscules est : "
11      + alphabet.toLowerCase());
12     System.out.println("Cette chaine est toujours : " +
13       alphabet);
14   }
15 }
```

L'objet nommé `alphabet` est déclaré ligne 3 comme instance de la classe `String` et il est initialisé avec le littéral de chaîne `"ABCDEFGHIJKLMNOPQRSTUVWXYZ"`. Cet objet est représenté à la figure 2.1.

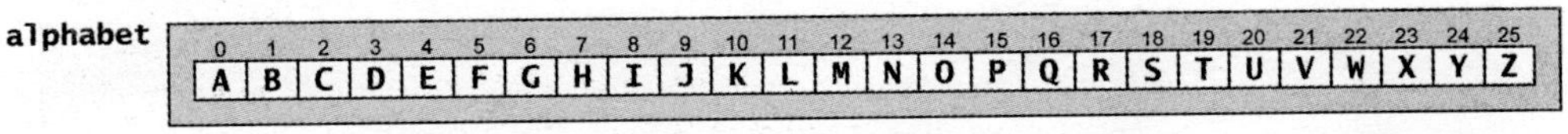

Figure 2.1 Une chaîne de longueur 26

Le reste du programme génère la sortie suivante :

```
Cette chaine est : ABCDEFGHIJKLMNOPQRSTUVWXYZ
Sa longueur est : 26
Le caractere de l'index 4 est : E
L'index du caractere Z est : 25
Sa version en minuscules est : abcdefghijklmnopqrstuvwxyz
Cette chaine est toujours : ABCDEFGHIJKLMNOPQRSTUVWXYZ
```

L'instruction de sortie de la ligne 4 se contente d'imprimer l'objet `String` en tant que chaîne. L'instruction de sortie de la ligne 5 appelle la méthode `length()` afin d'imprimer le nombre de caractères qui composent la chaîne, à savoir 26.

L'instruction de sortie de la ligne 6 appelle la méthode `charAt()` pour imprimer le caractère se trouvant à l'index 4 de la chaîne, c'est-à-dire la lettre `E`. Vous remarquerez qu'il s'agit en fait du cinquième caractère de la chaîne. En effet, le numéro d'index d'un caractère dans une chaîne correspond toujours au nombre de caractères qui le précèdent. Dans le cas présent, la lettre `E` a le numéro d'index 4 dans cette chaîne parce qu'elle est précédée de 4 caractères (`A`, `B`, `C` et `D`).

L'instruction de sortie de la ligne 8 appelle la méthode `indexOf()` pour imprimer le numéro d'index de la lettre `Z` dans la chaîne de l'alphabet. Il s'agit du numéro 25 puisque le `Z` est précédé de 25 caractères dans la chaîne.

L'instruction de sortie de la ligne 10 appelle la méthode `toLowerCase()`, ce qui génère une copie d'une nouvelle chaîne temporaire dans laquelle toutes les lettres majuscules ont été transformées en minuscules.

L'instruction de sortie de la ligne 12 vérifie si la chaîne a été changée. La version en minuscules est une chaîne temporaire, distincte et indépendante de l'originale, qui est générée par la méthode `toLowerCase()`.

2.2 MÉTHODES DE LA CLASSE String

L'exemple 2.1 illustre l'utilisation des méthodes `length()`, `charAt()`, `indexOf()` et `toLowerCase()` qui sont définies dans la classe `String`. Pour savoir comment ces méthodes et toutes les autres méthodes de `String` fonctionnent, consultez la documentation de l'API Java pour cette classe. Comme nous l'avons déjà vu à la section 1.9, cette documentation est accessible directement en ligne sur le site web de Sun ou elle peut être téléchargée sur votre ordinateur. Dans tous les cas, vous accéderez toujours en premier lieu à la page web représentée à la figure 2.2.

Exemple 2.2 Documentation de la classe String

Pour parcourir la documentation de la classe `String`, vous pouvez faire défiler l'écran jusqu'à temps que vous arriviez à `String` dans le deuxième cadre de gauche ou bien cliquer sur `java.lang` dans le cadre supérieur gauche, puis sélectionner `String` dans le cadre inférieur gauche. L'écran illustré à la figure 2.3 s'affiche alors.

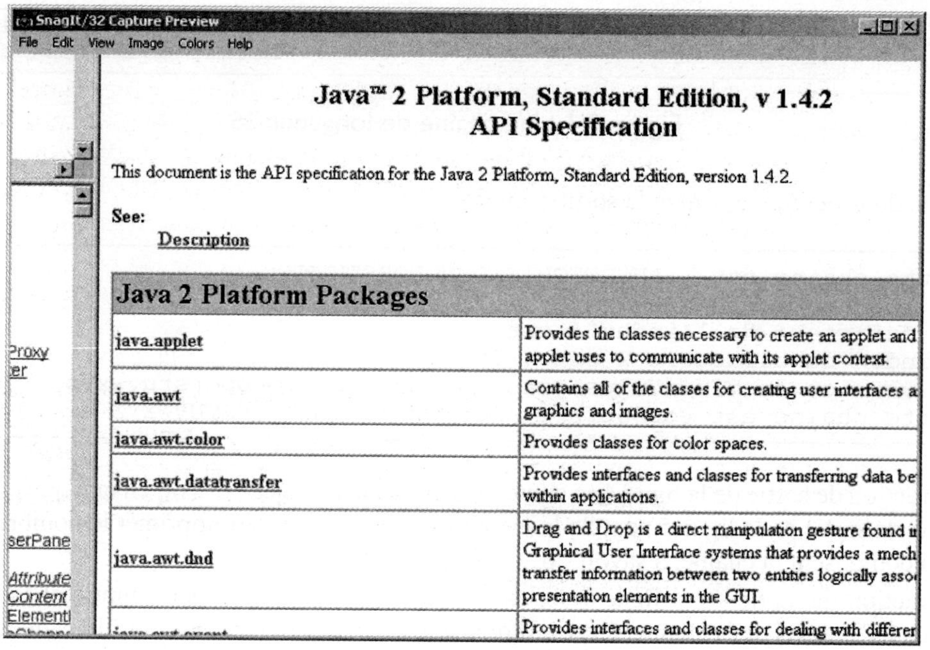

Figure 2.2 Page web principale de la documentation Java

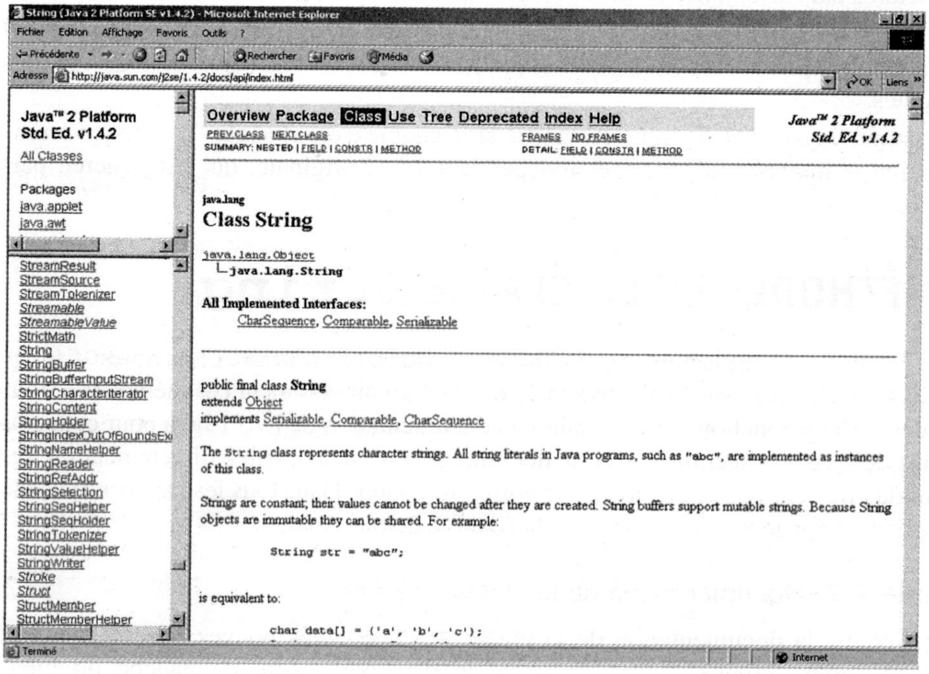

Figure 2.3 Documentation de la page web de la classe **String**

La classe `String` est relativement riche, ce qui explique la longueur de la documentation. Prenez tout de même le temps de la parcourir et de jeter un œil à son contenu. Elle est organisée comme les 2 300 classes environ qui composent les bibliothèques de classes Java. Après l'introduction et un résumé, la page est divisée en deux sections principales : une partie résumée (**Summary**) et une partie détaillée (**Detail**). La section **Detail** affiche simplement les détails de chaque entrée se trouvant dans la section **Summary**. Ces deux parties sont elles-mêmes divisées en listings correspondant aux trois types de membre susceptibles de composer une classe Java : les champs, les constructeurs et les méthodes.

Faites défiler l'écran jusqu'à la section **Method Summary** de la page API pour la classe `String`, comme illustré à la figure 2.4.

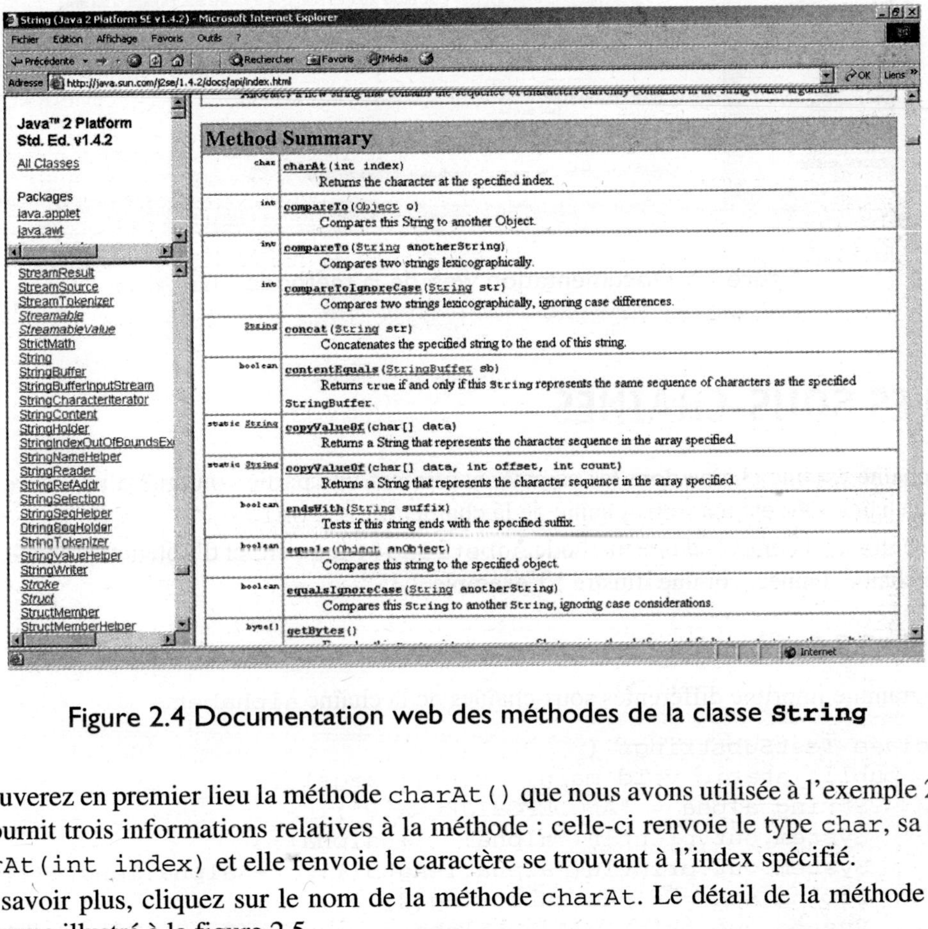

Figure 2.4 Documentation web des méthodes de la classe `String`

Vous trouverez en premier lieu la méthode `charAt()` que nous avons utilisée à l'exemple 2.1. Cette entrée fournit trois informations relatives à la méthode : celle-ci renvoie le type `char`, sa signature est `charAt(int index)` et elle renvoie le caractère se trouvant à l'index spécifié.

Pour en savoir plus, cliquez sur le nom de la méthode `charAt`. Le détail de la méthode s'affiche alors, comme illustré à la figure 2.5.

Chaque champ, chaque constructeur, chaque méthode de toutes les classes Java peuvent être consultés dans la documentation web de l'API, comme nous venons de le faire pour la méthode `charAt()`. Vous serez d'ailleurs amené à consulter fréquemment cette documentation lorsque vous écrirez votre code Java. Elle vous aidera à découvrir les multiples possibilités qui vous sont offertes lorsque vous programmez en Java.

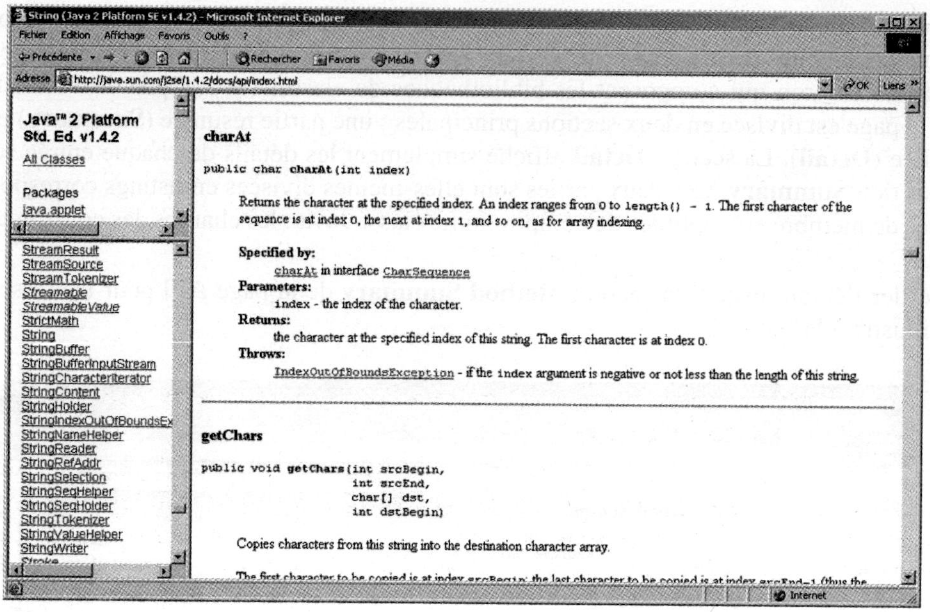

Figure 2.5 Documentation web de la méthode `charAt()`

2.3 LES SOUS-CHAÎNES

Une sous-chaîne est une chaîne dont les caractères forment une partie contiguë d'une autre chaîne. Par exemple, la chaîne `EFG` est une sous-chaîne de la chaîne `ABCDEFGHIJ`.

La classe `String` comprend une méthode `substring()` qui permet d'obtenir les sous-chaînes données d'une chaîne donnée, comme illustré à l'exemple 2.3.

Exemple 2.3 Les sous-chaînes

Ce programme imprime différentes sous-chaînes de la chaîne `alphabet`.

```
class TestSubstrings {
  public static void main(String[] args) {
    String alpha = "ABCDEFGHIJKLMNOP";
    System.out.println("alpha: " + alpha);
    System.out.println("alpha.length(): " + alpha.length());
    String sub = alpha.substring(2, 7);
    System.out.println("sub=alpha.substring(2, 7): " + sub);
    System.out.println("sub.length: " + sub.length());
    System.out.println("sub.charAt(3): " + sub.charAt(3));
    System.out.println("alpha.charAt(3): " + alpha.charAt(3));
    sub = alpha.substring(4);
    System.out.println("sub=alpha.substring(4): " + sub);
    System.out.println("sub.length: " + sub.length());
    System.out.println("sub.charAt(4): " + sub.charAt(4));
  }
}
```

Vous obtenez la sortie suivante :

```
alpha: ABCDEFGHIJKLMNOP
alpha.length(): 16
sub=alpha.substring(2, 7): CDEFG
sub.length: 5
sub.charAt(3): F
alpha.charAt(3): D
sub=alpha.substring(4): EFGHIJKLMNOP
sub.length: 12
sub.charAt(4): I
```

Ce programme définit une chaîne nommée `alpha` à la ligne 3. Il l'imprime ainsi que sa longueur aux lignes 4 et 5. La chaîne est composée de 16 caractères.

À la ligne 6, une chaîne nommée `sub` est définie comme sous-chaîne d'`alpha`. Cette sous-chaîne est comprise dans un intervalle allant de 2 à 7 ; il s'agit donc de `"CDEFG"`. Elle est en fait composée des caractères situés aux index 2, 3, 4, 5 et 6 de la chaîne `alpha`. Nous avons déjà vu à l'exemple 2.1 que l'index d'un caractère correspond au nombre de caractères qui le précèdent dans la chaîne. Ainsi, le caractère 'C' a l'index 2 dans la chaîne "ABCDEFGHIJKLMNOP" parce que 2 caractères le précèdent.

Vous remarquerez que l'intervalle `(2, 7)` fait référence aux index de 2 à 6 inclus. Tous les intervalles d'index en Java commencent au premier numéro spécifié et se terminent un numéro avant le dernier. Par exemple, un intervalle `(2, 7)` commence à 2 et se termine à 6. Grâce à ce protocole, le nombre d'éléments qui composent l'intervalle est égal à la différence entre les deux numéros d'index spécifiés. Par exemple, la sous-chaîne contient 5 caractères dans l'intervalle `(2, 7)` et 7 - 2 = 5.

Les lignes 7 et 8 impriment la chaîne `sub` nommée `"CDEFG"` et sa longueur égale à 5. À la ligne 9, nous testons la méthode `charAt()` sur la chaîne `sub`. Le caractère situé à l'index 3 dans cette chaîne est `'F'` parce qu'il est précédé de 3 caractères. Cela prouve que `sub` est totalement indépendante de la chaîne originale et que vous avez affaire à deux objets distincts, chacun ayant sa propre indexation. À la ligne 10, nous confirmons que le caractère de l'index 3 dans la chaîne originale est `'D'`.

La sous-chaîne est redéfinie à la ligne 11 à l'aide d'une autre version de la méthode `substring()`. Pour savoir en quoi ces deux versions diffèrent, faites défiler l'écran de documentation consacré à la classe `String` jusqu'au résumé de ces méthodes (voir la figure 2.6). La première version prend un argument nommé `beginIndex` dans la documentation, tandis que la seconde prend deux arguments nommés `beginIndex` et `endIndex`. Dans le cas présent, nous avons utilisé la première version à la ligne 11.

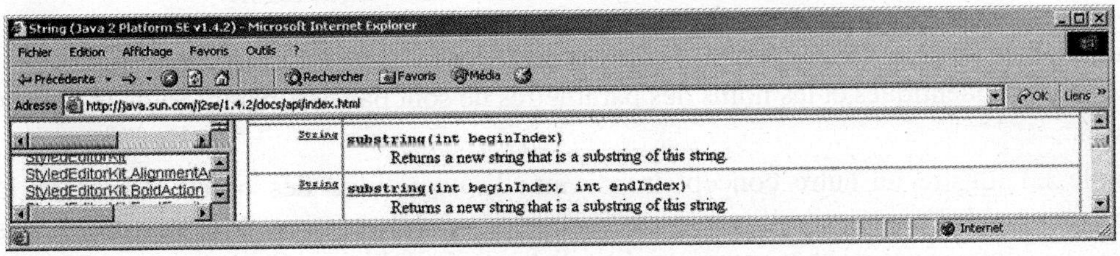

Figure 2.6 Résumé des deux méthodes **`substring`**`()` de la classe **`String`** dans la documentation web

Cliquez sur le lien `substring` de la première des deux méthodes pour afficher une description détaillée (voir la figure 2.7).

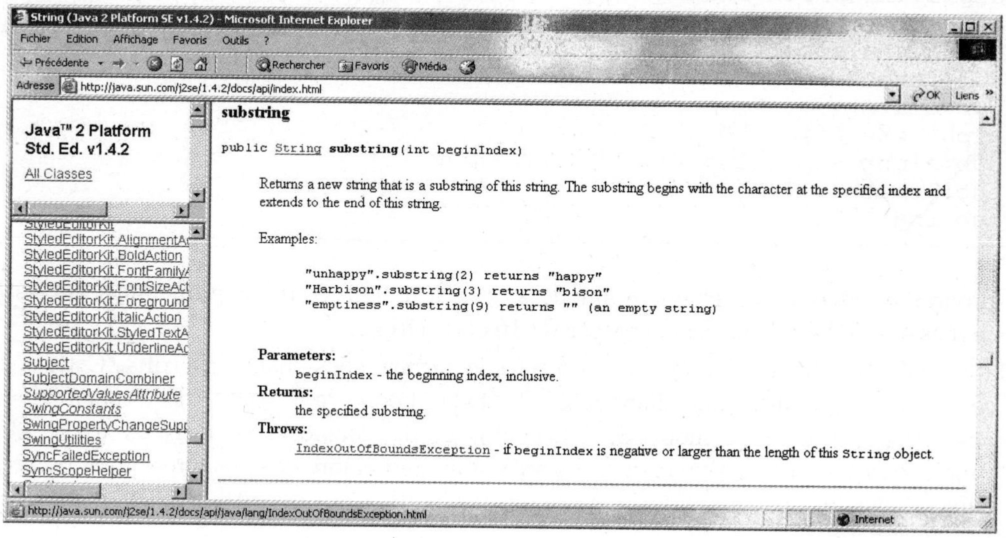

Figure 2.7 Détail de la méthode **`substring`**`()` à un argument dans la documentation web

Vous constatez que cette version à un argument renvoie la sous-chaîne qui commence par le caractère dont l'index est passé et s'étend jusqu'à la fin de la chaîne originale. C'est pourquoi, à la ligne 11 du programme, `alpha.substring(4)` renvoie la sous-chaîne `"EFGHIJKLMNOP"`. En d'autres termes, la méthode `substring()` à un argument renvoie tous les caractères, à l'exception du premier *n* qui correspond à l'argument qui lui est passé. Dans le cas présent, tous les caractères à l'exception des 4 premiers s'affichent.

L'exemple 2.3 illustre le concept des méthodes de *surcharge*. Ce terme fait référence à la définition de plusieurs méthodes ayant le même nom. Ici, nous avons utilisé deux méthodes différentes nommées `substring`. Cette technique est courante en Java. Lorsque vous autorisez plusieurs utilisations du même nom, vous devez seulement vous assurer que les listes de paramètres des méthodes sont différentes. Par exemple, les en-têtes des deux méthodes `substring()` sont :

```
public String substring(int beginIndex)
public String substring(int beginIndex, int endIndex)
```

La première liste de paramètres est (`int`) et la seconde (`int, int`). Comme vous pouvez le constater, elles ne sont pas identiques et les noms des paramètres ne sont pas pertinents. Seuls le type et l'ordre sont logiques.

L'exemple 2.3 illustre un autre concept important : l'*immuabilité* des objets. En effet, la classe `String` est immuable, ce qui signifie que ses instances ne peuvent pas être modifiées. Les objets `substring` qui sont dérivés ici sont complètement distincts de l'objet original `String`. Ces objets sont qualifiés de sous-chaînes, mais ils ne sont que des copies indépendantes des sous-chaînes de la chaîne initiale.

2.4 LA CONCATÉNATION

L'opération qui consiste à associer une chaîne à une autre est qualifiée de *concaténation*. En langage Java, vous pouvez utiliser deux opérateurs pour concaténer les chaînes : + et +=. Ils sont illustrés à l'exemple 2.4.

Exemple 2.4 Concaténation des chaînes

```
1  class TestConcatenation {
2    public static void main(String[] args) {
3      String first = "James";
4      String last = "Gosling";
5      System.out.println(last + ", " + first);
6      String name = first + " " + last;
7      System.out.println("nom : " + name);
8      name = "Charles";
9      System.out.println("nom : " + name);
10     name += " Babbage";
11     System.out.println("nom : " + name);
12   }
13 }
```

Vous obtenez la sortie suivante :

```
James Gosling
nom : Gosling, James
nom : Charles
nom : Charles Babbage
```

Les lignes 3 et 4 définissent les deux chaînes `first` et `last`. Ces dernières sont concaténées au littéral, à l'aide de l'opérateur + dans l'instruction de sortie de la ligne 5. Cet opérateur est utilisé à nouveau à la ligne 6 afin de définir la nouvelle chaîne `name` qui est imprimée ligne 7. Vous remarquerez que la chaîne `name` est totalement distincte des trois chaînes qui sont concaténées et dupliquées de façon à former la chaîne `name`.

L'opérateur += est utilisé aux lignes 10 et 11. À la ligne 8, la valeur du littéral de chaîne `"Charles"` est affectée à la chaîne `name`. La ligne 10 crée ensuite une nouvelle chaîne en concaténant la valeur courante de `name`, `"Charles"`, au littéral de chaîne spécifié `"Babbage"`, puis en attribuant le résultat obtenu à la variable `name`. Bien que la chaîne spécifiée semble être tout simplement liée à la chaîne existante, cela n'est pas possible puisque les chaînes sont immuables. En fait, le code crée obligatoirement une nouvelle chaîne pour arriver à ce résultat.

2.5 LES OBJETS ET LEURS RÉFÉRENCES

Dans le cadre de la programmation orientée objet, un *objet* est une région contiguë de l'espace mémoire du traitement qui a un *type* et une *valeur*. Le type de l'objet détermine son *comportement* et sa valeur son *état*, c'est-à-dire ses données. L'état de l'objet est stocké dans une région contiguë de la mémoire allouée à l'objet lors de sa création. L'adresse mémoire du premier octet de cette région est stockée séparément avec le type de l'objet ainsi que d'autres informations. Cette adresse mémoire est tout simplement nommée `adresse` de l'objet.

Ainsi, à la ligne 3 de l'exemple 2.4, un objet nommé `first` est défini. Il est de type `String` et a la valeur `"James"`. Si ces cinq caractères sont stockés dans une région de mémoire commençant par l'octet `0x00018f7c`, nous pouvons dire que l'adresse de cet objet est `0x00018f7c`.

En règle générale, nous ne travaillons pas directement avec les adresses mémoire en programmation Java. Cependant, il est utile de se souvenir de leur pertinence lors du traitement des objets. En effet, un nom d'objet, c'est-à-dire une *référence* à l'objet, est simplement une variable dont la valeur est l'adresse de cet objet.

Par conséquent, le nom `first` de la ligne 3 dans l'exemple 2.4 est une référence à l'objet `String` dont la valeur est `"James"`. Cela signifie que `first` est en fait une variable distincte dont la valeur est l'adresse de cet objet `String`.

La distinction qui est faite entre un objet et une référence est illustrée à la figure 2.8 qui présente trois vues d'un même concept. À gauche, vous distinguez la région contiguë de mémoire qui contient les cinq caractères de la chaîne `"James"`. Chaque cellule de mémoire visible est associée à son adresse hexadécimale. Vous constatez que le premier octet de l'objet est le numéro `0x00018f7c`. En Java, chaque caractère est stocké avec une représentation Unicode, c'est pourquoi les caractères contigus ont des adresses paires qui se suivent.

Le graphique situé au centre de la figure 2.8 présente une vue à un niveau supérieur du même objet ainsi que sa référence. Cette dernière est nommée `first` et a pour valeur l'adresse mémoire de l'objet auquel elle se réfère. L'objet, c'est-à-dire la chaîne `"James"` est spécifié comme emplacement de stockage unique avec l'adresse `0x00018f7c`. Cette vue correspond mieux à l'image que nous avons d'une chaîne, à savoir un objet unique à une adresse spécifique.

Le graphique de droite représente une vue de l'objet encore plus globale et spécifie également sa référence. La chaîne `"James"` est à nouveau décrite comme un objet unique de type `String`. En outre, l'adresse mémoire réelle n'est plus indiquée comme valeur de la référence, mais elle est simplement représentée par une flèche pointant vers l'objet situé à cette adresse. Le carré dans lequel est dessiné un point noir représente la variable de référence, dont le nom est `first` dans le cas présent. La référence semble ainsi pointer vers l'objet, c'est pourquoi elle est souvent qualifiée de *pointeur*, son seul but étant de rechercher l'objet dans la mémoire. En règle générale, l'adresse mémoire réelle n'est pas connue, c'est pourquoi cette vue est beaucoup plus réaliste que les deux précédentes, plus détaillées.

La représentation la plus à droite vous aidera à comprendre les relations entre les références et les objets auxquels elles se réfèrent.

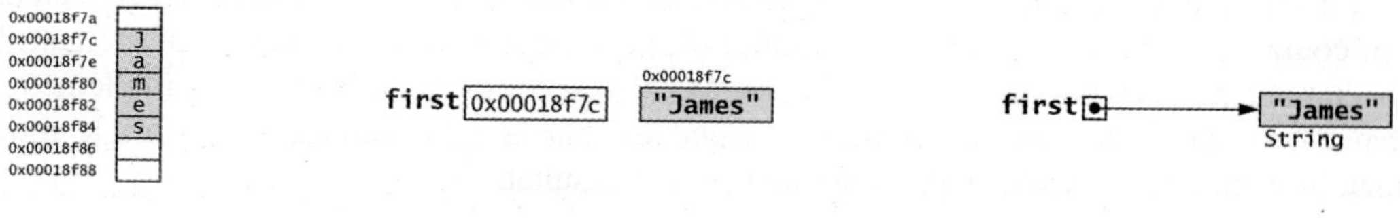

Figure 2.8 Trois vues d'un objet et de sa référence

2.6 L'OPÉRATEUR D'ÉGALITÉ

En Java, l'*opérateur d'égalité* est représenté par un double signe égal ==. Il permet de tester si deux références pointent vers le même objet. Par exemple, si `s1` et `s2` sont deux références `String`, l'expression `s1 == s2` est vraie uniquement si `s1` et `s2` sont synonymes, c'est-à-dire s'il s'agit de noms différents d'un même objet, comme illustré à l'exemple 2.5.

Exemple 2.5 Identité d'objet

```
1  class TestStringIdentity {
2    public static void main(String[] args) {
3      String s1 = "ABC";
4      String s2 = "ABC";
5      System.out.println("s2 == s1: " + (s2 == s1));
6      String s3 = new String("ABC");
7      System.out.println("s3 == s2: " + (s3 == s2));
8      String s4 = new String("ABC");
9      System.out.println("s4 == s3: " + (s4 == s3));
10   }
11 }
```

Vous obtenez la sortie suivante :

```
12 s2 == s1: true
13 s3 == s2: false
14 s4 == s3: false
```

Aux lignes 3 et 4, nous définissons les références `s1` et `s2` au littéral `String` nommé `"ABC"`. La sortie de la ligne 5 indique que ces deux références sont synonymes et pointent toutes les deux vers le même objet, comme illustré à droite de la figure 2.9. Vous obtenez ce résultat parce que les littéraux `String` comme `"ABC"` sont considérés comme des constantes uniques en Java. Étant donné que les chaînes sont immuables, il n'est pas nécessaire de les copier. Il est nettement plus efficace de créer un seul littéral `String` nommé `"ABC"`.

Figure 2.9 Objets **`String`** et leurs références à l'exemple 2.5

La ligne 6 indique comment remplacer l'unicité par défaut des chaînes. L'opérateur `new` vous permet de forcer la création d'un nouvel objet. Par conséquent, même si elle a une valeur identique à celle qui est référencée par `s1` et `s2`, cette chaîne est un objet distinct. Ce résultat est testé à la ligne 7, dont la sortie vérifie si la chaîne référencée par `s3` est bien différente de celle référencée par `s2`. Les deux chaînes ont les mêmes valeurs, mais elles occupent des emplacements mémoire différents. Il s'agit effectivement d'objets distincts.

À la ligne 8, nous créons un nouvel objet `String` indépendant. Vous pouvez constater à la ligne 9 que cet objet est différent de celui qui est référencé par `s3`.

L'expression d'initialisation `new String("ABC")` qui est utilisée aux lignes 6 et 8 de l'exemple 2.5 est un modèle utilisé avec de nombreux types Java. Sa syntaxe est la suivante :

```
new <class> ( <object> )
```

`<class>` est le nom d'une classe Java, par exemple `String`, et `<object>` est soit une référence à un objet existant, soit un littéral de ce type de classe, comme `"ABC"`. Si vous utilisez cette expression pour initialiser une déclaration de référence, comme nous l'avons fait aux lignes 6 et 8, le système duplique l'*<object>* spécifié et crée une copie indépendante pour la nouvelle référence. Nous verrons plus tard que cette action est effectuée par le *constructeur de copie* de la classe.

2.7 RECHERCHE D'UNE CHAÎNE

Les méthodes `indexOf()` et `lastIndexOf()` de la classe `String` renvoie le numéro d'index d'un caractère inclus dans une chaîne.

Exemple 2.6 Recherche des caractères d'une chaîne

```
1  class SearchingForChars {
2    public static void main(String[] args) {
3      String str = "This is the Mississippi River.";
4      System.out.println(str);
5      int i = str.indexOf('s');
6      System.out.println("Le premier index de 's' est " + i);
7      i = str.indexOf('s', i+1);
8      System.out.println("L'index suivant de 's' est " + i);
9      i = str.indexOf('s', i+1);
10     System.out.println("L'index suivant de 's' est " + i);
11     i = str.lastIndexOf('s');
12     System.out.println("Le dernier index de 's' est " + i);
13     System.out.println(str.substring(i));
14   }
15 }
```

Vous obtenez la sortie suivante :

```
This is the Mississippi River.
Le premier index de 's' est 3
L'index suivant de 's' est 6
L'index suivant de 's' est 14
Le dernier index de 's' est 18
sippi River.
```

Pour comprendre cet exemple, regardez l'objet str illustré à la figure 2.10.

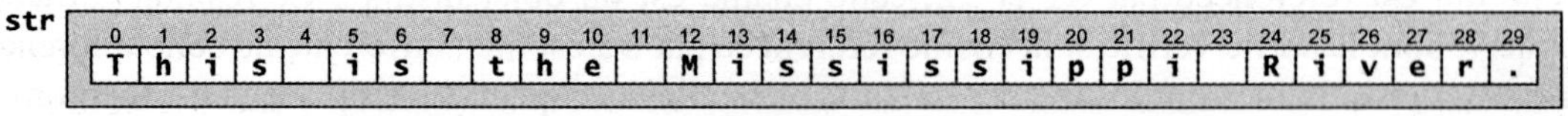

Figure 2.10 L'objet **`str`** de l'exemple 2.6

L'appel `str.indexOf('s')` de la ligne 5 renvoie l'entier 3, qui est l'index du premier `'s'` de l'objet `str`. La valeur de `i` est maintenant égale à 3, c'est pourquoi l'appel `str.indexOf('s', i+1)` de la ligne 7 recherche la chaîne `str` qui commence à l'index numéro `i+1 = 4`. À partir de là, le premier `'s'` se trouvant au numéro d'index 6, l'appel attribue 6 à `i`. L'appel suivant, ligne 9, commence la recherche à l'index numéro `i+1 = 7` et trouve le `'s'` suivant à l'index numéro 14. L'appel `str.lastIndexOf('s')` de la ligne 11 renvoie la valeur 18, c'est-à-dire l'index du dernier `'s'` de la chaîne.

Notez les deux versions de la méthode `indexOf()` qui sont utilisées à l'exemple 2.5. La première a un seul paramètre, tandis que la seconde en a deux. Il s'agit de la *surcharge*, qui consiste à utiliser le même nom pour différentes méthodes. Nous avons déjà vu que cette opération est courante en Java. Le compilateur est capable de distinguer la méthode appelée grâce à sa liste de paramètres.

2.8 REMPLACEMENT DES CARACTÈRES D'UNE CHAÎNE

La classe `String` comprend une méthode nommée `replace()` qui remplace chaque occurrence d'un caractère par un autre.

Exemple 2.7 Remplacement des caractères d'une chaîne

```
1  class Replacing {
2    public static void main(String[] args){
3      String inventor = "Charles Babbage";
4      System.out.println(inventor);
5      System.out.println(inventor.replace('B', 'C'));
6      System.out.println(inventor.replace('a', 'o'));
7      System.out.println(inventor);
8    }
9  }
```

Vous obtenez la sortie suivante :

```
Charles Babbage
Charles Cabbage
Chorles Bobboge
Charles Babbage
```

L'appel `inventor.replace('a', 'o')` remplace chaque occurrence de `'a'` dans la chaîne par la lettre `'o'`, et transforme ainsi `"Charles Babbage"` en `"Chorles Bobboge"`.
Cet exemple illustre également le concept de *composition des méthodes*. En effet, la ligne 6 du programme

```
6  System.out.println(inventor.replace('a', 'o'));
```

compose la méthode `replace()` avec la méthode `println()`. Cela signifie que l'objet renvoyé par la méthode `replace()` est passé immédiatement à la méthode `println()`. Dans le cas présent, l'objet `String` représente la chaîne `"Chorles Bobboge"`. Il s'agit d'un objet anonyme, c'est-à-dire qu'il n'a pas de nom. Il est différent de l'objet immuable `String` nommé `inventor` qui conserve la chaîne originale `"Charles Babbage"`, comme l'indique la dernière sortie.

La composition permet d'éviter efficacement la prolifération des noms d'objet. Pour obtenir des résultats identiques à ceux de l'exemple 2.6 sans utiliser la composition, vous devez déclarer deux objets `String` supplémentaires.

2.9 REPRÉSENTATION D'UNE VALEUR PRIMITIVE DANS UNE CHAÎNE

Les valeurs primitives comme 47 sont composées de caractères ordinaires. La valeur à virgule flottante 3.14 est lue et imprimée comme une chaîne composée de quatre caractères `'3'`, `'.'`, `'1'` et `'4'`. C'est pourquoi vous devrez peut-être créer un objet `String` correspondant à une valeur primitive ou une variable primitive dont la valeur est extraite d'un objet `String`.

Exemple 2.8 Conversion des types primitifs en chaînes

Ce programme utilise la méthode `valueOf()` de la classe `String` pour convertir les valeurs primitives en chaînes.

```
1  class TestValueOf {
2    public static void main(String[] args) {
3      boolean b = true;
4      char c = '$';
5      int n = 44;
6      double x = 3.1415926535897932;
7      System.out.println("b = " + b);
8      System.out.println("c = " + c);
9      System.out.println("n = " + n);
10     System.out.println("x = " + x);
11     String strb = String.valueOf(b);
12     String strc = String.valueOf(c);
13     String strn = String.valueOf(n);
14     String strx = String.valueOf(x);
15     System.out.println("strb = " + strb);
16     System.out.println("strc = " + strc);
17     System.out.println("strn = " + strn);
18     System.out.println("strx = " + strx);
19   }
20 }
```

Vous obtenez la sortie suivante :

```
b = true
c = $
n = 44
x = 3.141592653589793
strb = true
strc = $
strn = 44
strx = 3.141592653589793
```

Les variables `b`, `c`, `n` et `x` ont respectivement les types primitifs `boolean`, `char`, `int` et `double`. La méthode `valueOf()` est utilisée aux lignes 11 à 14 pour obtenir les valeurs `String` de chacune d'entre elles. Les quatre dernières lignes de la sortie confirment que ces chaînes représentent les mêmes valeurs.

Exemple 2.9 Conversion des chaînes en types primitifs

Ce programme vous permet d'effectuer des opérations arithmétiques sur les valeurs numériques d'une chaîne.

```
class TestConversions {
  public static void main(String[] args) {
    String today = "Dec 21 2003";
    String todaysDayString = today.substring(4, 6);
    int todaysDayInt = Integer.parseInt(todaysDayString);
    int nextWeeksDayInt = todaysDayInt + 7;
    String nextWeek = today.substring(0, 4) + nextWeeksDayInt
      + today.substring(6);
    System.out.println("Nous sommes le" + today);
    System.out.println("La date du jour est le " + todaysDayInt);
    System.out.println("La semaine prochaine nous serons le" +
                       nextWeeksDayInt);
    System.out.println("La semaine prochaine nous serons le " +
                        nextWeek);
  }
}
```

Vous obtenez la sortie suivante :

```
Nous sommes le Dec 21, 2003
La date du jour est le 21
La semaine prochaine nous serons le 28
La semaine prochaine nous serons le Dec 28, 2003
```

Ce programme définit trois objets `String` (`today`, `todaysDayString` et `nextWeek`) et deux variables `int` (`todaysDayInt` et `nextWeeksDayInt`).

L'exécution de l'instruction

```
int todaysDayInt = Integer.parseInt(todaysDayString);
```

a les conséquences suivantes :

1. Elle déclare la variable `todaysDayInt` avec le type `int`.
2. Elle appelle la méthode `parseInt()` qui est définie dans la classe `Integer` et lui passe ainsi l'objet `String` nommé `todaysDayString`.
3. La méthode `parseInt()` lit les deux caractères `'1'` et `'8'` de la chaîne `todaysDayString`, elle les convertit en leurs valeurs numériques équivalentes 1 et 8, elle les combine de façon à former l'entier `18`, puis elle renvoie la valeur `int`.
4. La valeur renvoyée `18` est utilisée pour initialiser la variable `int` nommée `todaysDayInt`.

La valeur 18 est augmentée à 25 dans l'instruction suivante. Pour cela, le code lui ajoute simplement 7. La méthode `substr()` de la classe `String` et l'opérateur de concaténation peuvent être utilisés pour construire la chaîne `nextWeek` qui contient la sous-chaîne 25.

Notez que la conversion d'un objet `String` en valeur `int` requiert un appel explicite de la méthode `parseInt()` définie dans la classe `Integer`, alors que la conversion d'une valeur entière en chaîne peut être effectuée implicitement à l'aide de la concaténation.

L'exemple précédent utilise la classe `Integer`, qui est qualifiée d'*encapsuleur* en Java dans la mesure où elle encapsule le type primitif `int`. Chaque type primitif (voir le chapitre 1) a son encapsuleur dont le but est de fournir des méthodes.

Par exemple, la classe `Integer` fournit la méthode `parseInt()` aux variables `int`. Nous reviendrons sur le sujet plus en détail au chapitre 6.

2.10 RÉSUMÉ DES MÉTHODES DE LA CLASSE `String`

Ces méthodes sont définies dans la classe `String` Java. Nous allons les décrire grâce à des exemples, en supposant que `b` et `b1` sont des variables `boolean`, que `c` est une variable `char`, que `i`, `j` et `k` sont des variables `int`, que `n` est une variable `long`, que `x` est une variable `float`, que `y` est une variable `double`, que `a` est un tableau `char[]`, que `buf` est un objet `StringBuffer`, que `s`, `s1` et `s2` sont des objets `String` et que `o` est n'importe quel objet :

```
String str = new String();
String str = new String(a);
String str = new String(buf);
String str = new String(s);
String str = new String(a, i, j);
String str = String.copyValue(a);
String str = String.copyValue(a, i, j);
String str = String.valueOf(b);
String str = String.valueOf(c);
String str = String.valueOf(i);
String str = String.valueOf(n);
String str = String.valueOf(x);
String str = String.valueOf(y);
String str = String.valueOf(a);
String str = String.valueOf(a, i, j);
String str = String.valueOf(o);
s = str.toString();
i = str.length();
c = str.charAt(i);
buf.getChars(i, j, a, k);
i = str.compareTo(s);
s = str.concat(s1);
b = str.endsWith(s1);
b = str.startsWith(s1);
b = str.startsWith(s1, i);
b = str.equals(s1);
b = str.equalsIgnoreCase(s1);
i = str.hashCode();
i = str.indexOf(c);
i = str.indexOf(c, i);
i = str.indexOf(s);
i = str.indexOf(s, i);
i = str.lastIndexOf(c);
i = str.lastIndexOf(c, i);
i = str.lastIndexOf(s);
i = str.lastIndexOf(s, i);
b = str.regionMatches(i, s, j, k);
b = str.regionMatches(b1, i, s, j, k);
s = str.substring(i);
```

```
s = str.substring(i, j);
a = str.toChar();
s = str.toLowerCase();
s = str.toLowerCase(i);
s = str.toUpperCase();
s = str.toUpperCase(i);
s = str.trim();
```

Pour plus de détails et d'exemples, reportez-vous au livre **[Chan1]**.

2.11 LA CLASSE StringBuffer

La classe `String` est l'une des plus utiles lorsque vous programmez en Java. Mais elle présente un inconvénient puisque ses instances (objets) sont immuables. Dans tous les exemples que nous venons de voir, les chaînes peuvent uniquement être modifiées à l'aide d'un nouvel objet `String`, créé explicitement ou implicitement. C'est la raison pour laquelle Java propose une classe `StringBuffer` pour les objets chaîne qui doivent être modifiés. Cette seconde classe est nécessaire dans la mesure où la modification d'une chaîne demande plus d'espace et quelques étapes supplémentaires. Si vous n'avez pas besoin de changer une chaîne, privilégiez donc la classe `String`, qui est plus simple.

Exemple 2.10 Utilisation des objets `StringBuffer`

```
1  class TestStringBuf {
2    public static void main(String[] args) {
3      StringBuffer buf = new StringBuffer(10);
4      System.out.println("buf = " + buf);
5      System.out.println("buf.length() = " + buf.length());
6      System.out.println("buf.capacity() = " + buf.capacity());
7    }
8  }
```

Vous obtenez la sortie suivante :

```
buf =
buf.length() = 0
buf.capacity() = 10
```

L'instruction de la ligne 3 crée un objet `StringBuffer` nommé `buf` avec une capacité de 10 caractères. Il s'agit là de l'une des fonctionnalités principales des objets `StringBuffer` qui peuvent avoir des cellules de caractères inutilisées, contrairement aux objets `String`.

Exemple 2.11 Modification des objets `StringBuffer`

Ce programme illustre la flexibilité des objets `StringBuffer`. Il crée un seul objet, `buf`, qui est ensuite modifié plusieurs fois à l'aide de l'opérateur de concaténation et de la méthode `append()`.

```
class TestAppending {
  public static void main(String[] args){
    StringBuffer buf = new StringBuffer(10);
    buf.append("It was");
    System.out.println("buf = " + buf);
    System.out.println("buf.length() = " + buf.length());
```

```
7         System.out.println("buf.capacity() = " + buf.capacity());
8         buf.append(" the best");
9         System.out.println("buf = " + buf);
10        System.out.println("buf.length() = " + buf.length());
11        System.out.println("buf.capacity() = " + buf.capacity());
12        buf.append(" of times.");
13        System.out.println("buf = " + buf);
14        System.out.println("buf.length() = " + buf.length());
15        System.out.println("buf.capacity() = " + buf.capacity());
16    }
17 }
```

Vous obtenez la sortie suivante :

```
buf = It was
buf.length() = 6
buf.capacity() = 10
buf = It was the best
buf.length() = 15
buf.capacity() = 22
buf = It was the best of times.
buf.length() = 25
buf.capacity() = 46
```

L'objet `StringBuffer` nommé `buf` est initialisé comme étant vide avec une capacité de 10 caractères. Après l'exécution de l'instruction

```
4  buf.append("It was");
```

6 des 10 caractères sont utilisés. Après l'appel suivant de la méthode `append()`

```
8  buf.append(" the best");
```

l'objet se voit affecter une capacité de 22 caractères, dont 15 sont utilisés, comme illustré à la figure 11.

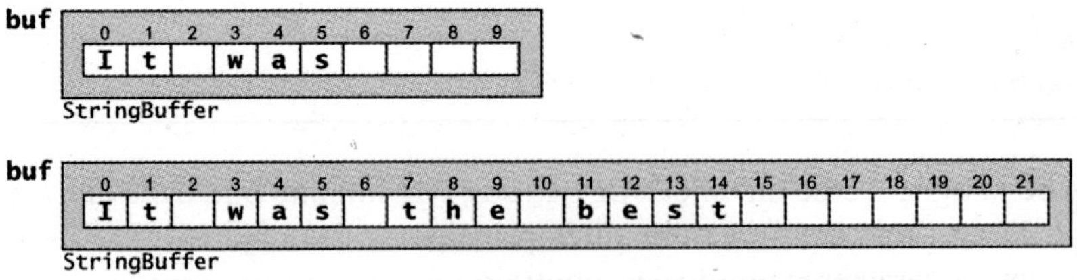

Figure 2.11 L'objet **buf** de l'exemple 2.10

Vous pouvez constater ici la différence entre la longueur et la capacité de l'objet `buf`. La longueur croît avec le nombre de caractères ajoutés à la chaîne, tandis que la capacité augmente uniquement lorsque la capacité courante est dépassée par la nouvelle longueur.

La capacité d'un objet `StringBuffer` est modifiée automatiquement par le système d'exploitation dès que nécessaire. Le programmeur peut simplement initialiser cette capacité lors de la création de l'objet, comme nous l'avons vu à l'exemple 2.10. Quand la capacité est modifiée, l'objet doit être totalement restructuré et déplacé dans la mémoire de l'ordinateur. Afin d'éviter ce surplus de travail, mieux vaut donc initialiser l'objet avec une capacité suffisante.

La classe `StringBuffer` est donc adaptée à la création d'une chaîne par cumul de séquences de caractères. Cependant, il est préférable de l'éviter pour éditer une chaîne, comme nous allons le voir maintenant.

Exemple 2.12 Remplacement des objets `StringBuffer`

Ce programme vous apprend à modifier le contenu d'un buffer.

```
class BufReplacing {
  public static void main(String[] args) {
    StringBuffer buf = new StringBuffer();
    buf.append("It was the best of times.");
    System.out.println("buf = " + buf);
    System.out.println("buf.length() = " + buf.length());
    System.out.println("buf.capacity() = " + buf.capacity());
    buf.setCharAt(11, 'w');
    System.out.println("buf = " + buf);
    buf.setCharAt(12, 'o');
    System.out.println("buf = " + buf);
    buf.insert(13, "r");
    System.out.println("buf = " + buf);
  }
}
```

Vous obtenez la sortie suivante :

```
buf = It was the best of times.
buf.length() = 25
buf.capacity() = 34
buf = It was the west of times.
buf = It was the wost of times.
buf = It was the worst of times.
```

Pour remplacer la chaîne `It was the best of times` par `It was the worst of times`, nous avons modifié deux caractères en appelant la méthode `setCharAt()` deux fois, puis nous avons appelé la méthode `insert()` afin d'insérer un nouveau caractère. Vous pouvez donc constater que la classe `StringBuffer` n'est pas adaptée à la modification de chaînes. Dans le cas présent, il aurait été préférable de créer complètement la seconde chaîne.

Exemple 2.13 Conversion des objets `StringBuffer` en objets `String`

```
class TestToString {
  public static void main(String[] args) {
    StringBuffer buf = new StringBuffer("it was the age of
                                         wisdom,");
    System.out.println("buf = " + buf);
    System.out.println("buf.length() = " + buf.length());
    System.out.println("buf.capacity() = " + buf.capacity());
    String str = buf.toString();
    System.out.println("str = " + str);
    System.out.println("str.length() = " + str.length());
    buf.append(" " + str.substring(0, 18) + "foolishness,");
    System.out.println("buf = " + buf);
    System.out.println("buf.length() = " + buf.length());
```

```
        System.out.println("buf.capacity() = " + buf.capacity());
        System.out.println("str = " + str);
    }
}
```

Vous obtenez la sortie suivante :

```
buf = it was the age of wisdom,
buf.length() = 25
buf.capacity() = 41
str = it was the age of wisdom,
str.length() = 25
buf = it was the age of wisdom, it was the age of foolishness,
buf.length() = 56
buf.capacity() = 84
str = it was the age of wisdom,
```

L'objet `buf` est créé avec une longueur de 25 caractères et une capacité de 41 caractères après avoir été initialisé avec l'objet littéral `String` nommé `"it was the age of wisdom,"` (vous remarquerez que ce littéral est composé de 25 caractères).

Cette méthode permet également d'initialiser les objets `StringBuffer` : vous pouvez spécifier leur capacité numérique explicitement (en définissant une longueur égale à 0), comme illustré à l'exemple 2.9 ou bien spécifier leur contenu de chaîne explicitement en définissant une longueur égale au nombre de caractères de la chaîne et en laissant le système d'exploitation déterminer la capacitié initiale.

L'instruction

```
String str = buf.toString();
```

crée l'objet `String` nommé `str` qui contiendra la chaîne de 25 caractères se trouvant dans l'objet `StringBuffer` nommé `buf`. L'instruction :

```
buf.append(" " + str.substring(0, 18) + "foolishness,");
```

modifie l'objet `StringBuffer` nommé `buf` en lui ajoutant une nouvelle clause. Elle n'a aucune influence sur l'objet `str`, comme le montre la dernière ligne de sortie.

Contrairement à la capacité, la longueur de l'objet `StringBuffer` peut être réinitialisée explicitement par le programmeur. Si celui-ci la réduit, il coupe la chaîne. S'il l'augmente, des caractères `null` sont ajoutés à cette dernière. Le caractère `null` est le seul qui ne soit pas détecté lorsqu'il est imprimé ou affiché à l'écran. L'exemple suivant illustre les conséquences d'une réduction de la longueur du buffer.

Exemple 2.14 Réinitialisation de la longueur et inversion des objets `StringBuffer`

Ce programme illustre l'utilisation des méthodes `setLength()` et `reverse()`.

```
class TestSetLength {
  public static void main(String[] args) {
    StringBuffer buf
    = new StringBuffer("It is a far, far better thing that I
                        do");
    System.out.println("buf = " + buf);
    System.out.println("buf.length() = " + buf.length());
    System.out.println("buf.capacity() = " + buf.capacity());
```

```
        buf.setLength(60);
        System.out.println("buf = " + buf);
        System.out.println("buf.length() = " + buf.length());
        System.out.println("buf.capacity() = " + buf.capacity());
        buf.setLength(30);
        System.out.println("buf = " + buf);
        System.out.println("buf.length() = " + buf.length());
        System.out.println("buf.capacity() = " + buf.capacity());
        buf.reverse();
        System.out.println("buf = " + buf);
        System.out.println("buf.length() = " + buf.length());
        System.out.println("buf.capacity() = " + buf.capacity());
    }
}
```

Vous obtenez la sortie suivante :

```
buf = It is a far, far better thing that I do
buf.length() = 39
buf.capacity() = 55
buf = It is a far, far better thing that I do
buf.length() = 60
buf.capacity() = 112
buf = It is a far, far better thing
buf.length() = 30
buf.capacity() = 112
buf = gniht retteb raf ,raf a si tI
buf.length() = 30
buf.capacity() = 112
```

L'instruction :

```
buf.setLength(60);
```

augmente la longueur du buffer de 39 à 60 caractères en lui ajoutant 21 caractères `null`. Cette modification n'apparaît pas dans la sortie du buffer dans la mesure où les caractères `null` sont invisibles.
L'instruction

```
buf.setLength(30);
```

réduit la longueur du buffer de 60 à 30 caractères en supprimant les 30 derniers caractères : les 9 caractères de la sous-chaîne `that I do` et les 21 caractères `null` que nous venons d'ajouter. Vous remarquerez que la capacité ne diminue pas du tout.
L'instruction :

```
buf.reverse();
```

inverse la chaîne de l'objet `buf`. Cette méthode n'est pas très utile, mais elle vous permet de comprendre que les objets `StringBuffer` peuvent se modifier.

2.12 RÉSUMÉ DES MÉTHODES DE LA CLASSE StringBuffer

Ces méthodes sont définies dans la classe `StringBuffer`. Elles sont décrites à l'aide d'exemples pour lesquels nous supposerons que `b` est une variable `boolean`, `c` est une variable `char`, `i`, `j` et `k` sont des variables `int`, `n` est une variable `long`, `x` est une variable `float`, `y` est une variable `double`, `a` est un tableau `char[]`, `s` est un objet `String` et `o` est n'importe quel objet :

```
StringBuffer buf = new StringBuffer();
StringBuffer buf1 = new StringBuffer(100);
StringBuffer buf2 = new StringBuffer(s);
s = buf.toString();
i = buf.length();
i = buf.capacity();
c = buf.charAt(i);
buf.setCharAt(i, c);
buf.getChars(i, j, a, k);
buf.setLength(i);
buf.ensureCapacity(i);
buf.append(b);
buf.append(c);
buf.append(i);
buf.append(n);
buf.append(x);
buf.append(y);
buf.append(a);
buf.append(o);
buf.append(s);
buf.append(a, i, j);
buf.insert(i, b);
buf.insert(i, c);
buf.insert(i, i);
buf.insert(i, n);
buf.insert(i, x);
buf.insert(i, y);
buf.insert(i, a);
buf.insert(i, o);
buf.insert(i, s);
buf.reverse();
```

? QUESTIONS

2.1 Quelle sous-chaîne est renvoyée par l'appel `alphabet.substring(6, 10)` ?

2.2 Quelle est la longueur de la sous-chaîne renvoyée par l'appel `alphabet.substring(9, 16)` ?

2.3 Pourquoi l'appel `alphabet.substring(14, 14)` produit-il le même résultat que `alphabet.substring(4, 4)` ?

2.4 Pourquoi l'appel `alphabet.substring(41, 41)` échoue-t-il ?

2.5 Qu'est-ce que la surcharge ?

2.6 Qu'est-ce que la composition de méthodes ?

2.7 Quelle est la différence principale entre la classe `String` et la classe `StringBuffer` ?

2.8 Quelle est la différence entre la longueur d'un objet `StringBuffer` et sa capacité ?

¿ RÉPONSES

2.1 L'appel `alphabet.substring(6, 10)` renvoie la sous-chaîne « `GHIJ` ».

2.2 La sous-chaîne renvoyée par l'appel `alphabet.substring(9, 16)` a une longueur égale à $16 - 9 = 7$.

2.3 Les appels `alphabet.substring(14, 14)` et `alphabet.substring(4, 4)` ont le même effet parce qu'ils renvoient tous les deux la chaîne vide unique.

2.4 L'appel `alphabet.substring(41, 41)` échoue parce qu'aucun caractère de la chaîne `alphabet` n'a l'index numéro 41. Le dernier caractère (`'Z'`) a le numéro d'index 25.

2.5 Le terme surcharge fait référence à la possibilité de déclarer différentes méthodes avec le même nom.

2.6 Deux méthodes sont dites composées lorsque la valeur renvoyée par l'une d'entre elles est utilisée directement comme entrée de la seconde (voir l'exemple 2.7).

2.7 Les instances (objets) de la classe `String` sont immuables, ce qui signifie qu'elles ne peuvent pas être modifiées, alors que celles de la classe `StringBuffer` n'ont pas cette limite.

2.8 La longueur d'un objet `StringBuffer` correspond au nombre de caractères qu'il contient, alors que sa capacité indique le nombre de caractères qu'il est susceptible de contenir sans être étendu.

? EXERCICES D'ENTRAÎNEMENT

2.1 Modifiez l'exemple 2.1 pour qu'il imprime votre nom et ses attributs.

2.2 Modifiez l'exemple 2.1 pour qu'il imprime le nom de votre père et ses attributs.

2.3 Écrivez et exécutez un programme Java capable de :

- Déclarer un objet `String` nommé `s` contenant la chaîne `Call me Ishmael.`
- Imprimer la chaîne complète.
- Utiliser la méthode `length()` pour imprimer la longueur de la chaîne.
- Utiliser la méthode `charAt()` pour imprimer le premier caractère de la chaîne.
- Utiliser les méthodes `charAt()` et `length()` pour imprimer le dernier caractère de la chaîne.
- Utilisez les méthodes `indexOf()` et `substring()` pour imprimer le premier mot de la chaîne.

2.4 Réécrivez le programme de l'exemple 2.6 en supprimant la composition.

2.5 Écrivez et exécutez un programme Java capable d'entrer une chaîne composée de 10 chiffres correspondant à un numéro de téléphone aux États-Unis, d'extraire comme des chaînes distinctes l'indicatif composé de trois chiffres, les trois chiffres suivants et le dernier bloc de quatre chiffres, de les imprimer, puis d'imprimer le numéro de téléphone complet au format standard. L'exécution du code doit générer une sortie similaire à celle-ci :

```
Entrez un numero de telephone de 10 chiffres : 1234567890
Vous avez saisi 1234567890
L'indicatif est 123
Le premier bloc est 456
Le second bloc est 7890
Le numero de telephone complet est (123)456-7890
```

2.6 Le problème du bogue de l'an 2000 (Y2K en anglais pour Year 2000) était dû au fait que des milliers d'ordinateurs dans le monde utilisaient uniquement deux chiffres pour spécifier l'année dans les dates stockées. Les programmeurs craignaient donc que le 1er janvier 2000 soit interprété comme le 1er janvier 1900 par les logiciels, créant ainsi des erreurs imprévisibles et des plantages du système. Afin d'éviter ce problème, écrivez un programme Java capable d'entrer une date au format `mm/jj/aa` et de l'afficher au format `mm/jj/19aa`. Par exemple, si vous entrez `06/30/98`, la sortie `06/30/1998` s'affiche.

2.7 Écrivez et exécutez un programme Java capable d'entrer un nom de personne au format *Prénoms, Nom de famille* et de l'imprimer sous la forme *Nom de famille, Prénom, Initiale du deuxième prénom*. Par exemple, l'entrée

```
William Jefferson Clinton
```

produira la sortie

```
Clinton, William J.
```

2.8 Écrivez et exécutez un programme Java capable de mettre une majuscule aux premières lettres d'un nom composé de deux mots. Par exemple, l'entrée

```
noRtH CARolIna
```

produira la sortie

```
North Carolina
```

¿ SOLUTIONS

2.1 Votre solution sera légèrement différente de celle du livre, sauf si vous portez le même nom que l'auteur :

```
class MyName {
  public static void main(String[] args) {
    String name = "John R. Hubbard";
    System.out.println("Cette chaine est : " + name);
    System.out.println("Sa longueur est : " + name.length());
```

```
    System.out.println("Le caractere de l'index 4 est : "
                       + name.charAt(4));
    System.out.println("L'index du caractere '.' est : "
                       + name.indexOf('.'));
    System.out.println("Sa version en minuscules est : "
                       + name.toLowerCase());
    System.out.println("Sa version en majuscules est : "
                       + name.toUpperCase());
    System.out.println("name.substring(5,12): "
                       + name.substring(5,12));
    System.out.println("name.replace('b','f'): "
                       + name.replace('b','f'));
    System.out.println("Cette chaine est toujours : " + name);
  }
}
```

2.2 Votre solution sera légèrement différente, sauf si vous avez le même père que l'auteur :

```
class MyFather {
  public static void main(String[] args) {
    String name = "Willard W. Hubbard III";
    System.out.println("Cette chaine est : " + name);
    System.out.println("Sa longueur est : " + name.length());
    System.out.println("Le caractere de l'index 12 est : "
                       + name.charAt(12));
    System.out.println("L'index du caractere '.' est : "
                       + name.indexOf('.'));
    System.out.println("Sa version en minuscules est : "
                       + name.toLowerCase());
    System.out.println("Sa version en majuscules est : "
                       + name.toUpperCase());
    System.out.println("name.substring(8, 18): "
                       + name.substring(8, 18));
    System.out.println("name.replace('W','D'): "
                       + name.replace('W','D'));
    System.out.println("Cette chaine est toujours : " + name);
  }
}
```

2.3

```
class Ishmael {
  public static void main(String[] args) {
    String s = "Call me Ishmael.";
    System.out.println(s);
    System.out.println("La longueur de la chaine est "
                       + s.length());
    System.out.println("Le premier caractere est " + s.charAt(0));
    System.out.println("Le dernier caractere est "
                       + s.charAt(s.length()-1));
    System.out.println("Le premier mot est "
                       + s.substring(0, s.indexOf(' ')));
  }
}
```

2.4

```
class Replacing {
  public static void main(String[] args) {
    String inventor = "Charles Babbage";
    System.out.println(inventor);
```

```
    String temp = inventor.replace('B', 'C');
    System.out.println(temp);
    temp = inventor.replace('a', 'o');
    System.out.println(temp);
    System.out.println(inventor);
  }
}
```

2.5

```
import java.io.*;
class TelephoneNumbers {
  public static void main(String[] args) throws IOException {
    InputStreamReader reader = new InputStreamReader(System.in);
    BufferedReader input = new BufferedReader(reader);
    System.out.print("Entrez un numero de telephone de 10
                     chiffres : ");
    String telephone = input.readLine();
    System.out.println("Vous avez saisi " + telephone);
    String areaCode = telephone.substring(0,3);
    System.out.println("L'indicatif est " + areaCode);
    String exchange = telephone.substring(3,6);
    System.out.println("Le premier bloc est " + exchange);
    String number = telephone.substring(6);
    System.out.println("Le second bloc est " + number);
    System.out.println("Le numero de telephone complet est "
          + "(" + areaCode + ")" + exchange + "-" + number);
  }
}
```

2.6

```
import java.io.*;
class FixY2K {
  public static void main(String[] args) throws IOException {
    InputStreamReader reader = new InputStreamReader(System.in);
    BufferedReader input = new BufferedReader(reader);
    System.out.print("Entrez l'annee : ");
    String date = input.readLine();
    System.out.println("Vous avez saisi " + date);
    String firstPart = date.substring(0,6);
    String secondPart = date.substring(6);
    date = firstPart + "19" + secondPart;
    System.out.println("La forme complete est " + date);
  }
}
```

2.7

```
import java.io.*;
class LastNameFirst {
  public static void main(String[] args) throws IOException {
    InputStreamReader reader = new InputStreamReader(System.in);
    BufferedReader in = new BufferedReader(reader);
    System.out.print("Entrez un nom (prenoms puis nom de famille):
                     ");
    String name = in.readLine();
    System.out.println("Vous avez saisi " + name);
    int i = name.indexOf(' ');
    int j = name.lastIndexOf(' ');
    String first = name.substring(0, i);
    String middle = name.substring(i+1, i+2);
    String last = name.substring(j+1);
```

```
    System.out.println(last + ", " + first + " " + middle + ".");
  }
}
```

2.8

```
import java.io.*;
class Capitalize {
  public static void main(String[] args) throws IOException {
    InputStreamReader reader = new InputStreamReader(System.in);
    BufferedReader in = new BufferedReader(reader);
    System.out.print("Entrez un nom en deux mots (comme noRtH
                  CARolIna): ");
    String name = in.readLine();
    System.out.println("Vous avez saisi " + name);
    int i = name.indexOf(' ');
    int j = name.lastIndexOf(' ');
    String s0 = name.substring(0, 1).toUpperCase();
    String s1 = name.substring(1, i).toLowerCase();
    String s2 = name.substring(j, j+2).toUpperCase();
    String s3 = name.substring(j+2).toLowerCase();
    System.out.println(s0 + s1 + s2 + s3);
  }
}
```

Chapitre 3

La sélection

Les instructions de contrôle qui permettent d'avoir recours à des actions reposant sur des conditions évaluées lors de l'exécution sont généralement qualifiées d'*instructions de sélection*. Il s'agit notamment des instructions `if` et `switch` que nous verrons en détail ici. Nous étudierons également les différentes structures des conditions.

3.1 L'INSTRUCTION `if`

L'instruction `if` permet d'effectuer des exécutions conditionnelles. Elle est exécutée uniquement si la condition est vraie. La syntaxe d'une instruction `if` simple est la suivante :

```
if ( condition ) statement ;
```

`condition` correspondant à une expression booléenne et `statement` à l'instruction qui sera exécutée si la valeur de l'expression booléenne est `true`. Une expression booléenne dont la valeur est de type `boolean` est soit `true`, soit `false`. Il s'agit en fait d'une condition logique.

Exemple 3.1 Test d'un entier aléatoire négatif

Ce programme utilise un générateur de nombres aléatoires afin de créer un nombre entier aléatoire, puis il indique si celui-ci est négatif.

```
1  import java.util.Random;
2  class RandomInteger {
3    public static void main(String[] args) {
4      Random random = new Random();
5      int n = random.nextInt();
6      System.out.println("n = " + n);
7      if (n < 0) System.out.println("**** n < 0");
8      System.out.println("Goodbye.");
9    }
10 }
```

La ligne 1 « importe » la classe `Random`, qui est utilisée à la ligne 4 afin d'instancier un générateur de nombres aléatoires nommé `random`. Celui-ci génère un entier aléatoire nommé `n` à la ligne 5. L'instruction `if` de la ligne 7 évalue la condition `(n < 0)`. Si cette dernière est `true`, la chaîne

"**** n < 0" est imprimée. Dans le cas contraire, si elle est false (c'est-à-dire si n n'est pas négatif), cette chaîne n'est pas imprimée et l'exécution passe directement à la ligne 8, qui imprime "Goodbye.". L'instruction de sortie de la ligne 8 ne dépend pas de l'instruction if, c'est pourquoi elle est exécutée quelle que soit la condition.

Vous trouverez ci-après le résultat de trois exécutions consécutives du programme :

Exécution 1 :

```
n = 720138778
Goodbye.
```

Exécution 2 :

```
n = -101963997
**** n < 0
Goodbye.
```

Exécution 3 :

```
n = 492857803
Goodbye.
```

Comme vous pouvez le constater, les valeurs de n générées par l'objet random sont imprévisibles. L'instruction println() de la ligne 7 est exécutée uniquement lorsque la valeur n est négative.

Certains exemples de ce chapitre utilisent la classe Random qui est définie dans le paquetage java.util. La figure 3.1 présente la documentation de la méthode nextInt() qui est utilisée à la ligne 5 du programme que nous venons de voir. Il s'agit de la méthode standard de génération des nombres entiers aléatoires.

La méthode nextInt() a deux versions. Celle qui figure dans ce programme ne prend pas d'arguments et renvoie des entiers aléatoires répartis de façon uniforme dans l'intervalle de – 2,147,483,648 à 2,147,483,647. Cela signifie que chaque valeur du type int a les mêmes chances d'être renvoyée par cette méthode. En revanche, la version à un argument renvoie des entiers aléatoires répartis de façon uniforme dans l'intervalle de 0 à n-1, n correspondant à la valeur qui est passée à la méthode. Par exemple, l'appel random.nextInt(6) renvoie un entier aléatoire compris entre 0 et 5.

La méthode nextDouble() de la classe Random est également utilisée couramment. Elle renvoie des nombres décimaux de type double qui sont répartis uniformément dans l'intervalle de 0 à 1.

Grâce à la définition de Random comme classe, Java encapsule le concept du générateur de nombres aléatoires.

L'objet random de l'exemple 3.1 est une instance de cette classe. Il s'agit d'une espèce de boîte noire qui contient un mécanisme inconnu de génération de nombres aléatoires. Dès que vous lui demandez un nombre aléatoire en appelant une de ses méthodes next, il vous en fournit un. Vous n'avez pas besoin de comprendre son fonctionnement, de la même manière qu'il est complètement inutile de chercher à savoir comment un ordinateur transmet les e-mails.

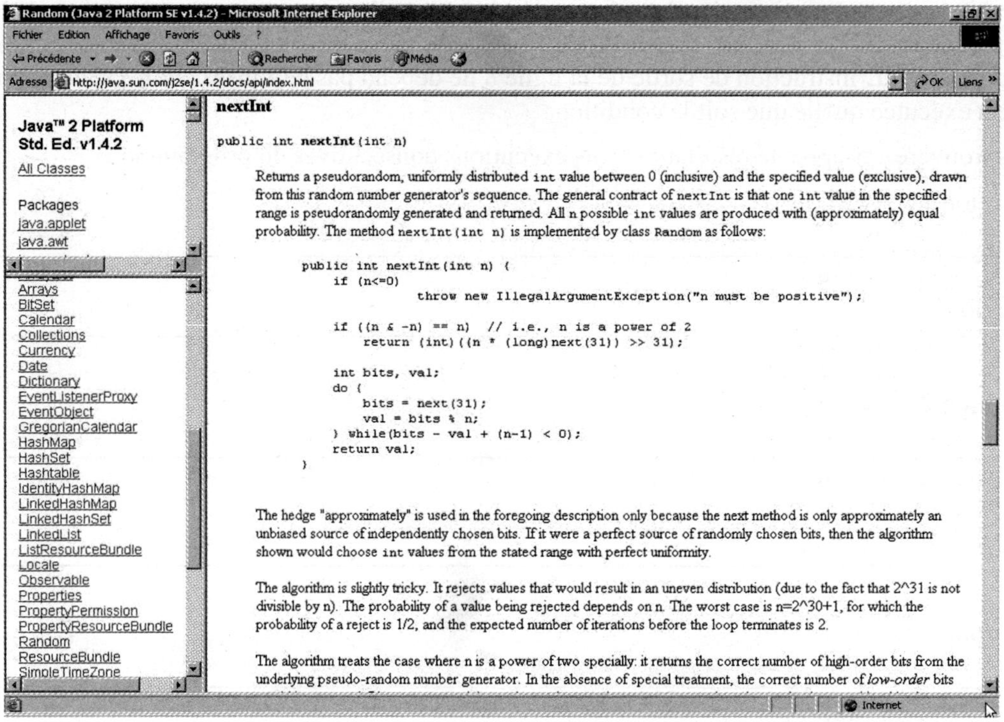

Figure 3.1 La méthode **`nextInt()`** de la classe **`Random`** du paquetage **`java.util`**

3.2 L'INSTRUCTION `if...else`

L'instruction `if...else...` comprend l'instruction `if` associée à la clause `else`. Elle fonctionne comme l'instruction `if` mais, lorsque la condition est `false`, l'instruction insérée dans la clause `else` est exécutée. La syntaxe de cette instruction est la suivante :

```
if ( condition ) statement1 ;
else ( condition ) statement2 ;
```

`statement1` ou *`statement2`* sont exécutées, mais jamais les deux, selon que la condition est `true` ou `false`.

Exemple 3.2 Test du minimum de deux entiers aléatoires

Ce programme utilise un objet nombre aléatoire pour générer deux entiers. Il détermine ensuite le plus petit nombre et affiche le résultat.

```
import java.util.Random;
class PrintMinimum {
  public static void main(String[] args) {
    Random random = new Random();
    int m = random.nextInt();
    System.out.println("m = " + m);
    int n = random.nextInt();
    System.out.println("n = " + n);
```

```
9       if (m < n) System.out.println("Le minimum est " + m);
10      else System.out.println("Le minimum est " + n);
11    }
12 }
```

Ce programme est similaire à celui de l'exemple 3.1. Cependant, une ligne de sortie est maintenant imprimée à la ligne 9 lorsque la condition `(m < n)` est `true` et une autre ligne de sortie est imprimée à la ligne 10 lorsque la condition est `false`.

Voici la sortie de trois exécutions consécutives :

Exécution 1 :

```
m = 1589634066
n = -716919032
Le minimum est -716919032
```

Exécution 2 :

```
m = -1439894098
n = -59632402
Le minimum est -1439894098
```

Exécution 3 :

```
m = -411845037
n = 567066459
Le minimum est -411845037
```

3.3 LA COMBINAISON `if...else if`

L'instruction `if...else...` vous permet d'exécuter des conditionnelles qui reposent sur deux possibilités. Si vous devez traiter plus de deux alternatives, vous pouvez relier plusieurs instructions `if...else...` Il s'agit alors d'une instruction `if...else if...`

Exemple 3.3 Choix parmi quatre possibilités

Ce programme génère un nombre décimal aléatoire compris dans un intervalle de 0 à 1, puis il indique dans quel intervalle il se trouve parmi les quatre proposés :

```
import java.util.Random;
class RandomDecimal {
  public static void main(String[] args) {
    Random random = new Random();
    double t = random.nextDouble();
    System.out.println("t = " + t);
    if (t < 0.25) System.out.println("0 <= t < 1/4");
    else if (t < 0.5) System.out.println("1/4 <= t < 1/2");
    else if (t < 0.75) System.out.println("1/2 <= t < 3/4");
    else System.out.println("3/4 <= t < 1");
  }
}
```

Voici le résultat de trois exécutions consécutives de ce programme :
Exécution 1 :

```
t = 0.5979526952214973
1/2 <= t < 3/4
```

Exécution 2 :

```
t = 0.8205623262672468
3/4 <= t < 1
```

Exécution 3 :

```
t = 0.058669499596328056
0 <= t < 1/4
```

3.4 CONDITIONNELLES IMBRIQUÉES

La syntaxe des instructions `if` et `if...else...` vous permet d'utiliser n'importe quelle instruction dans la clause `if` ou `else`. Cela signifie que vous pouvez ajouter d'autres instructions `if` ou `if...else...` dans une instruction `if` ou dans une clause `else`. Cette opération est qualifiée d'imbrication d'instructions dans d'autres instructions. En règle générale, utilisez ces instructions avec parcimonie car elles provoquent des erreurs et leur logique n'est pas toujours aisée à comprendre.

La combinaison `if...else if...` illustrée à la section 3.3 contient en quelque sorte des conditionnelles imbriquées. Pour vous en rendre compte, il suffit de reformater le code de l'exemple 3.3 de la façon suivante :

```
if (t < 0.25) System.out.println("0 <= t < 1/4");
else
  if (t < 0.5) System.out.println("1/4 <= t < 1/2");
  else
   if (t < 0.75) System.out.println("1/2 <= t < 3/4");
   else System.out.println("3/4 <= t < 1");
```

Bien que cet exemple respecte les conventions relatives à l'indentation des instructions imbriquées, la plupart des programmeurs privilégient la forme non indentée de la combinaison `if...else if...` en raison de sa clarté. Elle permet en effet de distinguer plus aisément la logique des instructions.

Exemple 3.4 Définition de l'ordre de trois nombres

Ce programme utilise des comparaisons par paire afin de déterminer l'ordre croissant de trois nombres décimaux générés de façon aléatoire :

```
import java.util.Random;
class ChoosingAlternatives {
  public static void main(String[] args) {
    Random random = new Random();
    float a = random.nextFloat();
    System.out.println("a = " + a);
    float b = random.nextFloat();
```

```
8       System.out.println("b = " + b);
9       float c = random.nextFloat();
10      System.out.println("c = " + c);
11      if (a < b)
12        if (b < c) System.out.println("a < b < c");
13        else // a < b et b >= c
14           if (a < c) System.out.println("a < c <= b");
15           else System.out.println("c < a <= b");
16       else // a >= b
17          if (a < c) System.out.println("b <= a < c");
18          else // a >= b et a >= c
19             if (b < c) System.out.println("b < c <= a");
20             else System.out.println("c <= b <= a");
21    }
22 }
```

Soit *a* est inférieur à *b*, soit il ne l'est pas. S'il est inférieur, il reste trois alternatives à considérer : $a < b < c$, $a < c < b$ ou $c < a < b$.

Les conditionnelles des lignes 12 et 14 vous permettent de tester ces possibilités. De la même manière, les trois alternatives de *a* supérieur à *b* sont testées par les conditions des lignes 17 et 19. La figure 3.2 représente l'arbre décisionnel des six résultats possibles de ce programme.

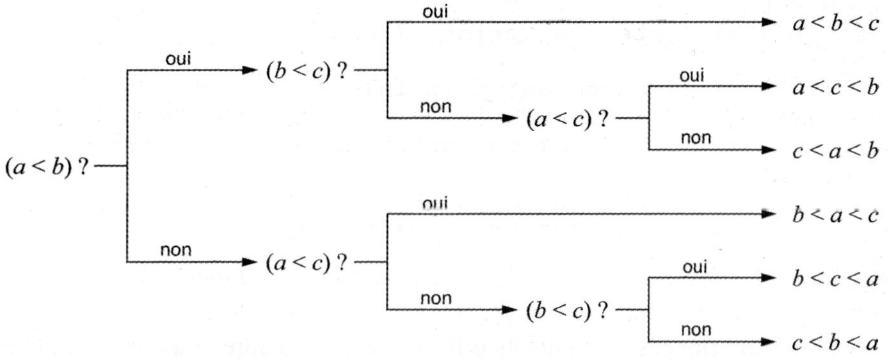

Figure 3.2 Arbre décisionnel de l'exemple 3.4

Voici la sortie d'une exécution :

```
a = 0.34565938
b = 0.3545665
c = 0.057765722
c < a < b
```

Notez comment le contenu des instructions `if..else...` est indenté à l'exemple 3.4. Si vous prenez la peine de formater correctement votre code sur ce modèle, vous comprendrez plus aisément la logique de ce type de structure conditionnelle et faciliterez ainsi leur utilisation par ceux qui lisent votre code Java. Mais restez vigilant car ces structures sont à l'origine des pires bogues, à savoir les erreurs de logique que le système ne peut pas vous aider à retrouver. Par exemple, supposons que vous supprimiez accidentellement la ligne 15 de l'exemple 3.4 :

```
11  if (a < b)
12    if (b < c) System.out.println("a < b < c");
13    else
14      if (a < c) System.out.println("a < c < b");
15  else
16    if (a < c) System.out.println("b < a < c");
17    else
18      if (b < c) System.out.println("b < c < a");
19      else System.out.println("c < b < a");
```

Cette version est compilée et exécutée sans problèmes, mais elle génère des résultats erronés qui vous laisseront perplexe ! La règle suivante vous aidera à déboguer ce type d'erreur de logique :

> **Règle :** dans les instructions `if` imbriquées, chaque `else` est associé au dernier `if` précédent qui n'est pas apparié.

Si vous respectez cette règle, vous constaterez que le compilateur regroupe les instructions `if` et `else` du code erroné précédent :

```
11  if (a < b)
12    if (b < c) System.out.println("a < b < c");
13    else
14      if (a < c) System.out.println("a < c < b");
15      else
16        if (a < c) System.out.println("b < a < c");
17        else
18          if (b < c) System.out.println("b < c < a");
19          else System.out.println("c < b < a");
```

Or, ce programme ne correspond pas du tout à ce que nous cherchions à faire. Si `b < a`, rien n'est imprimé, et si `c < a < b`, le programme imprime `"c < b < a"`.

Les conditionnelles imbriquées sont parfois difficiles à comprendre et à déboguer. C'est pourquoi il est généralement préférable de les éviter autant que possible. Dans certains cas, comme celui qui suit, vous n'aurez cependant pas le choix.

Exemple 3.5 La formule quadratique

Ce programme résout les équations quadratiques du type $ax^2 + bx + c = 0$. Il implémente la formule quadratique :

$$x = \frac{-b \pm \sqrt{b^2 - 4ac}}{2a}$$

```
import java.io.*;
class QuadraticFormula {
  public static void main(String[] args) throws IOException {
    Reader reader = new InputStreamReader(System.in);
    BufferedReader input = new BufferedReader(reader);
    System.out.println("Entrez trois coefficients : ");
    System.out.print("\ta: ");
```

```
8       int a = Integer.parseInt(input.readLine());
9       System.out.print("\tb: ");
10      int b = Integer.parseInt(input.readLine());
11      System.out.print("\tc: ");
12      int c = Integer.parseInt(input.readLine());
13      System.out.print("L'equation est : ");
14      if (a == 0)
15        if (b == 0)
16          if (c == 0)
17             System.out.println("0 = 0\nTout nombre est une
18                                            solution.");
19          else // a == 0 && b == 0 && c != 0
20             System.out.println(c + " = 0\nAucun nombre n'est une
21                                            solution.");
22        else // a == 0 && b != 0
23         System.out.println(b + "x + " + c + " = 0\n\tx = " +
24                                  (float)-c/b);
25      else { // a != 0
26        System.out.println(a + "x^2 + " + b + "x + " + c + " = 0");
27        int d = b*b - 4*a*c;
28        if (d < 0)
29          System.out.println("Aucun nombre reel n'est une
30                                            solution.");
31        else if (d == 0)
32          System.out.println("\tx = " + (float)-b/(2*a));
33        else { // d > 0
34          double sd = Math.sqrt(d);
35          System.out.println("\tx1 = " + (float)(-b + sd)/(2*a));
36          System.out.println("\tx2 = " + (float)(-b - sd)/(2*a));
37          }
38        }
39    }
40 }
```

Les trois coefficients *a*, *b* et *c* sont entrés interactivement aux lignes 6 à 12. Le reste du programme imprime l'équation, la résout, puis imprime les solutions le cas échéant.

Le nombre de solutions de l'équation dépend de la valeur des coefficients (c'est-à-dire si certains sont nuls) et du signe du discriminant, $d = b^2 - 4ac$. Nous devons donc considérer six cas distincts :

- $a = b = c = 0 \Rightarrow$ Tout nombre est une solution parce que l'équation est $0 = 0$, ce qui est toujours vrai ;
- $a = b = 0$ et $c \neq 0 \Rightarrow$ Aucune solution parce que l'équation est $c = 0$, ce qui n'est jamais vrai si $c = 0$;
- $a = 0$ et $b \neq 0 \Rightarrow$ Une solution, $x = -c/b$ parce que l'équation est $bx + c = 0$;
- $a \neq 0$ et $d < 0 \Rightarrow$ Aucune solution réelle parce que la racine carrée de d n'est pas réelle ;
- $a \neq 0$ et $d = 0 \Rightarrow$ Une solution, $x = -b/(2a)$ parce que la racine carrée de d est nulle ;
- $a \neq 0$ et $d > 0 \Rightarrow$ Deux solutions données par la formule quadratique complète.

Ces cas sont représentés à la figure 3.3.

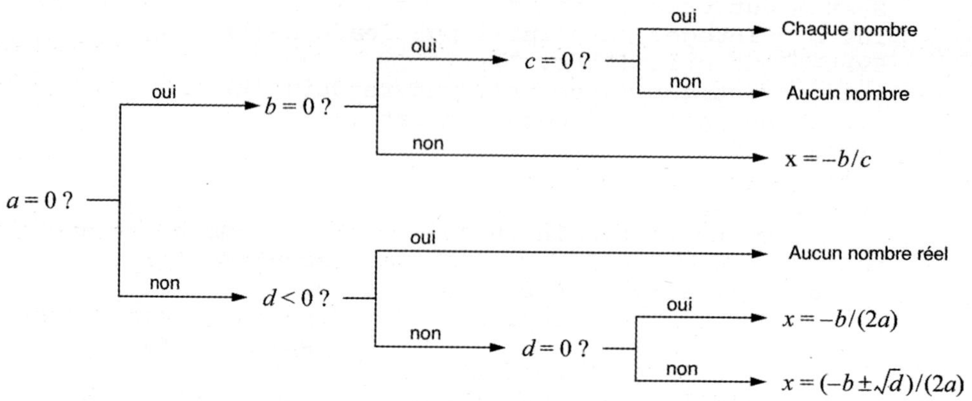

Figure 3.3 Arbre décisionnel de l'exemple 3.5

Voici le résultat de trois exécutions de ce programme :
Exécution 1 :

```
Entrez trois coefficients :
a: 0
b: 0
c: 7
L'equation est : 7 = 0
Aucun nombre n'est une solution.
```

Exécution 2 :

```
Entrez trois coefficients :
a: 9
b: -12
c: 4
L'equation est : 9x^2 + -12x + 4 = 0
x = 0.6666667
```

Exécution 3 :

```
Entrez trois coefficients :
a: 2
b: 1
c: -6
L'equation est : 2x^2 + 1x + -6 = 0
x1 = 1.5
x2 = -2.0
```

3.5 LES INSTRUCTIONS COMPOSÉES

La section précédente nous a permis d'étudier les conditionnelles imbriquées qui risquent de générer des erreurs. Afin de remédier à ce problème, privilégiez les conditions composées par rapport à celles qui sont imbriquées.

Exemple 3.6 Instructions `if` parallèles

Ce programme donne le même résultat que celui de l'exemple 3.4, mais ici les instructions imbriquées `if...else...` ont été remplacées par des instructions `if` parallèles.

```
import java.util.Random;
class ParallelIfs {
  public static void main(String[] args) {
    Random random = new Random();
    float a = random.nextFloat();
    System.out.println("a = " + a);
    float b = random.nextFloat();
    System.out.println("b = " + b);
    float c = random.nextFloat();
    System.out.println("c = " + c);
    if (a < b && b < c) System.out.println("a < b < c");
    if (a < c && c < b) System.out.println("a < c < b");
    if (b < a && a < c) System.out.println("b < a < c");
    if (b < c && c < a) System.out.println("b < c < a");
    if (c < a && a < b) System.out.println("c < a < b");
    if (c < b && b < a) System.out.println("c < b < a");
  }
}
```

L'expression `(a < b && b < c)` doit être lue comme « *a* est inférieur à *b* et *b* est inférieur à *c* ». Elle est fausse à moins que les deux conditions `(a < b)` et `(b < c)` ne soient vraies. Étant donné que nous connaissons les six classements possibles, nous pouvons tester toutes les possibilités avec ces six instructions indépendantes.

Notez que ces six instructions `if` sont logiquement équivalentes à l'instruction de combinaison.

```
if (a < b && b < c) System.out.println("a < b < c");
else if (a < c && c < b) System.out.println("a < c < b");
else if (b < a && a < c) System.out.println("b < a < c");
else if (b < c && c < a) System.out.println("b < c < a");
else if (c < a && a < b) System.out.println("c < a < b");
else System.out.println("c < b < a");
```

Cette version est plus efficace, mais moins intuitive. En règle générale, il est préférable de sacrifier de la vitesse afin de gagner en simplicité, particulièrement lorsque la logique utilisée est complexe et risque de provoquer des erreurs.

Attention : l'expression `(a < b < c)` n'est pas une expression booléenne correcte. Vous devez la diviser soit en deux conditions distinctes, `(a < b)` et `(b < c)` comme dans l'exemple 3.4, soit en utilisant une condition composée, `(a < b && b < c)` comme dans l'exemple 3.5.

3.6 LES OPÉRATEURS

Les deux symboles `&&` font partie des opérateurs logiques utilisés dans les programmes Java, au même titre que `||`, qui signifie « ou », et `!` qui signifie « n'est pas ». Les opérateurs logiques regroupent les expressions booléennes de façon à former des expressions booléennes composées, sur le modèle des opérateurs arithmétiques `+`, `-`, `*`, `/` et `%` qui regroupent les expressions arithmétiques afin de créer des expressions arithmétiques composées. En revanche, les opérateurs relationnels `<`, `>`, `==`, `!=`, `<=` et `>=` combinent les expressions arithmétiques pour former des expressions booléennes.

Si *ex1* et *ex2* sont des expressions booléennes, alors

- *ex1* `&&` *ex2* est fausse à moins que *ex1* `ET` *ex2* ne soient vraies
- *ex1* `||` *ex2* est vraie à moins que *ex1* `ET` *ex2* ne soient fausses
- *!ex1* est vraie si et seulement si *ex1* est fausse

Les règles des opérateurs arithmétiques et relationnels sont plus évidentes. Par exemple, si *ex1* et *ex2* sont des expressions arithmétiques, alors *ex1* `<=` *ex2* est vraie à moins que la valeur de *ex1* ne soit supérieure à la valeur de *ex2* : `2 <= 7` est vraie, mais `2 <= -7` est fausse.

Exemple 3.7 Utilisation de l'opérateur « or » ||

```
import java.util.Random;
class TheOrOperator {
  public static void main(String[] args) {
    Random random = new Random();
    float t = random.nextFloat();
    System.out.println("t = " + t);
    if (t < 0.25 || t >= 0.75)
      System.out.println("Soit t < 0.25 soit t >= 0.75");
    else
      System.out.println("0.25 <= t < 0.75");
  }
}
```

Voici deux exemples d'exécution de ce programme :

Exécution 1 :

```
t = 0.3073727
0.25 <= t < 0.75
```

Exécution 2 :

```
t = 0.21682417
Soit t < 0.25 soit t >= 0.7
```

Dans la condition `(t < 0.25 || t >= 0.75)`, `t` doit être inférieur à 0.25 ou bien supérieur ou égal 0.75. Cette condition est vraie si et seulement si `t` se trouve dans un intervalle compris entre 0.25 et 0.75, comme illustré lors de la deuxième exécution.

Exemple 3.8 Combinaison de plusieurs expressions booléennes

À l'instar des opérateurs arithmétiques, les opérateurs logiques peuvent être reliés et combiner ainsi plus de deux expressions.

Ainsi, la condition `if` de ce programme regroupe cinq expressions booléennes.

```
import java.io.*;
class ChainedOps {
  public static void main(String[] args) throws IOException {
    Reader reader = new InputStreamReader(System.in);
    BufferedReader input = new BufferedReader(reader);
    System.out.print("Entrez votre prenom : ");
    String name = input.readLine();
    System.out.println("Hello, " + name.trim());
    char c = name.charAt(0);
    System.out.println("La premiere lettre de votre nom est "
                       + c);
    if (c == 'A' || c == 'E' || c == 'I' || c == 'O' || c == 'U')
      System.out.println("C'est une voyelle.");
    else
      System.out.println("C'est une consonne.");
  }
}
```

Voici deux exécutions simples de ce programme :

Exécution 1 :

```
Entrez votre prenom : John
Hello, John
La premiere lettre de votre nom est J
C'est une consonne.
```

Exécution 2 :

```
Entrez votre prenom : Anita
Hello, Anita
La premiere lettre de votre nom est A
C'est une voyelle.
```

3.7 ORDRE D'ÉVALUATION

Lorsque vous utilisez plusieurs opérateurs différents dans une expression combinée, il est important de savoir dans quel ordre le compilateur évaluera les opérateurs. Vous connaissez sans aucun doute l'ordre des opérateurs arithmétiques. Par exemple, dans l'expression

```
9 - 4 * 2
```

l'opérateur de multiplication est évalué avant la soustraction, de façon à calculer 9 – (4*2) = 1, et non (9 – 4)*2 = 10.

En Java, les règles suivantes s'appliquent lors de l'évaluation des opérateurs :

- Dans les expressions unaires `op expr` (*opérateur de préfixe*) et `expr op` (*opérateur de postfixe*), l'expression `expr` est évaluée en premier, puis l'opération `op` est effectuée sur la valeur obtenue.

- Dans l'expression binaire `expr1 && expr2`, l'expression `expr1` est évaluée en premier. Si elle est fausse, la valeur de toute l'expression est immédiatement considérée comme fausse, sans évaluation de `expr2`.
- Dans l'expression binaire `expr1 || expr2`, l'expression `expr1` est évaluée en premier. Si elle est vraie, la valeur de toute l'expression est immédiatement considérée comme vraie, sans évaluation de `expr2`.
- Dans toutes les autres expressions binaires `expr1 op expr2`, l'expression `expr1` est évaluée en premier, puis c'est au tour de l'expression `expr2`. L'opération `op` est ensuite appliquée à ces valeurs.
- Dans une expression composée `expr1 op1 expr2 op2 expr3` où l'opérateur `op1` a priorité sur l'opérateur `op2`, ou bien est de même niveau, `expr1` est évaluée en premier, puis c'est au tour de `expr2`. Ensuite, `op1` est appliquée à ces deux valeurs avant l'évaluation de `expr2`, puis l'application de `op2` à ces deux valeurs.
- Dans une expression composée `op1 expr2 op2 expr3` où l'opérateur `op1` n'a pas priorité sur `op2`, `expr2` est évaluée avant `expr3`, puis `op2` est appliquée à ces deux valeurs. `expr1` est ensuite évaluée, puis `op1` est appliquée à ces deux valeurs.
- Les priorités entre les opérateurs logiques, arithmétiques et relationnels sont les suivantes :

  1. ++ (suffixe d'incrément), -- (suffixe de décrément)
  2. ++ (préfixe d'incrément), -- (préfixe de décrément), !
  3. *, /, %
  4. +, -
  5. <, >, <=, >=
  6. ==, !=
  7. &&
  8. ||

Exemple 3.9 Évaluation d'une expression complexe

Évaluez l'expression

```
a * b - c != a / b + c && -- a > b ++ || b % -- c > 0
```

où les valeurs de `a`, `b` et `c` sont respectivement 5, 3 et 1.

Les priorités de ces opérateurs sont illustrées à la figure 3.4.

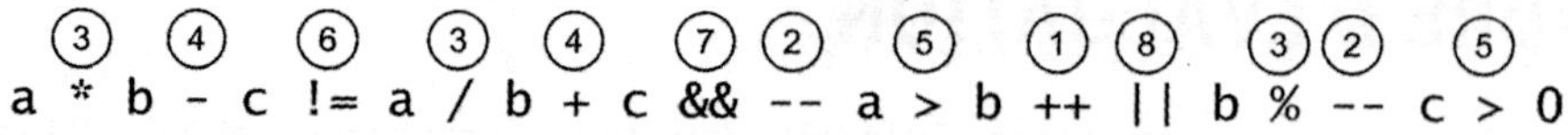

Figure 3.4 Priorités des opérateurs

Nous pouvons mettre entre parenthèses l'expression de façon à obtenir le même ordre d'évaluation que celui défini par les priorités :

```
(((a*b - c) != (a/b + c)) && (--a > b++)) || (b%(--c) > 0)
```

La dernière opération évaluée est celle de l'opérateur `||`. D'après la troisième règle donnée précédemment, l'évaluation de la partie gauche doit être effectuée comme suit :

```
((a*b - c) != (a/b + c)) && (--a > b++)
```

Dans cette expression, la dernière opération à être évaluée est l'opérateur `&&`. D'après la seconde règle que nous venons de voir, la partie gauche doit être évaluée

```
(a*b - c) != (a/b + c)
```

c'est-à-dire

```
(5*3 - 1) != (5/3 + 1)
```

étant donné que les valeurs de `a`, `b` et `c` sont respectivement 5, 3 et 1. Cette expression est donc évaluée à `true` parce que `14 != 2`. La partie droite

```
--a > b++
```

est ensuite évaluée. L'expression `b++` applique l'opérateur de suffixe d'incrément à `b`. Cela signifie que la valeur de cette expression sera identique à la valeur courante de `b` (3), mais que `b` sera incrémenté (à 4) après l'utilisation de cette valeur. Ensuite, l'expression `--a` applique l'opérateur de préfixe de décrément à `a`, ce qui a pour effet de décrémenter `a` (de 5 à 4). Cette valeur réduite est ensuite utilisée. Par conséquent, l'expression

```
--a > b++
```

est évaluée comme 4 > 3, ce qui est vrai. La valeur `true` est donc renvoyée pour la condition composée

```
((a*b - c) != (a/b + c)) && (--a > b++)
```

parce que les opérandes de gauche et de droite sont vrais. À ce stade, la troisième règle que nous avons énumérée précédemment veut que l'expression complète soit évaluée à `true`, sans évaluation de l'expression de droite

```
b%(--c) > 0
```

Notez que si l'expression de droite était évaluée, le programme planterait probablement parce que l'expression `b%(--c)` tenterait d'effectuer une division par zéro.

Les deuxième et troisième règles d'évaluation permettent l'évaluation de l'expression complète sans évaluation de la partie de droite lorsque celle-ci n'est pas pertinente. Il s'agit d'un court-circuit qui permet à des instructions comme

```
if (d != 0 && c/d > 2) System.out.println("o.k.");
```

d'être exécutées sans risque.

3.8 VARIABLES BOOLÉENNES

Le type primitif `boolean` est le plus simple. Une variable booléenne peut uniquement avoir les valeurs `false` et `true`. Dans de nombreux cas, les variables `boolean` permettent de simplifier un programme dont la logique est complexe. Cette situation est illustrée à l'exemple 3.10 qui utilise dix variables `boolean` pour contrôler les six possibilités d'une équation quadratique. Les variables `boolean` servent également à documenter le code et, par conséquent, à en faciliter la compréhension.

Exemple 3.10 La formule quadratique revue et corrigée

```
import java.io.*;
class QuadraticFormula {
  public static void main(String[] args) throws IOException {
```

```
        Reader reader = new InputStreamReader(System.in);
        BufferedReader input = new BufferedReader(reader);
        System.out.println("Entrez trois coefficients : ");
        System.out.print("\ta: ");
        int a = Integer.parseInt(input.readLine());
        System.out.print("\tb: ");
        int b = Integer.parseInt(input.readLine());
        System.out.print("\tc: ");
        int c = Integer.parseInt(input.readLine());
        int d = b*b - 4*a*c;
        boolean linear = (a == 0);
        boolean constant = (linear && b == 0);
        boolean trivial = (constant && c == 0);
        boolean empty = (constant && c != 0);
        boolean unique = (linear && b != 0);
        boolean quadratic = (a != 0);
        boolean complex = (quadratic && d < 0);
        boolean real = (quadratic && d >= 0);
        boolean equal = (real && d == 0);
        boolean distinct = (real && d > 0);
        System.out.println("L'equation est : "
                  + a + "x^2 + " + b + "x + " + c + " = 0");
        if (trivial) System.out.println("Chaque nombre est une
                                      solution.");
        if (empty) System.out.println("Aucun nombre n'est une
                                 solution.");
        if (unique) System.out.println("x = " + (float)-c/b);
        if (complex) System.out.println("Aucun nombre réel n'est une
                                    solution.");
        if (equal) System.out.println("\tx = " + (float)-b/(2*a));
        if (distinct) {
        double sd = Math.sqrt(d);
        System.out.println("\tx1 = " + (float)(-b + sd)/(2*a));
        System.out.println("\tx2 = " + (float)(-b - sd)/(2*a));
        }
    }
}
```

Ce programme fonctionne comme celui de l'exemple 3.5, qui est identique. Il n'est pas plus efficace, mais il est facile à comprendre. Chaque variable booléenne fonctionne comme une étiquette permettant d'identifier un cas spécifique.

3.9 L'OPÉRATEUR D'EXPRESSION CONDITIONNELLE

Java comprend un opérateur spécial qui prend trois opérandes (c'est-à-dire un *opérateur ternaire*). Il s'agit d'un *opérateur d'expression conditionnelle*, ou *opérateur conditionnel*, qui permet d'abréger des instructions `if...else...` simples. Sa syntaxe est la suivante :

```
( condition ? expr1 : expr2 )
```

`condition` correspond à une expression booléenne, *`expr1`* et *`expr2`* sont des expressions générales. La valeur de cette opération est celle de *`expr1`* ou bien celle de *`expr2`*, selon que la condition est vraie ou fausse.

Exemple 3.11 Utilisation de l'opérateur conditionnel

Ce programme extrait deux nombres à virgule flottante aléatoires, puis utilise l'opérateur de condition afin de déterminer le nombre le plus élevé et le moins élevé.

```
1   import java.util.Random;
2   class ChoosingAlternatives {
3     public static void main(String[] args) {
4       Random random = new Random();
5       int m = random.nextInt(100);
6       System.out.println("m = " + m);
7       int n = random.nextInt(100);
8       System.out.println("n = " + n);
9       int min = ( m<n ? m : n );
10      int max = ( m>n ? m : n );
11      System.out.println("min = " + min);
12      System.out.println("max = " + max);
13    }
14  }
```

Un exemple d'exécution produirait la sortie suivante :

```
m = 77
n = 64
min = 64
max = 77
```

Au cours de cette exécution, `m` s'est vu affecter la valeur 77 ligne 5, et `n` la valeur 64 ligne 7. À la ligne 9, l'opérateur d'expression conditionnelle évalue la condition `m<n` et obtient la valeur booléenne `false` puisque 77 n'est pas inférieur à 64. Par conséquent, la valeur de `( m < n ? m : n )` est identique à celle de `n` (c'est-à-dire 64) et elle est attribuée à `min`. De la même manière, la valeur de `m` est affectée à `max` ligne 10 parce que la condition `m > n` est vraie.

L'opérateur d'expression conditionnelle est utilisé lorsque le choix entre deux valeurs peut être déterminé à l'aide d'une expression booléenne.

3.10 OPÉRATEURS D'AFFECTATION

L'opérateur d'affectation standard est représenté par le signe égal (`=`) et a la syntaxe :

```
var = expr;
```

`var` est une variable et *`expr`* une expression dont le type est cohérent avec celui de la variable. Cette opération évalue l'expression *`expr`*, puis elle affecte la valeur obtenue à la variable *`var`*. Par exemple,

```
int m;
m = 44;
```

déclare `m` comme `int`, puis lui affecte la valeur 44.

De façon plus générale, si *`op`* est un opérateur binaire (par exemple `+` ou `/`), *`expr`* une expression et `var` une variable, alors

```
var op= expr;
```

a le même effet que l'affectation

```
var = var op expr;
```

si celle-ci a un sens. Par exemple,

```
x += 7;
```

a le même effet que

```
x = x + 7;
```

puisque ces deux expressions augmentent la valeur de x de 7.

Il existe cinq opérateurs d'affectation combinés, un pour chacun des cinq opérateurs arithmétiques : +=, -=, *=, /= et %=.

Ces opérateurs d'affectation combinés sont particulièrement pratiques et intuitifs. Par exemple, dans le cas de l'affectation x += 7, il est facile de dire que x est augmenté de 7 ou que 7 est ajouté à x. En revanche, l'alternative plus longue (x = x + 7) se prononce « affecter la valeur de $x + 7$ à x ».

Exemple 3.12 Impression des puissances de deux

Ce petit programme vous aidera à comprendre l'utilisation de l'opérateur d'affectation *=. Il se contente d'imprimer les neuf premières puissances de deux.

```
1  class PowersOfTwo {
2    public static void main(String[] args) {
3      int n = 1;
4      System.out.print(n);
5      n *= 2;
6      System.out.print(",  " + n);
7      n *= 2;
8      System.out.print(",  " + n);
9      n *= 2;
10     System.out.print(",  " + n);
11     n *= 2;
12     System.out.print(",  " + n);
13     n *= 2;
14     System.out.print(",  " + n);
15     n *= 2;
16     System.out.print(",  " + n);
17     n *= 2;
18     System.out.print(",  " + n);
19     n *= 2;
20     System.out.println(",  " + n);
21   }
22 }
```

La sortie est la suivante :

```
1, 2, 4, 8, 16, 32, 64, 128, 256
```

L'entier n est initialisé à 1 ligne 3, puis imprimé. Il est ensuite doublé à la ligne 5 et imprimé à nouveau. Ces deux opérations sont répétées sept fois.

3.11 OPÉRATEURS D'INCRÉMENT ET DE DÉCRÉMENT

Outre les cinq combinaisons d'opérateurs d'affectation que nous avons vues à la section 3.10, quatre opérateurs arithmétiques spécialisés s'appliquent aux variables entières :

- `++n` : préincrémente `n`
- `n++` : postincrémente `n`
- `--n` : prédécrémente `n`
- `n--` : postdécrémente `n`

Les deux opérateurs d'incrément ajoutent 1 à `n` et les deux opérateurs de décrément soustraient 1 de `n`. Les deux versions « pré » appliquent l'opération en premier lieu, puis elles utilisent la valeur de `n` obtenue. Quant aux deux versions « post », elles appliquent l'opération après avoir utilisé la valeur courante de `n`.

Exemple 3.13 Opérateurs d'incrément et de décrément

Cet exemple vous permet de comprendre comment la valeur des variables entières peut être modifiée à l'aide des opérateurs d'incrément et de décrément, à savoir `++` et `--`.

```
1  class TestOps {
2    public static void main(String[] args) {
3      int n = 14;
4      System.out.println("n: " + n);
5      System.out.println("++n: " + ++n); // préincrément
6      System.out.println("n: " + n);
7      System.out.println("n++: " + n++); // postincrément
8      System.out.println("n: " + n);
9      System.out.println("n--: " + n--); // postdécrément
10     System.out.println("n: " + n);
11     System.out.println("--n: " + --n); // prédécrement
12     System.out.println("n: " + n);
13   }
14 }
```

Vous obtenez la sortie :

```
n: 14
++n: 15
n: 15
n++: 15
n: 16
n--: 16
n: 15
--n: 14
n: 14
```

L'entier `n` est initialisé à 14 ligne 3. À la ligne 5, l'opérateur de préincrément augmente `n` qui prend la valeur 15 et il imprime la valeur obtenue. À la ligne 7, l'opérateur de postincrément augmente `n` qui prend la valeur 16, mais uniquement une fois que sa valeur courante 15 a été passée à la méthode `println()`. C'est pourquoi l'ancienne valeur 15 est imprimée.

À la ligne 9, l'opérateur de postdécrément réduit `n` qui prend la valeur 15, mais uniquement une fois que sa valeur courante 16 a été passée à la méthode `println()`. C'est pourquoi la valeur 16. Ensuite, à la ligne 11, l'opérateur de prédécrément réduit `n` qui prend la valeur 14. La valeur obtenue est alors imprimée.

3.12 LES AFFECTATIONS CHAÎNÉES

Les six opérateurs d'affectation (`=`, `+=`, `-=`, `*=`, `/=` et `%=`) peuvent être utilisés à plusieurs reprises dans une même instruction chaînée. Ce mécanisme est un simple raccourci pour une séquence d'instructions d'affectation distinctes. Par exemple, l'affectation chaînée

```
x = y = z = 33;
```

est un raccourci de la séquence suivante d'instructions d'affectation :

```
z = 33;
y = z;
x = y;
```

qui équivaut à l'affectation imbriquée

```
x = (y = (z = 33));
```

Notez que les actions avec affectation vont toujours de la droite vers la gauche. Dans les trois versions que nous venons de voir, la première affectation est donc `z = 33`. L'exemple 3.14 illustre l'utilisation de ces affectations chaînées.

Exemple 3.14 Affectations chaînées

```
class ChainedAssignments {
  public static void main(String[] args) {
    int x=0, y=0, z=0;
    System.out.println("x = " + x + ", y = " + y + ", z = " + z);
    x = (y = (z = 77));
    System.out.println("x = " + x + ", y = " + y + ", z = " + z);
    x = y = z = 33;
    System.out.println("x = " + x + ", y = " + y + ", z = " + z);
    x = y += z = 20;
    System.out.println("x = " + x + ", y = " + y + ", z = " + z);
    x += y -= z = 10;
    System.out.println("x = " + x + ", y = " + y + ", z = " + z);
  }
}
```

Vous obtenez la sortie suivante :

```
x = 0, y = 0, z = 0
x = 77, y = 77, z = 77
x = 33, y = 33, z = 33
x = 53, y = 53, z = 20
x = 96, y = 43, z = 10
```

Après avoir initialisé les entiers x, y et z à 0, l'affectation chaînée imbriquée de la ligne 5 leur affecte la valeur 77. De la même manière, l'affectation chaînée de la ligne 7 affecte 33 aux trois entiers.

La chaîne de la ligne 9 commence par affecter 20 à z, puis elle incrémente y de la valeur de z, ce qui porte la valeur de y à 33 + 20 = 53. Elle affecte ensuite cette valeur à x, qui se voit donc affecter 53.

La chaîne de la ligne 11 affecte en premier lieu 10 à z. Elle décrémente ensuite y de la valeur de z, soit 53 – 10 = 43. Puis elle incrémente x de la valeur de y, soit to 53 + 43 = 96.

Notez que chaque opérande d'une affectation chaînée doit être une variable, à l'exception de celui qui se trouve le plus à droite. En effet, ce dernier peut être un littéral (comme 33 à la ligne 7 de l'exemple 3.14) ou une expression comme $2*x + 5$. Cependant, les constantes et les expressions générales ne peuvent jamais être utilisées à gauche d'une affectation :

```
33 = x; // ILLEGAL!
```

3.13 L'INSTRUCTION switch

L'instruction switch est similaire à la combinaison if...else if... qui permet de traiter un ensemble d'alternatives. Elle est plus spécialisée dans la mesure où les conditions qui la composent doivent avoir le format (*var* == *const*), où *var* est une variable entière et *const* une constante entière. Sa syntaxe est la suivante :

```
switch (var) {
  case const1:
    seq1
  case const2:
    seq2
  case const3:
    seq3
  etc.
  default:
    seqN
}
```

où *seq* est une séquence d'instructions. La section par défaut, spécifiée par le mot clé default, est facultative.

L'instruction switch est un raccourci de :

```
if (var == const1) { seq1 seq2 seq3 ... seqN }
else if (var == const2) { seq2 seq3 ... seqN }
else if (var == const3) { seq3 ... seqN }
  etc.
else { seqN }
```

Notez que la séquence d'instructions *seq2* est exécutée dans le premier bloc, puis dans le second. De la même manière, *seq3* est exécutée dans chacun des trois premiers blocs, *seq4* dans chacun des quatre premiers blocs, etc. Il s'agit d'un *effet de chute* : après la sélection d'un cas donné, le programme exécute le bloc, puis il répercute les mêmes opérations sur tous les blocs qui suivent. Ce comportement est généralement bloqué par l'utilisation d'instructions break, comme illustré à l'exemple 3.15.

Exemple 3.15 Utilisation d'une instruction `switch`

Ce programme obtient un nombre aléatoire dans un intervalle de 0 à 5, puis il lui applique deux instructions `switch`.

La première instruction `switch` illustre le cas d'un effet de chute, tandis que la seconde utilise les instructions `break` pour empêcher ce phénomène.

```
1  import java.util.Random;
2  class TestingSwitch {
3    public static void main(String[] args) {
4      Random random = new Random();
5      int n = random.nextInt(6);
6      System.out.println("n = " + n);
7      switch (n) { // avec effet de chute
8        case 0: System.out.println("Lorsque n = 0.");
9        case 1: System.out.println("Lorsque n < 2.");
10       case 2: System.out.println("Lorsque n < 3.");
11       case 3: System.out.println("Lorsque n < 4.");
12       default: System.out.println("Cas par défaut.");
13     }
14     System.out.println("n = " + n);
15     switch (n) { // sans effet de chute
16       case 0: System.out.println("Lorsque n = 0."); break;
17       case 1: System.out.println("Lorsque n = 1."); break;
18       case 2: System.out.println("Lorsque n = 2."); break;
19       case 3: System.out.println("Lorsque = 3."); break;
20       default: System.out.println("Cas par défaut.");
21     }
22     System.out.println("n = " + n);
23   }
24 }
```

Un exemple d'exécution produit la sortie suivante :

```
n = 2
Lorsque n < 3.
Lorsque n < 4.
Cas par défaut.
n = 2
Lorsque n = 2.
n = 2
```

À la ligne 5, l'entier `n` est initialisé de façon aléatoire à 2. Par conséquent, l'instruction `switch` de la ligne 7 passe immédiatement à `case 2`, ligne 10, puis imprime `"Lorsque n < 3."`. L'exécution se poursuit avec deux autres sorties aux lignes 11 et 12. Il s'agit d'un effet de chute.

Après avoir imprimé `n` à nouveau ligne 14, la seconde instruction `switch` est exécutée ligne 15 et passe à la ligne 18 où elle imprime `"Lorsque where n = 2."`. Ensuite, l'instruction `break` en fin de ligne 18 est exécutée et passe immédiatement à la fin de `switch` ligne 21.

Notez que l'instruction `switch` utilise quatre mots-clés Java : `switch`, `case`, `break` et `default`. Si l'instruction `break` est utile dans d'autres contextes, les trois mots-clés restants sont uniquement employés dans les instructions `switch`.

? QUESTIONS

3.1 Déterminez quelles paires des expressions booléennes suivantes sont équivalentes. Pour celles qui ne le sont pas, donnez un exemple dans lequel une expression est vraie et l'autre est fausse. Pour cela, vous supposerez que `a`, `b` et `c` sont des variables booléennes.

a. `!(a || b) and !a || b`
b. `!(a && b) and !a || !b`
c. `!(a || !b) and !a && b;`
d. `!!!a and !a`
e. `a && (b || c) and a && b || c`
f. `a && (b || c) and (c || b) && a`
g. `a && (b || c) and a && b || a && c`
h. `a || (b && c) and a || b && a || c`

3.2 Qu'est-ce qu'un court-circuit dans un contexte Java ?

3.3 En quoi la combinaison `if...else if...` est-elle plus générique que l'instruction `switch` ?

3.4 Qu'est-ce qu'un effet de chute ?

3.5 Trouvez l'erreur dans ce code :

```
switch (n) {
case 1:
a = 11;
b = 22;
break;
case 2:
c = 33;
break;
d = 44;
}
```

3.6 Expliquez la différence entre les deux blocs de code suivants. Ajoutez ensuite des accolades et des espaces vides afin de faire apparaître la logique de chacun d'entre eux.

a. `if (x > 4) if (x < 8) x = 0; else x = 1`
b. `if (x > 4) { if (x < 8) x = 0; } else x = 1`

3.7 3.7 Expliquez la différence entre les quatre blocs de code suivants :

a.

```
if (x > 4)
   if (x < 8) System.out.println(x);
```

b.

```
if (x > 4) System.out.println(x);
if (x < 8) System.out.println(x);
```

c.

```
if (x > 4) System.out.println(x);
else if (x < 8) System.out.println(x);
```

d.

```
if (x > 4) System.out.println(x);
else System.out.println(x);
```

3.8 Dessinez l'arbre décisionnel de la formule quadratique illustrée à la figure 3.3, puis insérez dix variables booléennes de l'exemple 3.10 aux emplacements corrects dans l'arbre. Par exemple, la variable `linear` doit être insérée au niveau de la première branche `oui`.

3.9 Où est l'erreur dans cette affectation chaînée :

```
((x = y) = z) = 66;
```

¿ RÉPONSES

3.1 *a.* Elles ne sont pas équivalentes : si `b` est `true`, alors `!(a || b)` est `false`, mais `!a || b` est `true`.
b. `!(a && b)` et `!a || !b` sont équivalentes.
c. `!(a || !b)` et `!a && b` sont équivalentes.
d. `!!!a` et `!a` sont équivalentes.
e. Elles ne sont pas équivalentes : si `a` est `false` et que `c` est `true`, alors `a && (b || c)` est `false`, mais `a && b || c` est `true`.
f. `a && (b || c)` et `(c || b) && a` sont équivalentes.
g. `a && (b || c)` et `a && b || a && c` sont équivalentes.
h. Elles ne sont pas équivalentes : si `a` et `b` sont `false` et que `c` est `true`, alors `a || (b && c)` est `false`, mais `a || b && a || c` est `true`.

3.2 Le terme « court-circuit » fait référence à la fonctionnalité des opérateurs `&&` et `||` qui empêchent l'évaluation du second opérande, à moins que cela ne soit nécessaire. Si la valeur du premier opérande d'une expression `&&` est `false`, l'expression complète se voit immédiatement attribuer la valeur `false` sans évaluation du second opérande. De la même manière, si la valeur du premier opérande d'une expression `||` est `true`, l'expression complète se voit immédiatement attribuer la valeur `true` sans évaluation du second opérande.

3.3 L'instruction `switch` doit être contrôlée par une seule variable entière et chaque section de cas doit correspondre à une seule valeur constante pour la variable. La combinaison `if...else...if` permet d'utiliser n'importe quelle condition après chaque `if`. Ainsi, l'exemple 3.3 a recours aux inégalités dans ses conditions.

3.4 Le terme « effet de chute » fait référence à la méthode d'exécution des diverses sections de cas par l'instruction `switch`. Chaque instruction qui suit le cas sélectionné sera exécutée, sauf si elle rencontre une instruction `break`.

3.5 L'instruction `d = 44;` ne peut pas être atteinte.

3.6 Dans la section *a*, l'instruction `else` est une alternative au second `if`. Dans la section *b*, l'instruction `else` est une alternative au premier `if`.

a.

```
if (x > 4) {
  if (x < 8) x = 0;
```

```
else x = 1;
}
```

b.

```
if (x > 4) {
  if (x < 8) x = 0;
}
else x = 1;
```

3.7 Dans la section *a*, la valeur `x` est imprimée `if 4 < x < 8`. En revanche, dans la section *b*, elle est imprimée `if x > 4`, puis à nouveau `if x < 8`. Dans les sections *c* et *d*, `x` est imprimée quelle que soit sa valeur.

3.8 Voir l'arbre décisionnel de la figure 3.5.

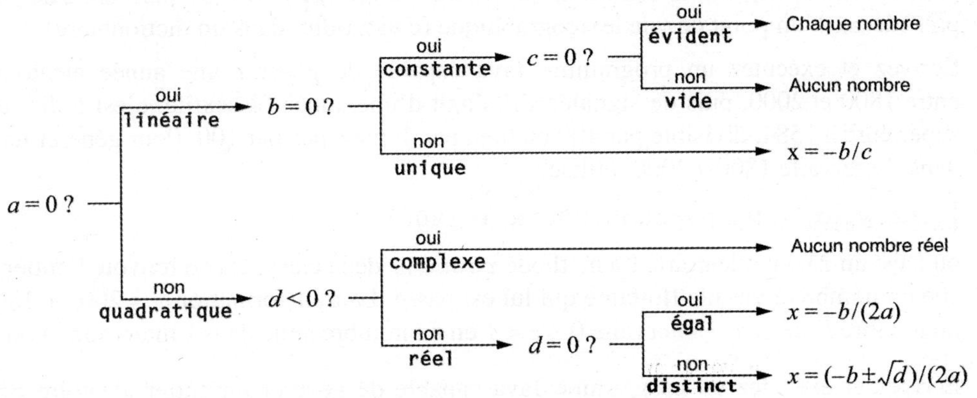

Figure 3.5 Arbre décisionnel de la question 3.8

3.9 La tentative d'affectation chaînée

```
(x = y) = 66;
```

est interdite parce qu'elle essaie d'attribuer la valeur 66 à l'expression `(x = y)`. Or, seules les variables peuvent se trouver dans la partie gauche de l'affectation.

? EXERCICES D'ENTRAÎNEMENT

3.1 Écrivez et exécutez un programme Java capable de générer un entier aléatoire, de tester s'il est positif et de spécifier qu'il est positif le cas échéant.

3.2 Écrivez et exécutez un programme Java capable de générer deux entiers aléatoires, de déterminer le nombre minimum et de l'imprimer.

3.3 Écrivez et exécutez un programme Java capable de générer quatre entiers aléatoire, de déterminer le nombre maximum et de l'imprimer.

3.4 Écrivez et exécutez un programme Java capable de générer un nombre aléatoire de type double, de déterminer dans quel quintile d'intervalle il se trouve et de renvoyer cette information. Un quintile est l'une des cinq sections égales qui constituent le tout. Il s'agit des intervalles qui vont de 0 à 1/5, de 1/5 à 2/5, de 2/5 à 3/5, de 3/5 à 4/5 et de 4/5 à 1.

3.5 Écrivez et exécutez un programme Java capable de générer trois nombres aléatoires à virgule flottante et de les imprimer dans l'ordre croissant.

3.6 Écrivez et exécutez un programme Java capable de générer un entier aléatoire et d'indiquer s'il est divisible par 2, 3 ou 5. Astuce : n est divisible par d si le reste de la division n par d est égal à 0.

3.7 Écrivez et exécutez un programme Java capable d'entrer trois noms, puis de les imprimer dans l'ordre alphabétique croissant. Utilisez la méthode `compareTo()` de la classe `String`. Par exemple, si `s1` correspond à la chaîne `ABACADABRA` et `s2` à `ABLE`, alors `s1.compareTo(s2)` est un entier négatif, `s2.compareTo(s2)` est égal à 0 et `s2.compareTo(s1)` est un entier positif. Par conséquent, la condition `(s1.compareTo(s2) <= 0)` permet de déterminer si `s1` précède `s2` d'un point de vue lexicographique (c'est-à-dire dans un dictionnaire).

3.8 Écrivez et exécutez un programme Java capable de générer une année aléatoire comprise entre 1800 et 2000, puis de signaler s'il s'agit d'une année bissextile, c'est-à-dire d'une année supérieure à 1584, divisible par 400 ou bien par 4, mais pas par 100. Pour générer un entier situé dans l'intervalle 1800 à 2000, utilisez :

```
int year = Math.round(200*x + 1800);
```

où `x` est un `float` aléatoire. La méthode `round()` de la classe `Math` renvoie l'entier le plus proche du nombre à virgule flottante qui lui est passé. La transformation $y = 200x + 1800$ convertit un nombre situé dans l'intervalle $0 \leq x < 1$ en un nombre situé dans l'intervalle $1800 \leq y < 2000$.

3.9 Écrivez et exécutez un programme Java capable de générer un entier aléatoire compris dans l'intervalle 2 à 600 inclus, puis d'utiliser les instructions imbriquées `if...else` afin de déterminer si ce nombre est divisible par 2, 3, 5, 6, 10, 15 et/ou 30.

3.10 Écrivez et exécutez un programme Java capable de générer un entier aléatoire compris dans l'intervalle 60 à 99, puis d'imprimer une lettre d'évaluation correspondant à l'appréciation de cette note dans le cadre d'un test. Le signe « + » sera utilisé pour les notes se terminant par 8 ou 9 et le « – » pour celles qui se terminent par 0 ou 1. Par exemple, 78 correspond à un « C+ » et 90 à un « A– ».

3.11 Écrivez et exécutez un programme Java capable d'entrer le nom d'un mois, puis de le traiter en :
a. créant un echo de l'entrée ;
b. extrayant les trois premières lettres ;
c. les mettant en majuscules ;
d. imprimant l'abréviation obtenue ;
e. extrayant chacune des trois lettres sous forme de variable `char` distincte ;
f. utilisant les instructions imbriquées `if` et `if...else` afin d'identifier le numéro du mois à partir des variables `char` ;
g. imprimant le numéro du mois.
L'exécution du code produira un résultat similaire à celui-ci :

```
Entrez le mois : March
Vous avez saisi March
L'abréviation est MAR
Le numéro du mois est 3
```

3.12 Modifiez le programme du problème 3.11 en remplaçant les instructions imbriquées `if` et `if...else...` par 12 instructions parallèles `if`. Par exemple,

```
if (month.equals("MAR")) n = 3;
```

3.13 Écrivez et exécutez un programme capable de lire interactivement l'année où un étudiant est diplômé, puis utilisez une instruction `switch` pour imprimer le niveau de cet étudiant : première, deuxième, troisième ou quatrième année, ou en préinscription. Utilisez cette méthode pour calculer l'année courante :

```
int thisYear = Calendar.getInstance().get(Calendar.YEAR);
```

depuis la classe `java.util.Calendar`.

3.14 Écrivez et exécutez un programme Java capable de générer un entier aléatoire compris entre 0 et 99 inclus, puis de tester et d'indiquer s'il est pair ou impair.

3.15 Écrivez et exécutez un programme Java capable de générer deux entiers aléatoires compris entre 0 et 99 inclus, de déterminer leur maximum, puis de l'imprimer.

3.16 Écrivez et exécutez un programme Java capable de générer quatre entiers aléatoires compris entre 0 et 999 inclus, de déterminer leur minimum et leur maximum, puis d'imprimer ces deux nombres.

3.17 Écrivez et exécutez un programme Java capable de générer un nombre aléatoire de type double, de déterminer dans quel décile de l'intervalle il se trouve et de l'indiquer. Un décile correspond à une des dix sections égales d'un tout. Le premier décile de l'intervalle est le sous-intervalle compris entre 0.0 et 0.1, le deuxième est le sous-intervalle compris entre 0.1 et 0.2, le troisième est le sous-intervalle compris entre 0.2 et 0.3, etc.

3.18 Modifiez le programme de l'exercice 3.12. Définissez la chaîne

```
String months = "JANFEBMARAPRMAYJUNJULAUGSEPOCTNOVDEC";
```

puis utilisez la méthode `months.indexOf(month)` pour obtenir un entier susceptible d'être utilisé afin de calculer le numéro du mois et donc de remplacer les 12 instructions `if` parallèles.

3.19 Étendez le programme de l'exercice 3.12 pour qu'il imprime également le nombre de jours du mois.

L'exécution du code doit générer une sortie similaire à la suivante :

```
Entrez le mois : February
FEBRUARY est le mois numero 2
Il a 28 jours.
```

3.20 Écrivez et exécutez un programme capable de lire trois chaînes interactivement, puis de les imprimer par ordre de longueur.

3.21 Écrivez et exécutez un programme capable de lire trois chaînes interactivement, puis de les imprimer selon un ordre lexicographique (c'est-à-dire comme dans un dictionnaire).

3.22 Écrivez et exécutez un programme capable de faire deviner à l'utilisateur un nombre compris entre 1 et 100. Après chaque tentative qui échoue, l'ordinateur aide l'utilisateur en lui indiquant si le nombre proposé était trop petit ou trop grand. Utilisez l'opérateur d'expression conditionnelle comme suit :

```
System.out.println("Non : le nombre est trop " + ( guess<x ?
➥ "petit." : "grand." ) );
```

L'utilisateur est autorisé à proposer cinq nombres avant que l'ordinateur ne lui donne la réponse. L'exécution du code sera similaire à la suivante :

```
Je pense a un nombre compris entre 1 et 100.
Devine ce nombre : 55
Non : ce nombre est trop petit.
Essaie encore : 77
Non : ce nombre est trop grand.
Essaie encore : 66
Non : ce nombre est trop petit.
Essaie encore : 71
Non : ce nombre est trop grand.
Essaie encore : 68
Non : ce nombre etait 70
```

¿ SOLUTIONS

3.1

```
import java.util.Random;
class TestPositive {
  public static void main(String[] args) {
    Random random = new Random();
    int n = random.nextInt();
    System.out.println("n = " + n);
    if (n > 0) System.out.println("n > 0");
  }
}
```

3.2

```
import java.util.Random;
public static void main(String[] args) {
    Random random = new Random();
    int m = random.nextInt();
    System.out.println("m = " + m);
    int n = random.nextInt();
    System.out.println("n = " + n);
    if (m < n) System.out.println("Leur minimum est " + m);
    else System.out.println("Leur minimum est " + n);
  }
}
```

3.3

```
import java.util.Random;
class MaxOfFour {
  public static void main(String[] args) {
    Random random = new Random();
    int n1 = random.nextInt();
    System.out.println("n1 = " + n1);
```

```
      int n2 = random.nextInt();
      System.out.println("n2 = " + n2);
      int n3 = random.nextInt();
      System.out.println("n3 = " + n3);
      int n4 = random.nextInt();
      System.out.println("n4 = " + n4);
      int max = n1;
      if (n2 > max) max = n2;
      if (n3 > max) max = n3;
      if (n4 > max) max = n4;
      System.out.println("Leur maximum est " + max);
    }
  }
```

3.4

```
import java.util.Random;
class Quintiles {
  public static void main(String[] args) {
    Random random = new Random();
    double x = random.nextDouble();
    System.out.print("x = " + x + "; c'est dans le ");
    if (x < 0.2) System.out.println("premier quintile.");
    else if (x < 0.4) System.out.println("deuxieme quintile.");
    else if (x < 0.6) System.out.println("troisieme quintile.");
    else if (x < 0.8) System.out.println("quatrieme quintile.");
    else System.out.println("cinquieme quintile.");
  }
}
```

3.5

```
import java.util.Random;
class SortThreeFloats {
  public static void main(String[] args) {
    Random random = new Random();
    float a = random.nextFloat();
    System.out.println("a = " + a);
    float b = random.nextFloat();
    System.out.println("b = " + b);
    float c = random.nextFloat();
    System.out.println("c = " + c);
    if (a < b)
      if (b < c) System.out.println(a + " < " + b + " < " + c);
      else
        if (a < c) System.out.println(a + " < " + c + " < " + b);
        else System.out.println(c + " < " + a + " < " + b);
    else
      if (a < c) System.out.println(b + " < " + a + " < " + c);
      else
        if (b < c) System.out.println(b + " < " + c + " < " + a);
      else System.out.println(c + " < " + b + " < " + a);
  }
}
```

3.6

```
import java.util.Random;
class TestDivisibility {
  public static void main(String[] args) {
    Random random = new Random();
    int n = random.nextInt();
    System.out.println("n = " + n);
```

```
      if (n%2 == 0) System.out.println("n est divisible par 2");
      if (n%3 == 0) System.out.println("n est divisible par 3");
      if (n%5 == 0) System.out.println("n est divisible par 5");
    }
  }
```

3.7

```
import java.io.*;
  class SortThreeStrings {
    public static void main(String[] args) throws IOException {
      Reader reader = new InputStreamReader(System.in);
      BufferedReader input = new BufferedReader(reader);
      System.out.println("Entrez trois noms, un par ligne :");
      String s1 = input.readLine();
      String s2 = input.readLine();
      String s3 = input.readLine();
      System.out.println(s1 + ", " + s2 + ", " + s3);
      if (s1.compareTo(s2) <= 0 && s2.compareTo(s3) <= 0)
        System.out.println(s1 + " <= " + s2 + " <= " + s3);
      if (s1.compareTo(s3) <= 0 && s3.compareTo(s2) <= 0)
        System.out.println(s1 + " <= " + s3 + " <= " + s2);
      if (s2.compareTo(s1) <= 0 && s1.compareTo(s3) <= 0)
        System.out.println(s2 + " <= " + s1 + " <= " + s3);
      if (s2.compareTo(s3) <= 0 && s3.compareTo(s1) <= 0)
        System.out.println(s2 + " <= " + s3 + " <= " + s1);
      if (s3.compareTo(s2) <= 0 && s2.compareTo(s1) <= 0)
        System.out.println(s3 + " <= " + s2 + " <= " + s1);
      if (s3.compareTo(s1) <= 0 && s1.compareTo(s2) <= 0)
        System.out.println(s3 + " <= " + s1 + " <= " + s2);
    }
}
```

3.8

```
import java.util.Random;
class TestLeapYear {
  public static void main(String[] args) {
    Random random = new Random();
    float x = random.nextFloat();
    System.out.println("x = " + x);
    int year = Math.round(200*x + 1800);
    System.out.println("L'annee est " + year);
    if (year%400 == 0 || year%100 != 0 && year%4 == 0)
    System.out.print("C'est une annee bissextile.");
    else
    System.out.print("Ce n'est pas une annee bissextile.");
  }
}
```

3.9

```
import java.util.Random;
class TestDivisibility {
  public static void main(String[] args) {
    Random random = new Random();
    int n = 2 + random.nextInt(599);
    System.out.println("n = " + n);
    System.out.print("n est ");
    if (n%2 == 0)
      if (n%3 == 0)
        if (n%5 == 0) System.out.println("divisible par 30");
        else System.out.println("divisible par 6 et pas par 5");
```

```
      else
        if (n%5 == 0) System.out.println("divisible par 10 mais pas
                                         par 3");
        else System.out.println("divisible by 2 but not 3 or 5");
      else
        if (n%3 == 0)
          if (n%5 == 0) System.out.println("divisible par 15 mais pas
                                           par 2");
          else System.out.println("divisible par 3 mais pas par 2
                                           ni 5");
        else
          if (n%5 == 0) System.out.println("divisible par 5 mais
                                            pas par 6");
          else System.out.println("pas divisible par 2, 3 ou 5");
      }
    }
  }
```

3.10

```
import java.util.Random;
class LetterGrades {
  public static void main(String[] args) {
    Random random = new Random();
    int score = 40 + random.nextInt(60);
    System.out.println("Votre score au test = " + score);
    String sign = "";
    if (score%10 < 2) sign = "-";
    if (score%10 > 7) sign = "+";
    System.out.print("C'est");
    switch (score/10) {
      case 10:
      case 9:
        System.out.println("n A" + sign + ". Excellent!");
        break;
      case 8:
        System.out.println(" B" + sign + ". Bon travail.");
        break;
      case 7:
        System.out.println(" C" + sign + ". Peut mieux faire.");
        break;
      case 6:
        System.out.println(" D" + sign + ". Venez me voir apres
                                 le cours.");
        break;
      default:
        System.out.println("n F" + sign + ". Cherchez un travail.");
    }
  }
}
```

3.11

```
import java.io.*;
class Months {
  public static void main(String[] args) throws IOException {
    Reader reader = new InputStreamReader(System.in);
    BufferedReader input = new BufferedReader(reader);
    System.out.print("Entrez le mois : ");
    String month = input.readLine();
```

```
    System.out.println("Vous avez saisi : " + month);
    String abbr = month.substring(0,3).toUpperCase();
    System.out.println("Son abreviation est : " + abbr);
    int n = 0;
    char c0 = abbr.charAt(0);
    char c1 = abbr.charAt(1);
    char c2 = abbr.charAt(2);
    if (c0 == 'A')
      if (c1 == 'P') n = 4;
      else if (c1 == 'U') n = 8;
    if (c0 == 'D') n = 12;
    if (c0 == 'F') n = 2;
    if (c0 == 'J')
      if (c1 == 'A') n = 1;
      else if (c1 == 'U')
        if (c2 == 'L') n = 7;
        else if (c2 == 'N') n = 6;
      if (c0 == 'M')
        if (c1 == 'A')
          if (c2 == 'R') n = 3;
          else if (c2 == 'Y') n = 5;
      if (c0 == 'N') n = 11;
      if (c0 == 'O') n = 10;
      if (c0 == 'S') n = 9;
      if (n > 0) System.out.println("C'est le mois numero " + n);
      else System.out.println("Ce n'est pas le nom d'un mois.");
    }
}
```

3.12

```
import java.io.*;
class Months {
  public static void main(String[] args) throws IOException {
    Reader reader = new InputStreamReader(System.in);
    BufferedReader input = new BufferedReader(reader);
    System.out.print("Entrez le mois : ");
    String month = input.readLine();
    System.out.println("Vous avez saisi " + month);
    month = month.substring(0,3).toUpperCase();
    System.out.println("Son abréviation est " + month);
    int n = 0;
    if (month.equals("JAN")) n = 1;
    if (month.equals("FEB")) n = 2;
    if (month.equals("MAR")) n = 3;
    if (month.equals("APR")) n = 4;
    if (month.equals("MAY")) n = 5;
    if (month.equals("JUN")) n = 6;
    if (month.equals("JUL")) n = 7;
    if (month.equals("AUG")) n = 8;
    if (month.equals("SEP")) n = 9;
    if (month.equals("OCT")) n = 10;
    if (month.equals("NOV")) n = 11;
    if (month.equals("DEC")) n = 12;
    if (n > 0) System.out.println("C'est le mois numero " + n);
    else System.out.println("Ce n'est pas le nom d'un mois.");
  }
}
```

3.13

```
import java.io.*;
class Classify {
  public static void main(String[] args) throws IOException {
    Reader reader = new InputStreamReader(System.in);
    BufferedReader input = new BufferedReader(reader);
    System.out.print("Entrez l'annee du diplome : ");
    int gradYear = Integer.parseInt(input.readLine());
    int thisYear = Calendar.getInstance().get(Calendar.YEAR);
    int offset = gradYear - thisYear;
    System.out.println("L'annee d'obtention du diplome est " +
                        gradYear);
    System.out.println("Cette annee est " + thisYear);
    System.out.print("Vous etes en ");
    switch (offset) {
      case 4: System.out.print("premiere annee"); break;
      case 3: System.out.print("deuxieme annee"); break;
      case 2: System.out.print("troisieme annee"); break;
      case 1: System.out.print("quatrieme annee"); break;
      default:
        if (offset < 1) System.out.print("diplome");
        else System.out.print("en preinscription");
    }
    System.out.println(" etudiant.");
  }
}
```

3.14

```
import java.util.Random;
public class TestEven {
  private static Random random = new Random();
  public static void main(String[] args) {
    int n = random.nextInt(100);
    if (n%2 > 0) System.out.println(n + " est impair.");
    else System.out.println(n + " est pair.");
  }
}
```

3.15

```
import java.util.Random;
public class PrintMaximum {
  private static Random random = new Random();
  public static void main(String[] args) {
    int m = random.nextInt(100);
    int n = random.nextInt(100);
    System.out.println("Les deux nombres sont " + m + " and " + n);
    if (m > n) System.out.println("Leur maximum est " + m);
    else System.out.println("Leur maximum est " + n);
  }
}
```

3.16

```
import java.util.Random;
public class PrineExtrema {
  private static Random random = new Random();
  public static void main(String[] args) {
    int n1 = random.nextInt(1000);
    int n2 = random.nextInt(1000);
    int n3 = random.nextInt(1000);
    int n4 = random.nextInt(1000);
    System.out.println(n1 + ", " + n2 + ", " + n3 + ", " + n4);
```

```
    int max = n1, min = n1;
    if (n2 > max) max = n2;
    else if (n2 < min) min = n2;
    if (n3 > max) max = n3;
    else if (n3 < min) min = n3;
    if (n4 > max) max = n4;
    else if (n4 < min) min = n4;
    System.out.println("maximum: " + max + ", minimum: " + min);
  }
}
```

3.17

```
import java.util.Random;
public class Deciles {
  private static Random random = new Random();
  public static void main(String[] args) {
    double x = random.nextDouble();
    System.out.print("x = " + x + "; c'est dans le ");
    if (x < 0.1) System.out.println("premier decile.");
    else if (x < 0.2) System.out.println("deuxieme decile.");
    else if (x < 0.3) System.out.println("troisieme decile.");
    else if (x < 0.4) System.out.println("quatrieme decile.");
    else if (x < 0.5) System.out.println("cinquieme decile.");
    else if (x < 0.6) System.out.println("sixieme decile.");
    else if (x < 0.7) System.out.println("septieme decile.");
    else if (x < 0.8) System.out.println("huitieme decile.");
    else if (x < 0.9) System.out.println("dixieme decile.");
    else System.out.println("dixieme decile.");
  }
}
```

3.18

```
import java.io.*;
public class Months {
  public static void main(String[] args) throws IOException {
    Reader reader = new InputStreamReader(System.in);
    BufferedReader input = new BufferedReader(reader);
    System.out.print("Entrez le mois : ");
    String month = input.readLine();
    System.out.println("Vous avez saisi " + month);
    month = month.substring(0,3).toUpperCase();
    System.out.println("Son abreviation est " + month);
    String months = "JANFEBMARAPRMAYJUNJULAUGSEPOCTNOVDEC";
    int n = months.indexOf(month)/3 + 1;
    if (n > 0) System.out.println("C'est le mois numero " + n);
    else System.out.println("Ce n'est pas le nom d'un mois.");
  }
}
```

3.19

```
import java.io.*;
public class Months {
  public static void main(String[] args) throws IOException {
    Reader reader = new InputStreamReader(System.in);
    BufferedReader input = new BufferedReader(reader);
    System.out.print("Entrez le mois : ");
    String month = input.readLine().toUpperCase();
    System.out.print(month + " est le numero de mois ");
    int n = 0;
```

```
    if (month.substring(0,3).equals("JAN"))
      System.out.println("1\nIl a 31 jours.");
    if (month.substring(0,3).equals("FEB"))
      System.out.println("2\nIl a 28 jours.");
    if (month.substring(0,3).equals("MAR"))
      System.out.println("3\nIl a 31 jours.");
    if (month.substring(0,3).equals("APR"))
      System.out.println("4\nIl a 30 jours.");
    if (month.substring(0,3).equals("MAY"))
      System.out.println("5\nIl a 31 jours.");
    if (month.substring(0,3).equals("JUN"))
      System.out.println("6\nIl a 30 jours.");
    if (month.substring(0,3).equals("JUL"))
      System.out.println("7\nIl a 31 jours.");
    if (month.substring(0,3).equals("AUG"))
      System.out.println("8\nIl a 31 jours.");
    if (month.substring(0,3).equals("SEP"))
      System.out.println("9\nIl a 30 jours.");
    if (month.substring(0,3).equals("OCT"))
      System.out.println("0\nIl a 31 jours.");
    if (month.substring(0,3).equals("NOV"))
      System.out.println("11\nIl a 30 jours.");
    if (month.substring(0,3).equals("DEC"))
      System.out.println("12\nIl a 31 jours.");
  }
}
```

3.20

```
import java.io.*;
public class OrderStrings {
  public static void main(String[] args) throws IOException {
    Reader reader = new InputStreamReader(System.in);
    BufferedReader input = new BufferedReader(reader);
    System.out.println("Enter three strings: ");
    System.out.print("\t1. ");
    String s1 = input.readLine();
    System.out.print("\t2. ");
    String s2 = input.readLine();
    System.out.print("\t3. ");
    String s3 = input.readLine();
    System.out.println("You entered " + s1 + ", " + s2 + ", " + s3);
    int l1=s1.length(), l2=s2.length(), l3=s3.length();
    if (l1<=l2 && l2<=l3) System.out.println(s1 + ", " + s2 + ",
                                             " + s3);
    if (l1<=l3 && l3< l2) System.out.println(s1 + ", " + s3 + ",
                                             " + s2);
    if (l2< l1 && l1<=l3) System.out.println(s2 + ", " + s1 + ",
                                             " + s3);
    if (l2< l3 && l3<=l1) System.out.println(s2 + ", " + s3 + ",
                                              " + s1);
    if (l3<=l1 && l1< l2) System.out.println(s3 + ", " + s1 + ",
                                              " + s2);
    if (l3< l2 && l2< l1) System.out.println(s3 + ", " + s2 + ",
                                              " + s1);
  }
}
```

3.21
```
import java.util.Random;
public class OrderStrings {
  public static void main(String[] args) throws IOException {
    Reader reader = new InputStreamReader(System.in);
    BufferedReader input = new BufferedReader(reader);
    System.out.println("Entrez trois chaines : ");
    System.out.print("\t1. ");
    String s1 = input.readLine();
    System.out.print("\t2. ");
    String s2 = input.readLine();
    System.out.print("\t3. ");
    String s3 = input.readLine();
    System.out.println("Vous avez saisi " + s1 + ", " + s2 + ",
                     " + s3);
    int c1=s1.compareTo(s2), c2=s1.compareTo(s3),
                      c3=s2.compareTo(s3);
    if (c1<0)
      if (c2<0)
        if (c3<0) System.out.println(s1 + ", " + s2 + ", " + s3);
        else System.out.println(s1 + ", " + s3 + ", " + s2);
      else System.out.println(s3 + ", " + s1 + ", " + s2);
    else
      if (c2<0) System.out.println(s2 + ", " + s1 + ", " + s3);
      else
        if (c3<0) System.out.println(s2 + ", " + s3 + ", " + s1);
        else System.out.println(s3 + ", " + s2 + ", " + s1);
  }
}
```

3.22
```
import java.util.Random;
public class GuessingGame {
  public static void main(String[] args) throws IOException {
    Reader reader = new InputStreamReader(System.in);
    BufferedReader input = new BufferedReader(reader);
    Random random = new Random();
    int x = random.nextInt(101);
    System.out.println("Je pense a un nombre compris entre 1 et
                     100.");
    System.out.print("Devine ce nombre : ");
    int guess = Integer.parseInt(input.readLine());
    if (guess == x) {
      System.out.println("Exact ! Trouve du premier coup !");
      return;
    }
    System.out.println("Non : le nombre est trop "+( guess<x ?
                   "petit." : "grand." ));
    System.out.print("Essaie encore : ");
    guess = Integer.parseInt(input.readLine());
    if (guess == x) {
      System.out.println("Exact ! La deuxieme fois a ete
                       la bonne !");
      return;
    }
    System.out.println("Non : le nombre est trop "+( guess<x ?
                       "petit." : "grand." ));
    System.out.print("Essaie encore : ");
```

```
      guess = Integer.parseInt(input.readLine());
      if (guess == x) {
        System.out.println("Exact ! La troisieme fois a ete
                                     la bonne !");
        return;
      }
      System.out.println("Non : le nombre est trop "+( guess<x ?
                                   "petit." : "grand." ));
      System.out.print("Essaie encore : ");
      guess = Integer.parseInt(input.readLine());
      if (guess == x) {
        System.out.println("Exact ! La quatrieme fois a ete
                                        la bonne !");
        return;
      }
      System.out.println("Non : le nombre est trop "+( guess<x ?
                                 "petit." : "grand." ));
      System.out.print("Essaie encore : ");
      guess = Integer.parseInt(input.readLine());
      if (guess == x) {
        System.out.println("Exact ! La cinquieme fois a ete
                                       la bonne !");
        return;
      }
      System.out.println("Non : le nombre etait " + x);
    }
  }
```

Chapitre 4

L'itération

La première machine à calculer a été mise au point par un mathématicien anglais du nom de Charles Babbage (1792-1871) dans les années 1830. Son objectif était « d'effectuer ces calculs à toute vitesse ». Il faisait référence à la tabulation des tables trigonométriques dont dépendait la navigation à cette époque. En effet, ces tables avaient été calculées manuellement et étaient remplies d'erreurs.

Babbage a compris que l'itération, c'est-à-dire la répétition des calculs élémentaires était une tâche naturelle pour les machines automatiques. C'est sa collègue, Ada Byron Lovelace (1815-1852) qui a décrit en 1843 comment une machine à calculer procédait aux itérations, c'est pourquoi elle est considérée comme la première programmeuse informatique au monde.

À l'heure actuelle, la plupart des ordinateurs effectuent des tâches plus importantes que des fonctions de construction de tables, mais celles-ci dépendent en grande partie des itérations à un niveau ou à un autre. En effet, les programmes utilisent généralement des objets de données qui contiennent des séquences d'éléments numérotés, comme nous le verrons au chapitre 8. Ces séquences sont aisément traitées par des blocs d'instructions itératifs qualifiés de boucles dans la mesure où le flux d'exécution revient au début du bloc une fois le traitement terminé. À l'instar de la plupart des langages de programmation actuels, Java propose trois instructions de boucles : `for`, `while` et `do...while`.

4.1 L'INSTRUCTION `for`

La syntaxe de l'instruction `for` est :

```
for ( expr1; expr2; expr3 )
statement;
```

où *`expr1`* et *`expr3`* sont une expression, *`expr2`* est une expression booléenne et *`statement`* toute instruction ou tout bloc d'instructions. Les trois expressions permettent de contrôler l'itération de l'instruction ou du bloc dans l'ordre suivant :

1. Évaluation de *`expr1`* : il s'agit de l'expression d'*initialisation*.
2. Évaluation de la condition *`expr2`* : il s'agit de la condition de *continuation*.
3. Si cette valeur booléenne est `false`, sortie immédiate de la boucle.
4. Exécution de *`stmt`* : il s'agit du *corps* de la boucle.

5. Évaluation de `expr3` : il s'agit de l'expression de *mise à jour*.
6. Retour à l'étape 2.

Notez que l'expression de mise à jour (également qualifiée de « partie de continuation » du contrôle de la boucle) est évaluée à l'étape 5, uniquement après l'exécution du corps de la boucle à l'étape 4, et non au cours de cette opération.

Dans la plupart des cas, les trois expressions de contrôle sont coordonnées à l'aide d'une variable de contrôle qualifiée d'*index* ou de *compteur*. Celle-ci est chargée de compter chaque itération de la boucle et a généralement la syntaxe suivante :

```
for (int i = start; i < stop; i++)
statement;
```

où `i` est la *variable d'index*, `start` la première valeur et `stop -1` la dernière valeur. Cette version spécifique est exécutée dans l'ordre suivant :

1. Déclaration de `i` de type `int` et initialisation avec la valeur `start`.
2. Si (`i` >= `stop`), sortie de la boucle.
3. Exécution de la séquence d'instructions du bloc.
4. Incrémentation de `i`.
5. Retour à l'étape 2.

Notez que le nombre total d'itérations est ici égal à la différence `stop` – `start`. Pour itérer une boucle *n* fois, la meilleure solution consiste à utiliser 0 pour `start` et *n* pour `stop` comme suit :

```
for (int i = 0; i < n; i++) ...
```

Exemple 4.1 La fonction de Babbage

En 1820, Charles Babbage a demandé de l'aide financière au gouvernement britannique afin de construire sa machine à calculer. Il s'agissait de la première aide accordée par le gouvernement dans l'histoire. En décrivant comment sa machine allait calculer les fonctions, il donna un exemple explicite de la fonction $f(x) = x^2 + x + 41$. Ce polynomial est étrange car il semble générer uniquement des nombres premiers. Voici le programme qui aurait été exécuté par le moteur de calcul de Babbage :

```
class Babbage {
  public static void main(String[] args) {
    for (int x = 0; x < 10; x++) {
      int y = x*x + x + 41;
      System.out.println("\t" + x + "\t" + y);
    }
  }
}
```

La sortie générée est alors la suivante :

```
0    41
1    43
2    47
3    53
4    61
5    71
6    83
7    97
8    113
9    131
```

À la première itération, x = 0 et, par conséquent, y = 41. À la deuxième, x = 1 et y = 43. À la troisième, x = 2 et y = 47. L'exécution se poursuit pour 10 itérations.

Notez que x est l'index de cette boucle.

Exemple 4.2 Addition de nombres

Ce programme génère cinq nombres décimaux aléatoires compris entre 0.0 et 1.0, puis il les additionne :

```
1  import java.util.Random;
2  class SumAccumulation {
3    public static void main(String[] args) {
4      Random random = new Random();
5      float sum = 0;
6      for (int i = 0; i < 5; i++) {
7        float x = random.nextFloat();
8        sum += x;
9       System.out.println("\tx = " + x + "\t\tsomme = " + sum);
10     }
11   }
12 }
```

Un exemple d'exécution génère la sortie suivante :

```
x = 0.33366203 somme = 0.33366203
x = 0.4565649 somme = 0.79022694
x = 0.0979864 somme = 0.88821334
x = 0.9308454 somme = 1.8190587
x = 0.95359254 somme = 2.7726512
```

À chaque itération, un nouveau nombre aléatoire est attribué à x ligne 7, puis il est ajouté à sum ligne 8.

Exemple 4.3 Test des nombres premiers

Ce programme génère un entier aléatoire compris entre 2 et 100, puis il teste les nombres premiers, c'est-à-dire les entiers supérieurs à 1 ayant pour seul diviseur 1 et eux-mêmes.

```
import java.util.Random;
class TestingPrimality {
  public static void main(String[] args) {
    Random random = new Random();
    int n = random.nextInt(100);
    for (int d = 2; d < n; d++) {
      System.out.print(".");
      if (n%d == 0) {
        System.out.println("\n" + n + " n'est pas premier.");
        return;
      }
    }
    System.out.println("\n" + n + " est premier.");
  }
}
```

Voici la sortie de deux exécutions :

Exécution 1 :

```
......
77 n'est pas premier.
```

Exécution 2 :

```
.............................................
47 est premier.
```

La boucle `for` de la ligne 6 recherche les diviseurs d'un nombre aléatoire `n`. À chaque itération, un point est imprimé ligne 7 afin d'indiquer le nombre d'itérations effectuées. Ainsi, la première exécution procède à 6 itérations, et la deuxième à 45.

La condition `(n%d == 0)` de la ligne 8 teste la divisibilité : l'index `d` divise `n` si et seulement si le reste `n%d` est nul. Le cas échéant, comme nous venons de le voir à la sixième itération de l'exécution 1, le message de la ligne 9 est imprimé et le programme se termine ligne 10. Dans le cas contraire, la boucle s'arrête dès que `d` atteint la valeur de `n` puisque l'expression de mise à jour `d < n` est alors `false`. À ce stade, la boucle a vérifié tous les diviseurs possibles de `n`, c'est-à-dire tous les entiers de 2 à `n-1`. Étant donné qu'elle n'a trouvé aucun diviseur, nous pouvons imprimer le message de la ligne 13, comme nous venons de le voir à l'exécution 2.

Plusieurs méthodes permettent de stopper une itération. Tout d'abord, une boucle `for` s'arrête tout simplement lorsque sa condition de continuation devient `false`. Nous avons déjà vu ce cas de figure à l'exemple 4.1, lorsque `x` est incrémenté à 10, et à l'exemple 4.2 lorsque `i` est incrémenté à 5. Cela se produit également à l'exemple 4.3 quand `d` est incrémenté à `n` si la condition de la ligne 8 est toujours `false`. Cependant, cette boucle s'arrête également si cette condition est `true`. L'instruction `return` de la ligne 10 stoppe ensuite la totalité du programme. Cette solution est plutôt radicale, c'est pourquoi il est préférable d'utiliser une instruction `break`, comme illustré à l'exemple 4.4.

Exemple 4.4 Utilisation d'une instruction `break` pour arrêter une boucle

Il s'agit du programme de l'exemple précédent auquel nous avons apporté quelques modifications en ajoutant une variable `boolean` nommée `isNotPrime` et une instruction `break` pour stopper la boucle dès qu'un diviseur est trouvé.

```
import java.util.Random;
class TestingPrimality {
  public static void main(String[] args) {
    Random random = new Random();
    int n = 2 + random.nextInt(98);
    boolean isNotPrime = (n%2 == 0);
    for (int d = 3; d < n; d += 2) {
      if (isNotPrime) break;
      System.out.print(".");
      isNotPrime = (n%d == 0);
    }
    System.out.print("\n" + n);
    if (isNotPrime) System.out.println(" n'est pas premier.");
    else System.out.println(" est premier.");
  }
}
```

Voici un exemple d'exécution :

```
........
19 est premier.
```

Dans cette version, `n` est initialisé à la ligne 5 avec un entier aléatoire compris entre 2 et 99. La variable booléenne `isNotPrime` est ensuite initialisée à `true` ou `false` ligne 6 selon que `n` est pair ou impair.

Nous quittons la boucle `for` dès que `isNotPrime` est `true`. Dans la mesure où cette condition est toujours vraie pour les nombres pairs, nous devons simplement contrôler les nombres impairs dans la boucle. C'est pourquoi celle-ci fait partir `d` de 3 et parcourt tous les numéros impairs jusqu'à ce que `d` atteigne `n`. Étant donné qu'elle ignore tous les diviseurs pairs, cette version est exécutée deux fois plus vite que les précédentes du programme. Ainsi, notre exemple d'exécution a eu besoin de seulement huit itérations complètes pour trouver que 19 est un nombre premier.

L'instruction finale des lignes 13 et 14 utilise la variable `isNotPrime` pour imprimer le résultat correct.

L'instruction `break` fonctionne dans les boucles comme les instructions `switch` : elle fait passer l'exécution directement à la première instruction qui suit le bloc dans lequel elle se trouve.

4.2 L'INSTRUCTION `while`

La boucle `for` est la solution idéale lorsqu'il s'agit de procéder à des itérations pour des répétitions qui sont naturellement liées à un index, comme `x`, `i` et `d` dans le cadre des exemples précédents. Cependant, en l'absence d'une variable de compteur permettant de contrôler l'itération, une instruction `while`, plus générale, est mieux adaptée.

La syntaxe de l'instruction `while` est la suivante :

```
while ( expr )
stmt;
```

où *`expr`* est une expression `boolean` et *`stmt`* une instruction ou un bloc d'instructions. L'instruction `while` est exécutée dans l'ordre suivant :

1. Évaluation de *`expr`* : il s'agit de la *condition de continuation*.
2. Si cette valeur booléenne est `false`, sortie immédiate de la boucle.
3. Exécution de *`stmt`* : il s'agit du *corps* de la boucle.
4. Retour à l'étape 1.

Exemple 4.5 La séquence de Fibonacci

La *séquence de Fibonacci* est définie récursivement par les équations

$$\begin{cases} F_0 = 0 \\ F_1 = 1 \\ F_n = F_{n-1} + F_{n-2} \end{cases}$$

Si nous conservons $n = 2$ et que nous remplaçons les deux premières équations par la troisième, nous obtenons

$$F_2 = F_1 + F_0 = 1 + 0 = 1$$

Si nous répétons le processus avec $n = 3$, nous obtenons

$$F_3 = F_2 + F_1 = 1 + 1 = 2$$

puis avec $n = 4$, nous obtenons

$$F_4 = F_3 + F_2 = 2 + 1 = 3$$

Le processus est identique pour chaque itération : il suffit d'ajouter les deux derniers nombres. Il s'agit d'un processus *récursif* parce que chaque nombre calculé apparaît dans la partie droite des deux équations suivantes. Cette méthode est particulièrement efficace dans la mesure où elle permet de définir une séquence infinie à l'aide de trois équations seulement. En revanche, vous devez malheureusement calculer le *n*ième nombre uniquement après avoir calculé les *n* nombres qui le précèdent.

Ce programme utilise une boucle `while` afin d'implémenter la définition de la séquence de Fibonacci. Il imprime tous les nombres de Fibonacci inférieurs à 1 000 et un de plus :

```
1  class Fibonacci {
2    public static void main(String[] args) {
3      System.out.print("0, 1");
4      int fib0=0, fib1=1, fib2=1;
5      while (fib2 < 1000) {
6        System.out.print(", " + fib2);
7        fib0 = fib1;
8        fib1 = fib2;
9        fib2 = fib1 + fib0;
10     }
11     System.out.println(", " + fib2);
12   }
13 }
```

Vous obtenez la sortie

```
0, 1, 1, 2, 3, 5, 8, 13, 21, 34, 55, 89, 144, 233, 377, 610, 987,
1597
```

La boucle `while` des lignes 5 à 10 itère 15 fois avant que la condition de continuation `(fib2 < 1000)` ne soit `false`. La relation de récurrence de Fibonacci est implémentée à la ligne 9.

Exemple 4.6 Utilisation d'une boucle `while` pour tester les nombres premiers

Ce programme est celui de l'exemple 4.4 dans lequel nous avons remplacé la boucle `for` par une boucle `while`.

```
import java.util.Random;
class TestingPrimality {
  public static void main(String[] args) {
    Random random = new Random();
    int n = 2 + random.nextInt(98);
    boolean isPrime = (n%2 > 0);
    int d = 3;
```

```
8        while (isPrime && d < n) {
9          System.out.print(".");
10         isPrime = (n%d > 0);
11         d += 2;
12       }
13       System.out.print("\n" + n);
14       if (isPrime) System.out.println(" est premier.");
15       else System.out.println(" n'est pas premier
16     }
17 }
```

La variable booléenne `isPrime`, qui est déclarée à la ligne 6, est l'inverse de la variable `isNotPrime`. Elle est utilisée avec la variable `d` afin de contrôler la boucle `while` de la ligne 8. La logique de ce programme est identique à celle de l'exemple 4.4 : recherche d'un diviseur `d` du nombre aléatoire `n`.

Chaque itération de la boucle teste une autre valeur impaire de `d`. Si `d` divise `n`, alors la condition `(n%d > 0)` est `false` et la variable `isPrime` est initialisée à `false` ligne 10, ce qui arrête la boucle. Dans le cas contraire, la boucle poursuit les itérations jusqu'à ce que `d >= n`. La variable booléenne se souvient alors de ce qui s'est passé dans la boucle, ce qui nous permet d'utiliser sa valeur à la ligne 14 afin d'indiquer les résultats.

Les deux exemples précédents vous aident à comprendre les avantages d'une boucle `while` par rapport à une boucle `for`. Nous avons dû utiliser une boucle `while` à l'exemple 4.5 parce que nous ignorions le nombre d'itérations nécessaires au calcul de tous les nombres de Fibonacci inférieurs à 1000. Dans le cadre de l'exemple 4.6, il était intéressant d'utiliser une boucle `while` afin de simplifier le programme de l'exemple 4.4 en supprimant l'instruction `break`.

Dans la plupart des cas, une boucle `for` peut aisément être transformée en boucle `while`, et inversement. Par exemple, la boucle `while` de l'exemple 4.5 aurait pu être remplacée par la boucle `for` comme suit :

```
for (int fib0=0, fib1=1, fib2=1; fib2 < 1000; )
  fib0 = fib1;
  fib1 = fib2;
  fib2 = fib1 + fib0;
  System.out.print(", " + fib2);
}
```

Cependant, la plupart des programmeurs considèrent que l'instruction `for` ne doit pas être utilisée dans ce but, que c'est comme si vous cherchiez à enfoncer un clou avec une clé au lieu d'un marteau. En effet, cette instruction a été conçue afin d'être contrôlée par une variable d'index qui compte les itérations, même si certains programmeurs l'utilisent dans d'autres situations parce qu'elle est plus structurée que la boucle `while`. En fait, la meilleure solution consiste à choisir le code qui vous semble le plus naturel et le plus facile à comprendre. Si le code n'est pas clair, il doit être reformulé.

4.3 QUELQUES MANIPULATIONS DE NOMBRES

Bien que Java ne soit pas le langage de programmation le plus adapté aux calculs scientifiques, il fait l'affaire. Dans cette optique, nous allons maintenant voir en détail quelques algorithmes courants.

Exemple 4.7 Le logarithme binaire discret

Le *logarithme* avec la base $b > 0$ d'un nombre $x > 0$ est défini comme un exposant p pour lequel $b^p = x$. Par exemple, le logarithme base 10 de 1000 est 3 parce que $10^3 = 1000$.

Le *logarithme binaire* d'un nombre $x > 0$ est l'algorithme base 2 de x. Par exemple, le logarithme binaire de 32 est 5 parce que $2^5 = 32$.

Le *logarithme binaire discret* d'un nombre $x > 0$ est le logarithme binaire tronqué à l'entier le plus proche. Par exemple, le logarithme binaire discret de 30 est 4 parce que le logarithme binaire de 30 est 4.907.

Le logarithme binaire discret de x est également la puissance de 2 la plus élevée qui ne dépasse pas $x : 2^4 \leq 30 < 2^5$.

Le programme suivant illustre la définition de la puissance de 2. Il calcule le logarithme binaire discret d'un nombre aléatoire compris entre 2 et 999.

```
import java.util.Random;
class DiscreteBinaryLog {
  public static void main(String[] args) {
  Random random = new Random();
  int x = 2 + random.nextInt(998);
  System.out.println("x = " + x);
  int y = 0;
  int n = 1;
  while (n <= x) {
    n *= 2;
    ++y;
    System.out.println("n = " + n + " \ty = " + y);
  }
  --y;
  System.out.println(" x: " + x);
  System.out.println(" Logarithme binaire discret de x : " + y);
  float lgx = (float)(Math.log(x)/Math.log(2.0));
  System.out.println("Logarithme binaire continu de x : " + lgx);
  }
}
```

Voici la sortie d'un exemple d'exécution :

```
x = 78
n = 2 y = 1
n = 4 y = 2
n = 8 y = 3
n = 16 y = 4
n = 32 y = 5
n = 64 y = 6
n = 128 y = 7
x: 78
Logarithme binaire discret de x : 6
Logarithme binaire continu de x : 6.2854023
```

Au cours de cette exécution, le nombre aléatoire x était 78. Le compteur n a dû être doublé 7 fois avant de dépasser 78.

La dernière ligne de sortie vérifie le résultat en le comparant au logarithme binaire continu de `x`. La méthode `Math.log()` renvoie le logarithme naturel (base e), nous utilisons donc la formule standard de conversion des bases :

$$\log_2 x = \frac{\log_e x}{\log_e 2}$$

Le fait que $\log_2 78 = 6.2654$ confirme que le logarithme binaire discret de 78 est 6.

L'exemple suivant implémente l'algorithme d'Euclide qui permet de rechercher le plus grand commun diviseur de deux entiers positifs. Il utilise une instruction `if...else` insérée dans une boucle `while`.

Exemple 4.8 L'algorithme d'Euclide

L'algorithme d'Euclide calcule le plus grand commun diviseur (pgcd) de deux entiers positifs. Il figure dans l'encyclopédie d'Euclide, *Les Éléments*, qui a été écrit il y a environ 2 300 ans.

Le plus grand commun diviseur (pgcd) de deux entiers est l'entier le plus important qui les divise tous les deux. Par exemple, le pgcd de 66 et 84 est 6 parce qu'il s'agit du nombre le plus important de l'ensemble de leurs diviseurs communs {1, 2, 3, 6}. Le pgcd permet notamment de réduire les fractions. Ainsi, vous pouvez réduire la fraction 66 /84 à 11/14 en divisant simplement 66 et 84 par leur pgcd 6.

Ce programme génère deux entiers aléatoires compris entre 10 et 999, puis il utilise une boucle `while` pour les réduire jusqu'à ce que l'un d'entre eux atteigne 0. Le nombre réduit qui est toujours positif est le plus grand commun diviseur des deux nombres initiaux. Ce processus de réduction consiste simplement à soustraire le nombre le plus petit du plus grand.

```
import java.util.Random;
class EuclideanAlgo {
  public static void main(String[] args) {
    Random random = new Random();
    int m = 10 + random.nextInt(990);
    int n = 10 + random.nextInt(990);
    System.out.println("m = " + m + "\t\tn = " + n);
    int p=m, q=n;
    while (p > 0 && q > 0) {
      if (p < q) q -= p;
      else p -= q;
      System.out.println("p = " + p + "\t\tq = " + q);
   }
   int gcd = ( p>0 ? p : q );
   System.out.println("Le pgcd de " + m + " et " + n + "
                              est " + gcd);
   System.out.println(m/gcd + "*" + q + " = " + m);
   System.out.println(n/gcd + "*" + q + " = " + n);
  }
}
```

Voici la sortie d'un exemple d'exécution :

```
m = 994 n = 426
p = 568 q = 426
p = 142 q = 426
p = 142 q = 284
p = 142 q = 142
p = 0 q = 142
Le pgcd de 994 et 426 est 142
7*142 = 994
3*142 = 426
```

Au cours de cette exécution, les nombres générés de façon aléatoire sont 994 et 426. La boucle `while` utilise les copies temporaires `p` et `q` de ces nombres. L'instruction `if...else` des lignes 10-11 soustrait le nombre le plus petit du plus grand. Étant donné que les deux nombres sont positifs, `p` ou `q` seront nécessairement réduits à chaque itération.

La sortie de la ligne 12 illustre le processus de réduction :

```
994 - 426 = 568
568 - 426 = 142
426 - 142 = 284
284 - 142 = 142
142 - 142 = 0
```

Le dernier nombre positif est 142, qui est donc le pgcd. Les deux dernières lignes de la sortie vérifient si 142 est effectivement un diviseur commun de 994 et 426. Les autres facteurs sont 7 et 3 qui n'ont aucun diviseur commun, ce qui fait de 142 le plus grand commun diviseur.

4.4 L'INSTRUCTION do...while

L'instruction `do...while` est globalement similaire à l'instruction `while`, à l'exception de sa condition de continuation qui est placée à la fin de la boucle. C'est pourquoi une boucle `do...while` est toujours itérée au moins une fois, contrairement à une boucle `while` à laquelle il arrive de ne pas être itérée du tout.

La syntaxe de la boucle `do...while` est

```
do
  stmt
while ( expr );
```

où *expr* est une expression booléenne et *stmt* toute instruction ou tout bloc d'instructions.

Exemple 4.9 La fonction factorielle

La *fonction factorielle* d'un entier positif *n* est le produit de tous les entiers de 1 à *n*. Par exemple, la factorielle de 5 est 1*2*3*4*5 = 120, expression généralement exprimée sous la forme 5! = 120. La valeur de 0! est définie comme étant 1.

Ce programme génère un entier aléatoire compris entre 0 et 20, puis il calcule et imprime sa factorielle :

```
1  import java.util.Random;
2  class Factorials {
3    public static void main(String[] args) {
4      Random random = new Random();
5      int n = 2 + random.nextInt(18);
6      long f = 1;
7      int k = 1;
8      do
9        f *= k++;
10     while (k <= n);
11     System.out.println(n + "! = " + f);
12   }
13 }
```

Après avoir initialisé `n`, `f` et `k`, la boucle `do...while` multiplie `f` par tous les nombres de 1 à `n` grâce à l'instruction d'affectation de la ligne 9. Celle-ci multiplie `f` par `k`, puis elle incrémente `k`. Voici trois exemples d'exécution :

Exécution 1 :

```
5! = 120
```

Exécution 2 :

```
13! = 6227020800
```

Exécution 3 :

```
0! = 1
```

Au cours de la première exécution, `n` est initialisé à 5, `f` à 1 et `k` à 1. La première itération multiplie `f` par 1 et incrémente `k` à 2. La deuxième itération multiplie `f` par 2 et incrémente `k` à 3 ; à ce stade, `f` = 2. La troisième itération multiplie `f` par 3 et incrémente `k` à 4 ; à ce stade, f = 3*2 = 6. La quatrième itération multiplie `f` par 4 et incrémente `k` à 5 ; à ce stade, `f` = 4*6 = 24. La cinquième itération multiplie `f` par 5 et incrémente `k` à 6 ; à ce stade, `f` = 5*24 = 120.

La deuxième exécution vous permet de constater l'importance des nombres factoriels. En effet, l'entier obtenu 6,227,020,800 est plus important que la valeur `int` maximum (2,147,483,647). C'est pourquoi nous avons utilisé le type `long` pour `f`.

La troisième exécution produit 0! = 1, expression qui est vraie par définition. Dans ce cas, la boucle est donc exécutée une seule fois et multiplie 1 par 1 pour `f`.

L'analyse précédente de la première exécution illustre une stratégie de débogage très utile : le *traçage* manuel de l'exécution. Cette opération consiste essentiellement à contrôler la logique d'un programme afin de vérifier s'il fait ce qu'il est censé faire. Bien que fastidieuse, cette méthode permet de retrouver les erreurs de logique dans un programme.

Le tableau 4.1 résume la trace que nous venons d'étudier : vous pouvez ainsi constater immédiatement que la logique du programme est correcte. D'autre part, un programmeur peut se servir du traçage pour améliorer son code. Il est ainsi en mesure d'améliorer son code. Bien que plusieurs solutions permettent généralement de résoudre un problème de programmation, la première qui vous vient à l'esprit est souvent la meilleure. Les modifications peuvent accélérer l'exécution d'un programme, faciliter sa compréhension ou réduire la mémoire utilisée. Ces améliorations sont généralement payantes dans un monde où l'efficacité prime.

Tableau 4.1 Trace de l'exemple 4.9

f	k
1	1
1	2
2	3
3	4
24	5
120	6

Exemple 4.10 Les factorielles encore et toujours

Ce programme modifie celui de l'exemple 4.9 en remplaçant sa boucle `do...while` par une boucle `for`. Ce choix est justifié dans la mesure où le nombre d'itérations requises est connu avant le début de la boucle.

```
1  import java.util.Random;
2  class Factorials {
3    public static void main(String[] args) {
4      Random random = new Random();
5      int n = 2 + random.nextInt(18);
6      long f = 1;
7      for (int k = n; k > 1; k--)
8        f *= k;
9      System.out.println(n + "! = " + f);
10   }
11 }
```

Notez que `k` est désormais local à la boucle elle-même. Étant donné qu'il est déclaré dans la boucle (ligne 7), il peut uniquement être utilisé dans celle-ci aux lignes 7 et 8). D'un point de vue conceptuel, il s'agit d'une amélioration. En effet, il est généralement préférable de localiser une variable en limitant sa portée à une section de code plus petite là où cela s'avère nécessaire. Le code gagne alors en simplicité, ce qui est toujours positif.

4.5 D'AUTRES MANIPULATIONS DE NOMBRES

Les deux exemples suivants implémentent des algorithmes numériques classiques là où une instruction `do...while` est généralement préférée.

Exemple 4.11 L'algorithme de Babylone pour calculer les racines carrées

Il y a environ 5000 ans, les Babyloniens ont découvert une méthode de calcul des racines carrées qui leur servait notamment à construire des angles droits.

Cet algorithme effectue une séquence d'approximations. À chaque itération, l'approximation y est améliorée et remplacée par la moyenne de y et de x/y. En effet, si y est proche de $\sqrt{x}$, alors x/y est proche de $x/\sqrt{x}$, ce qui est égal à $\sqrt{x}$. En outre, nous pouvons démontrer que $\sqrt{x}$ sera toujours comprise entre y et x/y, c'est pourquoi leur moyenne est plus proche de $\sqrt{x}$. En algèbre, la moyenne de y et x/y est $(y + x/y)/2$. Par conséquent, l'algorithme remplace y par $(y + x/y)/2$ à chaque itération.

```
1  import java.util.Random;
2  class BabylonianAlgorithm {
3    public static void main(String[] args) {
4      Random random = new Random();
5      final double TOL = 0.5E-12;
6      double x = 100*random.nextDouble();
7      System.out.println("Recherche de la racine carree de
8                           x = " + (float)x +":");
9      double y = x/2;
10     do {
11       y = (y + x/y)/2;
12       System.out.println("\ty = " + y);
13     } while (Math.abs(y*y - x) > TOL);
14     System.out.println("\t\t\t y*y = " + (float)(y*y));
15   }
16 }
```

Voici un exemple d'exécution :

```
Recherche de la racine carree de x = 86.676575:
y = 22.669143139555093
y = 13.24634591485589
y = 9.894889290194548
y = 9.327310352342401
y = 9.310041394919297
y = 9.3100253790458
y = 9.310025379032023
y*y = 86.676575
```

Ce programme utilise une constante nommée `TOL` (pour « tolérance ») afin de contrôler sa boucle `do...while`. La valeur de cette constante est définie à $0.5 \cdot 10^{-12}$. Grâce à la condition de continuation de la ligne 13, y^2 est égal à x, jusqu'à 12 décimales.

La valeur de `x` est sélectionnée au hasard, dans un intervalle de 0 à 100. Dans l'exemple d'exécution que nous venons de voir, il s'agit de 86.676575.

Pour commencer, nous définissons `y` comme étant égal à `x/2`. Cette approximation n'est pas appropriée pour $\sqrt{x}$. Cependant, nous avons pu constater que y converge rapidement vers $\sqrt{x}$. En fait, nous pouvons démontrer que le taux de convergence est généralement quadratique, ce qui signifie que le nombre de chiffres corrects double presque à chaque itération.

L'algorithme de Babylone est également connu sous le nom de méthode de Héron.

Exemple 4.12 L'algorithme de bissection et la résolution des équations

Si l'algèbre est un bon exercice intellectuel, il ne permet pas de résoudre les équations que vous rencontrez au quotidien dans les domaines de la science et de l'ingénierie. En fait, la plupart des équations de ce type ne peuvent pas être résolues complètement par des techniques algébriques. C'est pourquoi vous devez vous tourner vers des approximations effectuées à l'aide de méthodes numériques, comme celle de la bissection.

Cet algorithme utilise la stratégie classique du « diviser pour mieux régner ». Il s'agit donc de partir d'un intervalle dans lequel se trouve la solution inconnue, de le diviser en deux, d'éliminer la moitié qui ne contient pas la solution, puis de recommencer.

Ce programme implémente l'algorithme de bissection afin de résoudre l'équation

$$\sqrt{x} = \cos x$$

Ses solutions sont identiques à celles de l'équation

$$\sqrt{x} - \cos x = 0$$

Ses solutions correspondent aux points d'intersection avec l'axe x du graphique de l'équation

$$y = \sqrt{x} - \cos x$$

Nous savons que cette équation a une solution comprise entre 0 et $\pi/2$ parce que $y = -1 < 0$ lorsque $x = 0$, et $y = \sqrt{\pi}/2 > 0$ lorsque $x = \pi/2$. Si une courbe continue part sous l'axe des abscisses et finit par passer au-dessus, elle doit le couper à un moment.

```
1  class BabylonianAlgorithm {
2    public static void main(String[] args) {
3    final double TOL = 0.5E-7;
4    double a = 0;
5    double b = Math.PI/2;
6    double x, y;
7    do {
8       x = (a + b)/2;
9       y = Math.sqrt(x) - Math.cos(x);
10      System.out.println("\t [" + (float)a + ",\t" +
11                              (float)b + "]");
12      if (y < 0) a = x;
13      else b = x;
14    } while (b - a > TOL);
15    System.out.println("\tx = " + (float)x);
16    System.out.println("sqrt(x) = " + (float)Math.sqrt(x));
17    System.out.println(" cos(x) = " + (float)Math.cos(x));
18   }
19 }
```

La boucle `do...while` des lignes 7 à 14 utilise une condition de continuation similaire à celle de l'exemple 4.11. Elle continue à itérer jusqu'à ce que la longueur de l'intervalle soit inférieure à $0.5 \cdot 10^{-7}$. La réponse obtenue sera par conséquent correcte à 7 décimales.

Nous obtenons la sortie suivante

```
[0.0, 1.5707964]
[0.0, 0.7853982]
[0.3926991, 0.7853982]
[0.5890486, 0.7853982]
[0.5890486, 0.6872234]
[0.638136, 0.6872234]
[0.638136, 0.6626797]
[0.638136, 0.65040785]
[0.638136, 0.6442719]
[0.64120394, 0.6442719]
[0.64120394, 0.6427379]
[0.64120394, 0.64197093]
[0.64158744, 0.64197093]
[0.64158744, 0.6417792]
[0.64168334, 0.6417792]
[0.64168334, 0.64173126]
[0.6417073, 0.64173126]
[0.6417073, 0.6417193]
[0.6417133, 0.6417193]
[0.6417133, 0.6417163]
[0.6417133, 0.6417148]
[0.64171404, 0.6417148]
[0.64171404, 0.6417144]
[0.6417142, 0.6417144]
[0.64171433, 0.6417144]
x = 0.6417144
sqrt(x) = 0.80107075
cos(x) = 0.80107075
```

Chaque itération remplace `a` ou `b` par sa moyenne (lignes 11-12), c'est-à-dire le nombre situé à mi-chemin entre les deux. L'extrémité modifiée est choisie selon que la valeur de la fonction $\sqrt{x}$ - cos x est négative ou positive. Si elle est négative, la solution (point où le graphique de la fonction coupe l'axe des abscisses) se trouve entre le point central $(a + b)/2$ et b, c'est pourquoi nous réinitialisons a à cette valeur pour que la partie droite du nouvel intervalle corresponde à la moitié de l'intervalle précédent. Si la fonction est positive, nous réinitialisons b pour qu'il soit le point central et constitue ainsi la partie gauche du nouvel intervalle. À la première itération, le point central est $x = 0.7853982$ et la valeur de la fonction est $y = 0.17912014$, qui est positif. C'est pourquoi b est réinitialisé à x.

À la fin du programme, la réponse $x = 0.6417144$ est vérifiée en évaluant $\sqrt{x}$ et cos x afin de voir s'ils concordent.

Notez que cet algorithme converge nettement moins vite que l'algorithme de Babylone, mais qu'il est beaucoup plus générique. Il peut, par conséquent, être utilisé afin de résoudre presque toutes les équations comportant des fonctions continues.

4.6 LES BOUCLES IMBRIQUÉES

Une boucle peut inclure tous les types d'instruction. Il s'agit généralement d'un bloc d'instructions, qui sont souvent des boucles elles-mêmes. Il s'agit alors de *boucles imbriquées*.

Exemple 4.13 Impression d'une table de multiplication

```
1  class MultiplicationTable {
2    public static void main(String[] args) {
3      final int SIZE = 9;
4      for (int x = 1; x <= SIZE; x++) {
5        for (int y = 1; y <= SIZE; y++) {
6          int z = x*y;
7          System.out.print((z<10?"   ":"  ") + z);
8        }
9        System.out.println();
10     }
11   }
12 }
```

Vous obtenez la sortie suivante :

```
  1  2  3  4  5  6  7  8  9
  2  4  6  8 10 12 14 16 18
  3  6  9 12 15 18 21 24 27
  4  8 12 16 20 24 28 32 36
  5 10 15 20 25 30 35 40 45
  6 12 18 24 30 36 42 48 54
  7 14 21 28 35 42 49 56 63
  8 16 24 32 40 48 56 64 72
  9 18 27 36 45 54 63 72 81
```

La boucle externe va des lignes 4 à 10. Elle est itérée neuf fois. À chaque itération, elle imprime une ligne complète de nombres.

La boucle imbriquée interne va des lignes 5 à 8. Elle est itérée neuf fois à chaque itération de la boucle externe, soit un total de 81 itérations. À chaque itération, elle imprime un nombre ligne 7.

Notez l'utilisation de l'opérateur d'expression conditionnelle dans l'expression `(z<10?"   ":"  ")` à la ligne 7. Cette expression est évaluée à la chaîne de trois espaces lorsque la condition `z<10` est `true`, c'est-à-dire lorsque `z` est composé d'un seul chiffre. En revanche, si `z` a deux chiffres, l'expression est évaluée à la chaîne de deux espaces. Les colonnes de nombres sont alors justifiées à droite et la sortie ressemble à une table standard.

Exemple 4.14 Validation des numéros d'identification

Le contrôle de validation est une opération courante dans les logiciels qui utilisent les numéros d'identification. Ces numéros sont généralement composés d'un caractère qui permet de contrôler la cohérence interne d'une chaîne afin de limiter les erreurs. Par exemple, presque tous les livres ont un ISBN (International Standard Book Number) composé de 10 caractères qui identifie à la fois l'ouvrage et l'éditeur. Le dernier caractère de cet ISBN est un numéro de contrôle qui est calculé à partir des 9 autres chiffres par un algorithme qui donne une valeur différente dès que l'un de ces 9 chiffres est transposé. Par conséquent, toute erreur de placement ou de chiffre est facilement détectée dans la mesure où le chiffre de contrôle est alors inexact.

Ce programme utilise une boucle `for` imbriquée dans une boucle `do` afin de contrôler la validité des chiffres d'un numéro d'identification à 8 chiffres. Il implémente un algorithme similaire à celui des ISBN, ce qui signifie que la somme :

$$s = 1d_1 + 2d_2 + 3d_3 - 4d_4 + 5d_5 + 6d_6 + 7d_7 + 8d_8$$

doit être un multiple de 9, avec d_1 en premier chiffre, d_2 en deuxième, *etc.* L'algorithme vous permet ainsi de définir de façon unique le dernier chiffre. Dans le cas des ISBN, la somme des 10 chiffres doit être un multiple de 11.

```
1  import java.io.*;
2  class ValidateId {
3    public static void main(String[] args) throws IOException {
4      Reader reader = new InputStreamReader(System.in);
5      BufferedReader input = new BufferedReader(reader);
6      boolean isValid;
7      String id;
8      do {
9       System.out.print("Entrez un identificateur de 8
10                             chiffres : ");
11       id = input.readLine();
12       int check = 0;
13       for (int i=0; i<8; i++)
14         check += (i+1)*id.charAt(i);
15       isValid = (check%9 == 0);
16       if (isValid) System.out.println("Merci.");
17       else System.out.println(id + " n'est pas un identificateur
18                                      valide.");
19     } while (!isValid);
20     System.out.println("Votre identificateur valide est " + id);
21   }
22 }
```

Voici un exemple d'exécution :

```
Entrez un identificateur de 8 chiffres : 97542300
97542300 n'est pas un identificateur valide.
Entrez un identificateur de 8 chiffres : 97543200
Merci.
Votre identificateur valide est 97543200
```

Au cours de cette exécution, l'identificateur correct de l'utilisateur est 97543200. La somme de contrôle, s, est divisible par 9 : $s = 1*9 + 2*7 + 3*5 + 4*4 + 5*3 + 6*2 + 7*0 + 8*0 = 81$.

La première tentative a entré 97542300, qui inversait les 5e et 6e chiffres. Cette erreur a été détectée par l'algorithme de somme de contrôle : $s = 1*9 + 2*7 + 3*5 + 4*4 + 5*2 + 6*3 + 7*0 + 8*0 = 82$, qui n'est pas divisible par 9. Le deuxième essai échoue.

La boucle externe `do` est itérée une fois dès que l'utilisateur entre un identificateur. Elle est répétée jusqu'à ce que l'identificateur entré soit valide. La boucle interne `for` calcule la somme de contrôle s, dont la validité est ensuite vérifiée à la ligne 15.

Exemple 4.15 Recherche de sous-chaînes

Ce programme utilise une boucle `for` imbriquée dans une autre boucle `for` afin de rechercher une chaîne dans une sous-chaîne spécifique. La méthode `indexOf()` effectue la même opération, c'est pourquoi elle est utilisée à la fin du programme pour confirmer les résultats. Ce programme intègre également une instruction `break` étiquetée.

```
import java.io.*;
class FindingSubstrings {
```

```
    public static void main(String[] args) throws IOException {
      Reader reader = new InputStreamReader(System.in);
      BufferedReader input = new BufferedReader(reader);
      System.out.print("Entrez une chaine : ");
      String s = input.readLine();
      System.out.print("Entrez une sous-chaine : ");
      String ss = input.readLine();
      int ns = s.length();
      int nss = ss.length();
      System.out.println("ns = " + ns + ", nss = " + nss);
      boolean found = false;
      int k = 0;
    stop:
      for (int i = 0; nss + i <= ns; i++)
        for (int j = 0; j < nss; j++) {
          System.out.println(i + " " + j);
          if (s.charAt(i+j) != ss.charAt(j)) break;
          if (j+1 == nss) {
            found = true;
            k = i;
            break stop;
          }
        }
      System.out.print("Avec cet algorithme, la sous-chaine
                              \"" + ss);
      if (found) System.out.println("\" trouvee index " + k);
      else System.out.println("\" introuvable.");
      k = s.indexOf(ss);
      System.out.print("Avec la méthode indexOf(),
                             la sous-chaine ");
      if (found) System.out.println("trouvee index " + k);
      else System.out.println("introuvable.");
    }
  }
```

Voici un exemple d'exécution :

```
Entrez une chaine : ABACADABRA
Entrez une sous-chaine : ABR
ns = 10, nss = 3
0 0
0 1
0 2
1 0
2 0
2 1
3 0
4 0
4 1
5 0
6 0
6 1
6 2
Avec cet algorithme, la sous-chaine "ABR" trouvee index 6
Avec la méthode indexOf(), la sous-chaine trouvee index 6
```

Ce programme lit deux chaînes d'une entrée standard : la chaîne `s` à rechercher et la sous-chaîne cible `ss`. Il imprime leur longueur, puis il exécute les boucles `for` imbriquées afin d'effectuer la recherche. S'il découvre que `ss` est une sous-chaîne de `s`, l'indicateur de recherche est défini à `true` ligne 21, l'index `i` où la sous-chaîne commence est enregistré dans `k` ligne 22 et l'instruction `break` étiquetée est utilisée ligne 23 afin de quitter les deux boucles simultanément. L'étiquette `stop` est placée au début de la boucle externe ligne 15, c'est pourquoi `break` fait passer l'exécution à la ligne 26, c'est-à-dire à la fin de la boucle externe. Ensuite, les résultats sont imprimés et vérifiés à l'aide de la méthode `indexOf()`.

La boucle interne `for` utilise la méthode `charAt()` pour comparer les caractères consécutifs de `ss` à ceux de `s`, en commençant par l'index `i` de `s` et l'index 0 de `ss`. Si elle détecte une erreur de cohérence, elle quitte la boucle interne ligne 19 et poursuit avec l'itération suivante de la boucle externe. Si tel n'est pas le cas, lorsque `j == nss-1`, cela signifie que tous les caractères de `ss` ont une correspondance et que la sous-chaîne a été trouvée. La méthode `println()` insérée dans la boucle interne permet de tracer la recherche au fur et à mesure de son exécution.

La chaîne `ABACADABRA` est composée de 10 caractères et la sous-chaîne `ABR` de 3. La boucle interne est itérée 3 fois lorsque `i` = 0, une fois lorsque `i` = 1, deux fois lorsque `i` = 2, une fois lorsque `i` = 3, deux fois lorsque `i` = 4, une fois lorsque `i` = 5 et trois fois lorsque `i` = 6. La sous-chaîne vient d'être trouvée.

Une instruction `break` étiquetée passe directement à l'instruction qui suit l'instruction étiquetée. Il s'agit généralement d'une boucle contenant une autre boucle, qui contient elle-même une instruction `break`, ce qui permet à l'exécution de quitter les deux boucles simultanément.

Le compilateur reconnaît que la ligne

```
stop:
```

est une étiquette parce qu'elle se termine par un symbole deux-points (`:`). N'importe quel identificateur valide peut être employé comme étiquette. Notez que la ligne elle-même n'est pas une instruction Java, mais qu'elle sert de préfixe afin d'étiqueter l'instruction qui suit.

Exemple 4.16 Trois boucles imbriquées

Ce programme utilise trois boucles `for` imbriquées afin de démontrer que l'instruction `break` étiquetée n'a pas besoin de quitter totalement l'imbrication. Dans le cas présent, elle met un terme aux itérations en cours dans les boucles centrale et interne, puis elle passe à l'itération suivante de la boucle externe.

```
class LabeledBreak {
  public static void main(String[] args) {
    for (int i = 0; i < 3; i++) {
      resume:
        for (int j = 0; j < 3; j++) {
          for (int k = 0; k < 3; k++) {
            System.out.print("\n" + i + " " + j + " " + k);
            if (i == 1 && j == 2 && k == 0) break resume;
          }
          System.out.print("\tFin de boucle k; j = " + j);
      }
      System.out.print("\tFin de boucle j; i = " + i);
    }
    System.out.println("\tFin de boucle i.");
  }
}
```

Voici la sortie obtenue :

```
0 0 0
0 0 1
0 0 2 Fin de boucle k; j = 0
0 1 0
0 1 1
0 1 2 Fin de boucle k; j = 1
0 2 0
0 2 1
0 2 2 Fin de boucle k; j = 2 Fin de boucle j; i = 0
1 0 0
1 0 1
1 0 2 Fin de boucle k; j = 0
1 1 0
1 1 1
1 1 2 Fin de boucle k; j = 1
1 2 0 Fin de boucle j; i = 1
2 0 0
2 0 1
2 0 2 Fin de boucle k; j = 0
2 1 0
2 1 1
2 1 2 Fin de boucle k; j = 1
2 2 0
2 2 1
2 2 2 Fin de boucle k; j = 2 Fin de boucle j; i = 2 Fin de boucle i.
```

Le `break` a lieu lorsque `i` = 1, `j` = 2 et `k` = 0. Étant donné que l'étiquette `resume` s'applique à la boucle `j`, l'instruction `print()` qui la suit est exécutée. Il s'agit de la dernière instruction de la boucle `i`, c'est pourquoi la boucle externe continue et commence l'itération suivante par `i` = 2.

4.7 LES BOUCLES CONTRÔLÉES PAR UNE SENTINELLE

Les boucles permettent souvent de gérer les entrées interactives. Le cas échéant, le nombre d'entrées est généralement connu uniquement au moment de l'exécution. C'est pourquoi une valeur d'entrée spéciale, nommée *sentinelle*, est désignée à l'avance afin de signaler la fin des entrées.

Exemple 4.17 Pierre, Ciseaux, Papier

Ce programme simule un jeu particulièrement apprécié des enfants, « Pierre, Ciseaux et Papier ». Nous supposons que deux enfants jouent simultanément et qu'ils font à chaque fois un symbole de la main représentant une pierre, des ciseaux ou un morceau de papier. La règle est la suivante : la pierre écrase les ciseaux, les ciseaux coupent le papier et le papier enveloppe la pierre. Elle ne s'applique évidemment pas lorsque les deux enfants font le même geste, auquel cas ils sont à égalité.

```
import java.io.*;
import java.util.Random;
class RockScissorsPaper {
  public static void main(String[] args) throws IOException {
    Reader reader = new InputStreamReader(System.in);
    BufferedReader input = new BufferedReader(reader);
```

```
      Random random = new Random();
      final String CHOICES = "PCAQ";
      final String NAMES = "Pierre Ciseaux Papier ";
      int y=0, z=0; // ton choix, mon choix
      System.out.println("Bienvenue dans le jeu Pierre, ciseaux,
                              papier.\n"
       + "Nous choisissons simultanement l'une des trois
                 possibilites.\n"
       + "La pierre ecrase les ciseaux, les ciseaux coupent le
                papier, le papier enveloppe la pierre.");
      System.out.println("(Entrez Q pour quitter.)");
      do {
        System.out.print("Entrez votre choix ? (P/C/A/Q): ");
        y =
     CHOICES.indexOf(input.readLine().toUpperCase().charAt(0));
        if (y < 0) {
          System.out.println("Vous devez entrer 'P', 'C',
                   ou 'A'.");
          continue;
        }
        if (y > 2) {
          break;
        }
        z = random.nextInt(3); // 0, 1, or 2
        System.out.println("\tVous avez choisi " + NAMES.substring
                                 (8*y, 8*y+8));
        System.out.println("\t J'ai choisi " + NAMES.substring
                                  (8*z, 8*z+8));
        if (y==z) {
          System.out.println("\tEgalite.");
        } else if (y==0 && z==1 || y==1 && z==2 || y==2 && z==0) {
          System.out.println("\tVous gagnez.");
        } else {
          System.out.println("\tJe gagne.");
       }
     } while (true);
   }
 }
```

Voici un exemple d'exécution :

```
Bienvenue dans le jeu pierre, ciseaux et papier.
Nous choisissons simultanement l'une des trois possibilites.
La pierre ecrase les ciseaux, les ciseaux coupent le papier et le
papier enveloppe la pierre.
(Entrez Q pour quitter.)
Entrez votre choix ? (P/C/A/Q): a
Vous avez choisi Papier
J'ai choisi Pierre
Je gagne.
Entrez votre choix ? (P/C/A/Q): a
Vous avez choisi Papier
J'ai choisi Papier
Egalite.
Entrez votre choix ? (P/C/A/Q): q
```

Aux lignes 23 et 24, le programme accepte l'une des quatre entrées : 'P', 'C', 'A' ou 'Q'. La chaîne constante "PCAQ", définie à la ligne 8, permet de convertir la chaîne entrée en code entier, respectivement 0, 1, 2 ou 3. L'entrée 'Q' est la sentinelle et son code numérique 3 contrôle la boucle avec l'instruction `break` (ligne 28).

La méthode `indexOf()`, utilisée à la ligne 21, renvoie –1 si son argument n'est pas l'un des caractères 'P', 'C', 'A' ou 'Q'. Cette conséquence est utilisée des lignes 22 à 26 afin de donner au joueur une autre chance si il ou elle entre un autre caractère.

L'instruction `continue` de la ligne 25 fait passer l'exécution du programme à la fin de la boucle et ignore donc les lignes 27 à 41 de cette itération. Utilisée dans une boucle de cette façon, cette instruction a le même effet que `break`, mais la boucle peut continuer avec d'autres itérations (si la condition de continuation est vraie).

4.8 LES BOUCLES INFINIES

Une *boucle infinie* (`for`, `while` ou `do...while`) ne contient aucune condition de continuation ou bien en a une qui n'est jamais `false`. Une boucle infinie volontaire est composée d'un mécanisme interne permettant de stopper l'itération, contrairement à la boucle infinie involontaire qui requiert une intervention externe afin d'arrêter un processus incontrôlable.

Exemple 4.18 Une boucle infinie volontaire

Le programme suivant permet à l'utilisateur de deviner un nombre :

```
import java.io.*;
class Main {
  public static void main(String[] args) throws IOException {
    Reader reader = new InputStreamReader(System.in);
    BufferedReader input = new BufferedReader(reader);
    System.out.println("Devinez un nombre compris entre
                                1 et 6 :");
    while (true) {
      System.out.print("Proposition : ");
      int n = Integer.parseInt(input.readLine());
      if (n == 3) {
        System.out.println("C'est juste !");
        return;
      }
      System.out.println("Non. Essayez encore.");
    }
  }
}
```

Voici un exemple d'exécution :

```
Devinez un nombre compris entre 1 et 6 :
Proposition : 2
Non. Essayez encore.
Proposition : 5
Non. Essayez encore.
Proposition : 3
C'est juste !
```

La boucle `while` des lignes 8 à 15 est infinie : son expression de continuation est toujours `true` et elle se termine lorsque l'instruction `return` est exécutée à la ligne 13.

Exemple 4.19 Une boucle infinie involontaire

Nous avons modifié le programme de l'exemple 4.1 et inséré une condition de continuation erronée :

```
class Main {
  public static void main(String[] args) {
    for (int x = 1; x > 0; x++) {
      int y = x*x + x + 41;
      System.out.println("\t" + x + "\t" + y);
    }
  }
}
```

Nous obtenons la sortie :

```
1    43
2    47
3    53
4    61
5    71
6    83
7    97
8    113
9    131
:
```

La condition de continuation est `x > 0`. Elle est vraie dans la mesure où `x` peut prendre toutes les valeurs positives de type `int`. En fait, étant donné que les types d'entier finissent par prendre une valeur négative lorsqu'ils sont incrémentés en boucle de façon incontrôlable, il ne s'agit pas réellement d'une boucle infinie. Elle s'arrêtera donc, mais uniquement après 2,147,483,647 lignes de sortie !

Le mécanisme qui permet d'arrêter une boucle infinie dépend de votre système d'exploitation et de votre environnement d'exécution. Si vous exécutez le programme depuis l'invite de commande Windows, vous pouvez abandonner le traitement en appuyant sur `Ctrl+C`.

? QUESTIONS

4.1 Qu'est-ce qu'une condition de continuation ?

4.2 Quelle est la différence entre une instruction `while` et une instruction `if` ?

4.3 Quelle est la différence entre une instruction `while` et une instruction `do...while` ?

4.4 Quel est le rôle d'une instruction `break` ?

4.5 Quel est le rôle d'une instruction `break` étiquetée ?

4.6 Quand devez-vous utiliser une instruction `break` étiquetée plutôt que non étiquetée ?

4.7 Quelle est la différence entre une instruction `break` et une instruction continue lorsqu'elles sont utilisées dans une boucle ?

4.8 Qu'est-ce qu'une sentinelle de boucle ?

4.9 Qu'est-ce qu'une boucle infinie ?

4.10 Qu'est-ce que le traçage et quelle est son utilité en programmation ?

4.11 Pour chaque exemple suivant, indiquez le nombre de points qui seront imprimés :

a.

```
for (int i=0; i<100; i++)
  System.out.print(".");
```

b.

```
for (int i=1; i<100; i *= 2)
  System.out.print(".");
```

c.

```
for (int i=0; i<100; i++)
  for (int j=0; j<100; j++)
    System.out.print(".");
```

d.

```
for (int i=0; i<100; i++)
  for (int j=0; j<i; j++)
    System.out.print(".");
```

e.

```
for (int i=0; i<100; i++)
  for (int j=1; j<100; j *= 2)
    System.out.print(".");
```

f.

```
for (int i=0; i<100; i++)
  for (int j=0; j<100; j++)
    for (int k=0; k<100; k++)
      System.out.print(".");
```

g.

```
for (int i=0; i<100; i++)
  for (int j=0; j<i; j++)
    for (int k=0; k<i; k++)
      System.out.print(".");
```

h.

```
for (int i=0; i<100; i++)
  for (int j=0; j<i; j++)
    for (int k=0; k<j; k++)
      System.out.print(".");
```

4.12 Essayez de deviner la sortie de ce programme, puis exécutez-le afin de confirmer vos prévisions :

```
class Main {
  public static void main(String[] args) {
    int count = 0;
    for (int i = 0; i < 3; i++)
      resume:
        for (int j = 0; j < 4; j++)
          for (int k = 0; k < 5; k++) {
            ++count;
               if (i == 1 && j == 2 && k == 3) break resume;
            }
        System.out.println("\tcount = " + count);
    }
}
```

4.13 Essayez de deviner la sortie du programme de la question 4.12 qui a été modifié de la façon suivante, puis exécutez-le afin de vérifier si vous aviez raison :

```
class Main {
  public static void main(String[] args) {
    int count = 0;
    for (int i = 0; i < 3; i++) {
      resume:
        for (int j = 0; j < 4; j++)
          for (int k = 0; k < 5; k++) {
            ++count;
            if (i == 1 && j == 2 && k == 3) break resume;
          }
      System.out.println("\tcount = " + count);
    }
  }
}
```

4.14 Que fait la définition

```
final double TOL = 0.5E-15;
```

dans le programme de l'exemple 4.11 ?

¿ RÉPONSES

4.1 Une condition de continuation est une expression booléenne qui permet de contrôler une boucle. La boucle est répétée tant que la valeur de l'expression est `true`. Par exemple, dans la boucle :

```
for (int x = 0; x < 10; x++) {
  int y = x*x + x + 41;
  System.out.println("\t" + x + "\t" + y);
}
```

de l'exemple 4.1, l'expression `x < 10` est la condition de continuation. Tant que celle-ci est `true`, la boucle est itérée.

4.2 Une instruction `while` est une boucle dont l'instruction interne ou le bloc est exécuté jusqu'à ce que la condition de contrôle de la boucle soit `false`. L'instruction `if` est également une instruction interne ou un bloc, mais elle est exécutée une seule fois.

4.3 Une instruction `while` est une boucle qui est itérée 0 ou plusieurs fois parce que sa condition de contrôle est évaluée en premier. Une instruction `do...while` est une boucle qui est itérée 1 ou plusieurs fois parce que sa condition de contrôle est évaluée en dernier.

4.4 Une instruction `break` termine la boucle courante et passe à la première instruction qui suit cette boucle. Ainsi, dans l'exemple 4.4, l'instruction `break`

```
for (int d = 2; d < n; d++) {
  isNotPrime = (n%d == 0);
  if (isNotPrime) break;
}
```

arrête la boucle et exécute l'instruction qui la suit.

4.5 Une instruction `break` étiquetée termine la boucle courante et passe à la première instruction qui suit la boucle étiquetée par l'identificateur suivant le mot-clé `break`. Ainsi, dans l'exemple 4.16, l'instruction

```
if (i == 1 && j == 2 && k == 0) break resume;
```

contient un `break` étiqueté qui termine la boucle interne et la boucle centrale dans lesquelles il se trouve.

4.6 Vous utilisez une instruction `break` étiquetée plutôt qu'une instruction non étiquetée lorsque vous souhaitez quitter deux ou plusieurs boucles d'une structure de boucles imbriquées. Ainsi, l'instruction `break` étiquetée de l'exemple 4.15 permet de quitter deux des trois boucles imbriquées.

4.7 Lorsqu'elle est utilisée dans une boucle, l'instruction `break` permet de quitter immédiatement la boucle, alors qu'une instruction `continue` permet uniquement d'ignorer le reste de l'itération en cours.

4.8 Une sentinelle est une valeur spécifique destinée à stopper une boucle d'entrée.

4.9 Dans le cadre d'une boucle infinie, l'expression de continuation n'est jamais `false`. Si vous ne définissez aucun mécanisme externe pour l'arrêter, ce type de boucle est itéré indéfiniment.

4.10 Lorsque vous tracez un programme, vous prétendez être l'ordinateur et effectuer toutes les opérations du programme en conservant les valeurs de chaque variable modifiée. Ainsi, le tableau de la figure 4.1 représente une trace du programme de l'exemple 4.9. Cette opération vous aide à comprendre la logique du programme en détail, vous permettant ainsi de corriger plus aisément les erreurs de logique ou bogues.

4.11 *a.* 100
b. 7
c. 5050
d. 700
e. 700
f. 1,000,000
g. 338,350
h. 171,700

4.12
```
count = 20
```
4.13
```
count = 20
count = 34
count = 54
```
4.14 La définition

```
final double TOL = 0.5E-12;
```

de la ligne 5 du programme de l'exemple 4.11 définit la constante `TOL` à $0.5 \cdot 10^{-12}$. Ce très petit nombre permet de déterminer le moment où la valeur de `x` approche des 12 décimales.

? EXERCICES D'ENTRAÎNEMENT

4.1 Écrivez et exécutez un programme capable de tabuler la fonction de sinus pour 17 valeurs de `x` espacées de façon égale et comprises entre 0 et . Utilisez la constante `Math.Pi` et la méthode `Math.sin()`. Vous devriez obtenir la sortie suivante :

```
0.0                     0.0
0.19634954084936207     0.19509032201612825
0.39269908169872414     0.3826834323650898
0.5890486225480862      0.5555702330196022
0.7853981633974483      0.7071067811865475
0.9817477042468103      0.8314696123025452
1.1780972450961724      0.9238795325112867
1.3744467859455345      0.9807852804032304
1.5707963267948966      1.0
1.7671458676442586      0.9807852804032304
1.9634954084936207      0.9238795325112867
2.1598449493429825      0.8314696123025455
2.356194490192345       0.7071067811865476
2.552544031041707       0.5555702330196022
2.748893571891069       0.3826834323650899
2.945243112740431       0.1950903220161286
3.141592653589793       1.2246063538223773E-16
```

4.2 Écrivez et exécutez un programme capable d'imprimer la moyenne de 5 entiers aléatoires. La sortie doit être similaire à la suivante :

```
moyenne = 9.448290208E8
```

4.3 Écrivez et exécutez un programme capable de tester la formule de sommation :

$$\sum_{i=1}^{n} i = \frac{n(n+1)}{2}$$

Générez un entier aléatoire `n` compris entre 0 et 99, additionnez les entiers de 1 à `n`, calculez la valeur de l'expression de droite, puis imprimez les deux valeurs afin de vérifier si elles concordent.

Vous devriez obtenir une sortie similaire à :

```
n = 14
somme = 105
n*(n+1)/2 = 105
```

4.4 La fonction de Babbage (exemple 4.1) génère plus de 20 nombres premiers. Modifiez le programme de façon à rechercher la taille maximum de `x` avant que la valeur de $x^2 + x + 41$ ne soit pas un nombre premier. Vous pouvez utiliser le code de l'exemple 4.10 afin de déterminer les nombres qui sont premiers.

4.5 Modifiez le programme de Fibonacci de l'exemple 4.5 en remplaçant la boucle `while` par une boucle `for`, puis exécutez-le afin de vérifier s'il est correct.

4.6 Modifiez le programme de l'exemple 4.6 en remplaçant la boucle `while` par une boucle `for` qui vérifiera les diviseurs `d` inférieurs ou égaux à la racine carrée de `n`, et uniquement ceux-ci.

4.7 Écrivez et exécutez un programme capable de tester la formule de sommation

$$\sum_{i=1}^{n} i^2 = \frac{n(n+1)(2n+1)}{4}$$

Générez un entier aléatoire `n` compris entre 0 et 99, calculez la somme des entiers de 1 à `n`, calculez la valeur de l'expression de droite, puis imprimez les deux valeurs afin de vérifier si elles concordent.

4.8 Écrivez et exécutez un programme capable de rechercher huit triplets de Pythagore, c'est-à-dire des triplets (a, b, c) d'entiers positifs correspondant à l'équation $a^2 + b^2 = c^2$. Générez les entiers compris entre 1 et 100 de façon aléatoire. Utilisez l'instruction `continue` lorsque l'équation est fausse. Vous devriez obtenir une sortie similaire à la suivante :

```
1. 16, 30, 34   256 + 900 = 1156
2. 15, 20, 25   225 + 400 = 625
3. 77, 36, 85   5929 + 1296 = 7225
4. 76, 57, 95   5776 + 3249 = 9025
5. 12, 9, 15    144 + 81 = 225
6. 15, 8, 17    225 + 64 = 289
7. 45, 60, 75   2025 + 3600 = 5625
8. 44, 33, 55   1936 + 1089 = 3025
```

4.9 Écrivez et exécutez un programme capable de tester la formule de sommation :

$$\sum_{i=1}^{n} i^3 = \frac{n^2(n+1^2)}{4}$$

Générez un entier aléatoire `n` compris entre 0 et 99, additionnez les entiers de 1 à `n`, calculez la valeur de l'expression de droite, puis imprimez les deux valeurs afin de vérifier si elles concordent.

4.10 Écrivez et exécutez un programme capable de tester la formule de sommation :

$$\sum_{i=0}^{\infty} \frac{1}{i!} = e$$

Générez un entier aléatoire `n` compris entre 0 et 20, additionnez les nombres $1/i!$ de 1 à `n`, puis imprimez la somme, la constante `e` et leur différence afin de vérifier si les deux valeurs concordent. Nous vous rappelons que la constante `e` est 2.718281828…, c'est-à-dire la base du logarithme naturel. Utilisez la constante `Math.E`.

4.11 Écrivez et exécutez un programme capable de générer un entier aléatoire `n` compris entre 0 et 9, puis tabulez la fonction sinus pour *n* valeurs de `x` espacées de façon égale et comprises entre 0 et π. Utilisez la constante `Math.PI` et la méthode `Math.sin()`.

4.12 Écrivez et exécutez un programme qui teste la formule de sommation :

$$\sum_{i=1}^{\infty} \frac{1}{i^2} = \frac{\pi^2}{6}$$

Générez un entier aléatoire `n` compris entre 0 et 9999, additionnez les nombres $1/i^2$de 1 à `n`, calculez la valeur de l'expression de droite, puis imprimez les deux valeurs et leur différence afin de vérifier si elles concordent.

4.13 Modifiez le programme de l'exemple 4.17 pour qu'il conserve les scores et indique le nombre et le pourcentage de parties gagnées à la fin du programme.

4.14 Écrivez et exécutez un programme qui utilise une boucle `do...while` pour le jeu de devinettes de l'exemple 4.18.

¿ SOLUTIONS

4.1

```
class TabulateSine {
  public static void main(String[] args) {
    final int N = 16;
    double x, y;
    for (int n = 0; n <= N; n++) {
      x = n*Math.PI/N;
      y = Math.sin(x);
      System.out.println("\t" + x + "\t" + y);
    }
  }
}
```

4.2

```
import java.util.Random;
class Average {
  public static void main(String[] args) {
    Random random = new Random();
    double sum = 0.0;
    for (int i = 0; i < 5; i++) {
      int n = random.nextInt(100);
```

```
      System.out.println("\t" + i + ". " + n);
      sum += n;
    }
    System.out.println("moyenne :" + sum/5);
  }
}
```

4.3

```
import java.util.Random;
class SumInt {
  public static void main(String[] args) {
    Random random = new Random();
    int n = random.nextInt(100);
    System.out.println("n = " + n);
    int sum = 0;
    for (int i = 1; i <= n; i++)
      sum += i;
    int form = n*(n+1)/2;
    System.out.println("somme = " + sum);
    System.out.println("n*(n+1)/2 = " + form);
  }
}
```

4.4 Comme illustré par le programme suivant, la fonction de Babbage génère 40 nombres premiers avant d'atteindre le premier nombre composé qui ne soit pas premier :

```
class Babbage {
  public static void main(String[] args) {
    boolean isPrime;
    for (int x = 0; x < 50; x++) {
      int y = x*x + x + 41;
      System.out.print("\t" + x + "\t" + y);
      int d = 2;
      do {
        isPrime = (y%d++ != 0);
      } while (isPrime && d < y);
      if (isPrime) System.out.println("\test premier.");
      else System.out.println("\tn'est pas premier.");
    }
  }
}
```

4.5

```
class Fibonacci {
  public static void main(String[] args) {
    System.out.print("0, 1");
    for (int fib0=0, fib1=1, fib2=1; fib2 < 1000; fib2 =
         fib1 + fib0) {
      System.out.print(", " + fib2);
      fib0 = fib1;
      fib1 = fib2;
    }
    System.out.println();
  }
}
```

4.6

```
class TestingPrimality {
  public static void main(String[] args) {
    Random random = new Random();
```

```
    int n = 2 + random.nextInt(998);
    double sqrtn = Math.sqrt(n);
    boolean isPrime = (n%2 > 0);
    for (int d = 3; isPrime && d <= sqrtn; d += 2) {
      System.out.print(".");
      isPrime = (n%d > 0);
    }
    System.out.print("\n" + n);
    if (isPrime) System.out.println(" est premier.");
    else System.out.println(" n'est pas premier.");
  }
}
```

4.7

```
class SumSquares {
  public static void main(String[] args) {
    Random random = new Random();
    int n = random.nextInt(100);
    System.out.println("n = " + n);
    int sum = 0;
    for (int i = 1; i <= n; i++)
      sum += i*i;
    int form = n*(n+1)*(2*n+1)/6;
    System.out.println("somme = " + sum);
    System.out.println("n*(n+1)*(2*n+1)/6 = " + form);
  }
}
```

4.8

```
class PythagoreanTriples {
  public static void main(String[] args) {
    Random random = new Random();
    int n = 0;
    do {
      int a = 1 + random.nextInt(99);
      int b = 1 + random.nextInt(99);
      int c = 1 + random.nextInt(99);
      if (a*a + b*b != c*c) continue;
      ++n;
      System.out.print(n + ". " + a + ", " + b + ", " + c);
      System.out.println("\t" + a*a + " + " + b*b + " = " + c*c);
    } while (n < 8);
  }
}
```

4.9

```
class TestSum {
  public static void main(String[] args) {
    int n = random.nextInt(100);
    System.out.println("n = " + n);
    int left = 0;
    for (int i=1; i<=n; i++)
      left += i*i*i;
    int right = n*n*(n+1)*(n+1)/4;
    System.out.println(left + " = " + right);
  }
}
```

4.10

```
class TestSum {
  public static void main(String[] args) {
    int n = 2 + random.nextInt(20);
```

```
    System.out.println("n = " + n);
    double left = 1.0, term = 1.0;
    for (int i=1; i<=n; i++) {
      term /= i;
      left += term;
    }
    double right = Math.E;
    System.out.println(left + " = " + right);
  }
}
```

4.11

```
class TestSum {
  public class Tabulate {
    private static Random random = new Random();
    public static void main(String[] args) {
      int n = random.nextInt(20);
      System.out.println("n = " + n);
      double x = 0.0, dx = Math.PI/n;
      for (int i=0; i<=n; i++, x += dx)
        System.out.println("\t" + x + "\t" + Math.sin(x));
  }
}
```

4.12

```
class TestSum {
  private static Random random = new Random();
  public static void main(String[] args) {
    int n = random.nextInt(10000);
    System.out.println("n = " + n);
    double left = 0.0;
    for (int i=1; i<=n; i++)
      left += 1.0/(i*i);
    double right = Math.PI*Math.PI/6;
    System.out.println(left + " = " + right);
  }
}
```

4.13 Ajoutez ce code avant la ligne 11 de l'exemple 4.17 :

```
int games=0, wins=0;
```

Ajoutez ce code avant la ligne 19 :

```
++games;
```

Ajoutez ce code avant la ligne 39 :

```
++wins;
```

Ajoutez ce code avant la ligne 42 :

```
System.out.println("Vous avez gagne " + wins + " sur " + games +
" jeux. Cela fait " + 100.0*wins/games + "%.");
```

4.14 Remplacez la ligne 12 de l'exemple 4.18 par :

```
do {
```

Remplacez la ligne 16 par :

```
} while (true);
```

Chapitre 5

Les méthodes

Une *méthode* est une séquence de déclarations et d'instructions exécutables encapsulées comme s'il s'agissait d'un miniprogramme indépendant. Dans d'autres langages de programmation, les méthodes sont qualifiées de fonctions, procédures, sous-routines et sous-programmes.

En Java, toute instruction exécutable doit se trouver dans une méthode. Par conséquent, les méthodes se trouvent au cœur de l'action. Lorsqu'ils conçoivent des programmes orientés objet, les programmeurs commencent par déterminer les actions à exécuter et les objets qui seront utilisés à cet effet.

5.1 LA MÉTHODE `main()`

Un *programme* Java est une classe avec une méthode `main()` qui doit être construite comme suit :

```
public static void main(String[] args) {
   :
}
```

Les deux-points représentent les instructions exécutables. Tous les exemples de ce livre ont utilisé ce format jusqu'à présent.

Nous reviendrons sur la signification des mots-clés `public` et `static` à la section 6.4. Quant au mot-clé `void`, il est expliqué à la section 5.7. Le mot `main` est simplement le nom de la méthode. Des parenthèses `()` entourent la liste de paramètres d'une méthode. En ce qui concerne la méthode `main()`, la liste de paramètres est `(String[] args)`, c'est-à-dire un tableau de chaînes. Nous reviendrons sur la notion de tableau au chapitre 7. Le reste de la méthode comprend une séquence d'instructions exécutables entourées d'accolades : il s'agit d'un *bloc*.

La syntaxe de la *déclaration de méthode* est la suivante :

```
modifiers return-type name ( param-list )clause { stmt-seq }
```

où les *`modifiers`* et la *`clause`* sont facultatifs, tandis que *`param-list`* et *`stmt-seq`* peuvent être vides. Dans le cas de la méthode `main()`, les *`modifiers`* sont `public static`, le *`return-type`* est `void`, le *`name`* est `main`, la *`param-list`* est `String[] args` et la *`clause`* est absente.

Si le *`return-type`* d'une méthode n'est pas `void`, au moins une de ses instructions exécutables doit inclure une instruction `return` qui renvoie une expression dont le type correspond à celui de *`return-type`*.

5.2 QUELQUES EXEMPLES SIMPLES

Exemple 5.1 Une méthode `cube()`

Ce programme teste une méthode nommée `cube()` qui renvoie le cube de l'entier qui lui est passé.

```
1  class TestCube {
2    public static void main(String[] args) {
3      for (int i = 0; i < 6; i++)
4         System.out.println(i + "\t" + cube(i));
5    }
6
7    static int cube(int n) {
8      return n*n*n;
9    }
10 }
```

Vous obtenez la sortie suivante :

```
0        0
1        1
2        8
3        27
4        64
5        125
```

La méthode `main()` contient une boucle `for` à la ligne 3 qui appelle la méthode `println()` à six reprises. Cette méthode appelle la méthode `cube()` et passe la valeur de l'argument `i` à son paramètre `n` ligne 7. Par exemple, à la troisième itération, `i` = 2, c'est pourquoi la variable `n` est initialisée à 2 ligne 7. Elle calcule ensuite la valeur 8 de l'expression `n*n*n` au niveau de la ligne 8, puis la renvoie à la méthode `println()` ligne 4. Celle-ci l'imprime alors.

Notez que le type de renvoi de la méthode `cube()` est `int` et que l'expression `n*n*n` qui est renvoyée ligne 8 est de type `int`.

Exemple 5.2 Une méthode `min()`

Ce programme teste une méthode nommée `min()` qui renvoie le minimum de deux arguments entiers :

```
import java.util.Random;
class TestMin {
  public static void main(String[] args) {
    Random random = new Random();
    for (int i = 0; i < 5; i++) {
      int m = random.nextInt(100);
      int n = random.nextInt(100);
      int y = min(m, n);
      System.out.println("min(" + m + ", " + n + ") = " + y);
    }
  }

  static int min(int x, int y) {
    if (x < y) return x;
```

```
15     else return y;
16   }
17 }
```

Vous trouverez ci-après un exemple d'exécution :

```
min(16, 18) = 16
min(83, 30) = 30
min(68, 96) = 68
min(17, 73) = 17
min(72, 26) = 26
```

Les variables `m` et `n` sont initialisées aux lignes 6 et 7 avec des entiers aléatoires compris entre 0 et 99. Elles sont ensuite passées à la méthode `min()` de la ligne 12 qui renvoie la valeur la plus petite.

5.3 LES VARIABLES LOCALES

Une *variable locale* est déclarée dans une méthode. Elle peut uniquement être utilisée dans cette méthode et cesse d'exister quand la méthode est renvoyée. La *portée* d'une variable est donc limitée à la méthode dans laquelle elle est définie.

Dans l'exemple 5.1, la variable `i` est locale à la méthode `main()` et le paramètre `n` est local à la méthode `cube()`. Dans l'exemple 5.2, les variables `random`, `i`, `m`, `n` et `y` sont locales à `main()` et les paramètres `x` et `y` sont locaux à `min()`. Notez que, selon l'emplacement des variables, vous pouvez utiliser un seul nom pour plusieurs variables d'un même programme. En effet, la variable `y` qui est locale à `main()` est différente et totalement indépendante de la variable `y` qui est locale à `min()`.

Exemple 5.3 Implémentation de la fonction factorielle

Ce programme teste une méthode nommée `f()` qui implémente la fonction factorielle (voir l'exemple 4.9). Cette méthode a la variable locale `f` de type `long`.

```
class TestFactorial {
  public static void main(String[] args) {
    for (int i = 0; i < 9; i++)
      System.out.println("f(" + i + ") = " + f(i));
  }

  static long f(int n) {
    long f = 1;
    while (n > 1)
      f *= n--;
    return f;
  }
}
```

Vous obtenez la sortie suivante :

```
f(0) = 1
f(1) = 1
f(2) = 2
f(3) = 6
f(4) = 24
f(5) = 120
f(6) = 720
f(7) = 5040
f(8) = 40320
```

La boucle `for` de la ligne 3 appelle la méthode `f()` neuf fois. Par exemple, lorsque `i` = 5, l'expression `f(i)` appelle `f()` et passe 5 au paramètre `n` de la ligne 6. Dans la méthode, la variable locale `f` est initialisée à 1 ligne 7, puis elle est successivement multipliée par 5, 4, 3 et 2 à la ligne 9. Elle prend donc la valeur 5, 20, 60, puis 120 avant que la boucle `while` ne s'arrête. La valeur courante 120 est alors renvoyée à la ligne 4 où la méthode `println()` l'imprime.

Exemple 5.4 Implémentation de la fonction de permutation

La fonction factorielle $f(n)$ qui est implémentée à l'exemple 5.3 peut être définie à l'aide de l'opérateur pi :

$$f(n) = \prod_{i=1}^{n} i = (1)(2)(3)\ldots(n-1)(n)$$

N'oubliez pas que le symbole pi majuscule signifie « produit ». Les symboles $i = 1$ et n situés au-dessus et au-dessous de pi spécifient l'intervalle des valeurs qui remplaceront la variable i dans l'expression qui suit pi. Dans le cas présent, i peut prendre une valeur comprise entre 1 et n. Par exemple,

$$f(5) = \prod_{i=1}^{5} i = (1)(2)(3)(4)(5) = 120$$

De la même manière, nous pouvons définir la fonction de permutation $p(n, k)$ comme étant le produit suivant :

$$p(n,k) = \prod_{i=1}^{k} (n+1-i) = (n)(n-1)(n-2)\ldots(n+2-k)(n+1-k)$$

Par exemple, $p(7, 3)$ donnera :

$$p(7,3) = \prod_{i=1}^{3} (8-i) = (7)(6)(5) = 210$$

Notez que $p(n, k)$ est en fait une factorielle tronquée : multipliez n par ses prédécesseurs $n - 1$, $n - 2$, *etc.* jusqu'à ce que vous ayez multiplié k nombres. Par conséquent, $p(7, 3)$ est le produit de 3 nombres 7, 6 et 5.

Ce programme imprime toutes les valeurs de $p(n, k)$ comme arguments de n et k inférieurs à 9. La sortie est organisée en tableau de forme triangulaire.

```
1  class TestPermutation {
2    public static void main(String[] args) {
3      for (int i = 0; i < 9; i++) {
4        for (int j = 0; j <= i; j++)
5          System.out.print(format(p(i,j),8));
6        System.out.println();
7      }
8    }
9
10   static long p(int n, int k) {
11     long p = 1;
12     for (int i = 0; i < k; i++)
13       p *= n--;
14     return p;
15   }
16
17   static String format(long n, int width) {
18     String BLANKS = "  ";
19     String s = String.valueOf(n);
20     return BLANKS.substring(0, width-s.length()) + s;
21   }
22 }
```

Vous obtenez la sortie suivante :

```
1
1 1
1 2  2
1 3  6   6
1 4 12  24   24
1 5 20  60  120  120
1 6 30 120  360  720   720
1 7 42 210  840 2520  5040  5040
1 8 56 336 1680 6720 20160 40320 40320
```

La méthode `main()` utilise des boucles `for` imbriquées pour imprimer le triangle de nombres. Par exemple, lorsque `i` = 5, la boucle `j` interne de la ligne 4 est itérée 6 fois, avec `j` = 0, 1, 2, 3, 4 et 5. Pour ces arguments, la méthode `p()` renvoie 1, 5, 20, 60, 120 et 120, qui sont imprimés à la sixième ligne du triangle.

La méthode `p()` calcule les permutations comme la méthode `f()` calcule les factorielles de l'exemple 5.3. Par exemple, lorsque `i` = 5 et `j` = 3, l'appel `p(i,j)` initialise les variables locales `n` = 5, `k` = 3 et `p` = 1. Ensuite, la boucle `for` itère `k` = 3 fois, en multipliant `p` par 5, 4 et 3 et en remplaçant sa valeur par 5, 20 et 60. Cette valeur est renvoyée ligne 5 en vue de son impression.

Les sorties sont formatées par la méthode `format()` définie à la ligne 17. Celle-ci prend un entier `n` de type `long` et un champ `width`, puis elle renvoie la valeur de `n` justifiée à droite dans un champ de la largeur (`width`) spécifiée. Par exemple, format(360,5) renvoie la chaîne `"  360"`. La justification à droite est préférable lorsque la sortie numérique est tabulée, comme c'est le cas ici.

L'appel `String.valueOf(n)` de la ligne 19 renvoie la représentation de chaîne de l'entier `n`. Par exemple, `String.valueOf(360)` renvoie la chaîne `"360"`. Pour justifier à droite cette valeur dans un champ de largeur 5, vous aurez besoin d'un préfixe composé de deux espaces blancs. Cette étape est effectuée à la ligne 20 par `BLANKS.substring(0, width-s.length())`, où `width` est égale à 5 et `s.length()` à 3.

5.4 LES MÉTHODES QUI APPELLENT D'AUTRES MÉTHODES

Nous avons déjà vu des exemples de méthodes qui appellent d'autres méthodes. Dans les exemples précédents, la méthode `main()` appelait la méthode `println()`. De la même manière, dans l'exemple 5.4, la méthode `format()` appelait la méthode `substring()`. Cette pratique, qui consiste à attribuer des tâches distinctes à des méthodes distinctes, est courante en programmation.

Exemple 5.5 Utilisation de la méthode factorielle pour implémenter la méthode de permutation

Cet exemple est presque identique au précédent, à la seule différence que la méthode `p()` appelle ici la méthode factorielle `f()` de l'exemple 5.3 afin de calculer les permutations. Cette implémentation repose sur l'identité :

$$p(n,k) = (n)(n-1)(n-2)\ldots(n+2-k)(n+1-k) = \frac{n(n-1)(n-2)\ldots(2)(1)}{(n-k)(n-k-1)\ldots(2)(1)} = \frac{n!}{(n-k)!}$$

Par exemple :

$$p(7,3) = \frac{7!}{4!} = \frac{5040}{24} = 210$$

Cet algorithme n'est pas très efficace lorsqu'il s'agit de calculer des permutations, mais il est correct. Ce programme utilise la formule factorielle pour imprimer la même table de permutations que celle de l'exemple 5.4.

```
class TestPermutation {
  public static void main(String[] args) {
    for (int i = 0; i < 9; i++) {
      for (int j = 0; j <= i; j++)
        System.out.print(format(p(i,j),8));
      System.out.println();
    }
  }

  static long p(int n, int k) {
    return f(n)/f(n-k);
  }

  static long f(int n) { // lignes 7-12 de l'exemple 5.3
    long f = 1;
    while (n > 1)
      f *= n--;
    return f;
  }

  static String format(long n, int width) { //lignes 17-21 ex 5.4
    String BLANKS = "  ";
    String s = String.valueOf(n);
```

```
        return BLANKS.substring(0, width-s.length()) + s;
    }
}
```

La sortie est identique à celle de l'exemple 5.4.

Exemple 5.6 Calcul des combinaisons

Le nombre de combinaisons de taille k dans un ensemble de taille n (prononcer n choisit k) est calculé ainsi :

$$c(n,k) = \prod_{i=1}^{k} \frac{n+1-i}{i} = \left(\frac{n}{1}\right)\left(\frac{n-1}{2}\right)\left(\frac{n-2}{3}\right)\ldots\left(\frac{n+2-k}{k-1}\right)\left(\frac{n+1-k}{k}\right)$$

Par exemple, $c(7, 3)$ serait $c(n, k)$ avec $n = 7$ et $k = 3$, soit :

$$c(7,3) = \prod_{i=1}^{3} \frac{8-i}{i} = \left(\frac{7}{1}\right)\left(\frac{6}{2}\right)\left(\frac{5}{3}\right) = 35$$

Notez que, à l'instar de la fonction de permutation $p(n, k)$, la fonction de combinaison $c(n, k)$ est un produit de facteurs k.

Cependant, dans ce cas, les facteurs sont des fractions dont le produit est toujours un nombre entier. Nous pouvons réécrire la définition de $c(n, k)$ afin qu'une seule division soit nécessaire :

$$c(n,k) = \prod_{i=1}^{k} \frac{n+1-i}{i} = \frac{(n)(n-1)(n-2)\ldots(n+2-k)(n+1-k)}{(1)(2)(3)\ldots(k-1)(k)} = \frac{p(n,k)}{k!}$$

Sous cette forme, le numérateur est la fonction de permutation $p(n,k)$ et le dénominateur la fonction factorielle $f(k)$. Par exemple,

$$c(7,3) = \frac{p(7,3)}{3!} = \frac{210}{6} = 35$$

Vous pouvez donc implémenter la nouvelle fonction $c(n, k)$ en utilisant deux autres fonctions qui ont déjà été implémentées.

```
class TestingCombination {
  public static void main(String[] args) {
    for (int i = 0; i < 9; i++) {
      for (int j = 0; j <= i; j++)
        System.out.print(format(c(i,j),8));
      System.out.println();
    }
  }

  static long c(int n, int k) {
    return p(n,k)/f(k);
  }

  static long p(int n, int k) { // lignes 10-12 de l'exemple 5.5
    return f(n)/f(n-k);
  }

```

```
  static long f(int n) { // lignes 7-12 de l'exemple 5.3
    long f = 1;
    while (n > 1)
      f *= n--;
    return f;
  }

  static String format(long n, int width) { //lignes 17-21 ex 5.4
    String BLANKS = "  ";
    String s = String.valueOf(n);
    return BLANKS.substring(0, width-s.length()) + s;
  }
}
```

Vous obtenez la sortie suivante :

```
1
1 1
1 2  1
1 3  3  1
1 4  6  4  1
1 5 10 10  5  1
1 6 15 20 15  6  1
1 7 21 35 35 21  7 1
1 8 28 56 70 56 28 8 1
```

Ce triangle de nombres combinés est connu sous le nom de *triangle de Pascal*.

Le code de l'exemple 5.6 reprend en majeure partie celui des programmes précédents, une pratique courante en programmation. En effet, l'utilisation d'un logiciel existant pour en créer un nouveau est un objectif important.

5.5 LES MÉTHODES QUI S'APPELLENT ELLES-MÊMES

Une méthode qui s'appelle elle-même est dite *récursive*, et le procédé correspondant est qualifié de *récursivité*.

Certains traitements importants sont définis récursivement.

Exemple 5.7 Une implémentation récursive de la fonction factorielle

La fonction factorielle peut être définie récursivement ainsi :

$$n! = \begin{cases} 1, \text{if } n < 2 \\ n(n-1)!, \text{if } n \geq 2 \end{cases}$$

Par exemple, 5! = 5(4!) = 5(24) = 120. Cela mène à l'implémentation récursive suivante :

```
class TestFactorial {
  public static void main(String[] args) {
    for (int i = 0; i < 9; i++)
      System.out.println("f(" + i + ") = " + f(i));
  }
```

```
    static long f(int n) {
      if (n < 2) return 1;
      return n*f(n-1);
    }
}
```

La sortie est identique à celle de l'exemple 5.3.

Une définition récursive est composée de deux parties principales : la *base*, qui définit la fonction pour les premières valeurs et la *partie récursive*, qui définit la fonction pour les autres valeurs. Dans l'exemple 5.7, la base définit $n!$ pour les entrées 0 et 1 ($0! = 1! = 1$) et la partie récursive définit $n!$ en termes de $(n-1)!$.

Les méthodes récursives fonctionnent mieux lorsqu'il s'agit d'implémentations naturelles de fonctions récursives qui sont nettement plus simples que les implémentations itératives correspondantes.

Les combinaisons $c(n, k)$ qui ont été imprimées à l'exemple 5.6 ont lieu naturellement dans un contexte algébrique différent. Il s'agit des coefficients des expansions polynomiales de l'expression binomiale $(1 + x)^n$. Par exemple, si $n = 6$, l'expansion est :

$$(1+x)^6 = 1 + 6x + 15x^2 + 20x^3 + 15x^4 + 6x^5 + x^6$$

Les coefficients {1, 6, 15, 20, 15, 6, 1} constituent le numéro de ligne 6 (en partant de la ligne numéro 0) de la sortie. Ce triangle de numéros a été nommé d'après le mathématicien français Blaise Pascal (1623-1662) qui a découvert une relation de récurrence spéciale entre les nombres qui composent le triangle : chaque nombre interne est la somme des deux nombres situés au-dessus de lui dans la ligne précédente. Par exemple, 15 = 5 +10 et 56 = 21 + 35. Dans la mesure où tous les nombres du triangle de Pascal sont des combinaisons, $c(n, k)$, nous pouvons exprimer cette relation de récurrence en termes de :

$$c(n,k) = \begin{cases} 1, \text{ if } k = 0 \text{ ou } k = n \\ c(n-1,k-1) + c(n-1,k), \text{ if } 0 < k < n \end{cases}$$

Par exemple, lorsque $n = 8$ et $k = 3$, $c(8, 3) = c(7, 2) + c(7, 3) = 21 + 35 = 56$. Cette définition récursive est implémentée à l'exemple 5.8.

Exemple 5.8 Le triangle de Pascal

```
class PascalsTriangle {
  public static void main(String[] args) {
    for (int i = 0; i < 9; i++) {
      for (int j = 0; j <= i; j++)
        System.out.print(format(c(i,j),8));
      System.out.println();
    }
  }

  static long c(int n, int k) {
    if (k==0 || k==n) return 1;
    return c(n-1, k-1) + c(n-1, k);
  }

  static String format(long n, int width) { // lignes 17-21
                                    de l'exemple 5.4
    String BLANKS = " ";
    String s = String.valueOf(n);
```

```
    return BLANKS.substring(0, width-s.length()) + s;
  }
}

```

Vous obtenez une sortie similaire à celle de l'exemple 5.6.

5.6 LES MÉTHODES BOOLÉENNES

Les *méthodes booléennes* se contentent de renvoyer une valeur de type `boolean`. Elles sont généralement appelées comme les expressions `boolean` permettant de contrôler les boucles et les conditionnelles.

Exemple 5.9 Une méthode `isPrime()`

Ce programme teste une méthode booléenne nommée `isPrime()` qui vérifie si les arguments sont des nombres premiers. La méthode `main()` imprime les entiers pour lesquels `isPrime()` renvoie `true` :

```
1  class TestingIsPrime {
2    public static void main(String[] args) {
3      for (int i = 0; i < 100; i++)
4        if (isPrime(i)) System.out.print(i + " ");
5      System.out.println();
6    }
7
8    static boolean isPrime(int n) {
9      if (n < 2) return false;
10     if (n == 2) return true;
11     if (n%2 == 0) return false;
12     for (int d = 3; d <= Math.sqrt(n); d += 2)
13       if (n%d == 0) return false;
14     return true;
15   }
16 }
```

Vous obtenez la sortie suivante :

```
2 3 5 7 11 13 17 19 23 29 31 37 41 43 47 53 59 61 67 71 73 79 83 89 97
```

Il s'agit des 25 premiers nombres premiers.

Les méthodes booléennes sont souvent utilisées dans des expressions où une condition est attendue. Une telle expression est appelée *prédicat*. Par exemple, la méthode `isPrime()` de l'exemple 5.9 est appelée dans l'instruction `if` à la ligne 4 :

```
4if (isPrime(i)) System.out.print(i + " ");
```

Étant donné que les méthodes booléennes sont utilisées avec des conditions, il est généralement préférable de les nommer à l'aide de phrases demandant une réponse « oui » ou « non ».

Exemple 5.10 Une méthode `isLeapYear()`

Ce programme teste une méthode booléenne qui détermine si une année donnée est bissextile. Cette méthode implémente la règle des années bissextiles : les années divisibles par 4 sont bissextiles, à l'exception de celles qui sont divisibles par 100 lorsqu'elles ne sont pas également divisibles par 400.

```
class TestIsLeapYear {
  public static void main(String[] args) {
    System.out.println("isLeapYear(1600): " + isLeapYear(1600));
    System.out.println("isLeapYear(1700): " + isLeapYear(1700));
    System.out.println("isLeapYear(1776): " + isLeapYear(1776));
    System.out.println("isLeapYear(2000): " + isLeapYear(2000));
    System.out.println("isLeapYear(2004): " + isLeapYear(2004));
    System.out.println("isLeapYear(2005): " + isLeapYear(2005));
  }

  static boolean isLeapYear(int n) {
    if (n%400 == 0) return true;
    if (n%100 == 0) return false;
    if (n%4 == 0) return true;
    return false;
  }
}
```

Vous obtenez la sortie suivante :

```
isLeapYear(1600): true
isLeapYear(1700): false
isLeapYear(1776): true
isLeapYear(2000): true
isLeapYear(2004): true
isLeapYear(2005): false
```

5.7 LA SURCHARGE

Plusieurs méthodes peuvent porter le même nom tant qu'elles ont des listes de types de paramètres différentes. Ce procédé est qualifié de *surcharge*.

Exemple 5.11 Utilisation d'une méthode `max()` pour en implémenter une autre

Ce programme teste deux méthodes nommées `max()` dont les listes de types de paramètres sont `(int, int)` et `(int, int, int)`.

```
import java.util.Random;
class TestMax {
  public static void main(String[] args) {
    Random random = new Random();
    for (int i = 0; i < 4; i++) {
      int a = random.nextInt(100);
      int b = random.nextInt(100);
      int c = random.nextInt(100);
      System.out.println("max("+a+","+b+","+c+") = " +
                         max(a,b,c));
```

```
    }
  }

  static int max(int m, int n) {
    if (m > n) return m;
    return n;
  }

  static int max(int n1, int n2, int n3) {
    return max(max(n1, n2), n3);
  }
}
```

Voici la sortie d'un exemple d'exécution :

```
max(77,15,76) = 77
max(47,75,25) = 75
max(65,80,62) = 80
max(82,58,94) = 94
```

La *signature* d'une méthode est composée de son nom et de sa liste de types de paramètres. Par exemple, les signatures des deux méthodes `max()` de l'exemple 5.11 sont `max(int, int)` et `max(int, int, int)`. Le compilateur se sert de cette signature pour rechercher la définition de la méthode lorsqu'il rencontre son appel. C'est pourquoi les méthodes surchargées doivent avoir des signatures différentes.

? QUESTIONS

5.1 Qu'est-ce qu'une variable locale ?

5.2 Qu'est-ce qu'une méthode récursive ?

5.3 Qu'est-ce qu'une méthode `void` ?

5.4 Qu'est-ce que la surcharge ?

5.5 Qu'est-ce qu'une signature de méthode ?

5.6 Pourquoi une phrase doit-elle être utilisée pour nommer une méthode booléenne ?

¿ RÉPONSES

5.1 Une variable locale est déclarée dans une méthode, par opposition au champ qui est déclaré dans une classe. Par exemple, la variable `i` est locale à `main()` dans l'exemple 5.1 et la référence `random` est une variable locale de `main()` dans l'exemple 5.2.

5.2 Une méthode récursive s'appelle elle-même. Par exemple, la méthode `c()` de l'exemple 5.8 est récursive.

5.3 Une méthode `void` ne renvoie aucune valeur. Par exemple, les méthodes `main()` sont `void`. Le mot-clé `void` est utilisé à la place du type de la valeur retrouvée.

5.4 La surcharge fait référence à plusieurs méthodes portant le même nom. Cette opération est légale à condition que deux méthodes portant un nom identique n'aient pas les mêmes listes de types de paramètres.

5.5 Une signature de méthode est composée du nom de la méthode et de sa liste de type de paramètres. Elle doit être unique lorsque les méthodes sont surchargées.

5.6 Les méthodes booléennes doivent être parce qu'elles sont appelées là où des conditions sont attendues.

? EXERCICES D'ENTRAÎNEMENT

5.1 Écrivez et testez une méthode d'implémentation de la fonction de Babbage $f(x) = x^2 + x + 41$. Voir l'exemple 4.1.

5.2 Écrivez et testez une méthode qui renvoie le maximum de deux entiers donnés :

```
static int max(int x, int y)
```

5.3 Écrivez et testez une méthode qui renvoie le maximum de trois entiers donnés :

```
static int max(int x, int y, int z)
```

5.4 Écrivez et testez dans le même programme une méthode qui renvoie le minimum et une autre méthode qui renvoie le maximum de quatre entiers donnés :

```
static int min(int x1, int x2, int x3, int x4)
static int max(int x1, int x2, int x3, int x4)
```

5.5 Modifiez le programme test de l'exemple 5.3 pour qu'il imprime les valeurs de la fonction factorielle des entrées `n` comprises entre 0 et 25. Utilisez la sortie obtenue afin de vérifier comment est la valeur `n` avant le dépassement d'entier.

5.6 Écrivez et testez une méthode qui implémente la fonction de permutation $p(n, k)$ que nous avons vue à l'exemple 5.4. Utilisez pour cela une boucle `while` (voir la fonction factorielle de l'exemple 5.3) au lieu de la boucle `for`.

5.7 Écrivez et testez une méthode qui implémente la fonction de combinaison $c(n, k)$ que nous avons vue à l'exemple 5.6. Utilisez pour cela la définition suivante :

$$c(n,k) = \frac{n!}{k!(n-k)!}$$

5.8 Écrivez et testez une méthode qui implémente la fonction de combinaison $c(n, c)$ que nous avons vue à l'exemple 5.6. Utilisez pour cela les opérations de multiplication et de division alternées. Par exemple, $c(8,3)$ sera calculée en divisant 8 par 1, puis en multipliant par 7, en divisant par 2, puis en multipliant par 6 et en divisant par 3.

5.9 La valeur la plus importante de $c(n, k)$ pour tout n est $c(n, n/2)$, lorsque $k = n/2$. Par exemple, $c(8,4) = 70$, alors que tous les autres $c(8, k) < 70$. Par conséquent, en évaluant $c(n, n/2)$, vous saurez si l'implémentation de la fonction de combinaison calculera correctement le nombre de lignes n complet du triangle de Pascal sans échouer à cause d'un débordement d'entier. Exécutez un programme test qui comparera deux implémentations (exemples 5.7et 5.8) afin de déterminer la solution la plus adaptée pour éviter le débordement d'entier.

5.10 Écrivez et testez la méthode d'implémentation de la fonction de puissance :

```
static double pow(double x, int n)
```

Cette méthode renvoie la valeur de `x` élevée à la puissance `n`. Par exemple, `pow(2.0, -3)` renverrait $2^{-3} = 0.125$. Comparez chaque valeur de `pow(x,n)` à la valeur correspondante de `Math.pow(x,n)` afin de vérifier les résultats.

5.11 Écrivez et testez la méthode suivante :

```
static long gcd(long m, long n)
```

Elle renvoie le plus grand diviseur commun de `m` et `n` (voir l'exemple 4.8).

5.12 Écrivez et exécutez un programme capable d'imprimer complètement la chanson « The farmer in the dell ». Utilisez les deux méthodes suivantes :

```
static void printVerse(String line)
static void printVerse(String subject, String object)
```

pour que la méthode `main()` commence de la façon suivante :

```
printVerse("The farmer in the dell.");
printVerse("farmer", "wife");
printVerse("wife", "child");
```

5.13 Écrivez et testez la méthode d'implémentation de la fonction `lcm` :

```
static long lcm(long m, long n)
```

Elle renvoie le plus petit multiple commun de `m` et `n`. Par exemple, `lcm(24,40)` renverra 120 parce qu'il s'agit du plus petit nombre commun aux deux ensembles {24, 48, 72, 96, 120, 144…} des multiples de 24 et {40, 80, 120, 160…} des multiples de 40. Utilisez la méthode `gcd()` de l'exercice 5.11 et la formule :

$$\mathtt{lcm}(m,n) = \frac{mn}{\mathtt{gcd}(m,n)}$$

5.14 Écrivez et testez une méthode qui utilise une boucle afin de retrouver l'entier le plus important inférieur ou égal au `float` qui lui est passé :

```
static int floor(float x)
```

Par exemple, `floor(2.71828)` renverra 2 et `floor(-3.3)` renverra –4. Utilisez la méthode `Math.floor()` afin de vérifier les résultats du test.

5.15 Écrivez et testez une méthode qui renvoie le nombre k de l'entier positif n :

```
static int digit(long n, int k)
```

Par exemple, `digit(86429,3)` renverra 6 parce qu'il s'agit du chiffre des milliers dans 86429 et `digit(86429,0)` renverra 9 parce qu'il s'agit du chiffre des unités dans 86429. La valeur –1 est renvoyée s'il n'y a pas de chiffre k dans n.

5.16 Écrivez et testez une méthode qui implémente la fonction Fibonacci récursivement :

```
static long fib(int n)
```

Voir l'exemple 4.5.

5.17 Implémentez la fonction `gcd()` récursivement (voir l'exercice d'entraînement 5.11). Faites en sorte que le programme test appelle les implémentations itérative et récursive pour que vous puissiez vérifier vos résultats.

5.18 Implémentez la fonction de puissance récursivement (voir l'exercice d'entraînement 5.10). Faites en sorte que le programme appelle également la méthode `Math.pow()` pour que vous puissiez vérifier vos résultats.

5.19 Implémentez la fonction de puissance récursivement (voir l'exercice d'entraînement 5.10) en utilisant l'algorithme suivant pour les exposants positifs :

$$x^n = \begin{cases} x, \text{ if } n = 1 \\ x(x^{n-1}), \text{ if } n > 1 \text{ et impair} \\ (x^{n/2})^2, \text{ if } n > 1 \text{ et pair} \end{cases}$$

Par exemple, 2^{13} sera calculé comme $2x((2x2^2)^2)^2$. Faites en sorte que le programme appelle également la méthode `Math.pow()` pour que vous puissiez vérifier vos résultats.

5.20 Écrivez et testez la méthode récursive qui renvoie l'énième nombre triangulaire :

```
static long t(int n)
```

Les nombres triangulaires sont 0, 1, 3, 6, 10, 15, 21... Notez que $t(n) = t(n-1) + n$ pour $n > 1$.

5.21 Écrivez et testez la méthode récursive qui renvoie l'énième nombre au carré :

```
static long s(int n)
```

Les nombres au carré sont 0, 1, 4, 9, 16, 25, 36... Notez que $s(n) = s(n-1) + 2n - 1$ pour $n > 1$.

5.22 Écrivez et testez la méthode récursive suivante qui renvoie l'énième nombre de Catalan :

```
static long c(int n)
```

Les nombres de Catalan sont 1, 2, 5, 14, 42, 132, 429... Leur relation de récurrence est :

$$c(n) = \sum_{i=1}^{n} c(i-1)c(n-i) = c(0)c(n-1) + c-(1)c(n-2) + \ldots + c(n-1)c(0)$$

Vous pouvez vérifier les résultats en utilisant la formule explicite

$$c(n) = \frac{(2n)!}{n!(n+1)!}$$

Par exemple, $c(3) = 6!/(3! \times 4!) = 720/144 = 5$. Les nombres de Catalan offrent une solution à divers problèmes de calcul, notamment lorsqu'il s'agit de déterminer le nombre de n paires de parenthèses correctement parenthésées. Par exemple, un ensemble de 3 paires de parenthèses peut être parenthésées correctement dans $c(3) = 5$ solutions : ()()(), ()(()), (())(), (()()) et ((())).

SOLUTIONS

5.1

```
static int f(int x) {
  return x*x + x + 41;
}
```

5.2

```
static int max(int x, int y) {
  if (x > y) return x;
  else return y;
}
```

5.3

```
static int max(int x, int y, int z) {
  int m = x;
  if (y > m) m = y;
  if (z > m) m = z;
  return m;
}
```

5.4

```
static int min(int x1, int x2, int x3, int x4) {
  int m = x1;
  if (x2 < m) m = x2;
  if (x3 < m) m = x3;
  if (x4 < m) m = x4;
  return m;
}
static int max(int x1, int x2, int x3, int x4) {
  int m = x1;
  if (x2 > m) m = x2;
  if (x3 > m) m = x3;
  if (x4 > m) m = x4;
  return m;
}
```

5.5 En remplaçant 10 par 25 dans le programme de l'exemple 5.3, nous obtenons la sortie :

```
f(0) = 1
f(1) = 1
f(2) = 2
f(3) = 6
f(4) = 24
f(5) = 120
f(6) = 720
f(7) = 5040
f(8) = 40320
f(9) = 362880
f(10) = 3628800
f(11) = 39916800
f(12) = 479001600
f(13) = 6227020800
f(14) = 87178291200
f(15) = 1307674368000
f(16) = 20922789888000
f(17) = 355687428096000
f(18) = 6402373705728000
```

```
f(19) = 121645100408832000
f(20) = 2432902008176640000
f(21) = -4249290049419214848
f(22) = -1250660718674968576
f(23) = 8128291617894825984
f(24) = -7835185981329244160
```

Comme vous pouvez le constater, le dépassement d'entier commence avec *f*(21).

5.6

```
static long p(int n, int k) {
  long p = 1;
  while (k-- > 0)
    p *= n--;
  return p;
}
```

5.7

```
static long c(int n, int k) {
  return f(n)/(f(k)*f(n-k));
}
static long f(int n) {
  long f = 1;
  while (n > 1)
    f *= n--;
  return f;
}
```

5.8

```
static long c(int n, int k) {
  long c = 1;
  for (int j = 1; j <= k; j++) {
    c *= n--;
    c /= j;
  }
  return c;
}
```

5.9 Ce pilote test vous permet de comprendre en quoi l'implémentation de `c2()` (voir l'exemple 5.8) est meilleure que celle de `c1()` (exemple 5.7). En effet, la version `c1()` calcule $c(n, n/2)$ correctement uniquement lorsque $n < 21$, alors que `c2()` calcule $c(n, n/2)$ correctement pour $n < 62$:

```
class CompareCombinations {
  public static void main(String[] args) {
    for (int i = 0; i < 22; i++)
      System.out.println("\t" + i + "\t" + c1(i, i/2) + "\t" +
                                 c2(i,i/2));
  }

  static long c1(int n, int k) {
    return f(n)/(f(k)*f(n-k));
  }

  static long f(int n) {
    long f = 1;
    while (n > 1)
      f *= n--;
    return f;
  }
```

```
  static long c2(int n, int k) {
    long c = 1;
    for (int j = 1; j <= k; j++) {
      c *= n--;
      c /= j;
    }
    return c;
  }
}
```

5.10

```
static double pow(double x, int n) {
  double p = 1.0;
  for (int i = 0; i < n; i++)
    p *= x;
  for (int i = 0; i < -n; i++)
    p /= x;
  return p;
}
```

5.11

```
static int gcd(int m, int n) {
  while (m > 0) {
    if (m < n) {
      int temp = m;
      m = n;
      n = temp;
    }
    m -= n;
  }
  return n;
}
```

5.12

```
class FarmerInTheDell {
  public static void main(String[] args) {
    printVerse("The farmer in the dell.");
    printVerse("farmer", "wife");
    printVerse("wife", "child");
    printVerse("child", "nurse");
    printVerse("nurse", "dog");
    printVerse("dog", "cat");
    printVerse("cat", "rat");
    printVerse("rat", "cheese");
    printVerse("The cheese stands alone.");
  }
  static void printVerse(String line) {
    System.out.println(line);
    System.out.println(line);
    System.out.println("Hi, ho, the derreio.");
    System.out.println(line);
    System.out.println();
  }
  static void printVerse(String subject, String object) {
    printVerse("The " + subject + " takes the " + object + ".");
  }
}
```

5.13

```
static int lcm(int m, int n) {
  return m*m/gcd(m,n);
}
```

5.14

```
static int floor(float x) {
  return (int)x;
}
```

5.15

```
static int digit(long n, int k) {
  for (int i=0; i<k; i++) {
    n /= 10;
  }
  return (int)(n%10);
}
```

5.16

```
static int gcd(int m, int n) {static long fib(int n) {
  int f0=0, f1=1, f2=1;
  for (int i=0; i<n; i++) {
    f0 = f1;
    f1 = f2;
    f2 = f1 + f0;
  }
  return f0;
}
```

5.17

```
static int gcd(int m, int n) {
  if (m == 0) return n;
  if (n == 0) return m;
  if (m < n) return gcd(n, n-m);
  return gcd(m-n, n);
}
```

5.18

```
static double pow(double x, int n) {
  if (n < 0) return pow(1/x, -n);
  if (n == 0) return 1.0;
  if (n == 1) return x;
  return x*pow(x, n-1);
}
```

5.19

```
static double pow(double x, int n) {
  if (n < 0) return pow(1/x, -n);
  if (n == 0) return 1.0;
  if (n == 1) return x;
  if (n%2 == 0) return pow(x*x, n/2);
  return x*pow(x, n-1);
}
```

5.20

```
static int triangular(int n) {
  if (n < 0) throw new IllegalArgumentException();
  if (n < 2) return n;
  return n + triangular(n-1);
}
```

5.21

```
static int square(int n) {
  if (n < 0) throw new IllegalArgumentException();
  if (n < 2) return n;
  return 2*n - 1 + square(n-1);
}
```

5.22

```
static int catalan(int n) {
  if (n < 0) throw new IllegalArgumentException();
  if (n < 2) return 1;
  int sum = 0;
  for (int i=1; i<=n; i++)
    sum += catalan(i-1)*catalan(n-i);
  return sum;
}
```

Chapitre 6

Les classes et les objets

Java est un langage orienté objet, c'est-à-dire que ses programmes sont structurés en classes qui spécifient le comportement des objets, ces derniers contrôlant les actions du programme. Chaque objet est l'instance d'une classe qui joue le rôle de référence, comme nous allons le voir au cours de ce chapitre.

6.1 LES CLASSES

Un programme Java est une collection d'un ou de plusieurs fichiers texte qui définissent les classes Java, l'une d'entre elles au moins étant déclarée comme `public` et contenant une méthode `main()` dont la structure est la suivante :

```
public static void main(String[] args) {
  // les instructions de programme sont insérées ici
}
```

Le programme peut être compilé et exécuté en ligne de commande en entrant :

```
javac Xxxx.java
java Xxxx
```

où *Xxxx* est le nom de la classe qui contient la méthode à exécuter et *Xxxx*`.java` est le nom du fichier contenant cette classe. Par exemple, les deux commandes suivantes compilent et exécutent le programme `Hello` de l'exemple 1.1 :

```
javac Hello.java
java Hello
```

Comme nous l'avons déjà vu aux chapitres 1 à 5, la classe principale est composée de la méthode `main()` qui contient les instructions exécutables initiales du programme. Dans les programmes plus complexes, la plupart de ces instructions impliquent la création et la manipulation d'objets, qui sont des instances d'autres classes. C'est pourquoi ces programmes reposent sur plusieurs classes, dont une seule classe principale.

Tous les types de classe que nous avons utilisés jusqu'à présent ont été prédéfinis dans l'API Java, par exemple `java.lang.String` et `java.util.Random`. Ce chapitre vous explique comment créer vos propres classes.

Une classe est un type de données similaire aux types primitifs, comme `int` et `double`. Les types de données sont utilisés pour déclarer les variables :

```
int n = 44; // n a le type primitif int
double x = 3.14; // x a le type primitif double
String s = "Hello"; // s a un type de classe String
Random r = new Random(); // r a le type de classe Random
```

Par convention, les noms des classes commencent généralement par une majuscule, contrairement à ceux des types primitifs. Les types primitifs et les types de classe se distinguent essentiellement parce que les instances de classe peuvent appeler des méthodes :

```
i = s.indexOf('e'); // s appelle la méthode indexOf()
j = r.nextInt(100); // r appelle la méthode nextInt()
```

Les types primitifs n'ont pas de méthodes.

Une classe est composée de trois types de *membres* :

1. Les *champs* qui spécifient le type de données contenues dans les objets.
2. Les *méthodes* qui spécifient les opérations susceptibles d'être effectuées par les objets.
3. Les *constructeurs* qui spécifient le mode de création des objets.

Supposons que vous ayez besoin d'écrire un programme sur la géométrie plane. Les objets à créer sont donc des points, des lignes, des triangles, des cercles, etc. Nous pouvons spécifier ces éléments géométriques en définissant les classes dont les objets les représentent. Dans cette optique, l'exemple 6.1 illustre le cas d'un point sur un plan cartésien.

Exemple 6.1 Une classe `Point`

```
public class Point {
  // Les objets représentent des points en réseau sur un
  // plan cartésien.
  // Les objets sont immuables

  private int x, y; // les coordonnées du point

  public Point(int x, int y) {
    this.x = x;
    this.y = y;
  }

  public boolean equals(Point p) {
    return (x == p.x && y == p.y);
  }

  public int getX() {
    return x;
  }

  public int getY() {
    return y;
  }

  public String toString() {
    return new String("(" + x + ", " + y + ")");
  }
}
```

Cette classe comporte deux champs (`x` et `y`), un constructeur (défini aux lignes 8 à 11) et quatre méthodes (`getX()`, `getY()`, `equals()` et `toString()`).

Notez que la classe `Point` n'a aucune méthode `main()`. Elle ne peut donc pas être exécutée comme un programme Java. Nous avons besoin d'une classe test distincte possédant une méthode `main()` :

```
1  public class TestPoint {
2    public static void main(String[] args) {
3      Point p = new Point(2, -3);
4      System.out.println("p: " + p);
5      System.out.println("p.getX(): " + p.getX());
6      System.out.println("p.getY(): " + p.getY());
7      Point q = new Point(7, 4);
8      System.out.println("q: " + q);
9      System.out.println("q.equals(p): " + q.equals(p));
10     System.out.println("q.equals(q): " + q.equals(q));
11   }
12 }
```

Pour compiler ce programme `TestPoint`, nous pouvons commencer par la compilation de la classe `Point` :

```
javac Point.java
```

Nous supposons ensuite que le fichier `Point.class` obtenu se trouve dans le même dossier que le fichier `TestPoint.java`. Nous pouvons donc compiler et exécuter le programme test à l'aide des commandes suivantes :

```
javac TestPoint.java
java TestPoint
```

Nous obtenons la sortie :

```
p: (2, -3)
p.getX(): 2
p.getY(): -3
q: (7, 4)
q.equals(p): false
q.equals(q): true
```

L'instruction exécutable de la ligne 3 crée un nouvel objet `Point` nommé `p` qui représente le point (2, –3) dans le plan. Ces opérations sont effectuées par étape. Tout d'abord, le nouvel objet est créé par le constructeur de classe `Point`, qui est défini aux lignes 7 à 10 de la classe `Point`. À l'instar des méthodes, ce constructeur prend les valeurs 2 et –3 passées par les arguments `int` à la ligne 3 dans la classe `TestPoint`. Il attribue ces valeurs à ses paramètres `x` et `y` respectivement. Ces valeurs sont ensuite affectées aux champs `x` et `y` de la classe aux lignes 9 et 10 dans le constructeur. Le nouvel objet `Point` obtenu est automatiquement renvoyé par le constructeur à la ligne 4 du programme `TestPoint`, puis il est attribué à la variable `p`.

Les paramètres `x` et `y` du constructeur sont locaux. Ils portent le même nom que les champs `x` et `y` définis à la ligne 6 dans la classe `Point`, mais il s'agit de variables différentes. L'utilisation de noms identiques n'est pas obligatoire, simplement conseillé. Étant donné que les paramètres du constructeur portent le même nom que les champs de classe correspondants, nous devons faire référence à ces champs sous la forme `this.x` et `this.y` dans le cadre du constructeur. Ce modificateur `this` résout le problème de conflit de noms.

À la ligne 5 du programme `TestPoint`, la chaîne `"p:  "` et l'objet `p` sont passés à la méthode `println()`. Dans la mesure où ces deux objets sont connectés par l'opérateur + et où le premier objet est une chaîne, le compilateur interprète le + comme l'opérateur de concaténation de chaînes. L'objet `p` doit donc également être interprété comme une chaîne, alors qu'il n'en est pas une. Dans ce cas, le compilateur appelle automatiquement la méthode de l'objet `toString()`. C'est pourquoi la première ligne de la sortie est

```
p: (2, -3)
```

La sortie `(2, -3)` est générée à la ligne 26 dans la méthode `toString()` de la classe `Point`.

Les deux lignes de sortie suivantes indiquent les valeurs renvoyées par les méthodes `getX()` et `getY()` aux lignes 18 et 22. Cela vous permet de vérifier si l'objet `p` a stocké les coordonnées passées au constructeur ligne 3 du programme `TestPoint`.

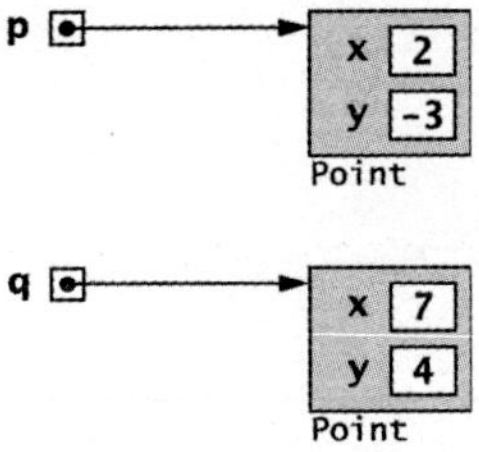

Figure 6.1
Objets `Point`
de l'exemple 6.1

L'objet `Point` nommé `q` est construit à la ligne 7 de ce même programme. La figure 6.1 illustre l'apparence de ces deux objets.

Notez que, techniquement parlant, les variables `p` et `q` sont des références aux deux objets `Point`. Ainsi, la valeur réelle de `p` est l'adresse mémoire correspondant à l'emplacement de stockage du premier objet `Point`.

La quatrième ligne de sortie est générée par la ligne 8 du programme `TestPoint`. La méthode `toString()` est à nouveau appelée implicitement afin de résoudre l'occurrence de l'objet `q` là où le compilateur attend une chaîne.

En dernier lieu, le programme teste la méthode `equals()` et génère les résultats corrects aux dernières lignes de sortie : le point `q` n'est pas égal au point `p`, mais il est égal à lui-même.

Notez que l'égalité n'implique pas l'identité en Java. En effet, deux objets distincts peuvent être séparés, mais égaux (voir l'exercice d'entraînement 6.1).

L'exemple suivant illustre le cas d'une référence d'objet passée à la méthode `println()` lorsque la classe n'a pas de méthode `toString()`.

Exemple 6.2 La classe `Point` sans méthode `toString()`

Cette définition de classe est identique à celle de l'exemple 6.1, à l'exception de la méthode `toString()` qui a été supprimée et de la définition de `package` ligne 1 :

```
1  package ch06.ex02;
2
3  public class Point {
4    // Objets qui représentent des points en réseau sur un
5    // plan cartésien.
6    // Les objets sont immuables.
7
8    private int x, y; // les coordonnées du point
9
10   public Point(int x, int y) {
11     this.x = x;
12     this.y = y;
13   }
14
15   public boolean equals(Point p) {
16     return (x == p.x && y == p.y);
17   }
18
```

```
19   public int getX() {
20     return x;
21   }
22
23   public int getY() {
24     return y;
25   }
26 }
```

Voici un pilote test rapide :

```
public class TestPoint {
  public static void main(String[] args) {
    Point p = new Point(2, -3);
    System.out.println("p: " + p);
    Point q = new Point(7, 4);
    System.out.println("q: " + q);
  }
}
```

Vous obtenez la sortie suivante :

```
p: ch06.ex02.Point@19134f4
q: ch06.ex02.Point@2bbd86
```

Au lieu d'imprimer `(2, -3)` et `(7, 4)`, la méthode `println()` imprime `ch06.ex01.Point@19134f4` et `ch06.ex01.Point@2bbd86` pour `p` et `q`. La sortie `ch06.ex02.Point@19134f4` signifie qu'un objet de type `ch06.ex02.Point` est stocké en mémoire à l'adresse hexadécimale `19134f4`. Notez que le nom de classe totalement qualifié de l'objet est imprimé : le nom de classe `Point` précédé du nom de paquetage `ch06.ex02`, comme spécifié à la ligne 1 du code source de la classe que nous venons de voir. La figure 6.2 représente la structure de ces objets.

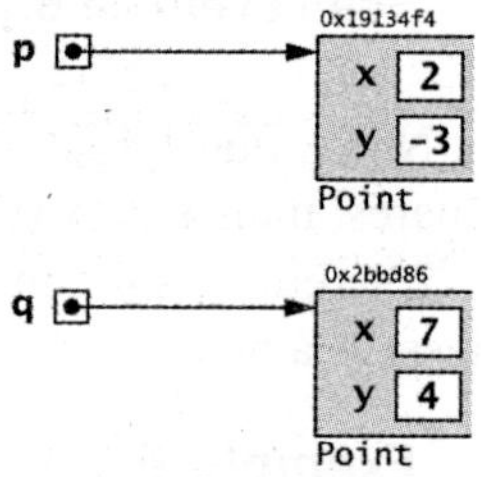

Figure 6.2
Objets
de l'exemple 6.2

Les résultats des exemples 6.1 et 6.2 vous permettent de comprendre l'intérêt de la méthode standard `toString()` dans chaque définition de classe. En effet, lorsqu'elle est omise, les données fournies par la méthode `println()` ne sont pas très utiles. L'adresse mémoire d'un objet est dynamique et dépend du système d'exploitation, et parfois des processus exécutés simultanément. Elle sert lors du débogage, mais c'est à peu près tout.

Pour être reconnue par la méthode `println()`, la méthode `toString()` doit avoir l'en-tête suivant :

```
public String toString() { //...
```

Vous pouvez bien évidemment faire renvoyer n'importe quelle chaîne. Cependant, il est préférable d'écrire le programme pour qu'il renvoie des informations sur l'*état de l'objet*, c'est-à-dire sur ses données.

6.2 UTILISATION DES PAQUETAGES

Lorsqu'une classe `A` utilise une autre classe `B`, elle ne peut pas être compilée à moins que le compilateur Java n'ait accès au fichier compilé `B.class`. Soit le fichier `B.class` est stocké dans le même répertoire que le fichier `A.java`, soit la classe `B` est définie comme se trouvant dans un paquetage importé par la classe `A`. La première option est plus facile à gérer, mais elle est moins souple dans la mesure où elle empêche la surcharge des noms de classe.

Jusqu'à présent, nous avons mis en œuvre la seconde solution puisque chaque classe de l'API Java est définie dans un paquetage. Par exemple, la classe `String` se trouve dans le paquetage `java.lang` et la classe `Random` dans le paquetage `java.util`. Pour utiliser la classe `Random` nous devons donc soit inclure la ligne suivante au-dessus de la classe `main` :

```
import java.util.Random;
```

soit utiliser un nom de paquetage comme préfixe dès que nous faisons référence à cette classe

```
java.util.Random random = new java.util.Random();
```

Le paquetage `java.lang` est une exception puisqu'il est importé automatiquement par le compilateur Java.

Dans cet ouvrage, nous avons considéré que chaque classe était définie dans un paquetage nommé d'après le chapitre et l'exemple (ou l'exercice d'entraînement) où elle apparaît. Par exemple, les classes `Point` et `TestPoint` de l'exemple 6.1 peuvent être définies dans un paquetage nommé `ch06.ex01`. Les fichiers de classe peuvent ensuite être stockés dans un dossier nommé `ch06\ex01`. De cette façon, vous accédez aux classes comme s'il s'agissait de classes API Java, soit en les important comme suit :

```
import ch06.ex01.* ;
```

soit en faisant précéder leur nom par celui du paquetage de la façon suivante :

```
ch06.ex01.Point p = new ch06.ex01.Point()
```

Vous pouvez ainsi réutiliser le même nom pour différentes classes. Il est alors possible de définir une autre classe `Point` dans l'exemple 6.2 et de lui donner le nom de paquetage `ch06.ex02`. Le paquetage apparaît donc comme :

```
package ch06.ex02 ;
```

Ce code doit être la première ligne de code non commenté du fichier, comme nous venons de le voir à l'exemple 6.2.

6.3 LES DÉCLARATIONS

Une déclaration présente un identificateur au compilateur. Elle fournit toutes les informations dont le compilateur a besoin pour compiler les instructions qui utilisent cet identificateur. En Java, vous devez déclarer tous les champs, classes, variables locales, constructeurs et méthodes (un *champ* est une variable qui est déclarée comme membre d'une classe, une *variable locale* est déclarée comme une variable locale à un constructeur ou à une méthode).

La syntaxe d'une *déclaration de classe* simple est

```
modifiers class class-name associations { declarations }
```

où *`modifiers`* spécifie les mots-clés comme `public` et `abstract` ; *`class-name`* est un identificateur, par exemple `Random` ou `Point`, qui nomme la classe ; *`associations`* sont des clauses comme `extends Object` ; et *`declarations`* sont des déclarations comme

```
private int x, y; // les coordonnées du point
```

et

```
public boolean equals(Point p) {
  return (x == p.x && y == p.y);
}
```

comme illustré à l'exemple 6.2.

Une classe Java contient essentiellement des déclarations :

1. de champ ;
2. de constructeur ;
3. et de méthode.

Le type de *déclaration de champ* le plus simple a la syntaxe suivante :

```
modifiers type name;
```

Par exemple,

```
private Point p0; // un point de la ligne
private double m; // la pente de la ligne
```

comme dans l'exemple 6.3 ci-après. Une déclaration de champ peut inclure un *initialiseur* facultatif, de la façon suivante :

```
private double m = 1.0;
```

Le type de *déclaration de constructeur* le plus simple a la syntaxe suivante :

```
modifiers class-name ( param-decls ) { stmnts }
```

Par exemple,

```
public Point(int x, int y) {
  this.x = x;
  this.y = y;
}
```

comme nous l'avons vu à l'exemple 6.2. Dans le cas présent, le modificateur (*modifier*) est `public`, le nom de classe (*class-name*) est `Point`, la liste de paramètres décimaux (*param-decls*) est `int x, int y`, et la liste d'instructions (*stmnts*) contient deux instructions d'affectation. Notez que, contrairement au nom de méthode, le nom du constructeur est identique à celui de la classe. De plus, un constructeur n'a pas de type de renvoi.

Exemple 6.3 Une classe `Line`

```
public class Line {
  // Les objets représentant les lignes d'un plan cartésien.
  // Les objets sont immuables

  private Point p0; // un point sur la ligne
  private double m; // la pente de la ligne

  public Line(Point point, double slope) { // forme point-pente
    p0 = point;
    m = slope;
  }

  public Line(double slope, int b) { // forme pente-intersection
```

```
    p0 = new Point(0,b);
    m = slope;
  }

  public boolean contains(Point p1) {
    if (p0.equals(p1)) return true;
    double x0 = p0.getX();
    double y0 = p0.getY();
    double x1 = p1.getX();
    double y1 = p1.getY();
    return m == (y1 - y0)/(x1 - x0);
  }

  public boolean equals(Object object) {
    if (object==this) return true;
    if (!(object instanceof Line)) return false;
    Line that = (Line)object;
    if (this.m != that.m) return false;
    if (this.p0.equals(that.p0)) return true;
    return this.p0.slopeTo(that.p0) == m;
  }

  public Point getPoint() {
    return p0;
  }

  public double getSlope() {
    return m;
  }

  public double xIntercept() {
    return p0.getX() - p0.getY()/m;
  }

  public double yIntercept() {
    return p0.getY() - m*p0.getX();
  }

  public String toString() {
    return "y = " + (float)m + "x + " + (float)yIntercept();
  }
}
```

Voici un pilote test de la classe Line :

```
public class TestLine {
  public static void main(String[] args) {
    Point p = new Point(5,-4);
    Line line1 = new Line(p,-1); // forme point-pente
    System.out.println("ligne1: " + line1);
    System.out.println("ligne1.getPoint(): " + line1.getPoint());
    System.out.println("ligne1.getSlope(): " + line1.getSlope());
    System.out.println("ligne1.xIntercept(): " +
                         line1.xIntercept());
    System.out.println("ligne1.yIntercept(): " +
                         line1.yIntercept());
    System.out.println("p: " + p);
```

```
        System.out.println("ligne1.contains(p): " +
                           line1.contains(p));
        Point q = new Point(2,2);
        System.out.println("q: " + q);
        System.out.println("ligne1.contains(q): " +
                           line1.contains(q));
        Line line2 = new Line(p,-2); // forme point-pente
        System.out.println("ligne2: " + line2);
        System.out.println("ligne2.equals(ligne1): " +
                           line2.equals(line1));
        System.out.println("ligne1.equals(ligne2): " +
                            line1.equals(line2));
        Line line3 = new Line(-1, 1); // forme pente-intersection
        System.out.println("ligne3: " + line3);
        System.out.println("ligne3.getPoint(): " + line3.getPoint());
        System.out.println("ligne3.equals(ligne1): " +
                           line3.equals(line1));
        System.out.println("ligne1.equals(ligne3): " +
                           line1.equals(line3));
    }
}
```

La sortie obtenue est la suivante :

```
ligne1: y = -1.0x + 1.0
ligne1.getPoint(): (5.0, -4.0)
ligne1.getSlope(): -1.0
ligne1.xIntercept(): 1.0
ligne1.yIntercept(): 1.0
p: (5.0, -4.0)
ligne1.contains(p): true
q: (2.0, 2.0)
ligne1.contains(q): false
ligne2: y = -2.0x + 6.0
ligne2.equals(ligne1): false
ligne1.equals(ligne2): false
ligne3: y = -1.0x + 1.0
ligne3.getPoint(): (0.0, 1.0)
ligne3.equals(ligne1): true
ligne1.equals(ligne3): true
```

Le programme `TestLine` teste les deux constructeurs et les sept méthodes de la classe `Line`. Notez que la méthode `equals()` teste un cas `true` et un autre `false`.

6.4 LES MODIFICATEURS

Les modificateurs sont utilisés dans la déclaration des classes, des champs, des constructeurs, des méthodes et des variables locales (dans les constructeurs et les méthodes). Ils sont résumés dans les tableaux 6.1 à 6.5.

Tableau 6.1 Modificateurs de classes

Modificateur	Signification
`abstract`	La classe ne peut pas être instanciée.
`final`	La classe ne peut pas être étendue.
`public`	Il est possible d'accéder à ses membres depuis toutes les autres classes.

Tableau 6.2 Modificateurs de champs

Modificateur	Signification
`final`	Il doit être initialisé et ne peut pas être modifié.
`private`	Il n'est accessible que depuis sa propre classe.
`protected`	Il est uniquement accessible depuis sa propre classe et ses extensions.
`public`	Il est accessible depuis toutes les classes.
`static`	Le même stockage est utilisé pour toutes les instances de la classe
`transient`	Il ne fait pas partie de l'état persistant de l'objet.
`volatile`	La gestion de la cohérence due aux threads est prise en charge.

Tableau 6.3 Modificateurs de constructeurs

Modificateur	Signification
`private`	Il est uniquement accessible depuis sa propre classe.
`protected`	Il est uniquement accessible depuis sa propre classe et ses extensions.
`public`	Il est accessible depuis toutes les classes.

Tableau 6.4 Modificateurs de méthodes

Modificateur	Signification
`final`	Elle ne peut pas être remplacée dans les extensions de classe.
`native`	Son corps est implémenté dans un autre langage de programmation.
`private`	Elle est uniquement accessible depuis sa propre classe.
`protected`	Elle est uniquement accessible depuis sa propre classe et ses extensions.
`public`	Elle est accessible depuis toutes les classes.
`static`	Elle est une méthode de classe.
`synchronized`	L'objet sur lequel est lancé la méthode doit être verrouillé avant d'être appelé par un thread.
`volatile`	Elle peut être modifié par des threads asynchrones.

Tableau 6.5 Modificateurs de variables locales

Modificateur	Signification
`final`	Il doit être initialisé et ne peut pas être modifié.

Les trois modificateurs d'accès, `public`, `protected` et `private` sont utilisés afin de spécifier l'emplacement d'utilisation de l'entité déclarée (classe, champ, constructeur ou méthode). Si aucun de ces modificateurs n'est défini, l'entité a un *accès de paquetage*, ce qui signifie qu'elle est accessible depuis toutes les classes qui composent un même paquetage.

Le modificateur `final` a trois significations différentes selon le type d'entité modifié. S'il modifie une classe, celle-ci ne peut pas avoir de sous-classes (voir le chapitre 7). S'il modifie un champ ou une variable locale, la variable doit être initialisée et ne peut pas être modifiée (il s'agit donc d'une constante). S'il modifie une méthode, celle-ci ne peut être remplacée dans aucune sous-classe.

Le modificateur `static` permet de spécifier si c'est une méthode de classe. S'il est omis, vous utilisez une *méthode d'instance* (ou *méthode non statique*) qui peut être appelée uniquement lorsqu'elle est liée à un objet de la classe. Cet objet est nommé *argument implicite* de l'appel de méthode. Par exemple, la méthode `getX()` de l'exemple 6.1 est une méthode d'instance. Elle est appelée sous la forme `p.getX()` dans le programme test. Dans cet appel, la méthode `getX()` est liée à l'objet `p`, qui est donc son argument implicite.

Une *méthode de classe* (ou *méthode statique*) est appelée sans être liée à aucun objet spécifique de la classe. La méthode `distanceBetween()` de l'exemple 6.4 (ligne 14) est une méthode de classe. Elle est appelée à la ligne 8 sous la forme `Point.distanceBetween(p,q)`. Notez qu'une méthode de classe utilise le nom de la classe (`Point` dans le cas présent) suivi de l'opérateur point là où une variable d'objet serait utilisée avec une méthode d'instance.

Par exemple, la méthode `main()` d'un programme est une méthode de classe.

Exemple 6.4 Une classe `Point` plus complète

Cette classe contient tous les membres de la classe `Point` que nous avons vue à l'exemple 6.1, plus cinq autres :

```
public class Point {
  // Objets représentant les points en réseau d'un plan cartésien
  // Les objets sont immuables

  private int x, y; // les coordonnées du point

  public static Point ORIGIN = new Point(0,0);

  public Point(int x, int y) {
    this.x = x;
    this.y = y;
  }

  public static double distanceBetween(Point p1, Point p2) {
    double dx = p2.x - p1.x;
    double dy = p2.y - p1.y;
    return Math.sqrt(dx*dx + dy*dy);
  }

  public double distanceTo(Point that) {
    double dx = that.x - this.x;
    double dy = that.y - this.y;
    return Math.sqrt(dx*dx + dy*dy);
  }

  public boolean equals(Object object) {
    if (object==this) return true;
    if (!(object instanceof Point)) return false;
    Point that = (Point)object;
    return (this.x == that.x && this.y == that.y);
  }

  public int getX() {
    return x;
  }

  public int getY() {
    return y;
  }

  public Point projectionX() {
    return new Point(x, 0);
  }

  public Point projectionY() {
    return new Point(0, y);
  }

  public String toString() {
    return new String("(" + (float)x + ", " + (float)y + ")");
  }
}
```

Cette classe comporte deux méthodes permettant de calculer la distance entre deux points : la méthode d'instance `distanceTo()` et la méthode de classe `distanceBetween()`. La formule de calcul de la distance requiert deux points, c'est pourquoi les deux méthodes prennent deux arguments `Point`, celui utilisé avec la méthode `distanceBetween()` étant implicite. Comme le montre le programme suivant, la méthode de classe est appelée à la ligne 8 sous la forme `Point.distanceBetween(p,q)`, alors que la méthode d'instance est appelée à la ligne 9 sous la forme `p.distanceTo(q)`. Les deux appels trouvent la distance entre `p` et `q`.

La classe `Point` améliorée a également un champ `static` nommé `ORIGIN`.

Voici un pilote test de ce programme :

```
1   public class TestPoint {
2     public static void main(String[] args) {
3       Point p = new Point(2, -3);
4       System.out.println("p: " + p);
5       Point q = new Point(7, 9);
6       System.out.println("q: " + q);
7       System.out.println("Point.distanceBetween(p,q): "
8       + Point.distanceBetween(p,q));
9       System.out.println("p.distanceTo(q): " + p.distanceTo(q));
10    }
11  }
```

La sortie est la suivante :

```
p: (2.0, -3.0)
q: (7.0, 9.0)
Point.distanceBetween(p,q): 13.0
p.distanceTo(q): 13.0
```

6.5 LES CONSTRUCTEURS

Les constructeurs permettent de créer de nouveaux objets. Les instructions dans le constructeur sont généralement celles qui initialisent les champs de l'objet créé.

À l'instar d'une méthode, un constructeur peut avoir des modificateurs, des paramètres, des variables locales et des instructions exécutables. Cependant, contrairement à une méthode, il se caractérise par les propriétés suivantes :

1. Il porte le même nom que sa classe.
2. Il n'a aucun type de renvoi.
3. Il est appelé par l'opérateur `new`.
4. Il peut appeler d'autres constructeurs avec les mots-clés `this` et `super`.

Exemple 6.5 Constructeurs de la classe `Line`

La classe `Line` de l'exemple 6.3 comporte deux constructeurs, le premier à la ligne 8 et le second à la ligne 13 :

```
8   public Line(Point point, double slope) { // forme point-pente
13  public Line(double slope, double b) { //forme pente-intersection
```

Les deux premières propriétés de la liste précédente se retrouvent dans les deux déclarations que nous venons de voir : les constructeurs sont nommés `Line` et ils n'ont aucun type de renvoi.

Vous retrouvez la troisième propriété dans les appels des lignes 4 et 19 du programme `TestLine` :

```
4   Line line1 = new Line(p,-1); // forme point-pente
19  Line line3 = new Line(-1, 1); // forme pente-intersection
```

L'opérateur `new` appelle les constructeurs.

Quant à la quatrième propriété, vous la retrouvez si vous réécrivez le deuxième constructeur comme suit :

```
13  public Line(double slope, double b) { // forme point-pente
14  this(new Point(0,b), slope); // appelle le constructeur
15                               // point-pente
16 }
```

La ligne 14 commence par créer un objet anonyme `Point` qui représente l'intersection avec l'axe de *y* (0, *b*). Elle utilise ensuite le mot-clé `this` pour appeler le constructeur `point-slope` et lui passer l'objet anonyme `Point`, ainsi que la valeur du paramètre `slope`. Cela fonctionne parce qu'un constructeur de la même classe a une liste de paramètres correspondant à cette liste d'arguments type pour type : `(Point, double)`.

Notez que l'utilisation du mot-clé `this` (ou `super`) pour appeler un constructeur implique que l'appel soit la première instruction du constructeur courant. Le mot-clé `super` est utilisé pour appeler les constructeurs, comme le mot-clé `this`, dans une classe parent (voir le chapitre 8 pour en savoir plus).

Une classe peut avoir deux types de constructeur : un constructeur par défaut et un constructeur de copie.

Le *constructeur par défaut* (ou constructeur sans argument) a une liste de paramètres vide. Dans les classes `Point` et `Line` que nous avons déjà définies dans ce chapitre, nous n'avons inclus aucun des deux types de constructeur.

Exemple 6.6 Constructeurs par défaut et de copie d'une classe `Point`

La classe `Point` suivante comprend un constructeur par défaut et un constructeur de copie :

```
public class Point {
  private int x, y; // les coordonnées du point

  public Point() { // constructeur par défaut
    x = 5;
    y = -2;
  }

  public Point(Point p) { // constructeur de copie
    x = p.x;
    y = p.y;
  }

  // d'autres membres...
}
```

Ces constructeurs peuvent être appelés dans un programme similaire au suivant :

```
public class TestPoint {
  public static void main(String[] args) {
    Point p = new Point(); // appelle le constructeur par défaut
    Point q = new Point(p); // appelle le constructeur de copie
    System.out.println(q.equals(p)); // true
    System.out.println(q == p); // false
```

```
7      }
8  }
```

Le constructeur par défaut, appelé à la ligne 3, crée un objet `Point` qui représente le point (5, –2). Le constructeur de copie, appelé à la ligne 4, crée un autre objet `Point` qui représente le point (5, –2). Il s'agit de deux objets distincts, mais égaux. C'est pourquoi `q.equals(p)` renvoie `true`, alors que `q == p` renvoie `false`.

En règle générale, un constructeur par défaut s'assure que les champs du nouvel objet ont des valeurs par défaut « naturelles ». Dans le cas de la classe `Point`, il s'agit de 0 pour `x` et `y`. Ici, nous avons attribué 5 et –2 uniquement à titre d'exemple. En fait, tous les champs d'une classe sont initialisés automatiquement avec les valeurs par défaut de leur type, à moins que le constructeur n'utilise explicitement d'autres valeurs. La valeur par défaut de tous les types numériques (par exemple `int` et `double`) est 0 (zéro). La valeur booléenne par défaut est `false` et la valeur par défaut de toute variable d'objet est `null`.

Par conséquent, cette version du constructeur par défaut :

```
4   public Point() { // constructeur par défaut, version 2
5     x = 0;
6     y = 0;
7   }
```

serait équivalente à la version :

```
4   public Point() { // constructeur par défaut, version 3
5   }
```

Que vous utilisiez l'une ou l'autre de ces versions, l'appel :

```
3   Point p = new Point(); // appelle le constructeur par défaut
```

initialiserait `p` pour qu'il représente le point (0, 0).

Le constructeur par défaut présente une autre particularité. En effet, le compilateur suivra systématiquement cette règle : si aucun autre constructeur n'est défini dans la classe, le compilateur définit automatiquement un constructeur par défaut `public` et initialise tous les champs non initialisés avec les valeurs par défaut de leur type.

Exemple 6.7 Initialisation explicite d'un champ dans une classe `Point`

Voici une classe `Point` très petite :

```
1   public class Point {
2     private double x = 5, y;
3   }
```

Son champ `x` est initialisé explicitement à 5. En revanche, son champ `y` n'est pas initialisé explicitement. Dans la mesure où il n'a pas de constructeurs définis, la règle du constructeur par défaut s'applique. Le compilateur définit automatiquement un constructeur par défaut qui initialise `y` à 0. Par conséquent, la construction

```
3   Point p = new Point(); // appelle le constructeur par défaut
```

crée un nouvel objet `Point` qui représente le point (5, 0).

Dans le cadre des exemples 6.3 et 6.4, nous avons défini explicitement des constructeurs qui prennent au moins un argument, ce qui élimine le constructeur par défaut. Ce procédé permet d'éviter qu'un programme client ne crée un objet `Line` ou `Point` sans fournir de valeurs pour ses champs.

6.6 LES OBJETS ET LES RÉFÉRENCES

Les objets sont créés lorsque l'opérateur new est utilisé pour appeler un constructeur, comme suit :

```
Point p = new Point(2, -3);
```

Ce code crée des objets Point et passe les arguments 2 et –3 aux paramètres du constructeur.

Le constructeur initialise les champs du nouvel objet avec ces arguments, puis il renvoie l'adresse mémoire du nouvel objet qui est attribué à la variable de référence p. Cette opération peut être effectuée en deux étapes, de la façon suivante :

```
Point p = null;
p = new Point(2, -3);
```

La référence p peut être modifiée comme suit :

```
p = new Point(7, 4);
p = null;
p = q; // si q est déclaré comme référence Point
```

Cependant, étant donné que nous avons créé une classe Point immuable, les objets désignés par les références ne peuvent pas être modifiés.

La vie d'un objet commence à sa création par un constructeur et se poursuit tant qu'au moins une référence le désigne. Dès que sa dernière référence a été réaffectée, l'objet n'est plus repéré, comme vous pouvez le constater à l'exemple 6.8.

Exemple 6.8 Les objets et leurs références

```
1  public class TestPoint {
2    public static void main(String[]
➥ args) {
3      Point p=null, q=null;
4      p = new Point(2, -3);
5      q = p;
6      p = new Point(7, 4);
7      q = p;
8      p = null;
9      q = null;
10   }
11 }
```

La figure 6.3 représente les actions de ce programme.

À la ligne 3, p et q sont définis comme références des objets Point. Mais ils sont null tous les deux dans la mesure où il n'existe pas encore d'objets Point.

À la ligne 4, un nouvel objet Point est créé et affecté à p. Il représente le point (2, –3). Il existe maintenant un objet Point, mais la référence q est toujours null.

À la ligne 5, p est affecté à q. À ce stade, p et q font donc tous deux référence au même objet Point qui représente le point (2, –3).

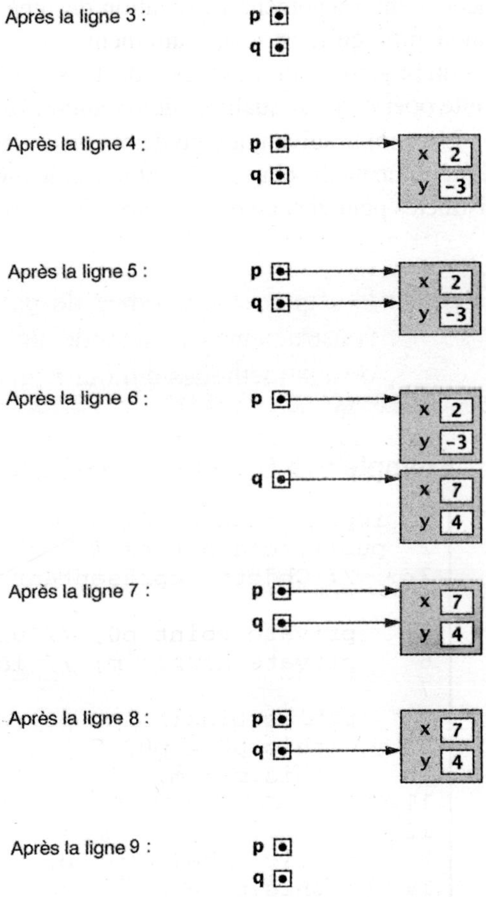

Figure 6.3 Objets et références de l'exemple 6.8

À la ligne 6, un nouvel objet `Point` est créé, puis affecté à `p`. Il représente le point (7, 4). Il existe maintenant deux objets `Point`, le premier référencé par `p` et le second par `q`. Chaque objet a donc une référence.

À la ligne 7, `p` est attribué à `q` une nouvelle fois. À ce stade, `p` et `q` font tous deux référence au même objet `Point` qui représente le point (7, 4). L'autre objet n'ayant pas de référence, il sera automatiquement récupéré par le ramasse-miettes.

À la ligne 8, `p` est défini à `null`. `q` est désormais la seule référence à l'objet restant.

À la ligne 9, `q` est défini à `null`. Il ne reste donc plus aucune référence à l'objet qui représentait le point (7, 4) et celui-ci sera automatiquement récupéré par le ramasse-miettes et alors détruit.

L'environnement d'exécution Java (JRE)gère les ressources allouées par le système d'exploitation de l'ordinateur à un processus Java (c'est-à-dire un programme en cours d'exécution). Cela s'applique au segment de mémoire réservé au processus : une partie de ce segment est utilisée au cours de l'exécution, tandis que l'autre est libre. Cette section libre est appelé le *tas d'exécution.*

Lorsque le programme appelle un constructeur avec l'opérateur `new`, l'environnement d'exécution Java alloue une partie du tas à l'objet. Quand l'objet meurt parce que toutes ses références ont été supprimées, l'environnement d'exécution désigne l'espace mémoire de l'objet comme étant un « déchet », ce qui signifie qu'il est temporairement inutilisable. L'exécution vérifie ensuite régulièrement les ressources du processus, ramasse les « déchets » et les renvoie au tas afin de permettre l'utilisation de l'espace. Cette opération est qualifiée de *récupération de place* et elle est effectuée par le *ramasse-miettes.*

L'exemple suivant ajoute deux constructeurs à la classe `Line`. Dans la mesure où tous les constructeurs d'une même classe doivent porter le même nom, il est nécessaire de définir des listes de paramètres distinctes pour chacun d'entre eux afin de permettre au compilateur de les distinguer.

> **Règle :** la séquence des types de paramètres est nécessairement différente pour chaque constructeur ou méthode surchargé. La surcharge fait référence aux constructeurs ou aux méthodes qui ont la même signature.

Exemple 6.9 Une classe `Line` avec trois constructeurs

```
import ch06.ex02.Point;
public class Line {
  // Objets représentant les lignes du plan cartésien

  private Point p0; // un point sur la ligne
  private double m; // la pente d'une ligne

  public Line(Point p0, double m) {
    this.p0 = p0;
    this.m = m;
  }

  public Line(Point p, Point q) {
    this.p0 = p;
    m = (p.getY() - q.getY())/(p.getX() - q.getX());
  }

  public Line(int a, int b) {
    p0 = new Point(0,b);
```

```
    m = (double)-b/a;
  }

  public double slope() {
    return m;
  }

  public double yIntercept() {
    return (p0.getY() - p0.getX()*m);
  }

  public boolean equals(Line line) {
    return (slope() == line.slope() && yIntercept() ==
                       line.yIntercept());
  }

  public String toString() {
    return new String("y = " + (float)m + "x + " +
                        (float)yIntercept());
  }

  public static void main(String[] args) {
    Point p1 = new Point(5,-4);
    Line line1 = new Line(p1,-2);
    System.out.println("L'equation de la ligne 1 est " + line1);
    Point p2 = new Point(-1,2);
    Line line2 = new Line(p1,p2);
    System.out.println("TL'equation de la ligne 2 est " + line2);
    if (line2.equals(line1)) System.out.println("Elles sont
                                      egales.");
    else System.out.println("Elles ne sont pas egales.");
    Line line3 = new Line(3,6);
    System.out.println("L'equation de la ligne 3 est " + line3);
    if (line3.equals(line1)) System.out.println("Elles sont
                                      egales.");
    else System.out.println("Elles ne sont pas egales.");
  }
}
```

Vous obtenez la sortie suivante :

```
L'equation de la ligne 1 est y = -2.0x + 6.0
L'equation de la ligne 2 est = -1.0x + 1.0
Elles ne sont pas egales.
L'equation de la ligne 3 est y = -2.0x + 6.0
Elles sont egales.
```

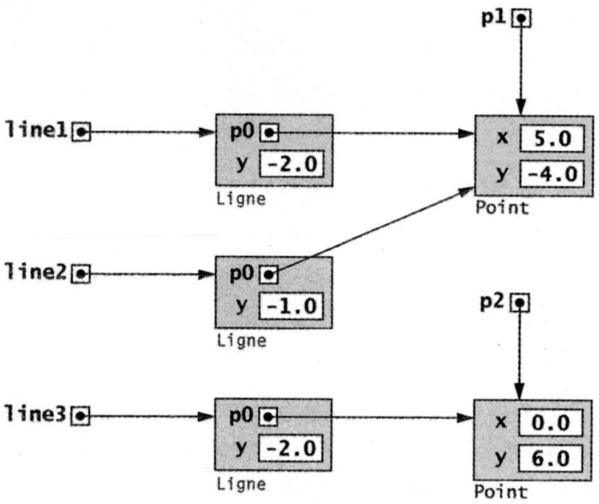

Figure 6.4 Objets et références de l'exemple 6.9

Ce programme crée les cinq objets de la figure 6.4 : les deux points `p1` et `p2` et les trois lignes `line1`, `line2` et `line3`. Il utilise les méthodes `toString()` des classes pour imprimer leurs caractéristiques, puis la méthode `equals()` de la classe `Line` pour tester l'égalité des objets `Line`. Ce test confirme que `line1` et `line3` sont égales dans la mesure où elles ont la même équation $y = -2x + 6$. Notez cependant que les deux objets ont des données différentes : leurs champs `p0` font en effet référence à des objets différents.

Le premier constructeur a la liste de types de paramètres `(Point, double)`. Il est identique au constructeur de l'exemple 6.3 et se contente d'initialiser les deux champs de l'objet, `p0` et `m`, avec les arguments qui lui sont passés. Ceux-ci représentent le point et la pente d'une ligne. Par conséquent, la ligne représentée par `line1` contient le point $p_1 = (5, -4)$ et a une pente $m = -2$.

Le deuxième constructeur a la liste de types de paramètres `(Point, Point)`. Ses deux arguments représentent deux points de la ligne. Par conséquent, la ligne représentée par `line2` contient les points $p_1 = (5, -4)$ et $p_2 = (-1, 2)$. Ce constructeur doit ensuite calculer la pente m des deux points à l'aide de la formule :

$$m = \frac{\Delta y}{\Delta x} = \frac{y_2 - y_1}{x_2 - x_1}$$

Il initialise m avec la valeur de ce quotient et il initialise `p0` avec le premier point passé.

Le troisième constructeur a la liste de types de paramètres `(int, int)`. Ses deux arguments représentent l'intersection avec l'axe x, a, et avec l'axe y, b. Cela signifie que la ligne contient les deux points $(a, 0)$ et $(0, b)$. Le constructeur calcule ensuite la pente m à l'aide de la formule que nous venons de voir. Il initialise m avec la valeur du quotient et initialise `p0` afin de faire référence à un nouveau point qui représente $(0, b)$.

6.7 LES CONSTRUCTEURS DE COPIE

Le type de constructeur le plus simple est celui qui n'a aucun paramètre. Comme nous l'avons déjà vu, il s'agit du *constructeur par défaut* ou *sans argument*.

Vous pouvez également définir un type simple de constructeur dont le seul paramètre est une référence à un objet de la classe à laquelle le constructeur appartient. Cette syntaxe est généralement utilisée afin de dupliquer un objet existant de la classe, c'est pourquoi il est nommé *constructeur de copie*.

Exemple 6.10 Duplication d'un objet `Point`

```
public class Point {
  // Objets représentant les points d'un plan cartésien

```

```
    private double x, y;

    public Point(double a, double b) {
      x = a;
      y = b;
    }

    public Point(Point p) { // constructeur de copie
      x = p.x;
      y = p.y;
    }

    public double x() {
      return x;
    }

    public double y() {
      return y;
    }

    public boolean equals(Point p) {
      return (x == p.x && y == p.y);
    }

    public String toString() {
      return new String("(" + x + ", " + y + ")");
    }

    public static void main(String[] args) {
      Point p = new Point(2,3);
      System.out.println("p = " + p);
      Point q = new Point(p);
      System.out.println("q = " + q);
      if (q.equals(p)) System.out.print("q egal p");
      else System.out.print("q est different de p");
      if (q == p) System.out.println(", et q == p");
      else System.out.println(", mais q != p");
    }
}
```

Vous obtenez la sortie :

```
p = (2.0, 3.0)
q = (2.0, 3.0)
q egal p, mais q != p
```

La ligne

```
Point p = new Point(2,3);
```

utilise le constructeur

```
public Point(double a, double b)
{
  x = a;
```

```
    y = b;
  }
```

pour créer le point p, comme nous l'avons déjà vu à l'exemple 6.1.

La ligne

```
Point q = new Point(p);
```

utilise le constructeur de copie

```
public Point(Point p) // constructeur de copie
{
  x = p.x;
  y = p.y;
}
```

pour créer le point q. L'objet q est donc une copie de l'objet b. Bien que distincts, ces objets contiennent les mêmes données. La méthode `equals()` confirme leur égalité. Cependant, la condition `(q == p)` est `false` parce que q et p font référence à des objets distincts.

6.8 LES CONSTRUCTEURS PAR DÉFAUT

En Java, chaque champ de classe est automatiquement initialisé à la valeur initiale par défaut du type correspondant.

Les valeurs des huit types primitifs et du type de référence sont listées dans le tableau 6.6.

Tableau 6.6 Valeurs initiales par défaut des champs de classe

Type	Valeur initiale
boolean	false
char	'\u0000'
byte	0
short	0
int	0
long	0L
float	0.0F
double	0.0
reference	null

La valeur de type `char`, `'\u0000'`, est le caractère dont l'Unicode est 0. Ce caractère, nommé NUL, n'est pas détectable lorsqu'il est imprimé. La valeur de la référence `null` est spécifiée par chaque référence qui n'a pas encore été affectée à un objet.

Si votre classe n'a pas de constructeurs déclarés explicitement, les objets peuvent uniquement être créés à l'aide du constructeur par défaut implicite de la classe. Celui-ci initialise automatiquement tous les champs des objets avec leurs valeurs initiales par défaut (voir le tableau ci-dessus), comme nous allons le voir à l'exemple 6.11 avec la déclaration

```
Purse purse = new Purse();
```

Cette ligne de code crée un objet `Purse` et initialise ses quatre champs à 0.0.

Si votre classe n'a pas de constructeurs déclarés explicitement, comme les classes `Point` et `Line` des exemples précédents, le compilateur ne déclare pas automatiquement de constructeur par défaut. Par conséquent, une déclaration comme la suivante ne sera pas compilée :

```
Point p = new Point();
```

Exemple 6.11 Une classe représentant un porte-monnaie de pièces américaines

Cette classe illustre l'utilisation d'un constructeur par défaut déclaré implicitement.

```
public class Purse {
  // Un objet représentant un porte-monnaie rempli de pièces

  private int pennies;
  private int nickels;
  private int dimes;
  private int quarters;

  public float dollars() {
    int p = pennies + 5*nickels + 10*dimes + 25*quarters;
    return (float)p/100;
  }

  public void insert(int p, int n, int d, int q) {
    pennies += p;
    nickels += n;
    dimes += d;
    quarters += q;
  }

  public void remove(int p, int n, int d, int q) {
    pennies -= p;
    nickels -= n;
    dimes -= d;
    quarters -= q;
  }

  public String toString() {
    return new String(quarters + " quarters + "
                   + dimes + " dimes + "
                   + nickels + " nickels + "
                   + pennies + " pennies = $"
                   + dollars());
  }

  public static void main(String[] args) {
    Purse purse = new Purse();// appelle le constructeur
                              // par défaut
    System.out.println(purse);
    purse.insert(3,0,2,1);
    System.out.println(purse);
```

```
42       purse.insert(3,1,1,3);
43       System.out.println(purse);
44       purse.remove(3,1,0,2);
45       System.out.println(purse);
46       purse.remove(0,0,0,4);
47       System.out.println(purse);
48     }
49 }
```

Vous obtenez la sortie :

```
0 quarters + 0 dimes + 0 nickels + 0 pennies = $0.0
1 quarters + 2 dimes + 0 nickels + 3 pennies = $0.48
4 quarters + 3 dimes + 1 nickels + 6 pennies = $1.41
2 quarters + 3 dimes + 0 nickels + 3 pennies = $0.83
-2 quarters + 3 dimes + 0 nickels + 3 pennies = $-0.17
```

La ligne 37 déclare la référence `purse` et appelle le constructeur par défaut afin de créer un objet `Purse` vide auquel il fait référence. La sortie de la ligne 39 confirme que l'objet a été initialisé à zéro. Tous les champs sont à zéro. La ligne 40 appelle la méthode `insert()` pour insérer 48 cents dans le porte-monnaie sous la forme de 3 pennies (soit 3 cents), 2 dimes (soit 10 cents) et un quarter (soit 25 cents). La ligne 42 teste à nouveau la méthode `insert()`, puis c'est au tour de la méthode `remove()` d'être testée aux lignes 44 et 46.

Cette classe présente quelques erreurs de conception auxquelles nous remédierons dans l'exemple 6.13.

6.9 LES INVARIANTS DE CLASSE

Les erreurs de conception de la classe `Line` définie à l'exemple 6.9 et de la classe `Purse` définie à l'exemple 6.11 sont dues au fait que les objets ont tendance à obtenir des *états incohérents*. En effet, différents objets `Line` peuvent représenter la même ligne et différents objets `Purse` peuvent totaliser le même montant en dollars. Ces anomalies ne se produisent jamais avec les types primitifs. Ainsi, les variables de type `int` qui ont des valeurs différentes représentent nécessairement des entiers différents. Pour que les classes se comportent comme les types primitifs, assurez-vous que les représentations d'objets sont uniques. Pour cela, il suffit de spécifier et de forcer les invariants de classe.

Un *invariant de classe* est une condition imposée aux champs de toutes les instances de la classe. Il a pour objectif principal de garantir le caractère unique d'une représentation.

Exemple 6.12 Une classe pour représenter les jours de la semaine

Cette classe illustre l'utilisation d'un invariant de classe afin de s'assurer que chaque objet correspond à un seul jour de la semaine.

```
public class Day {
  // Une instance représente un jour donné de la semaine
  // Invariant de classe : 0 <= dayNumber < 7

  private final String DAYS = "DILUMAMEJEVESA";
  private int dayNumber;

  public Day() { // constructeur par défaut
```

```
9      dayNumber = 0;
10   }
11
12   public Day(Day d) { // constructeur de copie
13     dayNumber = d.dayNumber;
14   }
15
16   public Day(String s) {
17     String ab = s.substring(0,2).toUpperCase(); // abr. à 2 car.
18     dayNumber = DAYS.indexOf(ab)/2;
19   }
20
21   public String toString() {
22     switch (dayNumber) {
23       case 0: return "dimanche";
24       case 1: return "lundi";
25       case 2: return "mardi";
26       case 3: return "mercredi";
27       case 4: return "jeudi";
28       case 5: return "vendredi";
29       default: return "samedi";
30     }
31   }
32
33   public void advance(int n) {
34     dayNumber = (dayNumber + n)%7;
35   }
36
37   public Day prev() {
38     int n = (dayNumber+6)%7; // numéro du jour précédent
39     String ab = DAYS.substring(2*n, 2*n+2); // abr. à 2 car.
40     return new Day(ab);
41   }
42
43   public static void main(String[] args) {
44     Day today = new Day("mer");
45     System.out.println("Nous sommes " + today
46         + ", et le jour precedent nous etions " + today.prev());
47     Day heute = new Day(today);
48     today.advance(4);
49     System.out.println("Dans 4 jours, nous serons " + today
50         + ", et le jour precedent sera " + today.prev());
51     System.out.println("Mais nous sommes toujours " + heute
52         + ", et le jour precedent etait " + heute.prev());
53   }
54 }
```

Vous obtenez la sortie

```
Nous sommes mercredi, et le jour precedent nous etions mardi
Dans 4 jours, nous serons dimanche, et le jour precedent sera samedi
Mais nous sommes toujours mercredi et le jour precedent était mardi
```

Le littéral `String` nommé `DAYS`, défini à la ligne 5, contient les deux premières lettres de chacun des sept jours de la semaine. Il est utilisé afin de calculer le `dayNumber` d'un nom de jour donné.

À la ligne 44, `main()` utilise le troisième constructeur pour créer l'objet `today`, c'est-à-dire `mercredi`. L'argument `"mer"` est passé au paramètre `s` à la ligne 16. L'appel `s.substring(0,2)` de la ligne 17 renvoie l'objet anonyme temporaire de type `String` nommé `"me"`. Le premier argument 0 signifie que le code commence par le numéro de caractère 0, à savoir le `'m'`. Le deuxième argument 2 signifie que le code termine par le caractère précédant le caractère numéro 2 (le `'r'`), c'est-à-dire le `'e'`. Toujours ligne 17, l'appel `toUpperCase()` qui est lié à l'objet `String` temporaire renvoie l'objet temporaire de type `String` nommé `"ME"`, qui est ensuite utilisé pour initialiser l'objet `String` nommé `ab`. La ligne 18 passe cet argument à la méthode **`indexOf()`** qui est liée à l'objet `String` nommé `DAYS`, qui renvoie le numéro 6 parce que la sous-chaîne `"ME"` commence au caractère numéro 6 dans la chaîne `"DILUMAMEJEVESA"`. Ce nombre est divisé par 2 parce que les abréviations sont composées de 2 caractères, c'est pourquoi vous obtenez le numéro 3 qui est attribué au champ `dayNumber` de la ligne 18.

La référence `today` de la ligne 45 appelle implicitement la méthode `toString()` qui imprime la chaîne littérale `"mercredi"` pour le jour. La deuxième partie de l'instruction `println()`, ligne 46, appelle la méthode `prev()` liée à l'objet `today`. Celle-ci renvoie l'objet `Day` correspondant à mardi. La méthode `toString()` est alors appelée à nouveau afin d'imprimer la chaîne littérale `"mardi"`.

Le fonctionnement de la méthode `prev()` (ligne 37) est décrit ci-après. Elle commence par évaluer l'expression `(dayNumber+6)%7` à `(3 + 6)%7 = 9%7 = 2`, puis elle initialise la variable `n` avec cette valeur qui correspond à mardi. Ensuite, ligne 39, elle passe les arguments `2*n = 4` et `2*n + 2 = 6` à la méthode `toString()` qui est liée à la chaîne `"DILUMAMEJEVESA"`. La chaîne `"MA"` est alors renvoyée. Elle initialise l'objet `ab`. L'objet est alors passé au troisième constructeur qui crée un objet `String` anonyme correspondant à mardi. La méthode `prev()` renvoie cet objet.

À la ligne 47, l'objet `String` nommé `heute` est créé par le constructeur de copie défini ligne 12. Par conséquent, `heute` est une copie de l'objet `today`.

À la ligne 48, la méthode `advance()` liée à l'objet `today` est appelée avec l'argument `4`. Le champ `dayNumber` est alors remplacé dans l'objet `today` par `(3 + 4)%7 = 7%7 = 0` pour représenter dimanche. La sortie des lignes 49 et 50 confirme ce résultat et indique que samedi était effectivement le jour précédent.

La sortie des lignes 51 et 52 indique que l'objet dupliqué `heute` n'a pas été modifié. Il s'agit d'un objet indépendant.

La figure 6.5 représente les trois objets à la fin du programme.

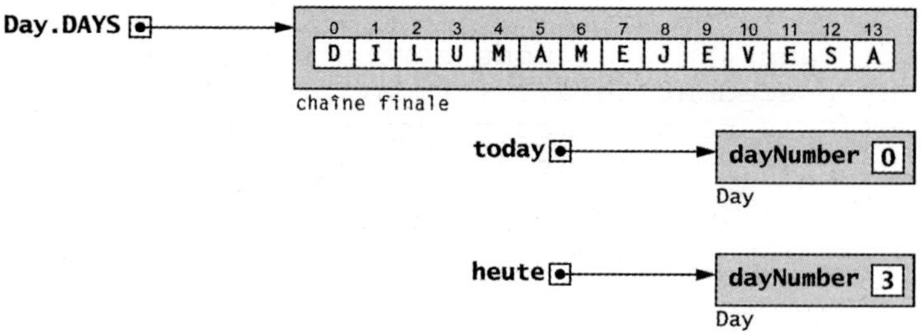

Figure 6.5 Objets et références de l'exemple 6.12

L'invariant de classe est la condition selon laquelle le champ `dayNumber` sera toujours l'un des sept entiers de 0 à 6. Cela signifie que seuls 7 objets existent pour la classe. L'invariant est appliqué de force à l'aide de l'opérateur de reste `%`: la réduction `%7` est systématiquement effectuée avant l'affectation d'un entier à `dayNumber`.

Notez que cette classe n'a aucune fonction d'accesseur. En effet, les utilisateurs n'ont absolument pas besoin de savoir que les jours sont représentés par un entier ou que l'entier correspondant à mercredi est 3.

6.10 IDENTITÉ, ÉGALITÉ ET ÉQUIVALENCE

« Tu es bien triste », dit le Cavalier d'une voix anxieuse ;
« laisse-moi te chanter une chanson pour te réconforter.
« Est-elle très longue ? » demande Alice, car elle avait entendu pas mal de poésies ce jour-là.
« Elle est longue, dit le Cavalier, mais elle est très, très belle. Tous ceux qui me l'entendent chanter..., ou bien les larmes leur montent aux yeux, ou bien...
« Ou bien quoi ? » dit Alice, car le Cavalier s'était interrompu brusquement.
« Ou bien elles ne leur montent pas aux yeux... Le nom de la chanson s'appelle : *Yeux de brochet.*
« Ah, vraiment, c'est le nom de la chanson ? » dit Alice en essayant de prendre un air intéressé.
« Pas du tout, tu ne comprends pas », répliqua le Cavalier, un peu vexé.
« C'est ainsi qu'on *appelle* le nom. Le nom, c'est : *Le Vieillard chargé d'ans.*
« En ce cas j'aurais dû dire : C'est ainsi que s'appelle la chanson ? » demanda Alice pour se corriger.
« Pas du tout, c'est encore autre chose. La chanson s'appelle : *Comment s'y prendre.* C'est ainsi qu'on appelle la chanson ; mais, vois-tu, ce n'est pas la chanson elle-même.
« Mais qu'est-ce donc que la chanson elle-même ? » demande Alice, complètement éberluée.
« J'y arrivais, dit le Cavalier. La chanson elle-même,
c'est : *Assis sur la barrière* : et l'air est de mon invention. »

Ce qu'Alice trouva de l'autre côté du miroir, Chapitre VIII, Lewis Carroll

En règle générale, nous ne faisons aucune distinction entre le nom d'un objet, l'objet lui-même et ce qu'il représente. Cependant, en programmation orientée objet, cette distinction est importante. L'exemple 6.3 vous a aidé à comprendre qu'un même objet peut avoir plusieurs références et que deux objets distincts peuvent représenter la même ligne. Quant à l'exemple 6.9, il illustrait le cas de deux objets différents qui représentent la même ligne. Dans quels cas peut-on considérer que deux objets sont égaux et comment évite-t-on ce problème de représentation ?

Prenons la distinction identité/égalité. En algèbre, nous distinguons une identité comme $x^2 - 1 = (x - 1)(x + 1)$, qui est toujours vraie, et une équation comme $y = x^2 - 1$, qui est parfois vraie. L'égalité de l'identité signifie que seuls les noms diffèrent. Vous pouvez remplacer le nom par un autre à tout moment. Par exemple Président Jefferson et Thomas Jefferson sont égaux du point de vue de l'identité parce qu'il s'agit d'une même personne et de deux noms différents.

En Java, l'opérateur d'égalité == est utilisé afin de déterminer si deux références d'objets sont identiquement égaux, ce qui se passe lorsque vous affectez une référence à une autre :

```
Point p = new Point(2,3);
Point q = p; // q est identiquement égal à p
boolean ideq = (p2 == p1); // true
```

Ce cas de figure est illustré à la figure 6.6.

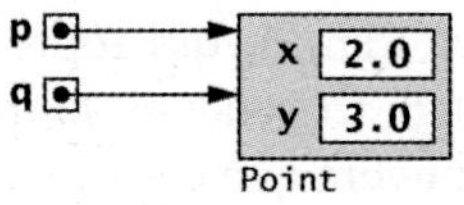

Figure 6.6 Deux références au même objet

Le point `q` construit dans le cadre de l'exemple 6.10 a été créé par le constructeur de copie de la classe. Une copie de l'objet, distincte mais égale, est alors construite :

```
Point p = new Point(2,3);
Point q = new Point(p); // q est égal à p
boolean ideq = (q == p); // false
```

Ce cas de figure est illustré à la figure 6.7.

Comme vous pouvez le constater, le deuxième bloc de code contient deux objets `Point` distincts parce que l'expression `new Point` apparaît à deux reprises, alors qu'elle n'était employée qu'une fois dans le premier bloc de code.

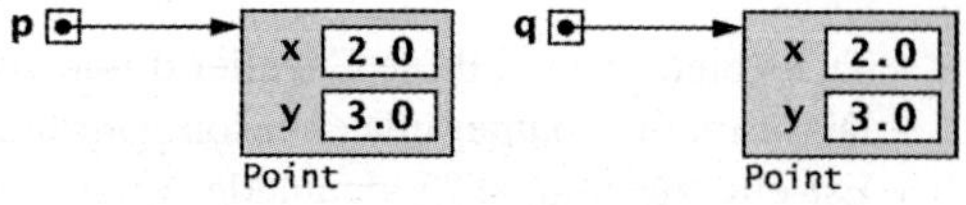

Figure 6.7
Deux objets **Point** distincts mais égaux

Ces deux exemples vous aident à comprendre que l'opérateur d'égalité n'est pas très utile lorsque vous souhaitez comparer des objets. En effet, il détermine uniquement si les références diffèrent. Par conséquent, il est préférable de définir votre propre méthode `equals()` pour tester le contenu des objets eux-mêmes :

```
public boolean equals(Point p) {
  return (x == p.x && y == p.y);
}
```

Dans ces deux cas, l'expression `q.equals(p)` est vraie.

Nous pouvons définir la méthode `equals()` à notre guise. Il semblerait naturel de la définir pour qu'elle renvoie `true` uniquement lorsque tous les champs des deux objets sont égaux. Cependant, cette technique risque de générer des résultats inexacts si certains champs sont des références. Par exemple, dans la classe `Line`, le champ `p0` est une référence aux objets `Point`. Nous venons juste de voir que l'opérateur d'égalité entre références est `false` à moins que les références ne s'appliquent au même objet. Par conséquent, dans une situation similaire à celle de la figure 6.8, la condition `(line1.p0 == line2.p0)` est `false` bien que les deux champs soient égaux.

Pour éviter ce problème, utilisez plutôt la méthode `equals()` :

```
public boolean equals(Line line) {
  return (p0.equals(line.p0)) && (m == line.m));
}
```

Figure 6.8
Deux objets **Line** distincts mais égaux

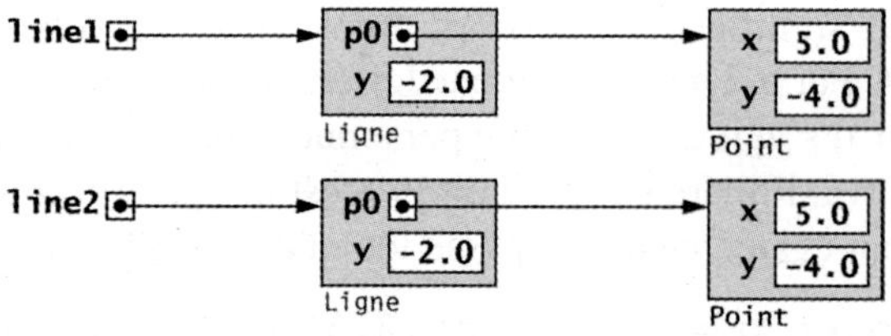

Cette version serait satisfaisante s'il n'y avait un défaut de conception dans la classe `Line`. En effet, la version de la méthode `equals()` telle qu'elle est implémentée donnera des résultats inexacts en présence d'objets différents qui représentent la même ligne, comme c'est le cas de l'exemple 6.9.

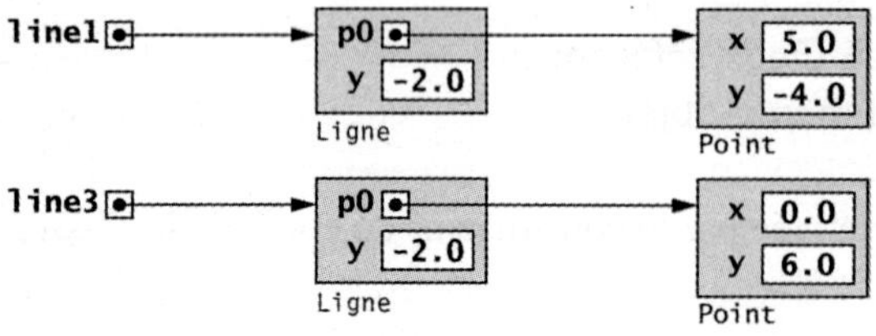

Figure 6.9
Deux objets **Line** distincts mais égaux

La figure 6.9 illustre le cas de deux objets `Line`, `line1` et `line3`, qui représentent la même ligne : $y = -2x + 6$. Cependant, la méthode `equals()` utilisée ici trouvera que ces deux objets ne sont pas égaux parce que leurs champs `p0` sont différents. C'est pourquoi nous avons défini cette méthode différemment (exemple 6.9) d'un point de vue géométrique : deux lignes sont égales si elles ont la même pente et la même intersection avec l'axe des *y*. Cette solution permet de définir l'égalité de la classe `Line`, mais ne résout pas l'origine du problème, à savoir que deux objets avec des données différentes peuvent représenter la même ligne. Pour remédier totalement à cet inconvénient, il suffit d'imposer un invariant de classe, comme décrit à la section suivante.

Attention : si votre classe ne déclare pas sa propre méthode `equals()`, elle risque d'hériter de la version par défaut qui utilise simplement l'opérateur d'égalité pour tester l'identité.

6.11 D'AUTRES INVARIANTS DE CLASSE

Les deux exemples suivants montrent comment utiliser les invariants de classe afin d'éliminer toute possibilité d'avoir deux objets différents qui représentent la même chose.

Exemple 6.13 Une classe `Purse` non ambiguë

Ce programme modifie la classe définie à l'exemple 6.11. Il suppose qu'un porte-monnaie échange systématiquement des pièces afin d'en réduire le nombre total pour un montant donné en dollars. La méthode `reduce()` garantit l'implémentation de cette contrainte. Cette méthode est appelée par d'autres méthodes capables de modifier le contenu du porte-monnaie, à savoir `insert()` et `remove()`. Les seules informations dont elles ont besoin sont le montant total en dollars inséré ou supprimé. Il s'agit donc du seul paramètre utilisé pour chacune d'entre elles.

```
public class Purse {
  // Un objet représentant un porte-monnaie de pièces.
  // Invariant : la somme des valeurs de champ est min. et >= 0;
  // forcé par la méthode reduce()

  private int pennies, nickels, dimes, quarters;

  private int cents() {
    return pennies + 5*nickels + 10*dimes + 25*quarters;
  }

  public void clear() {
    pennies = nickels = dimes = quarters = 0;
  }

  public float dollars() {
    return (float)cents()/100;
  }

  public void insert(double dollars) {
    pennies += 100*dollars;
    reduce();
  }

  private void reduce() {
    pennies = cents();
    if (pennies < 0) {
      clear();
```

```
29         return;
30       }
31       quarters = pennies/25;
32       pennies %= 25;
33       dimes = pennies/10;
34       pennies %= 10;
35       nickels = pennies/5;
36       pennies %= 5;
37     }
38
39     public void remove(double dollars) {
40       int p = cents() - (int)Math.round(100.0*dollars);
41       clear();
42       pennies = p;
43       reduce();
44     }
45
46     public String toString() {
47       return new String(quarters + " quarters + "
48                     + dimes + " dimes + "
49                     + nickels + " nickels + "
50                     + pennies + " pennies = $"
51                     + dollars());
52     }
53
54     public static void main(String[] args) {
55       Purse purse = new Purse();
56       System.out.println(purse);
57       purse.insert(0.48);
58       System.out.println(purse);
59       purse.insert(0.93);
60       System.out.println(purse);
61       purse.remove(0.57);
62       System.out.println(purse);
63       purse.remove(1.00);
64       System.out.println(purse);
65     }
66 }
```

Vous obtenez la sortie suivante :

```
0 quarters + 0 dimes + 0 nickels + 0 pennies = $0.0
1 quarters + 2 dimes + 0 nickels + 3 pennies = $0.48
5 quarters + 1 dimes + 1 nickels + 1 pennies = $1.41
3 quarters + 0 dimes + 1 nickels + 4 pennies = $0.84
0 quarters + 0 dimes + 0 nickels + 0 pennies = $0.0
```

La méthode `private cents()` de la ligne 8 est un utilitaire qui sert uniquement aux autres méthodes de la classe `Purse`. Elle se contente de renvoyer le montant total du porte-monnaie sous forme d'un équivalent en nombre de pennies.

La méthode `insert()` de la ligne 20 convertit la valeur 0.48 exprimée en dollars en un entier 48 qui est utilisé afin d'initialiser la variable locale `pennies`. Elle appelle ensuite la méthode `reduce()` qui calcule et attribue les nombres appropriés aux quatre champs de l'objet.

La méthode `reduce()` de la ligne 25 force l'invariant de classe selon lequel le porte-monnaie contient toujours le nombre minimum de pièces pour une valeur donnée en dollars. Elle commence par calculer le nombre équivalent en pennies et elle affecte la valeur entière obtenue au champ `pennies`. Si cette valeur numérique est négative, le porte-monnaie est alors vidé en appelant la méthode `clear()` ligne 28, puis en annulant la méthode `reduce ()` à l'aide de l'instruction `return`. Si elle est positive, la méthode calcule les nombres corrects de chacun des quatre champs en divisant par 25, 10 et 5. L'affectation `quarters = pennies/25` (ligne 31) remplace `quarters` par `1`, et l'affectation `pennies %= 25` (ligne 32) remplace `pennies` par `23`. De la même manière, l'affectation `dimes = pennies/10` remplace `dimes` par `2` et `pennies %= 10` remplace `pennies` par `3`. Lorsque `reduce()` revient à `insert()` ligne 22, les champs `purse` contiennent les valeurs correctes.

La méthode `remove()` est appelée ligne 61 pour supprimer la valeur 0.57 exprimée en dollars. Elle commence par calculer le nombre entier de pennies obtenu après soustraction de la valeur en dollars du contenu actuel du porte-monnaie en dollars. Elle initialise ensuite la variable locale `p` avec cet entier, puis elle appelle la méthode `reduce()` afin de calculer le nombre minimum de pièces correct.

Notez que les méthodes `cents()` et `reduce()` sont déclarées comme `private` parce qu'il s'agit de méthodes utilitaires, ce qui signifie qu'elles sont uniquement utilisées par d'autres méthodes dans leur propre classe.

Exemple 6.14 Une classe `Line` non ambiguë

Ce programme modifie la classe de l'exemple 6.9 en ajoutant surtout l'invariant de classe grâce auquel chaque ligne a un objet unique pour la représenter. Nous apportons également quelques améliorations supplémentaires, comme des méthodes qui renvoient les intersections avec les axes *x* et *y* et des méthodes booléennes qui déterminent si la ligne est horizontale ou verticale. Nous avons en outre ajouté la méthode `private print()` dans un but de débogage.

```
public class Line {
  // Objets représentant les lignes d'un plan cartésien
  // Invariant de classe : p0.getX() == 0 ou p0.getY() == 0
  // forcé par la méthode normalize()

  private Point p0; // un point sur la ligne
  private double m; // la pente de la ligne

  public Line(Point p, double s) {
    p0 = p;
    m = s;
    normalize();
  }

  public Line(Point p, Point q) {
    p0 = p;
    m = (p.getY() - q.getY())/(p.getX() - q.getX());
    normalize();
  }

  public Line(double a, double b) {
    p0 = new Point(0, (int)b);
    m = -b/a;
    normalize();
```

```
  }

  public double slope() {
    return m;
  }

  public double xIntercept() {
    return (p0.getX() - p0.getY()/m);
  }

  public double yIntercept() {
    return (p0.getY() - p0.getX()*m);
  }

  public boolean equals(Line line) {
    return (m == line.m && yIntercept() == line.yIntercept());
  }

  public boolean isHorizontal() {
    return (m == 0.0);
  }

  public boolean isVertical() {
    return (m == Double.POSITIVE_INFINITY
        || m == Double.NEGATIVE_INFINITY);
  }

  public String toString() {
    float a = (float)xIntercept();
    float b = (float)yIntercept();
    float fm = (float)m;
    if (isHorizontal()) return new String("y = " + b);
    if (isVertical()) return new String("x = " + a);
    if (yIntercept() == 0) return new String("y = " + fm + "x");
    return new String("y = " + fm + "x + " + yIntercept());
  }

  private void normalize() {
    // force l'invariant de classe
    if (isHorizontal()) p0 = new Point(0, (int)yIntercept());
    else if (isVertical()) p0 = new Point((int)xIntercept(), 0);
    else if (yIntercept() == 0) p0 = new Point((int)1, (int)m);
    else p0 = new Point(0, (int)yIntercept());
  }

  public static void main(String[] args) {
    Point p1 = new Point(5,-4);
    Point p2 = new Point(1,4);
    Line line1 = new Line(p1,-2);
    Line line2 = new Line(p1,p2);
    Line line3 = new Line(3,6);
    print(line1, line2);
    print(line1, line3);
    print(line2, line2);
  }

```

```
  private static void print(Line line1, Line line2) {
    System.out.print("Lignes (" + line1 + ") et (" + line2);
    if (line1.equals(line2)) System.out.println(")
                                  sont egales.");
    else System.out.println(") ne sont pas egales.");
  }
}
```

Vous obtenez la sortie :

```
Lignes (y = -2.0x + 6.0) et (y = -2.0x + 6.0) sont egales.
Lignes (y = -2.0x + 6.0) et (y = -2.0x + 6.0) sont egales.
Lignes (y = -2.0x + 6.0) et (y = -2.0x + 6.0) sont egales.
```

Trois lignes sont créées, chacune d'entre elles utilisant un constructeur différent. Elles sont ensuite comparées par paires afin de tester la méthode `equals()`. Celle-ci appelle à son tour la méthode `yIntercept()` qui calcule l'intersection avec l'axe des *y*, *b*, à l'aide de la formule :

$$b = y_0 - mx_0$$

avec (x_0, y_0) = `p0`.

La pente d'une ligne verticale est l'infini (∞). Heureusement, cette valeur et $-\infty$ sont représentés dans Java. Il s'agit des constantes `POSITIVE_INFINITY` et `NEGATIVE_INFINITY` définies dans la classe `Double` (voir la section 6.12 et l'annexe A, section A.6). Java autorise les opérations arithmétiques courantes et les comparaisons sur ces deux champs. Par exemple, `2.0/0.0` est évaluée à `POSITIVE_INFINITY`, et `4.4/POSITIVE_INFINITY` à `0.0`. C'est pourquoi les expressions qui impliquent `m` dans ces méthodes sont adaptées aux lignes verticales.

6.12 LES CLASSES D'ENCAPSULATION

Chaque type primitif Java (`boolean`, `byte`, `char`, `short`, `int`, `long`, `float` et `double`) a une classe correspondante, nommée classe d'encapsulation, qui généralise le type. Ces classes d'encapsulation sont définies dans le paquetage `java.lang`, c'est pourquoi vous pouvez les utiliser sans insérer d'instruction `import`. Les huit classes d'encapsulation sont nommées `Boolean`, `Byte`, `Character`, `Short`, `Integer`, `Long`, `Float` et `Double`. Notez que les noms de classe `Character` et `Integer` ne sont pas abrégés comme les types `char` et `int`. Comme leur nom l'indique, ces classes encapsulent un type primitif pour qu'une variable puisse être représentée par un objet lorsque cela s'avère nécessaire. Elles fournissent également les valeurs minimum et maximum du type et les deux classes à virgule flottante définissent les constantes `POSITIVE_INFINITY`, `NEGATIVE_INFINITY` et `NaN`.

La figure 6.10 représente les six méthodes de conversion entre le type `int` et les classes `Integer` et `String`. Il existe des méthodes similaires pour chacune des sept classes d'encapsulation.

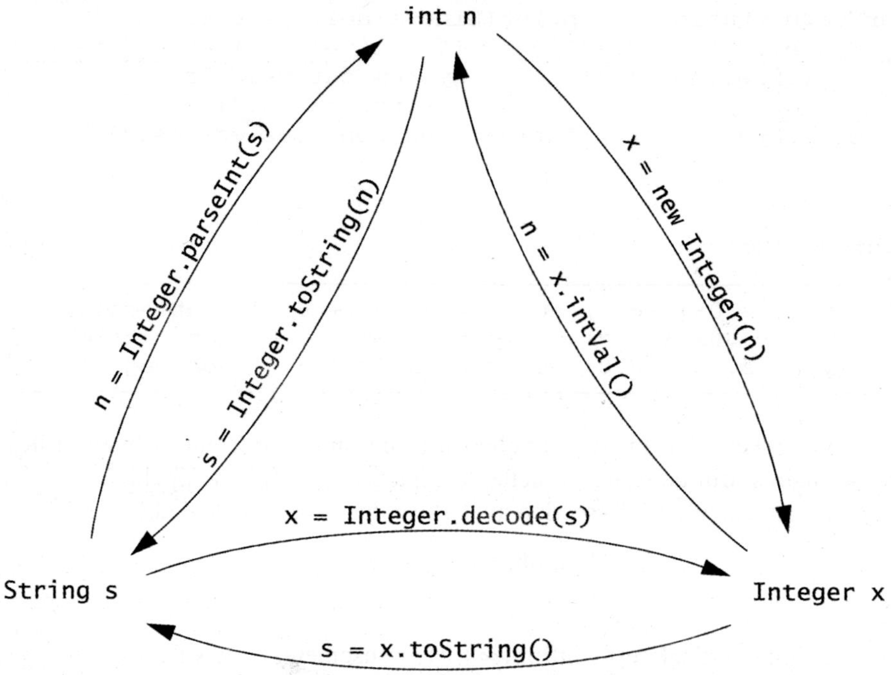

Figure 6.10 Conversion de types entre **`int`, `Integer`** et **`String`**

Exemple 6.15 Test de la classe `Integer`

Ce programme illustre la conversion d'une variable de type `short`, d'une instance de la classe `Short` et d'une instance de la classe `String`. Il imprime également les valeurs des constantes `MIN_VALUE` et `MAX_VALUE` qui sont définies dans la classe `Short`.

```
public class TestShort {
  public static void main(String[] args) {
    short m = 22;
    System.out.println("short m = " + m);
    Short x = new Short(m); // convertit short en Short
    System.out.println("Short x = " + x);
    String s = x.toString(); // convertit Short en String
    System.out.println("String s = " + s);
    m = Short.parseShort(s); // convertit String en short
    System.out.println("short m = " + m);
    s = Short.toString(m); // convertit short en String
    System.out.println("String s = " + s);
    x = Short.decode(s); // convertit String en Short
    System.out.println("Short x = " + x);
    m = x.shortValue(); // convertit Short en short
    System.out.println("short m = " + m);
    System.out.println("Short.MIN_VALUE = " + Short.MIN_VALUE);
    System.out.println("Short.MAX_VALUE = " + Short.MAX_VALUE);
  }
}
```

La sortie est la suivante :

```
short m = 22
Short x = 22
String s = 22
short m = 22
String s = 22
Short x = 22
short m = 22
Short.MIN_VALUE = -32768
Short.MAX_VALUE = 32767
```

Notez que nous pouvons représenter le nombre 22 de trois façons : `short`, `Short` et `String`.

À l'instar de la classe `String` (voir le chapitre 2), les classes d'encapsulation sont déclarées comme `final`, ce qui signifie que leurs instances sont immuables (c'est-à-dire en lecture seule). Leurs valeurs ne peuvent donc pas être modifiées.

La classe d'encapsulation `Integer` comprend des méthodes permettant de convertir diverses bases numérales. La base d'un numéral est l'entier positif dont les puissances sont comptées par les symboles du numéral. Par exemple, les symboles 5, 0 et 4 du numéral décimal 504 représentent les centièmes, les dixièmes et les unités ($5 \cdot 100 + 0 \cdot 10 + 4 \cdot 1$). Il s'agit de puissances de 10, c'est pourquoi la base d'un numéral décimal est 10 (d'où le nom de base décimale). De la même manière, les symboles d, 7 et b du numéral hexadécimal d7b représente le compte des puissances de 16 ($13 \cdot 256 + 7 \cdot 16 + 11 \cdot 1 = 3451$). Il s'agit de puissances de 16, c'est pourquoi la base d'un numéral hexadécimal est 16. Pour en savoir plus, consultez les sections A.7 et A.8 de l'annexe A.

Exemple 6.16 Utilisation de la classe `Integer` pour convertir une base

```java
public class TestRadix {
  public static void main(String[] args) {
    int n = 59;
    System.out.println("Decimal :\t" + Integer.toString(n));
    System.out.println("Binaire : \t" +
                                   Integer.toBinaryString(n));
    System.out.println("Octal : \t" + Integer.toOctalString(n));
    System.out.println("Hexadecimal :\t" +
                                   Integer.toHexString(n));
    System.out.println("Ternaire :\t" + Integer.toString(n,3));
    System.out.println("Douze :\t" + Integer.toString(n,12));
    System.out.println("Vingt :\t" + Integer.toString(n,20));
    System.out.println("Character.MIN_RADIX = " +
                                   Character.MIN_RADIX);
    System.out.println("Character.MAX_RADIX = " +
                                   Character.MAX_RADIX);
    n = Integer.parseInt("d7b",16);
    System.out.println("d7b (base 16) = " + n);
  }
}
```

Vous obtenez la sortie suivante :

```
Decimal : 59
Binaire: 111011
Octal : 73
Hexadecimal : 3b
Ternaire : 2012
Douze : 4b
Vingt : 2j
Character.MIN_RADIX = 2
Character.MAX_RADIX = 36
d7b (base 16) = 3451
```

Ce programme imprime l'entier 59 dans les bases 10, 2, 8, 16, 3, 12 et 20. Les bases 2, 8 et 16 ont des méthodes de conversion spécifiques, à savoir `toBinaryString()`, `toOctalString()` et `toHexadecimal-String()`. La méthode générale `toString()` peut être utilisée pour convertir un numéral décimal en n'importe quelle base comprise entre 2 et 36.

Les deux dernières instructions convertissent le numéral hexadécimal `d7b` en son équivalent décimal, `3451`.

Notez que la méthode `Integer.parseInt()` prend deux arguments, l'objet `String` qui représente le numéral hexadécimal et un `int` qui correspond à la base du numéral. Elle renvoie ensuite l'équivalent décimal sous forme d'un `int`.

D'autre part, toutes les méthodes appelées dans cet exemple sont des méthodes de classe (déclarées comme `static`) et non des méthodes d'instances. Elles sont donc liées à la classe elle-même et non à l'une de ses instances.

? QUESTIONS

6.1 Que se passe-t-il dans la classe `Line` si la classe `Point` n'est pas immuable ?

6.2 Qu'est-ce que l'état d'un objet ?

6.3 Quelle est la différence entre un champ et une variable locale ?

6.4 Quel est l'avantage d'inclure une méthode `public toString()` sans paramètres et de renvoyer un objet `String` ?

6.5 En quoi la méthode `Point.equals()` de l'exemple 6.1 est-elle fondamentalement différente de la méthode `Line.equals()` vue à l'exemple 6.3 ?

6.6 Quelle est la différence entre un constructeur et une méthode ?

6.7 Quelle est la différence entre une méthode de classe et une méthode d'instance ?

6.8 Qu'est-ce qu'un argument implicite ?

6.9 Pourquoi une méthode `static` n'est-elle pas autorisée à appeler une méthode non `static` ?

6.10 Quelle est la différence entre l'égalité des objets et l'égalité de leurs références ?

6.11 Quelle est la différence entre le membre `public` et le membre `private` d'une classe ?

6.12 Serait-il préférable de déclarer la méthode `clear()` comme `private` dans la classe `Purse` de l'exemple 6.11 ? Justifiez votre réponse.

6.13 Pourquoi le compilateur crée-t-il automatiquement un constructeur par défaut pour la classe `Purse` (exemple 6.11), alors qu'il ne le fait ni pour la classe `Point` (exemple 6.1), ni pour la clase `Line` (exemple 6.3) ?

6.14 Quelle est la différence entre une méthode accesseur et une méthode mutateur ?

6.15 Qu'est-ce qu'un invariant de classe ?

6.16 Qu'est-ce qu'un constructeur par défaut ?

6.17 Combien de constructeurs une classe peut-elle avoir ?

6.18 Combien de constructeurs par défaut une classe peut-elle avoir ?

6.19 Qu'est-ce qu'un constructeur de copie ?

6.20 Quelle est la différence entre l'appel d'un constructeur de copie et l'utilisation d'une affectation ?

6.21 La déclaration suivante ne serait pas compilée si elle était insérée dans l'exemple 6.1. Pourquoi ?

```
Point p = new Point();
```

6.22 Expliquez la différence entre la sortie de

```
String s;
System.out.println("s = " + s);
```

et de

```
String s = new String();
System.out.println("s = " + s);
```

6.23 Pourquoi est-il préférable de déclarer un champ comme `private` et de définir un mutateur autorisant l'utilisateur à le modifier ? Ne serait-il pas plus simple de le déclarer comme `public` ?

¿ RÉPONSES

6.1 Si la classe `Point` n'était pas immuable, les clients seraient capables de modifier les objets `Line` comme suit :

```
Point point = new Point(0,2);
Line line = new Line(point, -1);
point.x = 1;
```

Toute modification de l'objet `point` change également l'objet `line`.

6.2 L'état d'un objet est l'ensemble des valeurs de ses champs au moment donné.

6.3 Un champ est une variable qui est le membre de données d'une classe. Une variable locale est déclarée comme `local` dans une méthode. Prenons l'exemple 6.1 où `x` est un champ de la classe `Point` et `p` une variable locale de la méthode `main()`. Notez qu'en tant que variable, `p` a une référence de type. Lorsque nous parlons de l'objet `Point p`, nous parlons en fait de la variable de référence `p` qui fait référence à l'objet `Point`. Techniquement, les objets eux-mêmes n'ont pas de nom ni de type, ils sont caractérisés par leurs références.

6.4 Lorsqu'elle est déclarée comme :

```
String toString()
```

la méthode `toString()` est traitée de façon particulière par la méthode `println()`. Vous pouvez abréger la syntaxe `+ x.toString()` et utiliser simplement `+ x` comme partie de l'argument passé à `println()` (voir l'exemple 6.1).

6.5 La méthode `Point.equals()` de l'exemple 6.1 renvoie `true` uniquement si les deux objets ont les mêmes données. La méthode `Line.equals()` de l'exemple 6.3 renvoie `true` même si les deux objets ont des données différences à condition qu'ils représentent la même ligne. Cette ambiguïté est résolue à l'exemple 6.14.

6.6 Un constructeur est la fonction membre d'une classe utilisée afin de créer des objets de cette classe. Il a le même nom que la classe elle-même, n'a aucun type de renvoi et il est appelé à l'aide de l'opérateur `new`. Une méthode est la fonction membre standard d'une classe. Elle a son propre nom, un type de renvoi (qui peut être `void`) et elle est appelée à l'aide de l'opérateur point.

6.7 Une méthode de classe est déclarée comme `static` et elle est appelée à l'aide du nom de la classe. Par exemple,

```
double y = Math.abs(x);
```

appelle la méthode de classe `abs()` qui est définie dans la classe `Math`. Par opposition, une méthode d'instance est déclarée sans modificateur statique et elle est appelée à l'aide du nom de l'objet auquel elle est liée. Par exemple,

```
double x = random.nextDouble();
```

appelle la méthode de classe `nextDouble()` qui est définie dans la classe `Random` et qui est liée à l'objet `random`, une instance de cette classe.

6.8 L'argument implicite de l'appel d'une méthode d'instance de classe est l'objet auquel cette méthode est liée. Par exemple, dans l'appel `q.equals(p)`, `q` est l'argument implicite et `p` un argument explicite.

6.9 Une méthode `static` n'est liée à aucun objet donné, elle n'a aucun argument implicite. Elle ne contient donc aucun objet implicite auquel une méthode non `static` serait liée.

6.10 Deux objets sont théoriquement égaux s'ils ont les mêmes valeurs de données (c'est-à-dire le même état). Deux références sont égales si elles font référence au même objet. La condition `(p == q)` teste l'égalité des références `p` et `q`, et non l'égalité des objets auxquels elles font référence. Vous pouvez déclarer une méthode `equals()` afin de tester l'égalité des objets, comme nous l'avons vu à l'exemple 6.1.

6.11 Un membre de classe `public` est accessible depuis les méthodes d'autres classes, contrairement à un membre de classe `private` qui est uniquement accessible depuis les méthodes de la même classe.

6.12 La méthode `clear()` de la classe `Purse` (exemple 6.11) ne doit pas être définie comme `private` parce que cela empêcherait son appel hors de la classe. Elle doit être accessible hors de la classe dans la mesure où elle permet de vider le porte-monnaie.

6.13 Le compilateur crée automatiquement un constructeur par défaut pour la classe `Purse` parce qu'aucun constructeur n'est déclaré explicitement. Les constructeurs des classes `Point` et `Line` sont déclarés explicitement.

6.14 Une méthode accesseur renvoie la valeur courante de l'un des champs de la classe et elle est en lecture seule. Une méthode mutateur permet à l'appelant de la méthode de modifier l'état de la classe. Elle est donc en lecture-écriture.

6.15 Un invariant de classe est une condition sur les champs de la classe. Par exemple, la condition selon laquelle `dayNumber` doit être compris entre 0 et 6 inclus est un invariant de la classe `Day` (exemple 6.12).

6.16 Un constructeur par défaut est un constructeur sans paramètre.

6.17 Le langage Java n'impose aucune limite au nombre de constructeurs par classe.

6.18 Une classe peut avoir au plus un seul constructeur par défaut.

6.19 Un constructeur de copie réplique un objet existant. Sa signature est la suivante :

```
X(X x);
```

avec `X` comme nom de classe. Par exemple, la méthode

```
public Day(Day d);
```

est le constructeur de copie de la classe `Day` de l'exemple 6.12.

6.20 L'appel d'un constructeur de copie comme suit :

```
X y = new X(x);
```

crée un nouvel objet qui est une copie de l'objet passé. L'utilisation d'une affectation :

```
X z = x;
```

ne fait que déclarer une autre référence (c'est-à-dire un synonyme) d'un objet existant.

6.21 La déclaration `Point p = new Point();` ne serait pas compilée dans l'exemple 6.1 parce qu'il n'existe aucun constructeur sans argument pour la classe `Point`. Si le constructeur qui est déclaré avait été omis, un constructeur par défaut aurait été présent et la déclaration aurait été compilée.

6.22 La sortie du code

```
String s;
System.out.println("s = " + s);
```

est

```
s = null
```

La sortie du code :

```
String s = new String();
System.out.println("s = " + s);
```

est

```
s =
```

Dans le premier cas, la référence `s` est initialisée par défaut à `null`, il n'y a aucun objet `String`. Dans le second cas, `s` est initialisé pour faire référence à l'objet `String` sans caractères.

6.23 Lorsque l'utilisateur est obligé de se servir d'un mutateur pour changer un champ, vous pouvez contrôler cette modification.

? EXERCICES D'ENTRAÎNEMENT

6.1 Modifiez le programme test de l'exemple 6.1 pour qu'il définisse `q` avec les mêmes coordonnées que `p`. Vérifiez ensuite que `q.equals(p)` est `true` et que `q == p` est `false`. Il s'agit en fait de s'assurer que deux objets distincts peuvent être séparés mais égaux.

6.2 Ajoutez cette méthode à la classe `Point` de l'exemple 6.1, puis testez-la :

```
public void translate(double dx, double dy)
// déplacer le point de dx unités vers la droite et
// de dy unités vers le haut
```

Par exemple, `p.translate(5,1)` remplacerait le point `p` de l'exemple 6.1 par (7,4).

6.3 Ajoutez cette méthode à la classe `Point` de l'exemple 6.1, puis testez-la :

```
public void rotate(double theta)
// fait tourner l'angle radian theta dans le sens inverse
// des aiguilles d'une montre
```

Par exemple, `p.rotate(Math.PI/2)` remplacerait le point `p` par –3,2).
Utilisez les équations de transformation trigonométriques suivantes :

$$x_2 = x_1 \cos\theta - y_1 \sin\theta$$

$$y_2 = x_1 \sin\theta - y_1 \cos\theta$$

6.4 Modifiez la classe `Point` de l'exemple 6.1 pour qu'elle représente des points tridimensionnels dans l'espace.

6.5 Ajoutez cette méthode à la classe `Line` de l'exemple 6.3, puis testez-la :

```
public boolean isParallelTo(Line line)
// renvoie true si et seulement si elle est parallèle à la ligne
```

6.6 Ajoutez cette méthode à la classe `Line` de l'exemple 6.3, puis testez-la :

```
public boolean isPerpendicularTo(Line line)
// renvoie true si et seulement si elle est perpendiculaire
// à la ligne
```

6.7 Ajoutez cette méthode à la classe `Line` de l'exemple 6.3, puis testez-la :

```
public void translate(int dx, int dy)
// décale chaque point de la ligne de (dx,dy)
```

6.8 Ajoutez cette méthode à la classe `Line` de l'exemple 6.3, puis testez-la :

```
public void rotate(theta)
// fait tourner l'angle radian theta dans le sens inverse des
// aiguilles d'une montre
```

Par exemple, `p.rotate(Math.PI/2)` remplacerait l'objet `line` par $y = 0.5x + 3$ dans l'exemple 6.3. Utilisez l'identité trigonométrique suivante et le fait que la pente d'une droite soit égale à $\tan\theta$, où θ est l'angle aigu entre la droite et l'axe des abscisses :

$$tan(\alpha + \beta) = \frac{tan\ \alpha + tan\ \beta}{1 - \tan\ \alpha\ \tan\ \beta}$$

6.9 Modifiez la classe `Purse` de l'exemple 6.11 pour que les objets `Purse` puissent également contenir des pièces de 50 cents, puis testez-la.

6.10 Convertissez la classe `Purse` de l'exemple 6.11 en classe `Wallet` dont les objets représentent des portefeuilles contenant des billets américains de $1, $2, $5, $10, $20 et $50. Testez cette classe.

6.11 Ajoutez cette méthode à la classe `Day` de l'exemple 6.12 et testez-la :

```
public Day next();
// renvoie un objet Day qui représente le jour suivant
```

6.12 Ajoutez cette méthode à la classe `Day` de l'exemple 6.12 et testez-la :

```
public boolean isWeekday();
// renvoie true si et seulement si c'est un jour de la
// semaine (lundi à vendredi)
```

6.13 Ajoutez une méthode `copy()` à la classe `Line` de l'exemple 6.3 et testez-la.

6.14 Ajoutez un constructeur de copie à la classe `Line` de l'exemple 6. et testez-le.

6.15 Testez la classe `Line` définie à l'exemple 6.14 sur des lignes horizontales et verticales. Vérifiez si les équations obtenues sont correctes.

6.16 Vous n'avez pas besoin de créer des objets `Point` explicitement pour utiliser les constructeurs de la classe `Line` (exemple 6.14). Vous pouvez en effet créer un objet `Point` anonyme implicite et le passer comme argument au constructeur de la façon suivante :

```
Line line4 = new Line(new Point(2,2), new Point(-1,8))
```

Testez cette solution sur les deux constructeurs qui ont des paramètres `Point`.

6.17 Modifiez le programme de l'exemple 6.15 pour qu'il teste la classe `Short` de la même façon.

6.18 Implémentez et testez une classe similaire à la classe `Day` de l'exemple 6.12, mais dont les objets représentent des mois.

6.19 Implémentez et testez une classe dont les objets représentent des cercles sur un plan cartésien.

6.20 Implémentez et testez la classe `Point` en utilisant la grandeur radiale r et l'amplitude angulaire θ comme champs de classe au lieu des coordonnées rectangulaires x et y. Forcez l'invariant de classe qui est soit $r = \theta = 0$, soit $r > 0$ et $0 \leq \theta < 2\pi$.

6.21 Ajoutez cette méthode à la classe `Point` de l'exemple 6.1, puis testez-la :

```
static double distance(Point p1, Point p2);
// renvoie la distance entre les deux points
```

Utilisez cette formule pour calculer la distance entre deux points $P_1 = (x_1, y_1)$ et $P_2 = (x_2, y_2)$:

$$|P_1P_2| = \sqrt{(x_2 - x_1)^2 + (y_2 - y_1)^2}$$

6.22 Ajoutez cette méthode à la classe `Line` de l'exemple 6.3, puis testez-la :

```
boolean contains(Point p);
// renvoie true si et seulement si le point p est sur cette ligne
```

SOLUTIONS

6.1

```
public class TestPoint {
  public static void main(String[] args) {
    Point p = new Point(2, -3);
    System.out.println("p: " + p);
    Point q = new Point(2, -3);
    System.out.println("q: " + q);
    System.out.println("q.equals(p): " + q.equals(p));
    System.out.println("q == p: " + (q == p));
  }
}
```

6.2

```
public void translate(double dx, double dy) {
  x += dx;
  y += dy;
}
```

6.3

```
public void rotate(double theta) {
  y = (int)(x*Math.sin(theta) + y*Math.cos(theta));
  x = (int)(x*Math.cos(theta) - y*Math.sin(theta));
}
```

6.4

```
public class Point {
  private int x, y, z; // les coordonnées du point

  public Point(int x, int y, int z) {
    this.x = x;
    this.y = y;
    this.z = z;
  }

  public boolean equals(Point p) {
    return (x == p.x && y == p.y && z == p.z);
  }

  public int getX() {
    return x;
  }

  public int getY() {
    return y;
  }

  public int getZ() {
    return z;
  }

  public String toString() {
    return new String("("+(float)x+", "+(float)y+",
    ➥ "+(float)z+")");
  }
}
```

6.5

```
public boolean isParallelTo(Line line) {
  return (m == line.m);
}
```

6.6

```
public boolean isPerpendicularTo(Line line) {
  return (m == -1.0/line.m);
}
```

6.7

```
public void translate(int dx, int dy) {
  p0 = new Point(p0.getX() + dx, p0.getY() + dy);
}
```

6.8

```
public void rotate(double theta) {
  m = (m + Math.tan(theta))/(1 - m*Math.tan(theta));
}
```

6.9

```
class Purse {
  private int pennies, nickels, dimes, quarters, halves;

  public float dollars() {
    int p = pennies + 5*nickels + 10*dimes + 25*quarters +
                                50*halves;
    return (float)p/100;
  }

  public void clear() {
    pennies = nickels = dimes = quarters = halves = 0;
  }

  private void reduce() {
    pennies += 5*nickels + 10*dimes + 25*quarters + 50*halves;
    if (pennies < 0) {
      clear();
      return;
    }
    halves = pennies/50;
    pennies %= 50;
    quarters = pennies/25;
    pennies %= 25;
    dimes = pennies/10;
    pennies %= 10;
    nickels = pennies/5;
    pennies %= 5;
  }

  public void insert(double dollars) {
    pennies += 100*dollars;
    reduce();
  }

  public void remove(double dollars) {
    int p = (int)(100.0*(dollars() - dollars));
    clear();
    pennies = p;
```

```
    reduce();
  }

  public String toString() {
    return new String(halves + " halves + " + quarters
            + " quarters + "
            + dimes + " dimes + " + nickels + " nickels + "
            + pennies + " pennies = $" + dollars());
  }
}
```

6.10

```
public class Wallet {
  private int ones, twos, fives, tens, twenties, fifties;

  public int dollars() {
    return ones + 2*twos + 5*fives + 10*tens + 20*twenties
            + 50*fifties;
  }

  public void clear() {
    ones = twos = fives = tens = twenties = fifties = 0;
  }

  private void reduce() {
    ones += 2*twos + 5*fives + 10*tens + 20*twenties + 50*fifties;
    if (ones < 0) {
      clear();
      return;
    }
    fifties = ones/50;
    ones %= 50;
    twenties = ones/20;
    ones %= 20;
    tens = ones/10;
    ones %= 10;
    fives = ones/5;
    ones %= 5;
    twos = ones/2;
    ones %= 2;
  }

  public void insert(int dollars) {
    ones += dollars;
    reduce();
  }

  public void remove(int dollars) {
    int n = dollars() - dollars;
    clear();
    ones = n;
    reduce();
  }

  public String toString() {
    return new String( fifties + " cinquante + " +twenties + "
                  vingt + "
```

```
        + tens + " dix + " + fives + " cinq + " + twos + " deux + "
        + ones + " un = $" + dollars());
  }
}
```

6.11

```
public Day next() {
  int n = (dayNumber + 1)%7; // numéro de jour pour jour suivant
 String ab = DAYS.substring(2*n, 2*n+2); // abr à deux caractères
  return new Day(ab);
}
```

6.12

```
public boolean isWeekday() {
  return (dayNumber > 0 && dayNumber < 6);
}
```

6.13

```
public Line copy() {
  Line temp = new Line(p0,m);
  return temp;
}
```

6.14

```
public Line(Line line) { // constructeur de copie
  p0 = line.p0;
  m = line.m;
}
```

6.15

```
class TestLine {
  public static void main(String[] args) {
    Point p0 = new Point(0,0);
    Point px = new Point(0,1);
    Point py = new Point(1,0);
    Point p1 = new Point(1,1);
    Line linex = new Line(p0,px);
    Line liney = new Line(p0,py);
    Line line0 = new Line(p0,p1);
    Line line1 = new Line(px,p1);
    Line line2 = new Line(py,p1);
    Line line3 = new Line(px,py);
    print(linex);
    print(liney);
    print(line0);
    print(line1);
    print(line2);
    print(line3);
  }
  private static void print(Line line) {
    System.out.print("Line (" + line + ") is ");
    if (line.isHorizontal()) System.out.println("horizontale.");
    else if (line.isVertical()) System.out.println("verticale.");
    else System.out.println("ni horizontale ni verticale.");
  }
}
```

6.16

```
public class TestLine {
  public static void main(String[] args) {
    Line line = new Line(new Point(3,0), new Point(5,1));
    System.out.println(line);
    line = new Line(new Point(1,-1), new Point(2,1));
    System.out.println(line);
```

```
    System.out.println(new Line(new Point(0,4), new Point(3,1)));
  }
}
```

6.17

```
public class TestShort {
  public static void main(String[] args) {
    short m = 22;
    System.out.println("short m = " + m);
    Short x = new Short(m); // convertit short en Short
    System.out.println("Short x = " + x);
    String s = x.toString(); // convertit Short en String
    System.out.println("String s = " + s);
    m = Short.parseShort(s); // convertit String en short
    System.out.println("short m = " + m);
    s = Short.toString(m); // convertit short en String
    System.out.println("String s = " + s);
    x = Short.decode(s); // convertit String en Short
   System.out.println("Short x = " + x);
    m = x.shortValue(); // convertit Short en short
    System.out.println("short m = " + m);
    System.out.println("Short.MIN_VALUE = " + Short.MIN_VALUE);
    System.out.println("Short.MAX_VALUE = " + Short.MAX_VALUE);
  }
}
```

6.18

```
public class Month {
  // Une instance représente un seul mois de l'année
  // Invariant de classe : 0 <= dayNumber < 12
  private final String MONTHS =
      "JANFEVMARAVRMAIJUIJULAOUSEPOCTNOVDEC";
  private int monthNumber;

  public Month() { // constructeur par défaut
    monthNumber = 0;
  }

  public Month(Month m) { // constructeur de copie
    monthNumber = m.monthNumber;
  }

  public Month(String s) {
    String ab = s.substring(0,3).toUpperCase(); // abr à 3 car.
    monthNumber = MONTHS.indexOf(ab)/3;
  }
  public String toString() {
    switch (monthNumber) {
      case 0: return "Janvier";
      case 1: return "Fevrier";
      case 2: return "Mars";
      case 3: return "Avril";
      case 4: return "Mai";
      case 5: return "Juin";
      case 6: return "Juillet";
      case 7: return "Aout";
      case 8: return "Septembre";
      case 9: return "Octobre";
```

```
      case 10: return "Novembre";
      default: return "Decembre";
    }
  }

  public void advance(int n) {
    monthNumber = (monthNumber + n)%12;
  }

  public Month prev() {
    int n = (monthNumber+11)%12;
    String ab = MONTHS.substring(3*n, 3*n+3); // abr à 3 car.
    return new Month(ab);
  }
}
```

6.19

```
public class Circle {
  // Objets représentant les cercles d'un plan cartésien
  // Invariant de classe : r > 0
  private Point p0; // le centre du cercle
  private double r; // le rayon du cercle

  public Circle(Point p, double radius) {
    p0 = p;
    r = radius;
    normalize();
  }

  public Circle(Circle c) { // constructeur de copie
    p0 = c.p0;
    r = c.r;
  }

  public Point center() {
    return p0;
  }

  public double radius() {
    return r;
  }

  public double area() {
    return Math.PI*r*r;
  }
  public boolean equals(Circle c) {
    return (p0.equals(c.p0) && r == c.r);
  }

  public Circle copy() {
    Circle temp = new Circle(p0,r);
    return temp;
  }

  public String toString() {
    return new String("(x - " + p0.getX() + ")^2 = (y - "
```

```
      + p0.getY() + ")^2 = " + r*r);
  }

  private void normalize() {
    // force l'invariant de classe
    if (r <= 0) r = 1.0;
  }
}
```

6.20

```
public class Point {
  // Une instance représente un point du plan cartésien
  // Implémentation : coordonnées polaires
  // Invariant: either r = 0 and theta = 0, or r > 0 and 0 < theta
              < 2*pi
  private double r; // distance radiale depuis l'origine
  private double theta; // mesure en radians de l'amplitude

  private void normalize() {
    // force l'invariant de classe
    if (r == 0.0) theta = 0.0;
    if (r < 0) {
      r = -r;
      theta += Math.PI;
    }
    theta %= 2*Math.PI;
    if (theta == 0) r = 0;
  }

  public Point(double a, double b) {
    r = Math.sqrt(a*a + b*b);
    theta = Math.atan2(a,b);
    normalize();
  }

  public double x() {
    return r*Math.cos(theta);
  }

  public double y() {
    return r*Math.sin(theta);
  }

  public void move(double a, double b) {
    r = Math.sqrt(a*a + b*b);
    theta = Math.atan2(a,b);
    normalize();
  }

  public void shift(double h, double k) {
    double x = h + x();
    double y = k + y();
    r = Math.sqrt(x*x + y*y);
    theta = Math.atan2(x,y);
    normalize();
  }
```

```
  public String str() {
    return new String("(" + (float)x() + ", " + (float)y() + ")");
  }
}
```

6.21

```
static double distance(Point p1, Point p2) {
  int dx = p2.x - p1.x;
  int dy = p2.y - p1.y;
  return Math.sqrt(dx*dx + dy*dy);
}
```

6.22

```
public boolean contains(Point p) {
  if (p0.equals(p)) return true;
  int dx = p.getX() - p0.getX();
  int dy = p.getY() - p0.getY();
  return m == dy/dx;
}
```

Chapitre 7

Les tableaux

Un *tableau* est un objet composé d'une séquence d'éléments numérotés ayant le même type général. Ces éléments sont numérotés à partir de 0 et peuvent être référencés par leur nombre à l'aide de l'opérateur d'index `[]`. En raison de leur efficacité, les tableaux sont couramment utilisés.

7.1 LES TABLEAUX D'ENTIERS

Nous commencerons par les tableaux les plus simples qui contiennent des éléments de type `int`.

Exemple 7.1 Un tableau d'entiers

Ce programme vous aide à comprendre la déclaration, l'initialisation et l'impression d'un tableau :

```
public class TestArrays {
  public static void main(String[] args) {
    int[] ints = {22, 44, 66, 88};
    System.out.println("ints: " + ints);
    System.out.println("ints.length: " + ints.length);
    System.out.println("ints[2]: " + ints[2]);
    print(ints);
    ints[2] = 99;
    System.out.println("ints[2]: " + ints[2]);
    print(ints);
  }

  public static void print(int[] a) {
    for (int i=0; i < a.length; i++)
       System.out.print(a[i] + " ");
    System.out.println();
  }
}
```

Vous obtenez la sortie suivante

```
ints: [I@47858e
ints.length: 4
ints[2]: 66
22 44 66 88
ints[2]: 99
22 44 99 88
```

La ligne 3 déclare, alloue et initialise un tableau nommé `ints`. Ce tableau a le type `int[]`, c'est-à-dire qu'il contient des éléments de type `int`. Ces opérations sont effectuées dans la première partie de la ligne :

```
3  int[] ints
```

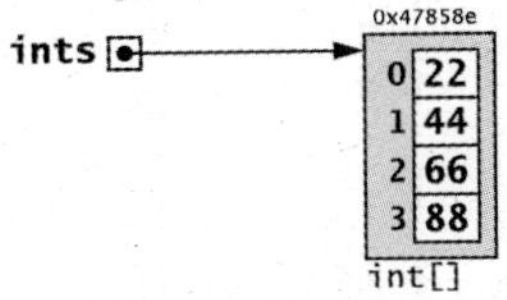

Figure 7.1 Un tableau de 4 éléments `int`

Le reste de la ligne alloue et initialise le tableau. L'expression `{22, 44, 66, 88}` signifie : allouer au tableau quatre éléments et les initialiser avec les valeurs 22, 44, 66 et 88. Le tableau obtenu est représenté à la figure 7.1 qui indique que le tableau est un objet. Son type est `int[]` et la variable `ints` est une référence à l'objet qui contient la séquence indexée des quatre éléments dont les valeurs `int` sont 22, 44, 66 et 88. Leurs numéros d'index, 0 à 3 sont indiqués sous forme d'étiquettes sur les éléments du tableau.

Les actions effectuées par la ligne 3 auraient pu être effectuées par les six étapes distinctes suivantes :

```
int[] ints;           // déclaration des ints comme tableau d'ints
ints = new int[4];    // affectation de 4 éléments aux ints
ints[0] = 22;         // affectation de 22 au premier élément, a[0]
ints[1] = 44;         // affectation de 44 au deuxième élément, a[1]
ints[2] = 66;         // affectation de 66 au troisième élément, a[2]
ints[3] = 88;         // affectation de 88 au quatrième élément, a[3]
```

Pour plus de détails, voir l'exercice d'entraînement 7.1.

L'instruction de la ligne 4 imprime la référence de tableau `ints`, c'est-à-dire une sortie similaire à celle de toute référence d'objet, comme à l'exemple 6.2. Elle imprime donc

```
type-id@mem-addr
```

où *`type-id`* est un identificateur de type et *`mem-addr`* l'adresse mémoire de l'emplacement de stockage de l'objet. Dans le cas présent, *`type-id`* est `[I` (c'est-à-dire un tableau dont les éléments sont de type `int`) et `mem-addr` est `47858e`.

L'instruction de la ligne 5 imprime la *longueur* du tableau, c'est-à-dire le nombre d'éléments qui ont été alloués. Ce tableau est composé de quatre éléments.

L'instruction de la ligne 6 imprime le contenu de `ints[2]`, à savoir l'entier 66.

L'instruction de la ligne 7 appelle la méthode `print()` qui est définie aux lignes 13 à 17. L'argument `ints` est passé au paramètre `a`, c'est pourquoi l'expression `a.length` de la ligne 14 est interprétée comme `ints.length`, c'est-à-dire 4, et l'expression `a[i]` de la ligne 15 comme `ints[i]`. La méthode `print()` imprime tous les éléments du tableau, `22 44 66 88` dans le cas présent.

L'instruction d'affectation de la ligne 8 affecte 99 à l'élément `ints[2]`. Le résultat est vérifié par la ligne suivante, qui imprime `22 44 99 88`.

7.2 COPIE D'UN TABLEAU

L'exemple 7.1 montre qu'un tableau est un objet. Comme tout objet, celui-ci porte le nom de la référence qui lui est faite. Par conséquent, l'affectation d'un tableau à un autre ne le duplique pas, mais affecte simplement une autre référence au même objet, comme nous allons voir à l'exemple 7.2.

Exemple 7.2 Copie de la référence d'un tableau

```
1  public class TestArrays {
2    public static void main(String[] args) {
3      int[] a = {22, 44, 66, 55, 33};
4      System.out.println("a: " + a);
5      print(a);
6      int[] aa;
7      aa = a;
8      System.out.println("aa: " + aa);
9      print(aa);
10     a[3] = 88;
11     print(a);
12     print(aa);
13     aa[1] = 11;
14     print(a);
15     print(aa);
16   }
17
18   public static void print(int[] a) {
19     for (int i=0; i < a.length; i++)
20       System.out.print(a[i] + " ");
21     System.out.println();
22   }
23 }
```

Vous obtenez la sortie suivante

```
a: [I@47858e
22 44 66 55 33
aa: [I@47858e
22 44 66 55 33
22 44 66 88 33
22 44 66 88 33
22 11 66 88 33
22 11 66 88 33
```

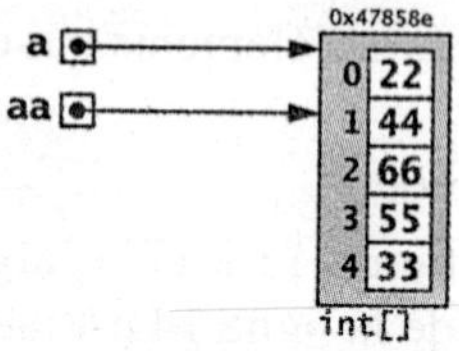

Figure 7.2
Un tableau avec 2 références

Le tableau a[] est créé et imprimé aux lignes 3 à 5. Il est représenté à la figure 7.2.

La sortie de la ligne 4 indique que ce tableau est stocké en mémoire à partir de l'adresse 47858e.

La ligne 6 déclare le tableau aa[], et la ligne 7 lui affecte le tableau a[]. L'objet a alors deux noms distincts, mais il n'y a qu'un seul tableau, comme l'indique la ligne 8 où vous constatez que le tableau aa[] a le même emplacement mémoire que le tableau a[]. La ligne 9 montre que aa[] contient les mêmes quatre éléments que a[].

Les lignes 10 à 12 modifient `a[3]`, puis elles indiquent que `aa[3]` a également été modifié. Les lignes 13 à 15 modifient `aa[1]` puis elles indiquent que `a[1]` a également été modifié.

L'exemple 7.2 montre qu'il est impossible de dupliquer un tableau en l'affectant à un autre tableau puisque seule la référence est dupliquée. Pour copier le tableau lui-même, vous devez copier chaque élément qui le compose. Pour cela, la technique la plus efficace consiste à utiliser la méthode `System.arraycopy()`, dont la signature est :

```
System.arraycopy(src, srcPos, dest, destPos, length)
```

où *src* est le tableau source, *srcPos* l'index du premier élément du tableau source à copier, *dest* le tableau cible, *destPos* l'index où le premier élément doit être copié dans le tableau cible et *length* le nombre d'éléments à copier. Par exemple,

```
System.arraycopy(a, 4, b, 2, 3)
```

copie 3 éléments de `a[]` dans `b[]`, comme illustré à la figure 7.3.

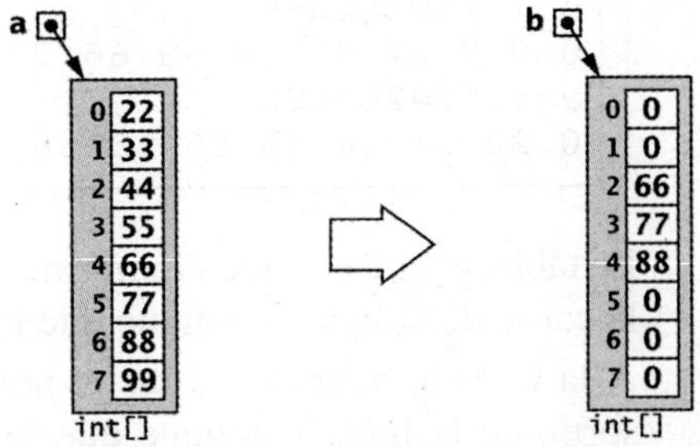

Figure 7.3 Copie d'un tableau dans un autre

Dans le cas présent, `{a[4], a[5], a[6]}` est copié dans `{b[2], b[3], b[4]}`. La méthode `System.arraycopy()` peut également être utilisée lorsque vous décalez un segment d'éléments dans un même tableau. Par exemple,

```
System.arraycopy(a, 4, a, 2, 3)
```

décale les trois éléments `{a[4], a[5], a[6]}` de deux positions vers l'avant dans `{a[2], a[3], a[4]}` et ne modifie pas les éléments `{a[5], a[6]}`.

Exemple 7.3 Copie d'un tableau

```
public class TestArrays {
  public static void main(String[] args) {
    int[] a = {22, 33, 44, 55, 66, 77, 88, 99};
    System.out.println("a: " + a);
    print(a);
    int[] aa = new int[a.length];
    System.out.println("aa: " + aa);
    print(aa);
    System.arraycopy(a, 0, aa, 0, a.length);
    System.out.println("aa: " + aa);
    print(aa);
    aa[1] = 11;
    print(a);
    print(aa);
    aa = new int[12];
    System.arraycopy(a, 0, aa, 3, 8);
    System.out.println("aa: " + aa);
    print(aa);
    System.arraycopy(aa, 3, aa, 1, 5);
    System.out.println("aa: " + aa);
    print(aa);
  }

  public static void print(int[] a) {
    for (int i=0; i<a.length; i++)
```

```
26          System.out.print(a[i] + " ");
27        System.out.println();
28    }
29 }
```

Vous obtenez la sortie suivante :

```
a: [I@47858e
22 33 44 55 66 77 88 99
aa: [I@19134f4
0 0 0 0 0 0 0 0
aa: [I@19134f4
22 33 44 55 66 77 88 99
22 33 44 55 66 77 88 99
22 11 44 55 66 77 88 99
aa: [I@2bbd86
0 0 0 22 33 44 55 66 77 88 99 0
aa: [I@2bbd86
0 22 33 44 55 66 55 66 77 88 99 0
```

Le tableau `a[]` est créé et imprimé aux lignes 3 à 5. Comme nous venons de le voir à l'exemple 7.2, la sortie de la ligne 4 indique que le tableau est stocké en mémoire à partir de l'adresse `47858e`.

À la ligne 6, nous déclarons et nous allouons le nouveau tableau `aa[]`. La sortie de la ligne 7 indique que le tableau a été initialisé automatiquement avec tous les éléments définis à 0. La sortie de la ligne 8 indique que le tableau est stocké en mémoire à partir de l'adresse `19134f4`. Par conséquent, ce tableau est totalement distinct du premier tableau `a[]` (voir la figure 7.4.).

À la ligne 9, nous utilisons la méthode `System.arraycopy()` pour copier tous les éléments du premier tableau `a[]` dans le second `aa[]`. La sortie de la ligne 11 montre le résultat de l'appel à `arraycopy()` : le tableau `aa[]` est maintenant une copie du tableau `a[]`.

Pour vérifier si les deux tableaux sont effectivement indépendants, nous modifions la valeur de `aa[1]` à la ligne 12. La sortie obtenue indique que `aa[1]` a été modifié, ce qui n'est pas le cas de `a[1]`.

À la ligne 15, nous allouons à nouveau le tableau `aa[]` à 12 éléments, puis nous copions la totalité du tableau `a[]` dans `aa[]` en commençant à `aa[3]`. Ensuite, l'appel

```
19  System.arraycopy(aa, 3, aa, 1, 5);
```

de la ligne 19 décale les cinq éléments `{aa[3], aa[4], aa[5], ..., aa[7]}` qui sont reculés de deux positions dans `{aa[1], aa[2], aa[3], ..., aa[5]}`, sans modifier `{aa[6], ..., aa[10]}`.

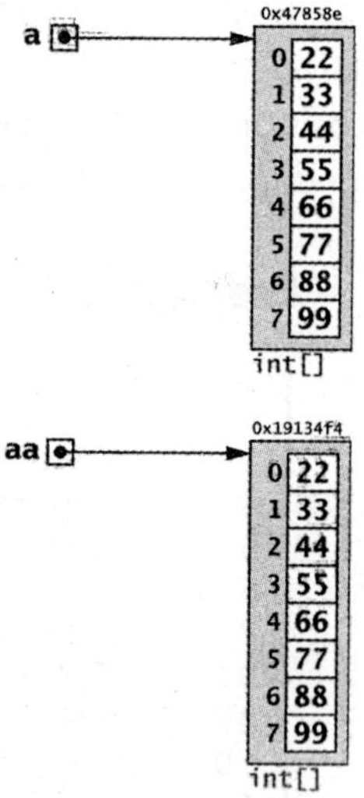

Figure 7.4 Copie d'un tableau

7.3 TABLEAUX DE CHAÎNES ET AUTRES OBJETS

En Java, les éléments des tableaux peuvent être de tout type. Les exemples précédents illustraient le cas d'un tableau de type `int`, mais vous pouvez également utiliser des tableaux de type `double`

```
double[] vector = { 3.14, 2.718, 1.414 };
```

de type char

```
char[] string = { 'J', 'a', 'v', 'a' };
```

et de type Object

```
Object[] objects = { x, y, z };
```

où x, y, z sont des références.

Chaque programme Java utilise un tableau de type String, déclaré comme paramètre de la méthode main(). Vous pouvez le nommer comme vous le souhaitez, mais args (pour arguments) est le nom le plus fréquemment utilisé. Ce tableau contient des arguments en ligne de commande susceptibles d'être entrés lorsque vous exécutez votre programme depuis la ligne de commande. L'exemple 7.4 illustre ce cas de figure.

Exemple 7.4 Test du tableau args des éléments String

```
public class TestArgs {
  public static void main(String[] args) {
    System.out.println("args.length: " + args.length);
    for (int i=0; i<args.length; i++)
      System.out.println("args[" + i + "]: " + args[i]);
    System.out.println();
    for (int i=args.length-1; i>=0; i--)
      System.out.println("args[" + i + "]: " + args[i]);
  }
}
```

Nous allons compiler et exécuter ce programme depuis la ligne de commande de la façon suivante :

```
javac TestArgs
java TestArgs one two three
```

Nous obtenons alors la sortie :

```
args.length: 3
args[0]: one
args[1]: two
args[2]: three
args[2]: three
args[1]: two
args[0]: one
```

Chaque chaîne (délimitée par un espace vide) qui apparaît après la commande **java TestArgs** est enregistrée dans un élément distinct du tableau args.

Étant donné que tous les types de données peuvent être stockés sous forme de chaîne, nous constatons que le tableau args permet d'entrer des données quel que soit leur type, comme illustré à l'exemple 7.5.

Exemple 7.5 Utilisation du tableau args pour entrer des données numériques

```
public class TestArgs {
  public static void main(String[] args) {
    if (args.length != 2) {
      System.err.println("Usage: java TestArgs <int> <double>");
      System.exit(1);
```

```
6       }
7       int n = Integer.parseInt(args[0]);
8       System.out.println("L'entier est : " + n);
9       double x = Double.parseDouble(args[1]);
10      System.out.println("Le double est : " + x);
11    }
12 }
```

Si vous entrez

```
javac TestArgs 22 3.14
```

en ligne de commande, vous obtenez la sortie suivante :

```
L'entier est : 22
Le double est : 3.14
```

Ce programme suppose que l'utilisateur connaît le type d'entrée attendu en ligne de commande. Il est cependant préférable de spécifier un message d'erreur clair au cas où l'entrée ne correspondrait pas aux attentes du code.

Dans le cas présent, nous vérifions le nombre d'arguments en ligne de commande à la ligne 3. Si ce nombre n'est pas 2, le programme est annulé et le message de la ligne 4 est imprimé afin d'indiquer quelles données doivent être entrées. L'appel de la méthode `System.exit()` à la ligne 5 fait stopper le programme. L'argument `1` indique qu'il s'agit d'un arrêt anormal.

La condition de la ligne 3 est fausse, c'est pourquoi le tableau de chaînes `args` a une longueur égale à 2. La première chaîne est analysée, puis transformée en `int` à la ligne 7. La deuxième chaîne est analysée et transformée en `double` à la ligne 9.

Le tableau `args` de chaque méthode `main()` vous a permis de voir les différents types de tableau d'objets possibles. L'exemple 7.6 illustre un type de tableau d'objets plus générique.

Exemple 7.6 Un tableau d'objets

```
public class TestArrays {
  public static void main(String[] args) {
    Object[] a = new Object[5];
    a[0] = new java.util.Date();
    a[1] = "ABCDE";
    a[2] = new java.util.Random();
    a[3] = new int[]{22,33,44};
    print(a);
  }

  public static void print(Object[] a) {
    for (int i=0; i<a.length; i++)
      System.out.println(i + ". " + a[i]);
    System.out.println();
  }
}
```

Vous obtenez la sortie :

```
0. Mon Aug 11 07:11:05 EDT 2003
1. ABCDE
2. java.util.Random@1f33675
3. [I@7c6768
4. null
```

Le tableau `a[]` est déclaré à la ligne 3 comme contenant des éléments `Object`. En Java, chaque classe est une extension de la classe `Object`, c'est pourquoi chaque objet est de ce type, directement ou indirectement. Tout objet peut donc être un élément de ce tableau qui est alloué ligne 6 de façon à contenir jusqu'à 5 objets.

La ligne 4 définit `a[0]` comme nouvel objet `java.util.Date`. La ligne 5 définit `a[1]` comme littéral `String` nommé `"ABCDE"`. La ligne 6 définit `a[2]` comme nouvel objet `java.util.Random`. Et enfin, la ligne 7 définit `a[3]` comme nouvel objet de tableau anonyme qui contient les trois entiers 22, 33 et 44. Nous pouvons visualiser le tableau `Object` nommé `a[]` comme illustré à la figure 7.5.

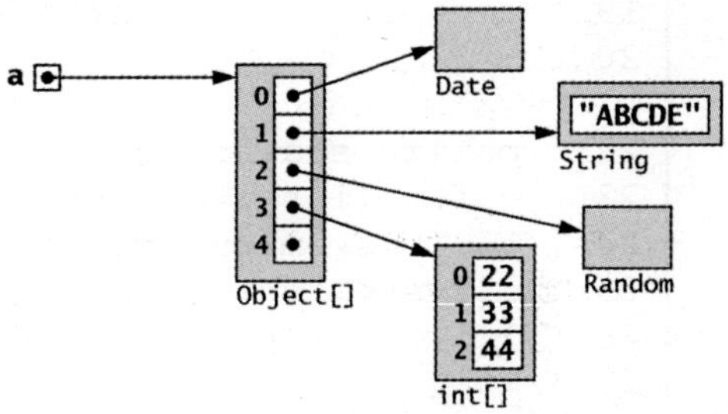

Figure 7.5 Un tableau d'objets

À la ligne 8, la méthode `print()` imprime le tableau `a[]`, ce qui provoque l'appel de chaque méthode `toString()` de l'objet à la ligne 13. Pour l'objet `Date` situé à `a[0]`, la méthode `toString()` renvoie la chaîne `"Mon Aug 11 07:11:05 EDT 2003"`, qui correspond au moment où l'objet `Date` a été instancié. Pour l'objet `String` situé à `a[1]`, la méthode `toString` renvoie simplement la chaîne `"ABCDE"` que l'objet contient. La méthode `toString()` n'est pas implémentée directement par la classe `Random`, c'est pourquoi la méthode par défaut `toString()` (de la classe `Object`) est appelée à la ligne 13 pour `a[2]` et renvoie la forme générique `java.util.Random@1f33675`, qui indique le type de l'objet (`java.util.Random`) et son adresse mémoire (`1f33675`). Il en va de même pour `a[3]` à la ligne 13: Le type de l'objet du tableau (`[I`) et son adresse mémoire (`7c6768`) sont indiqués.

Notez que le cinquième élément, `a[4]`, a été alloué, mais qu'il n'a pas été initialisé. C'est pourquoi sa valeur est `null`.

7.4 LA CLASSE java.util.Arrays

Java comprend une classe utilitaire spéciale qui permet de traiter les tableaux. Cette classe se nomme `Arrays` et elle est définie dans le paquetage `java.util`.

Exemple 7.7 Utilisation de la classe java.util.Arrays

Ce programme illustre l'utilisation des méthodes `sort()`, `binarySearch()`, `fill()` et `equals()` de la classe `java.util.Arrays` :

```
import java.util.Arrays;

public class TestArrays {
  public static void main(String[] args) {
    int[] a = {44, 77, 55, 22, 99, 88, 33, 66};
```

```
6        print(a);
7        Arrays.sort(a);
8        print(a);
9        int k = Arrays.binarySearch(a, 44);
10       System.out.println("Arrays.binarySearch(a, 44): " + k);
11       System.out.println("a[" + k + "]: " + a[k]);
12       k = Arrays.binarySearch(a, 45);
13       System.out.println("Arrays.binarySearch(a, 45): " + k);
14       int[] b = new int[8];
15       print(b);
16       Arrays.fill(b, 55);
17       print(b);
18       System.out.println("Arrays.equals(a,b): " +
19                          Arrays.equals(a,b));
20     }
21
22     public static void print(int[] a) {
23       for (int i=0; i<a.length; i++)
24         System.out.print(a[i] + " ");
25       System.out.println();
26     }
27   }
```

Vous obtenez la sortie suivante :

```
44 77 55 22 99 88 33 66
22 33 44 55 66 77 88 99
Arrays.binarySearch(a, 44): 2
a[2]: 44
Arrays.binarySearch(a, 45): -4
0 0 0 0 0 0 0 0
55 55 55 55 55 55 55 55
Arrays.equals(a,b): false
```

Le tableau `a[]` est créé et imprimé aux lignes 5-6. À la ligne 7, l'appel `Arrays.sort(a)` trie les éléments du tableau dans un ordre croissant, comme vous pouvez le constater à la sortie de la ligne 8.

À la ligne 9, la méthode `Arrays.binarySearch()` est appelée. Le deuxième argument, 44, est la cible de la recherche. La méthode renvoie l'index 2 qui est affecté à `k` ligne 9. La ligne 11 vérifie si 44 est effectivement la valeur de `a[2]`.

Cette méthode est appelée à nouveau ligne 13, mais pour rechercher la cible 45 cette fois. La valeur n'est pas trouvée dans le tableau, c'est pourquoi la méthode renvoie un nombre négatif, $k = -4$. À ce stade, l'index $i = -k - 1$ correspond à l'emplacement d'insertion de l'élément cible dans le tableau afin de conserver l'ordre croissant établi. Notez que, dans le cas présent, $i = -k - 1 = 3$, et 45 doit être inséré à `a[3]` dans la mesure où trois éléments du tableau sont inférieurs à 45.

Les lignes 16 et 17 montrent le fonctionnement de la méthode `Arrays.fill()` : elle a inséré l'argument 55 dans le tableau de huit éléments `b[]`.

En dernier lieu, les lignes 18 et 19 ont recours à la méthode `Arrays.equals()` qui renvoie `true` uniquement si les deux tableaux ont le même type d'élément (à l'instar de `a[]` et `b[]` qui ont le type `int[]`), la même longueur (à l'instar de `a[]` et `b[]` qui comportent 8 éléments) et les mêmes valeurs pour chaque élément (ce qui n'est pas le cas de `a[]` et `b[]`).

Notez que la méthode `binarySearch()` illustrée à l'exemple 7.7 fonctionne uniquement si le tableau a été trié dans un ordre croissant.

L'exemple 7.8 encapsule la méthode `binarySearch()` de l'exemple 7.7 avec diverses autres méthodes qui seront utiles ultérieurement.

Exemple 7.8 Une autre classe `Arrays`

Cette classe est similaire à la classe `java.util.Arrays` : elle définit les méthodes utilitaires des tableaux `int`.

```
import java.util.Random;

public class IntArrays {
  private static Random random = new Random();

  public static boolean isSorted(int[] a) {
    // renvoie false sauf si a[0] <= a[1] <= a[2] <= ...
    for (int i=1; i<a.length; i++)
      if (a[i] < a[i-1]) return false;
    return true;
  }

  public static void print(int[] a) {
    // imprime les éléments du tableau spécifié en séquence.
    if (a == null || a.length == 0) return;
    System.out.print("{" + a[0]);
    for (int i=1; i<a.length; i++)
      System.out.print("," + a[i]);
    System.out.println("}");
  }

  public static int[] randomIntArray(int length, int range) {
    // renvoie un nouveau tableau int de la longueur spécifiée
    // avec les éléments distribués de façon aléatoire et compris
      // entre 0 et range-1 :
    int[] a = new int[length];
    for (int i=0; i<length; i++)
      a[i] = random.nextInt(range);
    return a;
  }

  public static int[] resized(int[] a, int length) {
    // renvoie un nouveau tableau de longueur spécifiée
    // avec les mêmes éléments que le tableau spécifié :
    int[] aa = new int[length];
    int n = Math.min(a.length, length);
    System.arraycopy(a, 0, aa, 0, n);
    return aa;
  }

  public static void swap(int[] a, int i, int j) {
    // échange les éléments entre a[i] et a[j];
    int ai=a[i], aj=a[j];
    a[i] = aj;
    a[j] = ai;
```

```
46     }
47 }
```

La méthode `isSorted()` des lignes 6 à 11 détermine si le tableau spécifié est trié dans un ordre croissant. Elle renvoie `true` sauf si elle trouve une paire d'éléments adjacents `{a[i-1], a[i]}` décroissants : `a[i] < a[i-1]`.

La méthode `print()` des lignes 13 à 20 imprime les éléments du tableau spécifié en séquence, un par ligne.

La méthode `randomIntArray()` des lignes 22 à 30 renvoie un tableau `int` de la longueur (`length`) spécifiée, avec des éléments distribués de façon aléatoire et compris entre 0 et range–1. Elle utilise l'objet `random` qui est instancié de la classe `java.util.Random` située en haut du fichier de code source.

La méthode `resized()` des lignes 32 à 38 renvoie un tableau `int` de la longueur spécifiée (`length`) qui contient autant d'éléments du tableau spécifié que possible.

La méthode `swap()` des lignes 41 à 46 intervertit les deux éléments du tableau spécifié aux index `i` et `j`.

Voici un pilote test de la classe `IntArrays` :

```
import java.util.Arrays;

public class TestIntArrays {
  public static void main(String[] args) {
    int[] a = IntArrays.randomIntArray(8, 100);
    IntArrays.print(a);
    System.out.println("IntArrays.isSorted(a):
              " +IntArrays.isSorted(a));
    Arrays.sort(a);
     IntArrays.print(a);
    System.out.println("IntArrays.isSorted(a):
                 " +IntArrays.isSorted(a));
    IntArrays.swap(a, 2, 4);
    IntArrays.print(a);
    System.out.println("IntArrays.isSorted(a):
                   " +IntArrays.isSorted(a));
     a = IntArrays.resized(a, 10);
    IntArrays.print(a);
    a = IntArrays.resized(a, 5);
    IntArrays.print(a);
  }
}
```

Vous obtenez la sortie suivante :

```
{83,96,20,85,59,60,27,49}
IntArrays.isSorted(a): false
{20,27,49,59,60,83,85,96}
IntArrays.isSorted(a): true
{20,27,60,59,49,83,85,96}
IntArrays.isSorted(a): false
{20,27,60,59,49,83,85,96,0,0}
{20,27,60,59,49}
```

Ce programme test utilise à la fois la classe `java.util.Arrays` et votre propre classe `ch07.ex08.Arrays`.

Le tableau `a[]` est initialisé à la ligne 5 avec les nombres aléatoires `{83,96,20,85,59,60,27,49}`.

L'appel de `sort()` à la ligne 8 transforme `a[]` en `{20,27,49,59,60,83,85,96}`.

La méthode `isSorted()` renvoie la réponse correcte aux lignes 7-8 et 11-12.

À la ligne 11, nous remplaçons `a[2]` par `a[4]` (49 et 60). Ensuite, la méthode `isSorted()` renvoie `false` à nouveau.

En dernier lieu, nous testons la méthode `resized()` aux lignes 17 et 19. À la ligne 17, le tableau est étendu et deux 0 sont ajoutés aux extrémités. À la ligne 19, le tableau est tronqué et toutes les valeurs sont supprimées à l'exception des 5 premiers éléments.

Notez que la longueur d'un tableau est constante : il ne peut pas être modifié. Dans l'exemple 7.8, la méthode `resized()` de la classe `IntArrays` ne change pas réellement le tableau, elle le remplace simplement par une nouvelle version plus longue ou plus courte.

7.5 QUELQUES APPLICATIONS

Les tableaux triés sont fréquemment utilisés en informatique. Une des opérations les plus courantes consiste à combiner deux tableaux triés afin d'en obtenir un seul, trié lui aussi. Ce processus est qualifié de *fusion*.

Exemple 7.9 Fusion de deux tableaux triés

Ce programme teste une méthode `merge()` qui renvoie le résultat issu de la fusion de deux tableaux triés :

```
import java.util.Arrays;
import ch07.ex08.IntArrays;

public class TestMerge {
  public static void main(String[] args) {
  int[] a = IntArrays.randomIntArray(8,100);
  int[] b = IntArrays.randomIntArray(8,100);
  Arrays.sort(a);
  Arrays.sort(b);
  IntArrays.print(a);
  IntArrays.print(b);
  int[] c = merge(a, b);
  IntArrays.print(c);
  }

  public static int[] merge(int[] a, int[] b) {
    // Conditions préalables : a[] et b[] sont triés dans
    // l'ordre croissant;
    // Renvoie : un nouveau tableau trié dans l'ordre croissant
    // et contient tous les éléments de a[] et b[]
    int m=a.length, n=b.length;
    int[] c = new int[m+n];
    int i=0, j=0, k=0;
    while (i<m && j<n)
      if (a[i] < b[j]) c[k++] = a[i++];
```

```
26        else c[k++] = b[j++];
27      if (i < m) System.arraycopy(a, i, c, k, m-i);
28      if (j < n) System.arraycopy(b, j, c, k, n-j);
29      return c;
30    }
31 }
```

Vous obtenez la sortie suivante :

```
{20,27,29,46,57,80,86,97}
{24,31,49,63,68,72,78,93}
{20,24,27,29,31,46,49,57,63,68,72,78,80,86,93,97}
```

Les tableaux `a[]` et `b[]` sont créés aux lignes 6-7 à l'aide de la méthode `randomIntArrays()` définie dans la classe `IntArrays` de l'exemple 7.8. Notez que nous importons cette classe ligne 2 afin de pouvoir l'utiliser ici. Aux lignes 8 et 9, nous utilisons la méthode `sort()` définie dans la classe `java.util.Arrays` afin de trier les deux tableaux. Cette classe est importée ligne 1. Aux lignes 10-11, nous imprimons les deux tableaux afin de vérifier s'ils sont triés.

La méthode `merge()` est appelée ligne 12. Sa définition aux lignes 16 à 30 comprend des commentaires lignes 17 à 20. Ceux-ci expliquent clairement le rôle des arguments `a[]` et `b[]`, ainsi que les résultats attendus. Le nouveau tableau `c[]` est créé à la ligne 22. Puis la fusion est effectuée aux lignes 24 à 28. Chaque itération de la boucle `while` copie un élément de `a[]` ou de `b[]` dans `c[]`. Afin de conserver l'ordre croissant, le plus petit des deux éléments est systématiquement copié. La boucle s'arrête une fois que tous les éléments de `a[]` ou de `b[]` ont été copiés. Ensuite, aux lignes 27-28, la méthode `System.arraycopy()` est utilisée afin de copier les éléments restants dans `c[]`.

Les tableaux sont souvent utilisés afin de compter les occurrences de diverses valeurs, par exemple si vous souhaitez compter le nombre de fois où une lettre apparaît dans une chaîne. Il s'agit du *comptage de fréquence*.

Exemple 7.10 Comptage des fréquences de lettres

Ce programme lit une chaîne en ligne de commande, puis imprime une liste de ses lettres. Pour que la chaîne soit lue et insérée en totalité dans `args[0]`, le programme doit être exécuté de la façon suivante :

```
java Frequencies "Whom the gods love dies young."
```

Les guillemets indiquent que la chaîne complète sera lue et insérée dans `args[0]`.

```
public class Frequencies {
  public static void main(String[] args) {
    String s = args[0];
    System.out.println(s);
    int[] f = tally(s);
    print(f);
  }

  static int[] tally(String s) {
    int[] f = new int[26];
    s = s.toUpperCase();
    for (int i=0; i<s.length(); i++) {
```

```
13       char ch = s.charAt(i);
14       if (Character.isLetter(ch)) {
15         int j = ch - 'A';
16         ++f[j];
17       }
18     }
19     return f;
20 }
21
22 static void print(int[] f) {
23     for (int j = 0; j < f.length; j++) {
24       char ch = (char)(j + 'A');
25       if (f[j]>0) System.out.println(ch + ": " + f[j]);
26     }
27   }
28 }
```

Vous obtenez la sortie suivante :

```
Whom the gods love dies young.
D: 2
E: 3
G: 2
H: 2
I: 1
L: 1
M: 1
N: 1
O: 4
S: 2
T: 1
U: 1
V: 1
W: 1
Y: 1
```

La méthode `main()` attribue la chaîne en ligne de commande à `s` ligne 3, puis elle l'imprime à la ligne 4. Elle appelle ensuite la méthode `tally()` à la ligne 5 et imprime le résultat ligne 6.

La méthode `tally()` est définie aux lignes 9 à 20. À la ligne 10, elle crée le tableau de fréquence `f[]` composé de 26 `int`, un pour chaque majuscule. Afin de simplifier les choses, nous mettons en majuscule toutes les lettres à la ligne 11. La boucle `for` des lignes 12 à 18 est chargée de compter. Chaque lettre est comptée à la ligne 16 : le compteur `f[j]` est incrémenté pour cette lettre. L'affectation de la ligne 15 obtient le nombre `j` pour la lettre `ch` : 0 pour `'A'`, 1 pour `'B'`, 2 pour `'C'`, *etc.* Par exemple, si `ch` correspond à la lettre `'D'`, l'expression `(ch - 'A')` est évaluée à 3. En effet, les caractères sont généralement stockés sous forme de valeurs entières Unicode : `'A'` est stocké comme 65 et `'D'` comme 68, d'où `'D' - 'A'` = 68 – 65 = 3. Le tableau de fréquence `f[]` est renvoyé à la ligne 19.

La méthode `print()` des lignes 22 à 27 imprime le tableau de fréquence `f[]` avec la fréquence de chaque lettre lorsqu'elle est supérieure à 0. La boucle `for` des lignes 23 à 26 est contrôlée par l'entier `j`, qui va de 0 à 25. Le caractère `ch` qui correspond à l'entier `j` est calculé à la ligne 24. Par exemple, si `j` = 3, l'expression `(j + 'A')` est évaluée à 3 + 65 = 68. En raison de l'opérateur +, le caractère `'A'` est interprété comme étant l'entier 65. Ensuite, l'opérateur de forçage de type `(char)` convertit l'entier 68 en caractère `'D'`.

L'exemple 7.10 diffère des applications précédentes dans la mesure où il utilise l'index de tableau comme données : la fréquence d'une lettre est donc stockée à l'élément de tableau qui est indexé par cette lettre. L'exemple suivant utilise également les numéros d'index du tableau comme données de sortie. Il implémente l'algorithme nommé Crible d'Ératosthène, d'après le grand mathématicien nord-africain Ératosthène de Cyrène (276-194 av. J.-C.) qui dirigeait la grande bibliothèque d'Alexandrie en Égypte.

Exemple 7.11 Recherche des nombres premiers avec l'algorithme du Crible d'Ératosthène

Ce programme instancie la classe principale à la ligne 15 en appelant son constructeur afin de créer le crible. La méthode `print()` est ensuite appelée ligne 16 pour imprimer le résultat.

```
1  public class Sieve {
2    final static int P=800;
3    static boolean[] isPrime = new boolean[P];
4
5    Sieve() {
6      for (int i=2; i<P; i++)
7        isPrime[i] = true;
8      for (int i=2; i<P/2; i++)
9        if (isPrime[i])
10         for (int j=2*i; j<P; j += i)
11           isPrime[j] = false;
12   }
13
14   public static void main(String[] args) {
15     new Sieve();
16     print();
17   }
18
19   static void print() {
20     for (int i = 0; i < P; i++)
21       if (isPrime[i]) System.out.print(i + " ");
22       else if (i%90==0) System.out.println();
23     System.out.println();
24   }
25 }
```

Vous obtenez la sortie suivante :

```
2 3 5 7 11 13 17 19 23 29 31 37 41 43 47 53 59 61 67 71 73 79 83 89
97 101 103 107 109 113 127 131 137 139 149 151 157 163 167 173 179
181 191 193 197 199 211 223 227 229 233 239 241 251 257 263 269
271 277 281 283 293 307 311 313 317 331 337 347 349 353 359
367 373 379 383 389 397 401 409 419 421 431 433 439 443 449
457 461 463 467 479 487 491 499 503 509 521 523
541 547 557 563 569 571 577 587 593 599 601 607 613 617 619
631 641 643 647 653 659 661 673 677 683 691 701 709 719
727 733 739 743 751 757 761 769 773 787 797
```

La classe principale est composée de deux champs : la constante `P`, définie à 800 ligne 2 et le tableau booléen `isPrime[]` alloué à la ligne 3. Tous les nombres premiers inférieurs à 800 sont donc imprimés.

À la ligne 6, le constructeur initialise tous les éléments du tableau `isPrime` à `true`, à l'exception des deux premiers. Nous supposons donc que tous les entiers 2 à 799 sont des nombres premiers. Le reste de l'algorithme réinitialise les éléments `false` dont les numéros d'index ne sont pas premiers. C'est pourquoi, une fois que vous avez terminé, seuls les éléments indexés par des nombres premiers sont `true` à la ligne 12. Notez que, à la ligne 21, la méthode `print()` imprime l'index `i` uniquement si `isPrime[i]` est `true`.

Le processus des lignes 8 à 11 qui consiste à paramétrer les éléments `false` indexés par des nombres non premiers est qualifié de crible parce que vous procédez comme si vous tamisiez du sable afin de laisser uniquement les cailloux. Dans le cas présent, les nombres non premiers sont éliminés, laissant ainsi uniquement les nombres premiers. Pour éliminer un nombre qui n'est pas premier, nous devons trouver un diviseur. Cette opération est effectuée par la boucle `for` aux lignes 10 à 11. Lorsque `j` parcourt tous les multiples de `i` (jusqu'à `P`), chaque multiple `j` est éliminé en paramétrant `isPrime[i]` à `false`. Par exemple, si `i` a la valeur 5 ligne 8, `isPrime[i]` est `true` ligne 9. Par conséquent, la boucle `for` des lignes 10 et 11 définit `isPrime[10]` comme `false`, `isPrime[15]` comme `false`, `isPrime[20]` comme `false`, etc.

7.6 LES TABLEAUX BIDIMENSIONNELS

Nous avons vu à l'exemple 7.6 qu'un élément de tableau peut avoir tous les types d'objet, et notamment un autre tableau. Le cas échéant, au lieu de déclarer un tableau d'objets comme nous l'avons fait précédemment :

```
Object[] a = new Object[5];
```

nous pouvons remplacer `Object` par `int[3]` dans la déclaration pour que tous les objets soient un tableau composé de 3 `int` :

```
int[][] a = new int[3][5];
```

Vous obtenez ainsi un tableau `a` bidimensionnel. Vous pouvez considérer qu'il s'agit d'un tableau composé de trois lignes, chacune d'entre elles correspondant à un tableau unidimensionnel de longueur 5 ou bien d'un tableau rectangulaire de trois lignes et de cinq colonnes, comme illustré à la figure 7.6.

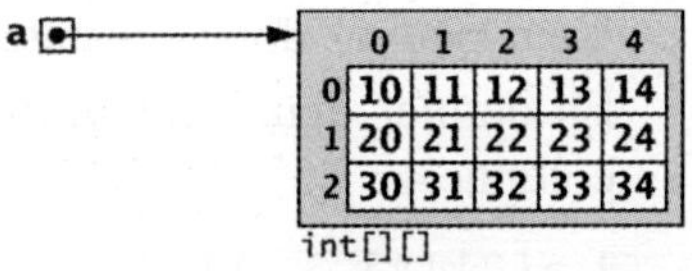

Figure 7.6
Tableau bidimensionnel d'entiers

Pour allouer un tableau bidimensionnel, utilisez la syntaxe suivante :

```
type[][] a = new type[rows][cols];
```

où *rows* correspond au nombre de lignes et *cols* au nombre de colonnes.

Exemple 7.12 Utilisation d'un tableau bidimensionnel

```
public class TestArrays {
  public static void main(String[] args) {
    int[][] a = new int[3][5];
    for (int i=0; i<3; i++)
      for (int j=0; j<5; j++)
        a[i][j] = 10*(i+1) + j;
    for (int i=0; i<3; i++)
```

```
8         print(a[i]); // row i
9       System.out.println("a[2][4] = " + a[2][4]);
10    }
11
12    public static void print(int[] a) {
13      for (int i=0; i<a.length; i++)
14        System.out.print(a[i] + " ");
15      System.out.println();
16    }
17  }
```

Vous obtenez la sortie suivante

```
10 11 12 13 14
20 21 22 23 24
30 31 32 33 34
a[2][4] = 34
```

Notez que cette sortie est identique à la figure 7.6.

Le tableau bidimensionnel est déclaré et alloué ligne 3. Ensuite, la double boucle `for` des lignes 4 à 6 charge le tableau avec les valeurs représentées à la figure 7.6.

Aux lignes 7 et 8, nous passons chacune des trois lignes sous forme d'argument de tableau (unidimensionnel) à la méthode `print()` de la ligne 12. Le premier argument est `a[0]`, qui est imprimé comme première ligne :

```
10 11 12 13 14
```

De la même manière, `a[1]` correspond à la deuxième ligne de cinq `int` :

```
20 21 22 23 24
```

Et `a[2]` est la troisième ligne :

```
30 31 32 33 34
```

Vous pouvez donc constater que `a[i]` correspond généralement à la ligne `i`.

En dernier lieu, ligne 9, nous imprimons `a[2][4]`, c'est-à-dire la valeur du tableau à la ligne 2, colonne 4 :

```
a[2][4] = 34
```

Comme vous pouvez le constater, `a[i][j]` est l'élément se trouvant au niveau de la ligne `i` et de la colonne `j`.

Exemple 7.13 Le triangle de Pascal

Le triangle de Pascal est un tableau triangulaire composé d'entiers positifs dans lequel chaque nombre des extrémités gauche et droite est égal à 1 et chaque nombre interne est égal à la somme des deux nombres situés au-dessus de lui. Ce triangle est représenté jusqu'à la neuvième ligne à la figure 7.7.

```
                1
              1   1
            1   2   1
          1   3   3   1
        1   4   6   4   1
      1   5  10  10   5   1
    1   6  15  20  15   6   1
  1   7  21  35  35  21   7   1
1   8  28  56  70  56  28   8   1
```

Figure 7.7 Triangle de Pascal

Le programme suivant génère le triangle de Pascal jusqu'à la neuvième ligne, le stocke dans un tableau bidimensionnel et l'imprime :

```
public class PascalsTriangle {
  public static void main(String[] args) {
```

```
3      int[][] a = init(9);
4      print(a);
5    }
6
7    static int[][] init(int n) {
8      int[][] a = new int[n][n];
9      for (int i = 0; i < n; i++)
10       for (int j = 0; j <= i; j++)
11         if (j == 0 || j == i) a[i][j] = 1;
12         else a[i][j] = a[i-1][j-1] + a[i-1][j];
13     return a;
14   }
15
16   static void print(int[][] a) {
17     for (int i = 0; i < a.length; i++) {
18       for (int j = 0; j <= i; j++) {
19         int n = a[i][j];
20         System.out.print((n<10?"   ":"  ") + n);
21       }
22       System.out.println();
23     }
24   }
25 }
```

Vous obtenez la sortie suivante :

```
1
1 1
1 2  1
1 3  3  1
1 4  6  4  1
1 5 10 10  5  1
1 6 15 20 15  6  1
1 7 21 35 35 21  7 1
1 8 28 56 70 56 28 8 1
```

La méthode `main()` appelle une méthode `init()` auxiliaire à la ligne 3 afin d'initialiser le tableau bidimensionnel `a[][]`, puis elle utilise une autre méthode ligne 4 afin de l'imprimer.

La méthode `init()` prend le nombre `n` de lignes comme argument ligne 7. Il s'agit de la valeur 9 dans le cas présent. Par conséquent, à la ligne 8, `a[][]` est déclaré comme tableau bidimensionnel composé de 9 lignes et de 9 colonnes d'`int`. Ensuite, les deux boucles `for` imbriquées des lignes 8 à 12 affectent des valeurs à `a[i][j]` selon la définition du triangle de Pascal. La condition `j == 0` signifie que l'élément se trouve dans la colonne 0 (la plus à gauche) et la condition `j == i` indique que l'élément `a[i][j]` est situé sur la diagonale nord-sud. La ligne 11 attribue la valeur 1 à ces éléments. Les autres valeurs se trouvent où 0 < `j` < `i` < 9, ce qui correspond à l'intérieur du triangle. L'instruction d'affectation de la ligne 12 définit chacun de ces éléments comme étant égal à la somme des deux nombres se trouvant au-dessus. Par exemple, lorsque `j` = 2 et `i` = 5, l'affectation est `a[5][2] = a[4][1] + a[4][2]`. La partie du rectangle située au-dessus de la diagonale n'est pas utilisée par ce programme.

La méthode `print()` des lignes 13 à 23 imprime le triangle, comme illustré par la sortie. Comme toujours avec les tableaux bidimensionnels, elle utilise des boucles `for` imbriquées. Notez la présence de l'opérateur d'expression conditionnelle ligne 20 : l'expression `(n<10?"   ":"  ")` est évaluée à une chaîne composée de trois ou de deux espaces vides, selon que `n<10` ou non. Par conséquent, lorsque n comporte un seul chiffre, (c'est-à-dire n<10), il est précédé de trois espaces vides. En revanche, lorsqu'il est composé de deux chiffres, il est précédé de deux espaces vides. Il s'agit de l'une des méthodes permettant de justifier à droite une colonne d'entiers.

? QUESTIONS

7.1 La valeur de l'expression booléenne `(a == aa)` serait-elle vraie ou fausse à la ligne 8 de l'exemple 7.2 ?

7.2 La valeur de l'expression booléenne `(a == aa)` serait-elle vraie ou fausse à la ligne 10 de l'exemple 7.3 ?

7.3 En quoi la recherche de la longueur d'un tableau de caractères diffère-t-elle de celle d'un objet `String` ?

7.4 En quoi l'accès à un élément spécifique d'un tableau de caractères diffère-t-il de l'accès aux éléments d'un objet `String` ?

7.5 Que se passe-t-il si vous utilisez `w[5]` dans une expression après avoir alloué 5 éléments au tableau `w` ?

7.6 Quelle est la différence entre un tableau `null` et un tableau de longueur zéro ?

7.7 Pourquoi les tableaux sont-ils généralement traités avec des boucles `for` ?

7.8 Pourquoi un tableau `Object[]` est-il qualifié de tableau universel ?

7.9 Un tableau peut-il stocker des éléments de différents types ?

7.10 Que font les méthodes suivantes :

a. `System.arraycopy(a, 4, b, 6, 3);`
b. `System.arraycopy(a, 3, a, 1, 5);`

7.11 Si `a[][]` est un tableau 8 × 8, que feront :

a.

```
for (int i=0; i<8; i++)
  a[i][i] = 44;
```

b.

```
for (int i=0; i<8; i++)
  for (int j=0; j<8; j++)
    a[i][j] = i + j;
```

c.

```
for (int i=0; i<8; i++)
  for (int j=0; j<8; j++)
    a[i][j] = -a[j][i]
```

d.

```
for (int i=0; i<8; i++)
  for (int j=0; j<i; j++)
    a[i][j] = -a[j][i]
```

¿ RÉPONSES

7.1 L'expression serait `true` parce que `a` et `aa` font référence au même tableau.

7.2 L'expression serait `false` parce que les deux tableaux sont des objets distincts bien que leur contenu soit identique.

7.3 La longueur d'un tableau de caractères (ou d'un tableau composé de tout autre type) est issue du champ `public length`, alors que la longueur d'un objet `String` est fournie par la méthode `length()`. Par exemple, l'expression `ints.length` à la ligne 5 de l'exemple 7.1 donne la longueur du tableau `ints[]`, tandis que l'expression `alphabet.length()` à la ligne 5 de l'exemple 2.1 renvoie la longueur de la chaîne `alphabet`.

7.4 Vous accédez à chaque élément d'un tableau de caractères (ou d'un tableau composé de tout autre type) *via* l'opérateur d'index `[]`, alors que vous accédez aux éléments d'un objet `String` à l'aide de la méthode `charAt()`. Par exemple, l'expression `ints[2]` à la ligne 6 de l'exemple 7.1 donne l'élément à l'index 2 du tableau `ints[]`, tandis que l'expression `alphabet.charAt(4)` ligne 7 de l'exemple 2.1 renvoie le caractère à l'index 4 de la chaîne `alphabet`.

7.5 Si le tableau `w[]` est uniquement composé de 5 éléments, l'expression `w[5]` provoque l'échec du programme dans la mesure où cet élément n'existe pas. En effet, les 5 éléments sont `w[0]`, `w[1]`, `w[2]`, `w[3]` et `w[4]`.

7.6 Un tableau `null` n'a pas encore été alloué, alors qu'un tableau de longueur 0 a été alloué, mais avec 0 éléments. Dans les deux déclarations suivantes :

```
int[] a; // null
int[] b = new int[0]; // pas null
```

`a[]` est un tableau `null` et `b[]` est un tableau de longueur 0. Le tableau `null a[]` n'a aucune longueur, alors que le tableau alloué `b[]` a une longueur égale à 0 :

```
int aLen = a.length; // = 0
int bLen = b.length; // CE CODE NE SERA PAS COMPILE
```

7.7 Les tableaux présentent l'avantage d'utiliser une variable d'index pour parcourir les éléments et d'accéder à chacun d'entre eux avec la même expression `a[i]`. Pour cela, vous avez uniquement besoin d'implémenter une boucle dans laquelle la variable `i` sert de compteur et incrémente 0 à `a.length-1`. Une boucle `for` a la structure suivante :

```
for (int i = 0; i < a,length; i++) ...
```

7.8 Un tableau déclaré comme `Object[]` est universel parce que ses éléments peuvent faire référence à des objets quel que soit leur type de classe.

7.9 Voir la réponse précédente. Si une classe est utilisée pour déclarer le tableau, comme dans :

```
ClassX[] a = new ClassX[8];
```

le tableau peut stocker des éléments de toutes les classes qui étendent celle-ci.

7.10 *a.* L'appel `System.arraycopy(a,4,b,6,3)` copie les 3 éléments `{a[4], a[5], a[6]}` du tableau `a[]` dans `{b[6], b[7], b[8]}` du tableau `b[]`.

b. L'appel `System.arraycopy(a,3,a,1,5)` copie les 5 éléments `{a[3], a[4], a[5], a[6], a[7]}` dans `{a[1], a[2], a[3], a[4], a[5]}`.

7.11 *a.* La boucle `for` définit chacun des 8 éléments diagonaux à `44` :

```
a[0][0] = a[1][1] = a[2][2] = ... = a[7][7] = 44;
```

b. La boucle `for` définit chacun des 64 éléments à la somme de leurs index, par exemple :

```
a[4][7] = 4 + 7 = 11;
```

c. La boucle `for` réinitialise tous les éléments situés au-dessus de la diagonale pour qu'ils soient égaux au nombre négatif de l'élément correspondant situé sous la diagonale et elle rend négatif chaque élément de la diagonale. Par exemple, si `a[2][5]` = 77, alors la boucle initialise `a[5][2]` = – 77, et si `a[4][4]` = 44, la boucle transforme la valeur en – 44.

d. La boucle `for` réinitialise tous les éléments situés sous la diagonale égale au nombre négatif de l'élément correspondant au-dessus de la diagonale. Par exemple, si `a[2][5]` = 77, alors la boucle définit `a[5][2]` = – 77.

? EXERCICES D'ENTRAÎNEMENT

7.1 Remplacez la ligne 3 du programme de l'exemple 7.1 par les six lignes suivantes :

```
int[] ints; // déclare ints comme tableau d'ints
ints = new int[4]; // alloue 4 éléments aux ints
ints[0] = 22; // attribue 22 au premier élément, a[0]
ints[1] = 44; // attribue 44 au deuxième élément, a[1]
ints[2] = 66; // attribue 66 au troisième élément, a[2]
ints[3] = 88; // attribue 88 au quatrième élément, a[3]
```

et exécutez le programme modifié afin de vérifier si vous obtenez le même résultat.

7.2 Remplacez le nom de la méthode `isSorted()` de la classe `IntArrays` définie dans l'exemple 7.8 par `isAscending()`. Ajoutez ensuite ces deux méthodes et testez-les :

```
static boolean isDescending(int[] a) {
// renvoie true si et seulement si a[0] >= a[1] >= a[2] >= ...
static boolean isSorted(int[] a) {
// renvoie true si et seulement si a[] est croissant ou décroissant.
```

7.3 Ajoutez cette méthode à la classe `IntArrays` de l'exemple 7.8 et testez-la :

```
static boolean hasDuplicates(int[] a) {
// renvoie true si et seulement si le tableau a[] a des
// éléments dupliqués
```

7.4 Implémentez et testez cette méthode :

```
static double sum(double[] x) {
// renvoie la somme des éléments du tableau x
```

7.5 Implémentez et testez cette méthode :

```
static double max(double[] x) {
// renvoie le maximum des éléments du tableau x
```

7.6 Implémentez et testez cette méthode :

```
static double range(double[] x) {
// renvoie la différence entre le maximum et le minimum
// des éléments du tableau x
```

7.7 Implémentez et testez cette méthode sur des tableaux triés :

```
static void insert(int[] a, int x) {
// insère x dans a[], sans modifier le tri
```

7.8 Implémentez et testez cette méthode sur des tableaux triés :

```
static int[] unique(int[] a, int x) {
// renvoie un tableau trié ayant exactement une occurrence
// de chaque valeur dans a[]
```

7.9 Implémentez et testez cette méthode :

```
static void shuffle(int[] a) {
// effectue un mélange parfait de a[], comme un jeu de cartes,
// et mélange la première partie et la seconde
```

7.10 Implémentez et testez cette méthode :

```
static int[][] table(int n) {
// renvoie une table de multiplication nxn
```

7.11 Implémentez et testez cette méthode :

```
static int[][] copy(int[][] a) {
// renvoie une copie du tableau a[][] spécifié
```

7.12 Implémentez et testez cette méthode :

```
static int[] column(int[][] a, int j) {
// renvoie le numéro de colonne j extrait du
// tableau a[][] spécifié
```

¿ SOLUTIONS

7.1

```
public static void main(String[] args) {
  int[] ints; // déclare ints comme tableau d'ints
  ints = new int[4]; // allouer 4 éléments aux ints
  ints[0] = 22; // attribuer 22 au premier élément, a[0]
  ints[1] = 44; // attribuer 44 au deuxième élément, a[1]
  ints[2] = 66; // attribuer 66 au troisième élément, a[2]
  ints[3] = 88; // attribuer 88 au quatrième élément, a[3]
  System.out.println("ints: " + ints);
  System.out.println("ints.length: " + ints.length);
  System.out.println("ints[2]: " + ints[2]);
  print(ints);
ints[2] = 99;
  System.out.println("ints[2]: " + ints[2]);
  print(ints);
}
```

7.2

```
static boolean isDescending(int[] a) {
  for (int i=1; i<a.length; i++)
    if (a[i] > a[i-1]) return false;
  return true;
}

static boolean isSorted(int[] a) {
  return isAscending(a) || isDescending(a);
}
```

7.3

```
static boolean hasDuplicates(int[] a) {
  java.util.Arrays.sort(a);
  for (int i=1; i<a.length; i++)
    if (a[i] == a[i-1]) return true;
  return false;
}
```

7.4

```
static double sum(double[] x) {
  double sum = x[0];
  for (int i=1; i<x.length; i++)
    sum += x[i];
  return sum;
}
```

7.5

```
static double max(double[] x) {
  double max = x[0];
  for (int i=1; i<x.length; i++)
    if (x[i] > max) max = x[i];
  return max;
}
```

7.6

```
static double range(double[] x) {
  double min = x[0], max = x[0];
  for (int i=1; i<x.length; i++)
    if (x[i] < min) min = x[i];
    else if (x[i] > max) max = x[i];
  return max - min;
}
```

7.7

```
static int[] insert(int[] a, int x) {
  int n = a.length;
  int[] aa = new int[n+1];
  System.arraycopy(a, 0, aa, 0, n);
  while (n > 0 && aa[n-1] > x) {
    aa[n] = aa[n-1];
    --n;
  }
  aa[n] = x;
  return aa;
}
```

7.8

```
static int[] unique(int[] a, int x) {
  int n = a.length;
  int[] aa = new int[n];
  System.arraycopy(a, 0, aa, 0, n);
  Arrays.sort(aa);
  int i=0, j=0;
```

```
  while(i < n) {
    aa[j++] = aa[i++];
    while (i < n && aa[i]==aa[i-1])
      ++i;
  }
  a = new int[j];
  System.arraycopy(aa, 0, a, 0, j);
  return a;
}
```

7.9

```
static void shuffle(int[] a) {
  int n = a.length, m=n/2, i=0, j=m, k=0;
  int[] aa = new int[n];
  while(i < m) {
    aa[k++] = a[i++];
    aa[k++] = a[j++];
  }
  System.arraycopy(aa, 0, a, 0, k);
}
```

7.10

```
static int[][] table(int n) {
  int[][] a = new int[n][n];
  for (int i = 0; i < n; i++)
    for (int j = 0; j < n; j++)
      a[i][j] = (i+1)*(j+1);
  return a;
}
```

7.11

```
static int[][] copy(int[][] a) {
  int m=a.length, n=a[0].length;
  int[][] aa = new int[m][n];
  for (int i = 0; i < m; i++)
    System.arraycopy(a[i], 0, aa[i], 0, n);
  return aa;
}
```

7.12

```
static int[] column(int[][] a, int j) {
  int n = a.length;
  int[] col = new int[n];
  for (int i = 0; i < n; i++)
    col[i] = a[i][j];
  return col;
}
```

? EXERCICES D'ENTRAÎNEMENT SUPPLÉMENTAIRES

7.13 Implémentez et testez cette méthode :

```
static void delete(int[] a, int x) {
// supprime chaque occurrence de x de a[]
```

7.14 Implémentez et testez cette méthode :

```
static void reverse(int[] a) {
// inverses les éléments du tableau a[] spécifié
```

Par exemple, si `a[]` est `{60, 61, 62, 63, 64, 65, 66, 67, 68, 69}`, alors l'appel `reverse(a)` le remplace par `{69, 68, 67, 66, 65, 64, 63, 62, 61, 60}`.

7.15 Implémentez et testez cette méthode :

```
static void rotate(int[] a, int d) {
// fait faire une rotation aux éléments du tableau a[]
// spécifié sur une distance d.
```

Par exemple, si `a[]` est `{60, 61, 62, 63, 64, 65, 66, 67, 68, 69}`, alors l'appel `rotate(a, 3)` le remplace par `{67, 68, 69, 60, 61, 62, 63, 64, 65, 66}` et `rotate(a, -1)` le remplace par `{61, 62, 63, 64, 65, 66, 67, 68, 69, 60}`.

7.16 Implémentez et testez cette méthode :

```
static double mean(double[] a) {
// renvoie la moyenne des éléments de a[]
```

Par exemple, si `a[]` contient `{610, 790, 420, 540}`, alors l'appel `mean(a)` renvoie 590.

7.17 Implémentez et testez cette méthode :

```
static double standardDeviation(double[] a) {
// renvoie la déviation standard des éléments de a[].
```

Notez que la formule de déviation standard d'un ensemble de données $\{x_0, x_1, \ldots, x_{n-1}\}$ est donnée par :

$$\sqrt{\frac{\sum (x_i - \bar{x})^2}{n-1}}$$

où $\bar{x}$ est la moyenne des données. Utilisez la méthode de l'exercice 7.16. Par exemple, si `a[]` est `{610, 790, 420, 540}`, alors $\bar{x} = 590$ et l'appel `standardDeviation(a)` renvoie 154.7.

7.18 Implémentez et testez cette méthode :

```
static double[] zScores(double[] a) {
// renvoie les éléments de a[], normalisés sous forme
// d'échelle de notes Z
```

Notez que l'échelle de notes Z standard d'un élément x_i dans un ensemble de données est fournie par :

$$z_i = \frac{x_i - \bar{x}}{\sigma}$$

où $\bar{x}$ est la moyenne et σ la déviation standard des données. Utilisez les méthodes des exercices 7.16 et 7.17. Par exemple, si `a[]` est `{610, 790, 420, 540}`, alors $\bar{x} = 590$, $\sigma = 154.7$, et l'appel `zScores(a)` renvoie le tableau `{0.129, 1.293, -1.099, -0.323}`.

7.19 Implémentez et testez cette méthode :

```
static int[] row(int[][] a, int i) {
// renvoie le numéro de ligne i extrait du
// tableau a[][] spécifié
```

7.20 Implémentez et testez cette méthode :

```
static int[][] copy(int[][] a) {
// renvoie une copie du tableau a[][] spécifié
```

7.21 Implémentez et testez cette méthode :

```
static int[][] minor(int[][] a, int i, int j) {
// renvoie une copie du tableau a[][] spécifié
// après avoir supprimé la ligne i et la colonne j
```

7.22 Ajoutez cette méthode à la classe `IntArrays` définie à l'exemple 7.8 et testez-la :

```
static void swap(int[][] a, int i1, int j1, int i2, int j2)
// intervertit a[i1][j1] et a[i2][j2]
```

7.23 Ajoutez cette méthode à la classe `IntArrays` définie à l'exemple 7.8 et testez-la :

```
static int[][] randomIntArray(int l, int c, int range)
// renvoie un nouveau tableau bidimensionnel avec l lignes et
// c colonnes, et dont les éléments int sont choisis de façon
// aléatoire et compris entre 0 et l'intervalle-1 :
```

7.24 Ajoutez cette méthode à la classe `IntArrays` définie à l'exemple 7.8 et testez-la :

```
static boolean equals(int[][] a, int[][] b)
// renvoie false sauf si les deux tableaux ont les mêmes dimensions
// et les mêmes éléments à chaque position
```

7.25 Implémentez et testez cette méthode :

```
static double innerProduct(double[] x, double[] y)
// renvoie le produit interne de x et y,
// défini comme la somme de tous les x[i]*y[i]
```

7.26 Implémentez et testez cette méthode :

```
static double[][] outerProduct(double[] x, double[] y)
// renvoie le produit externe p de x et y,
// défini par by p[i][j]] = x[i]*y[j]
```

7.27 Implémentez et testez cette méthode :

```
static int[][] transpose(int[][] a) {
// renvoie un tableau n-par-n dont l'entrée (i,j)
// est le produit (i+1)*(j+1)
```

7.28 Implémentez et testez cette méthode :

```
static int[][] multiplicationTable(int n) {
// renvoie une copie du tableau a[][] spécifié
// après avoir supprimé la ligne i et la colonne j
```

7.29 Implémentez et testez cette méthode :

```
static int[][] pascalsTriangle(int n)
// renvoie le triangle de Pascal avec n+1 lignes
```

7.30 Implémentez et testez cette méthode :

```
static int[] fibonacci(int n)
// renvoie les premiers nombres de fibonacci n+1
```

7.31 Implémentez et testez cette méthode :

```
static int[] prime(int n) {
// renvoie les premiers nombres premiers n+1
```

Chapitre 8

Composition et héritage

La programmation orientée objet bénéficie d'une grande popularité parce qu'elle permet notamment de réutiliser des implémentations pour des objectifs différents grâce à la composition et à l'héritage.

8.1 LA COMPOSITION

La *composition* consiste à créer une classe à l'aide d'une autre classe pour ses composants. Nous avons utilisé la composition dans la définition de la classe `Line` qui était composée de la classe `Point` à l'exemple 6.2. La classe `String` est la plus couramment utilisée en tant que composant, comme nous allons le voir à l'exemple suivant.

Exemple 8.1 Une classe `Name`

```
public class Name {
  protected String first; // ex., "William"
  protected String middle; // ex., "Jefferson"
  protected String last; // ex., "Clinton"

  public Name() { // constructeur par défaut
  }

  public Name(String first, String last) {
    this.first = first;
    this.last = last;
  }

  public Name(String first, String middle, String last) {
    this(first,last);
    this.middle = middle;
  }

  public String getFirst() {
    return first;
  }

```

```
  public String getMiddle() {
    return middle;
  }

  public String getLast() {
    return last;
  }

  public void setFirst(String first) {
    this.first = first;
  }

  public void setMiddle(String middle) {
    this.middle = middle;
  }

  public void setLast(String last) {
    this.last = last;
  }

  public String toString() {
    String s = new String();
    if (first != null) s += first + " ";
    if (middle != null) s += middle + " ";
    if (last != null) s += last + " ";
    return s.trim();
  }
}
```

Avec ce pilote test :

```
class TestName {
  public static void main(String[] args) {
    Name tr = new Name("Theodore", "Roosevelt");
    Name fc = new Name("Francis", "Harry Compton", "Crick");
    System.out.println(fc + " a eu le Nobel de Medecine
                          en 1962.");
    System.out.println("Son prenom etait " + fc.getFirst());
    System.out.println(tr + " a eu le Nobel de la Paix
                          en 1906.");
    System.out.println("Son deuxieme prenom etait " +
                        tr.getMiddle());
  }
}
```

Vous obtenez la sortie suivante :

```
Francis Harry Compton Crick a eu le Nobel de Medecine en 1962.
Son prenom etait Francis
Theodore Roosevelt a eu le Nobel de la Paix en 1906.
Son deuxieme prenom etait null
```

Les cinq objets de ce programme sont représentés à la figure 8.1. L'objet `Name` référencé par `tr` est créé explicitement lorsque l'opérateur `new` appelle le constructeur `Name()` à deux arguments sur la première ligne de `main()`. Ses deux arguments, `first` et `last`, sont des références aux objets

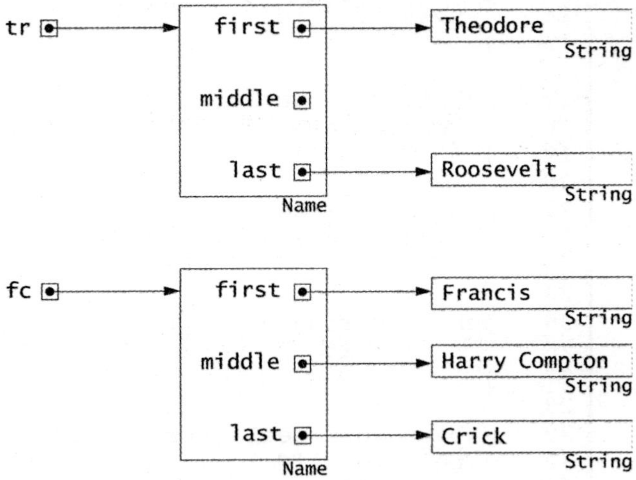

Figure 8.1 Objets du programme de l'exemple 8.1

`String`. C'est pourquoi le constructeur appelle implicitement le constructeur `String` deux fois afin de créer les objets `tr.first` et `tr.last`. Le mot-clé `this` représente l'argument implicite `tr`. Notez que la référence `tr.middle` n'a aucun référent : le champ reste donc `null`.

La deuxième ligne de `main()` a le même effet sur la référence `fc`, mais elle appelle le constructeur à trois arguments. Par conséquent, outre un nouvel objet `Name`, trois objets `String` sont créés.

La classe `Name` est définie de façon à avoir trois champs, trois constructeurs et huit méthodes. Les trois premières méthodes sont des *accesseurs* ; chacune se contente de renvoyer l'un des champs. Les trois méthodes suivantes sont des *mutateurs* qui autorisent d'autres méthodes hors de la classe à modifier les champs. Les deux dernières méthodes vous sont familières puisqu'il s'agit de `toString()`, qui affiche l'objet sous forme de chaîne et de `main()`, qui joue le rôle de pilote test de la classe.

Le mot-clé `this` peut être utilisé dans une méthode d'instance afin de faire référence à l'argument implicite, c'est-à-dire à l'objet auquel la méthode est liée lorsqu'elle est appelée. Nous l'avons déjà utilisé dans la classe `Name` de l'exemple 8.1 comme préfixe des noms de champ de la classe. Cela nous a alors permis de distinguer ces noms des paramètres du constructeur. Le constructeur à deux arguments aurait pu être déclaré comme suit

```
public Name(String string1, String string2) {
  first = string1;
  last = string2;
}
```

Cependant, cette version n'est pas aussi claire.

Exemple 8.2 Une classe `Person`

Cette classe utilise la classe `Name` de l'exemple 8.1.

```
public class Person {
  protected Name name;
  protected char sex; // 'H' ou 'F'
  protected String id; // ex., numéro de sécurité sociale

  public Person(Name name, char sex) {
    this.name = name;
    this.sex = sex;
  }

  public Person(Name name, char sex, String id) {
    this.name = name;
    this.sex = sex;
```

```
    this.id = id;
  }

  public Name getName() {
    return name;
  }

  public char getSex() {
    return sex;
  }

  public String getId() {
    return id;
  }

  public void setId(String id) {
    this.id = id;
  }

  public String toString() {
    String s = new String(name + " (sexe : " + sex);
    if (id != null) s += "; id : " + id;
    s += ")";
    return s;
  }
}
```

Avec ce pilote test :

```
class TestPerson {
  public static void main(String[] args) {
    Name bobsName = new Name("Robert", "Lee");
    Person bob = new Person(bobsName, 'H');
    System.out.println("bob : " + bob);
    bob.name.setMiddle("Edward");
    System.out.println("bob : " + bob);
    Person ann = new Person(new Name("Ann", "Baker"), 'F');
    System.out.println("ann : " + ann);
    ann.setId("053011736");
    System.out.println("ann : " + ann);
  }
}
```

Vous obtenez la sortie :

```
bob : Robert Lee (sexe : H)
bob : Robert Edward Lee (sexe : H)
ann : Ann Baker (sexe : F)
ann : Ann Baker (sexe : F; id : 053011736)
```

Les 10 objets créés dans ce programme sont représentés à la figure 8.2.

Notez que les quatre objets composites (les deux objets `Person` et les deux objets `Name`) sont créés explicitement par l'opérateur `new`, tandis que les six objets `String` sont créés implicitement. La classe `Person` a trois champs : une référence `Name`, une `char` et une `String`. Bien que les champs de référence puissent généralement être `null`, cela n'est pas possible pour le champ `name` de cet exemple dans la mesure où aucun constructeur ne permet de l'omettre. Il en va de même pour le champ `sex`.

D'autre part, cette classe n'a aucun constructeur par défaut : nous n'acceptons aucun objet `Person` sans sexe ni nom. Comme nous demandons obligatoirement les champs `name` et `sex` lors de la construction, le seul mutateur déclaré est celui qui permet de modifier le champ `id`. Cela signifie que les champs `name` et `sex` ne peuvent pas être modifiés.

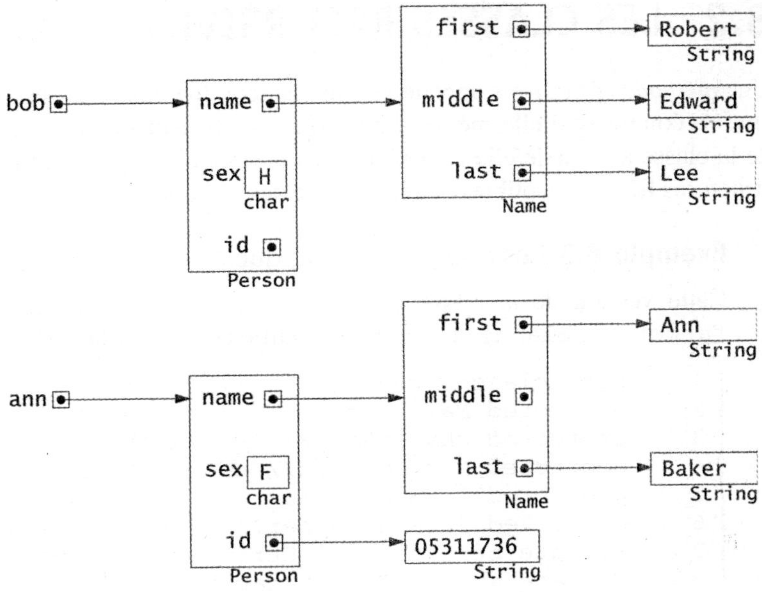

Figure 8.2 Objets du programme de l'exemple 8.2

À la ligne 3 du pilote test, `main()` crée l'objet `Name` nommé `bobsName`. Ensuite, l'objet `bob` est créé à la ligne 4 où l'objet `Name` et le caractère `'H'` sont passés au constructeur à deux arguments `Person`. Vous remarquerez que la référence `id` de cet objet est alors `null` (nous ignorons le numéro d'identification de Robert E. Lee).

La ligne 5 passe la référence `bob` à la méthode `println()`, ce qui appelle automatiquement la méthode `toString()` de la classe `Person`. Cette méthode imprime la sortie que nous venons de voir.

Ligne 6, le mutateur `setMiddle()` est appelé : cela crée une copie de la chaîne `"Edward"` qui est affectée à la référence `String` nommée `bob.name.middle`. Ensuite, la méthode `println()` imprime la deuxième ligne de sortie de notre exemple.

Deux objets sont créés lors de l'exécution de la ligne 8. L'objet anonyme `Name` avec les champs `"Ann"` et `"Baker"` est créé par le constructeur à deux arguments qui est déclaré dans la classe `Name` (voir l'exemple 8.1). Ce constructeur est activé par l'opérateur `new` comme premier argument passé au constructeur à deux arguments `Person`. Par conséquent, l'objet `Name` est créé en un clin d'œil. Il est passé avec le caractère `'F'` au constructeur à deux arguments `Person` qui crée l'objet `ann`.

À la ligne 9, la méthode `println()` appelle la méthode `toString()` de la classe `Person` pour imprimer l'objet `ann`. Cette méthode appelle l'un des constructeurs `String` pour créer la chaîne `s` :

```
String s = new String(name + " (sex : " + sex);
```

La classe `String` a quatre constructeurs à un argument. Celui-ci a un paramètre `String`. L'objet `String` qui lui est passé, `name + " (sex : " + sex`, est formé grâce à la concaténation d'un objet `String` anonyme, du littéral de chaîne `" (sex : "` et du caractère `'F'` (qui est converti en chaîne d'1 caractère). L'objet anonyme `String` est créé par la méthode `toString()` de la classe `Name` lorsque l'objet `name` est détecté dans cette concaténation. Par conséquent, la première ligne de sortie est le résultat de deux méthodes, `toString()` et `toString()` des classes `Person` et `Name`.

Une fois l'objet `ann` créé, la méthode `setId()` est appelée afin de remplacer la valeur `null` du champ `id` par la chaîne passée. Cet objet représente donc une femme nommée Ann Baker, dont le numéro d'identification est 053011736. L'objet `Name` qui représente le nom d'Ann est anonyme.

8.2 LES CLASSES RÉCURSIVES

Une *méthode récursive* s'appelle elle-même, comme nous l'avons vu à la section 5.4. Une *classe récursive* est composée d'elle-même, c'est-à-dire qu'elle a un champ de référence qui fait référence aux objets de la classe à laquelle elle appartient. Les classes récursives sont particulièrement utiles pour créer des structures liées susceptibles de représenter des relations complexes.

Exemple 8.3 Les arbres généalogiques

Cette version de la classe `Person` définie à l'exemple 8.2 ajoute les quatre champs `mother`, `father`, `twoBlanks` et `tab`. Elle modifie également la méthode `toString()` :

```
public class Person {
  protected Name name;
  protected char sex; // 'H' ou 'F'
  protected String id; // ex., numéro de sécurité sociale
  protected Person mother;
  protected Person father;
  private static final String twoBlanks = "  ";
  private static String tab = "";

  public Person(Name name, char sex) {
    this.name = name;
    this.sex = sex;
  }

  public Person(Name name, char sex, String id) {
    this.name = name;
    this.sex = sex;
    this.id = id;
  }

  public Name name() {
    return name;
  }

  // Les accesseurs sex() et id() sont identiques à ceux
  // de l’exemple 8.2

  public void setId(String id) {
    this.id = id;
  }

  public void setMother(Person mother) {
    this.mother = mother;
  }

  public void setFather(Person father) {
    this.father = father;
  }

  public String toString() {
    String s = new String(name + " (" + sex + ")");
    if (id != null) s += "; id: " + id;
    s += "\n";
```

```
      if (mother != null) {
       tab += twoBlanks; // ajoute deux espaces vides
       s += tab + "mere : " + mother;
       tab = tab.substring(2); // supprime deux espaces vides
      }
      if (father != null) {
       tab += twoBlanks; // ajoute deux espaces vides
       s += tab + "pere : " + father;
       tab = tab.substring(2); // supprime deux espaces vides
      }
      return s;
    }
}
```

Avec le pilote test :

```
class TestPerson {
 public static void main(String[] args) {
   Person ww = new Person(new Name("William", "Windsor"), 'H');
   Person cw = new Person(new Name("Charles", "Windsor"), 'H');
   Person ds = new Person(new Name("Diana", "Spencer"), 'F');
   Person es = new Person(new Name("Edward", "Spencer"), 'H');
   Person ew = new Person(new Name("Elizabeth", "Windsor"), 'F');
   Person pm = new Person(new Name("Philip", "Mountbatten")
                                 , 'H');
    Person eb = new Person(new Name("Elizabeth", "Bowes-Lyon")
                                 , 'F');
   Person gw = new Person(new Name("George", "Windsor"), 'H');
   ww.setFather(cw);
   ww.setMother(ds);
   ds.setFather(es);
   cw.setMother(cw);
   cw.setFather(pm);
   ew.setMother(eb);
   ew.setFather(gw);
   System.out.println(ww);
  }
}
```

Vous obtenez la sortie :

```
William Windsor (H)
  mere : Diana Spencer (F)
    pere : Edward Spencer (H)
  pere : Charles Windsor (H)
    mere : Elizabeth Windsor (F)
      mere : Elizabeth Bowes-Lyon (F)
      pere : George Windsor (H)
  pere : Philip Mountbatten (H)
```

Ce programme crée huit objets `Person` que nous avons étudiés à l'exemple 8.3 (certains détails des objets sont omis ici, chaque champ étant en fait une référence à un objet `Name` distinct).

Cette version de la classe `Person` est récursive parce que les champs `mother` et `father` sont des références aux objets `Person`.

La méthode `main()` commence par créer les huit objets. Elle appelle ensuite les méthodes `setMother()` et `setFather()` pour les lier. Le résultat obtenu est une structure arborescente liée. Les deux champs statiques `blanks` et `tab` sont uniquement utilisés dans la méthode `toString()`. Ils génèrent un formatage indenté, comme illustré par la sortie que nous venons de voir. Chaque fois que la méthode `toString()` imprime une ligne avec `mother` ou `father`, elle ajoute deux espaces vides à la chaîne `tab`, elle les imprime, puis elle supprime ces deux espaces. Dans la mesure où le champ est déclaré comme `static`, il ne change pas au cours de la vie du programme, sauf lorsque la méthode `toString()` le modifie. Le programme tabule alors $2n$ espaces, n correspondant au niveau actuel de récursivité. Par exemple, la chaîne `father: George Windsor (M)` est indentée de 6 espaces vides parce qu'elle est imprimée dans un appel récursif de niveau 3 : `ww.toString()` appelle `cw.toString()`, qui appelle `ew.toString()`, qui appelle `gw.toString()`. Ce procédé permet de voir aisément qui sont les parents de qui.

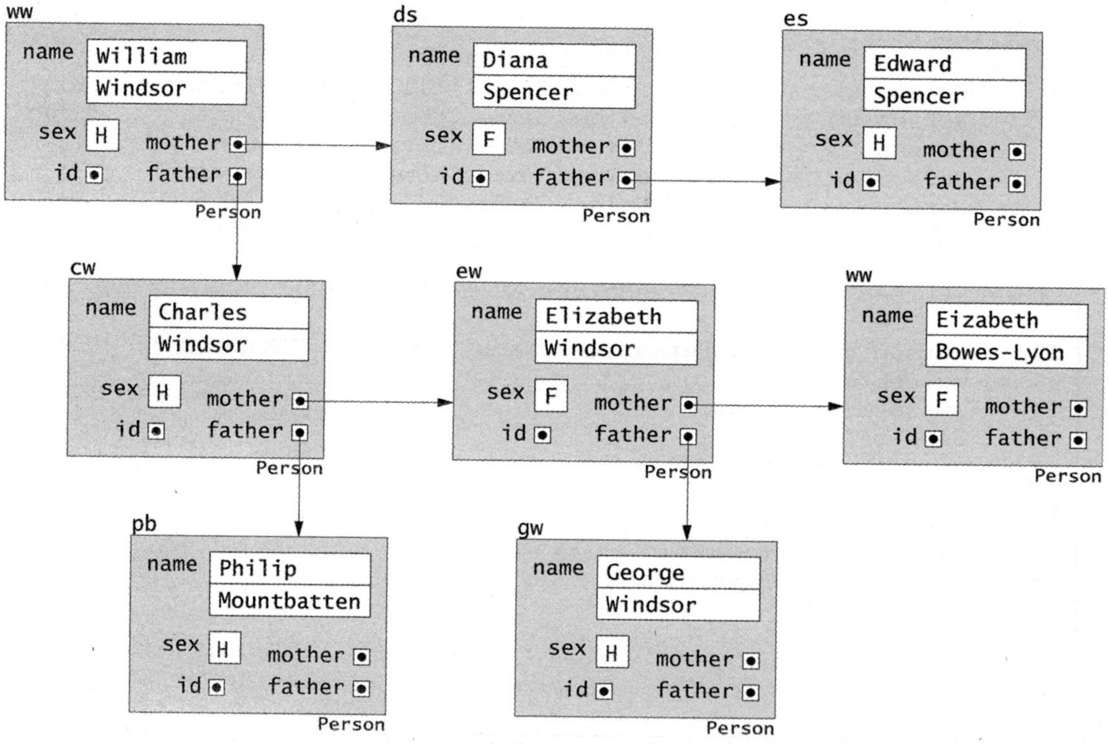

Figure 8.3 Objets du programme de l'exemple 8.3

Exemple 8.4 Une liste de numéros de téléphone

Cette classe gère une liste de numéros de téléphone d'amis :

```
public class Friend {
  protected String name; // ex., "Bill Ross"
  protected String telephone; // ex., "283-9104"
  protected Friend next; // objet suivant de la liste
  static Friend list; // liste liée d'amis

  public static void print() {
    Friend friend = list;
```

```
    if (friend == null) System.out.println("La liste est vide.");
    else do {
      System.out.println(friend);
      friend = friend.next;
    } while (friend != null);
  }

  public Friend(String name, String telephone) {
    this.name = name;
    this.telephone = telephone;
    this.next = list;
    list = this;
  }

  public String toString() {
    return new String(name+":\t"+telephone);
  }
}
```

Avec le pilote test :

```
1  class TestFriend {
2    public static void main(String args[]) {
3      Friend.print();
4      new Friend("Anita Huray", "388-1095");
5      new Friend("Bill Ross", "283-9104");
6      new Friend("Nat Withers", "217-5912");
7      Friend.print();
8    }
9  }
```

Vous obtenez la sortie :

```
La liste est vide.
Nat Withers: 217-5912
Bill Ross: 283-9104
Anita Huray: 388-1095
```

Cette liste comporte une séquence d'objets `Friend` liés (voir la figure 8.4). Chaque objet a trois champs de données : `name`, `telephone` et `next`. Le champ `next` est une référence à l'objet suivant de la liste. Le modificateur `static` dans la déclaration de la liste de variables identifie une *variable de classe*, par opposition à une variable d'instance. Cela signifie qu'il y a une seule variable de ce type pour toute la classe, par opposition à une variable pour chaque objet de la classe. Cette variable est une référence au premier objet de la liste.

Le modificateur `static` dans la déclaration de la méthode `print()` l'identifie comme méthode de classe. Il imprime toute la liste ou signale qu'elle est vide. Il suit les liens `next` des objets.

À la ligne 2 du pilote test, la méthode `main()` appelle la méthode `print()` alors que la liste est toujours vide. Elle crée ensuite trois objets, puis appelle à nouveau `print()`.

Les objets sont insérés dans la liste lorsque le constructeur les crée (lignes 19 et 20). La ligne 19 affecte le champ `next` pour qu'il fasse référence au premier objet de la liste existante, comme c'est le cas de la variable de classe `list`. La ligne 20 réaffecte cette variable de classe pour qu'elle fasse référence au nouvel objet et la place donc au début de la liste.

Notez qu'avant la création des objets, la variable `list` est `null`, ce qui signifie que la liste est vide. Par conséquent, lorsque le premier objet est inséré dans la liste, la ligne 19 affecte `null` au champ `next` de cet objet. Ensuite, dans la mesure où tous les autres objets sont insérés au début de la liste, le premier objet qui a été inséré devient le dernier. La fin de la liste est donc identifiée par la valeur `null` du champ `next` de son dernier objet.

La méthode `print()` de la ligne 7 parcourt la liste, appelle la méthode `println()`, qui appelle la méthode `toString()` sur chaque objet. Chaque fois que la boucle `do...while` est itérée, l'instruction de la ligne 12 fait avancer la variable de référence locale `friend` jusqu'à l'objet suivant de la liste. Lorsqu'elle fait référence au dernier objet, cette instruction lui attribue `null` et arrête donc la boucle.

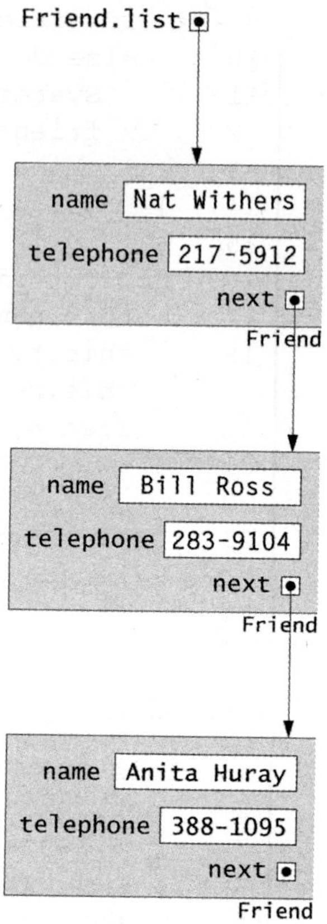

Figure 8.4
Objets de l'exemple 8.4

8.3 L'HÉRITAGE

L'*héritage* consiste à créer une nouvelle classe à partir d'une classe existante en lui ajoutant d'autres fonctionnalités. Nous disons alors que la nouvelle classe *hérite* de toutes les fonctionnalités de la classe existante.

En Java, l'héritage est implémenté grâce à l'*extension*. Pour définir une nouvelle classe comme extension d'une classe existante, il suffit d'insérer une clause `extends` dans l'en-tête de la définition des nouvelles classes. Tous les membres de la classe étendue sont alors considérés comme des membres de la nouvelle classe. La classe étendue est parfois qualifiée de *classe enfant* ou de *sous-classe* de la classe étendue, qui est elle-même nommée *classe parent, superclasse ou classe de base.*

Exemple 8.5 Extension de la classe `Point`

Ce programme modifie la classe `Point` de l'exemple 6.1 de façon à déclarer ses champs `x` et `y` comme `protected` au lieu de `private` :

```
 public class Point {
// Objets représentant des points en réseau sur un plan cartésien.
// Les objets sont immuables

   protected int x, y; // les coordonnées du point

   public Point(int x, int y) {
     this.x = x;
     this.y = y;
   }

```

```
12   public boolean equals(Point p) {
13     return (x == p.x && y == p.y);
14   }
15
16   public int getX() {
17     return x;
18   }
19
20   public int getY() {
21     return y;
22   }
23
24   public String toString() {
25     return new String("(" + (float)x + ", " + (float)y + ")");
26   }
27 }
```

Voici maintenant une extension de cette classe `Point` :

```
1  public class NamedPoint extends Point {
2    final private String name;
3
4    public NamedPoint(int x, int y, String name) {
5      super(x, y);
6      this.name = name;
7    }
8
9    public String getName() {
10     return name;
11   }
12
13   public String toString() {
14     return new String(name + "(" + x + ", " + y + ")");
15   }
16 }
```

Toute instance de la classe `NamedPoint` aura trois champs : les deux champs de type `int` nommés `x` et `y` hérités de la classe `Point`, et le champ de type `String` nommé `name` défini à la ligne 2. L'instance hérite également des méthodes `equals()`, `getX()` et `getY()` qui sont définies dans la classe `Point`. La méthode `toString()` définie dans la classe `NamedPoint` remplace la méthode `toString()` définie dans la classe `Point`. La classe `NamedPoint` a donc cinq méthodes (`getName()`, `toString()`, `equals()`, `getX()` et `getY()`), outre le constructeur défini ici à la ligne 4.

Le constructeur de la sous-classe `NamedPoint` appelle le constructeur de sa superclasse `Point` à la ligne 5, en utilisant le mot-clé `super` comme nom de méthode, et il passe `x` et `y` au constructeur `Point` qui est défini à la ligne 7 de la classe `Point`.

Avec le pilote test suivant pour la sous-classe `NamedPoint` :

```
1  public class TestNamedPoint {
2    public static void main(String[] args) {
3      NamedPoint p = new NamedPoint(2, -3, "P");
4      System.out.println("p: " + p);
5      System.out.println("p.getName(): " + p.getName());
6      System.out.println("p.getX(): " + p.getX());
7      NamedPoint q = new NamedPoint(2, -3, "Q");
```

```
8         System.out.println("q: " + q);
9         System.out.println("q.equals(p): " + q.equals(p));
10    }
11 }
```

Vous obtenez la sortie :

```
p: P(2, -3)
p.getName(): P
p.getX(): 2
q: Q(2, -3)
q.equals(p): true
```

Le constructeur `NamedPoint` est appelé à la ligne 3. Il passe les valeurs 2 et 3 à `x` et `y` dans le constructeur `Point` qui construit l'objet. Ensuite, le champ `name` est initialisé avec la chaîne `"P"` ligne 6 de la sous-classe `NamedPoint`.

À la ligne 6 du pilote test, vous constatez que l'objet `NamedPoint` nommé `p` peut appeler la méthode `getX()` héritée de la superclasse `Point`. D'autre part, ligne 9, ce même objet appelle la méthode `equals()` de la superclasse `Point`. Seule condition : les coordonnées *x* et *y* doivent être identiques. Le nom du point n'a aucune importance pour cette méthode.

Il est généralement conseillé de déclarer les méthodes comme `protected` plutôt que `private` dans toute classe susceptible d'être étendue, à l'exception bien sûr des membres dont l'accès doit être exclu des sous-classes.

L'héritage s'applique aux champs et aux méthodes de classes, mais pas aux constructeurs. Un constructeur doit toujours avoir le même nom que sa classe. C'est pourquoi les classes étendues définissent généralement de manière explicite leur propres constructeurs.

Si un constructeur de sous-classe n'utilise pas le mot-clé `super` pour appeler un constructeur de superclasse, le constructeur par défaut (sans argument) de sa superclasse est appelé implicitement. On rappelle que si aucun constructeur n'est défini explicitement pour la superclasse, le constructeur par défaut est créé automatiquement par le compilateur. Cependant, si un autre constructeur a été défini pour la superclasse, le constructeur par défaut n'existe pas. Dans ce cas de figure, le constructeur de sous-classe n'est pas compilé à moins qu'il n'utilise le mot-clé `super` pour appeler explicitement un constructeur de superclasse. C'est pourquoi il est généralement conseillé de définir des sous-classes qui appellent toujours les constructeurs de superclasse explicitement avec le mot-clé `super`.

8.4 LA CLASSE `Object`

Si une classe définie par l'utilisateur n'étend pas d'autre classe explicitement, elle étend nécessairement par défaut la classe `Object` prédéfinie. Par conséquent, chaque classe Java est membre d'une vaste hiérarchie d'héritage dont la racine est la classe `Object`. Que ce soit directement ou indirectement, chaque classe est une extension de la classe `Object`.

La figure 8.5 représente une très petite section de la hiérarchie d'héritage Java. Les classes standard, comme `Random` et `String`, sont listées ici sans préfixe parce qu'elles appartiennent au paquetage par défaut `java.lang`. La sous-hiérarchie, qui a pour racine la classe `java.util.AbstractCollection`, est décrite au chapitre 10. Les classes `Point` et `NamedPoint` que nous définissons à l'exemple 8.5 sont listées en bas de la hiérarchie.

```
Object
  ├── Math
  ├── Number
  │     ├── Double
  │     └── Integer
  ├── Random
  ├── String
  ├── StringBuffer
  ├── System
  ├── java.util.AbstractCollection
  │     └── java.util.AbstractList
  │           ├── java.util.AbstractSequentialList
  │           │     └── java.util.LinkedList
  │           └── java.util.ArrayList
  ├── java.util.Arrays
  ├── java.util.Date
  ├── java.util.Random
  └── ch08.ex01.Point
        └── ch08.ex01.NamedPoint
```

Figure 8.5 Une partie de la hiérarchie d'héritage Java

Dans la mesure où chaque classe Java étend la classe `Object`, elle hérite nécessairement des méthodes définies dans cette classe racine. Nous allons détailler certaines de ces méthodes aux sections suivantes.

La figure 8.6 représente la première partie de la documentation API Java de la classe `Object`. Notez que, dans la mesure où les tableaux sont des objets, ils héritent également de toutes les méthodes de cette classe.

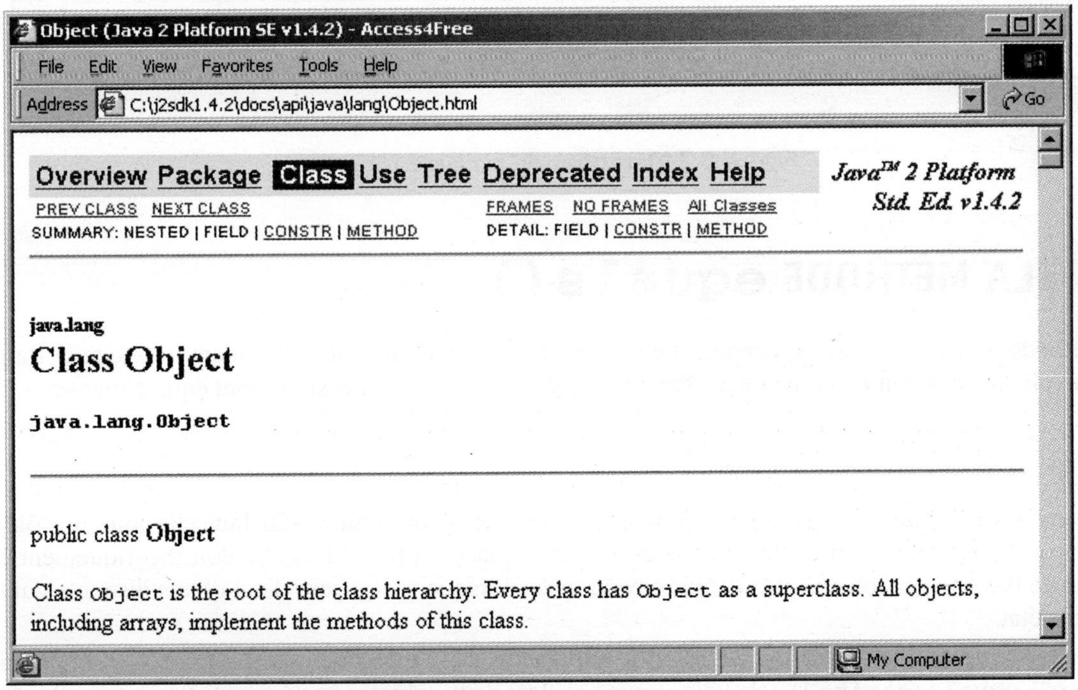

Figure 8.6 Documentation API Java de la classe Object

La figure 8.7 représente huit des méthodes de la classe `Object`. Quatre d'entre elles, `equals()`, `getClass()`, `hashCode()` et `toString()` font l'objet des sections suivantes.

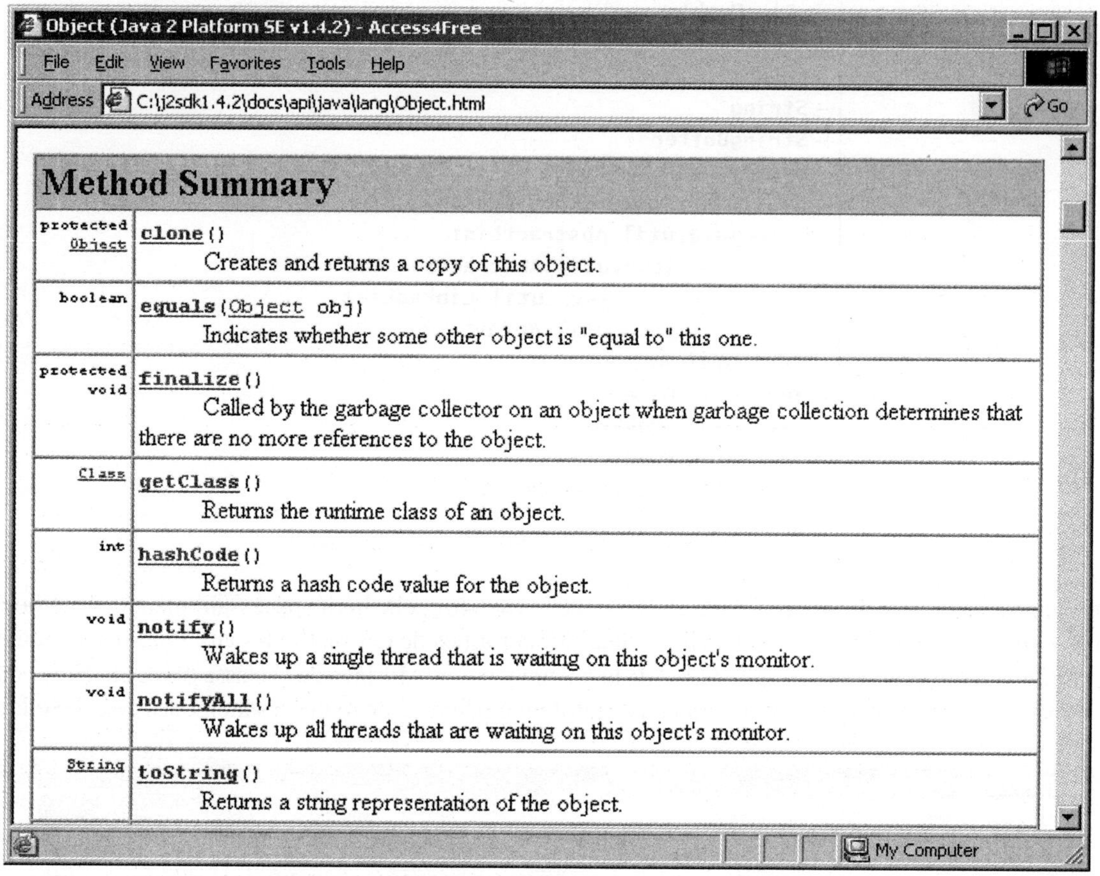

Figure 8.7 Méthodes de la classe Object

8.5 LA MÉTHODE `equals()`

La méthode `equals()` est booléenne. Elle renvoie `false` à moins que l'argument implicite et l'argument explicite ne soient le même objet. Par conséquent, ces deux expressions sont équivalentes :

```
x.equals(y)
x == y
```

La méthode `equals()` est donc redondante et semble même inutile. En fait, elle joue un rôle de valeur par défaut, au cas où la classe étendue ne la remplacerait pas. Mais elle doit théoriquement être remplacée par une version spécifique qui renvoie `true` lorsque `x` et `y` sont deux objets distincts qui ont le même état.

Par exemple, la classe `String` remplace la méthode `equals()`. L'expression `string1.equals(string2)` renvoie `true` si les deux objets `string` distincts `string1` et `string2` représentent la même chaîne de caractères, comme nous allons le voir à l'exemple suivant.

Exemple 8.6 La méthode `equals()` de la classe `String`

Ce programme modifie celui de l'exemple 2.5. Il vous permet de constater que, pour les objets de la classe `String`, la méthode `equals()` peut être `true` lorsque l'opérateur `==` est `false` :

```
1  public class TestStringEquality {
2    public static void main(String[] args) {
3      String s2 = "ABC";
4      String s3 = new String("ABC");
5      System.out.println("s3 == s2: " + (s3 == s2));
6      System.out.println("s3.equals(s2): " + s3.equals(s2));
7    }
8  }
```

Vous obtenez la sortie :

```
s3 == s2: false
s3.equals(s2): true
```

La sortie de la ligne 5 indique que les chaînes `s2` et `s3` sont des objets distincts, mais qu'elles représentent toutes les deux la chaîne de caractères `ABC`, c'est pourquoi `s3.equals(s2)` est `true`.

À la ligne 7 de l'exemple 8.5, nous remplaçons la méthode `equals()` de la classe `Point`. Comme pour la classe `String`, cela nous permet de définir des objets distincts comme égaux s'ils ont un état identique, c'est-à-dire si leurs coordonnées sont les mêmes.

Notez que la classe `NamedPoint` pouvait à nouveau remplacer la méthode `equals()`, les points nommés devant avoir le même nom pour être égaux. En décidant de ne pas procéder à ce remplacement, nous autorisons la classe `NamedPoint` à hériter de la méthode `equals()` définie pour la classe `Point`. Vous pouvez ainsi constater à la ligne 9 du pilote test que les points nommés $P = (2,–3)$ et $Q = (2,–3)$ sont égaux.

D'autre part, la classe `NamedPoint` hérite de la méthode `equals()` définie pour la classe `Point`, et non de la méthode `equals()` de la classe `Object`. En général, lorsqu'une méthode est appelée, l'environnement d'exécution Java commence par la rechercher dans la classe courante. S'il ne la trouve pas, il parcourt la hiérarchie d'héritage jusqu'à ce qu'il la découvre. La première version ainsi trouvée est exécutée. Dans le cas présent, la méthode `equals()` de la classe `Point` se trouve avant celle de la classe `Object`.

La méthode `hashCode()` de la classe `Object` renvoie un numéro d'identification pour son argument implicite. Ce numéro est un entier qui sert généralement à calculer l'emplacement de l'objet lorsqu'il est stocké dans un tableau. Cette structure de stockage est une *table de hachage*. Le terme « hachage » suggère un mélange aléatoire qui a lieu quand les objets sont répartis dans la table.

8.6 EXTENSION D'UNE CLASSE

Cette section illustre la technique d'héritage par extension des classes.

Exemple 8.7 La sous-classe `ClassY` hérite du champ protected `m` de la classe `ClassX`

Ce programme définit une classe simple composée d'un champ et d'une méthode :

```
class ClassX {
  protected int m;

```

```
    public String toString() {
      return new String("(" + m + ")");
    }
}
```

Notez que le champ `m` est déclaré avec un accès `protected` au lieu de `private`.

Cette deuxième classe est définie de façon à étendre la première :

```
public class ClassY extends ClassX {
  private int n;

  public String toString() {
    return new String("(" + m + "," + n + ")");
  }
}
```

Notez que la méthode `toString()` déclarée ici a la même signature que celle qui est déclarée dans `ClassX`.

Avec le pilote test suivant

```
class TestClassY {
  public static void main(String[] args) {
    ClassX x = new ClassX();
    System.out.println("x = " + x);
    ClassY y = new ClassY();
    System.out.println("y = " + y);
  }
}
```

Vous obtenez la sortie :

```
x = (0)
y = (0,0)
```

La classe `ClassX` déclare un seul champ `int` nommé `m` et la méthode `toString()`. Étant donné que `ClassX` n'a aucun constructeur explicite, le compilateur crée un constructeur par défaut pour cette classe. C'est pourquoi l'objet `x` créé à la première ligne de `main()` est similaire à l'image de la figure 8.8.

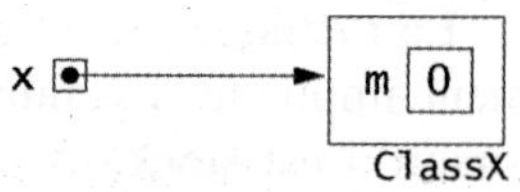

Figure 8.8
Un objet ClassX

La ligne :

```
public class ClassY extends ClassX
```

définit `ClassY` comme sous-classe de `ClassX`. Le mot-clé `extends` permet de spécifier la classe définie comme sous-classe d'une autre classe.

La classe `ClassY` déclare un seul champ `int` nommé `n` et la méthode `toString()`. Son constructeur par défaut est également créé implicitement par le compilateur. Par conséquent, l'objet `y` créé à la troisième ligne de `main()` est similaire à l'image de la figure 8.9.

Dans la mesure où `ClassY` est une sous-classe de `ClassX`, chaque instance de `ClassY` a deux champs : `m`, qui hérite de `ClassX`, et `n` qui est déclaré explicitement.

Le champ `m` de `ClassX` est déclaré comme `protected` au lieu de `private`. Comme nous l'avons déjà vu, le modificateur de champ `protected` signifie que le champ est accessible depuis toutes les sous-classes, alors que le modificateur `private` signifie qu'il est uniquement accessible depuis la classe elle-même.

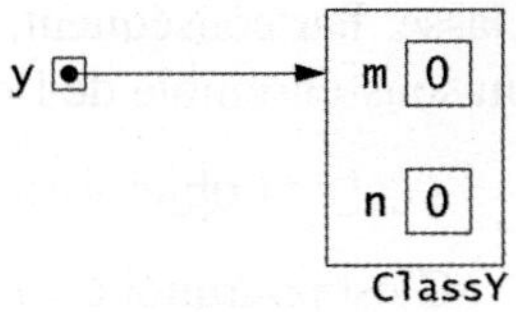

Figure 8.9
Un objet ClassY

Voici maintenant une définition équivalente de `ClassY` sans utilisation de l'héritage :

```
public class ClassY
  private int m, n;

  public String toString() {
    return new String("(" + m + "," + n + ")");
  }
}
```

Exemple 8.8 Les sous-classes n'accèdent pas aux champs `private` de la superclasse

Ces définitions sont identiques à celles de l'exemple 8.7, à l'exception de la déclaration du champ `m` de `ClassX` comme `private` au lieu de `protected` :

```
class ClassX {
  private int m;

  public String toString() {
    return new String("(" + m + ")");
  }
}

public class ClassY extends ClassX {
  private int n;

  public String toString() {
   return new String("(" + m + "," + n + ")");
         // ERREUR : acces à m interdit
  }
}

class TestClassY {
  public static void main(String[] args) {
    ClassX x = new ClassX();
    System.out.println("x = " + x);
    ClassY y = new ClassY();
    System.out.println("y = " + y);
  }
}
```

Ce programme ne peut pas être compilé parce que la méthode `ClassY.toString()` essaie d'accéder au champ `ClassX.m` qui est déclaré comme `private`.

Lorsqu'une classe hérite d'une autre classe, elle est qualifiée de sous-classe (ou classe enfant) de la superclasse (ou classe parent) dont elle hérite. Ainsi, à l'exemple 8.7, `ClassX` est la superclasse de `ClassY` qui est sa sous-classe. Une sous-classe étend la définition de sa superclasse en ajoutant des champs et des méthodes. Les instances de la sous-classe sont donc plus spécialisées que celles de la classe parent. Chaque instance de la sous-clase a toutes les caractéristiques des instances de la superclasse. Par conséquent, l'ensemble regroupant toutes les instances de la sous-classe est essentiellement un sous-ensemble de l'ensemble regroupant toutes les instances de la superclasse :

$\{y$: l'objet y est une instance de `ClassY`$\} \subseteq \{x$: l'objet x est une instance de `ClassX`$\}$

C'est pourquoi `ClassY` est une sous-classe de `ClassX`.

8.7 REMPLACEMENT DES CHAMPS ET DES MÉTHODES

Une instance `y` de `ClassY` est globalement identique à une instance de `ClassX`, mais elle a des données et des fonctionnalités supplémentaires. Cependant, cette règle a des limites. En effet, si les deux classes déclarent une méthode `g()` avec la même signature, la méthode `y.g()` appelle la méthode déclarée dans `ClassY`, et non celle déclarée dans `ClassX`. Dans ce cas, la méthode `y.g()` *remplace* la méthode `x.g()`. Le remplacement comme la surcharge opèrent sur des méthodes ayant le même nom. En revanche, il diffère de la surcharge dans la mesure où les méthodes ont la même signature (même nom, même liste de types de paramètres) et sont déclarées dans des classes différentes. Elles doivent également avoir les mêmes types de renvoi et la méthode de remplacement doit avoir un accès aussi important que la méthode remplacée. Par conséquent, une méthode `public` peut uniquement être remplacée par un autre méthode `public`.

Le remplacement des champs est similaire au remplacement des méthodes : les déclarations sont identiques, mais elles sont définies dans des classes différentes.

Exemple 8.9 Remplacement des champs et des méthodes

Cet exemple est similaire au précédent. Il illustre le remplacement des champs et des méthodes d'une superclasse par ceux d'une sous-classe. Il s'agit d'une classe simple avec deux champs `protected` et trois méthodes :

```
class ClassX {
  protected int m;
  protected int n;

  void f() {
    System.out.println("Maintenant dans ClassX.f().");
    m = 22;
  }

  void g() {
    System.out.println("Maintenant dans ClassX.g().");
    n = 44;
  }

  public String toString() {
    return new String( "{ m=" + m + ", n=" + n + " }" );
  }
}
```

Voici une sous-classe :

```
class ClassY extends ClassX {
  private double n;        // masque le champ ClassX.n

  void g() {               // remplace la méthode ClassX.g()
```

```
    System.out.println("Maintenant dans ClassY.g().");
    n = 3.1415926535897932;
  }

  public String toString() {
                          // remplace la méthode ClassX.toString()
  return new String( "{ m=" + m + ", n=" + n + " }" );
  }
}
```

Ses champs n et méthodes g() masquent les membres de ClassX ayant le même nom.

Voici un pilote test :

```
1  class TestClassY {
2    public static void main(String[] args) {
3      ClassX x = new ClassX();
4      x.f();
5      x.g();
6      System.out.println("x = " + x);
7      ClassY y = new ClassY(); // y est une ClassY
8      y.f();                // polymorphisme : y est aussi une ClassX
9      y.g();
10     System.out.println("y = " + y);
11   }
12 }
```

Sa sortie est :

```
Maintenant dans ClassX.f().
Maintenant dans ClassX.g().
x = { m=22, n=44 }
Maintenant dans ClassX.f().
Maintenant dans ClassY.g().
y = { m=22, n=3.141592653589793 }
```

L'objet x de ClassX a des champs x.m et x.n, ainsi que des méthodes x.f(), x.g() et x.toString(). L'objet y de ClassY a des champs y.m et y.n, ainsi que des méthodes y.f(), y.g() et y.toString(). Le champ y.m et la méthode y.f() sont déclarés dans la superclasse ClassX. Le champ y.n, ainsi que les méthodes y.g() et y.toString() sont déclarés dans leur propre classe ClassY, masquant ainsi les déclarations de n, g() et toString() dans ClassX.

Pour savoir quelles déclarations ont été utilisées pour le champ y.n et la méthode y.g(), il suffit de consulter la sortie du pilote test. Le champ y.n a le type double, soit 3.141592653589793 dans la méthode y.g() qui est déclarée dans ClassY.

L'instruction de la ligne 8 du pilote test illustre la notion de *polymorphisme*, c'est-à-dire capable de prendre plusieurs formes. Bien que l'argument implicite y soit un objet ClassY, il peut prendre la forme d'un objet ClassX afin d'appeler la méthode ClassX.f(). Cela s'applique aux arguments implicites et explicites des méthodes de superclasse.

8.8 LE MOT-CLÉ super

Java utilise le mot-clé `super` afin de faire référence aux membres de la classe parent. Lorsqu'il est utilisé sous la forme `super()`, il appelle le constructeur de la superclasse. Lorsqu'il est utilisé sous la forme `super.f()`, il recherche la méthode `f()` dans la hiérarchie des classes, à partir de la superclasse. Vous pouvez ainsi outrepasser le masquage.

Exemple 8.10 Une sous-classe `Student` de la classe `Person`

Voici une sous-classe de la classe `Person` (voir l'exemple 8.2) :

```
class Student extends Person {
   protected int credits; // UV obtenues
   protected double gpa; // moyenne des notes

   Student(Name name, char sex, int credits, double gpa) {
     super(name, sex);
                 // appelle le constructeur de classe Person
     this.credits = credits;
     this.gpa = gpa;
  }

   int credits() {
     return credits;
   }

   double gpa() {
     return gpa;
  }

  public String toString() {
    String s;
    s = new String(super.toString());
          // appelle toString() de la classe Person
    s += "\n\tuv : " + credits;
    s += "\n\tmoyenne : " + gpa;
    return s;
  }
}
```

Avec le pilote test :

```
class TestStudent {
  public static void main(String[] args) {
    Name annsName = new Name("Ann", "Baker");
    Student ann = new Student(annsName, 'F', 16, 3.5);
    System.out.println("ann : " + ann);
  }
}
```

La sortie est :

```
ann : Ann Baker (sex: F)
uv : 16
moyenne : 3.5
```

La ligne 3 du pilote test crée l'objet `Name` nommé `annsName`. La ligne 4 crée l'objet `Student` nommé `ann`, comme à l'exemple 8.2, mais cette fois il s'agit d'une instance de la classe `Student` et non de la classe `Person`. La première ligne du constructeur `Student` (lignes 6 et 7) est donc

```
super(name, sex); // appelle le constructeur de la classe Person
```

Le mot-clé `super` fait référence à la superclasse de la classe courante. Dans la mesure où il s'agit de la classe `Person`, le `name` et `sex` de l'argument sont passés au constructeur de la classe `Person` qui exécute le code sur l'objet `ann`. Cela revient à déclarer le constructeur de classe `Student` sous la forme

```
Student(Name name, char sex, int credits, double gpa) {
  this.name = name;
  this.sex = sex;
  this.credits = credits;
  this.gpa = gpa;
}
```

Dans le cas présent, nous avons utilisé la méthode indirecte au lieu d'illustrer l'utilisation du mot-clé `super`.

Les objets de ce programme sont représentés à la figure 8.10.

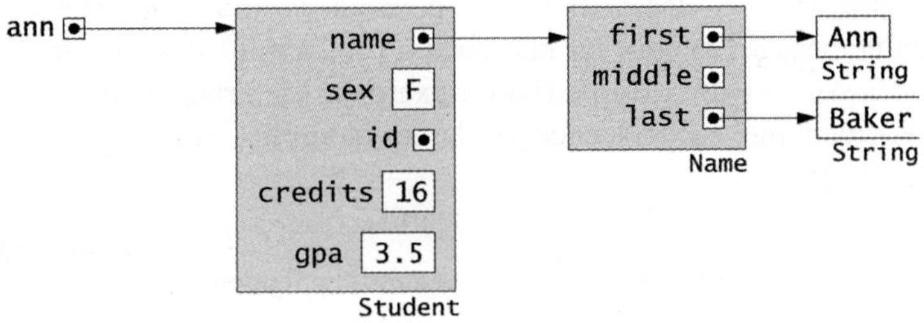

Figure 8.10 Objets de l'exemple 8.10

8.9 HÉRITAGE ET COMPOSITION

L'héritage est synonyme de *spécialisation*. Une sous-classe se spécialise en héritant de tous les champs et de toutes les méthodes de sa superclasse, auxquelles elle en ajoute de nouvelles. Les champs et méthodes supplémentaires rendent la sous-classe plus restrictive, et par conséquent plus spécialisée. L'ensemble qui regroupe tous les objets de la sous-classe est donc un sous-ensemble de l'ensemble regroupant tous les objets de la superclasse. L'ensemble de tous les étudiants est un sous-ensemble de l'ensemble regroupant toutes les personnes. Les étudiants sont des personnes spécialisées.

Notez que le critère essentiel permettant de déterminer que la classe `Y` est une sous-classe de la classe `X` est que `Y` doit inclure tous les champs de `X`. Cela signifie que l'ensemble des champs de la sous-classe est un superensemble de l'ensemble des champs de la superclasse. Cela peut sembler contradictoire, mais la spécialisation d'un groupe plus petit est en réalité issue d'un ensemble de critères plus important. En effet, les critères sont des restrictions. Or, plus les restrictions sont nombreuses, plus le groupe créé est petit.

Si l'héritage implique une spécialisation, la composition est quant à elle synonyme d'agrégation. La classe `Student` est une spécialisation de la classe `Person`, mais elle est une agrégation des classes

Name et String (et des types char, int et double). Les programmeurs ont souvent recours aux phrases « est un » et « a un » pour faire la distinction entre l'héritage et la composition. Ainsi, un étudiant « est une » personne, alors qu'il « a un » nom. Cette distinction vous évitera de commettre quelques erreurs lors de la définition d'une sous-classe qui ne devrait pas en être une. Ces erreurs de conception se produisent parfois lorsque vous supposez que l'héritage implique simplement l'ajout de champs. Par exemple, nous pourrions définir une classe générique Circle avec un seul champ pour le rayon du cercle. Puis, dans la mesure où les cylindres sont également des objets géométriques avec des rayons, nous pourrions décider de définir une classe Cylinder comme sous-classe de Circle en ajoutant simplement un deuxième champ pour la hauteur du cylindre. Mais les cylindres ne sont pas des cercles spécialisés, ils n'ont même pas la même dimension. Par conséquent, l'extension d'une classe Circle en classe Cylinder serait une utilisation inappropriée de l'héritage.

8.10 LES HIÉRARCHIES DE CLASSES

Une classe peut avoir plusieurs sous-classes. Par exemple, outre la classe Student, nous pourrions définir les sous-classes suivantes de la classe Person : Tailor (pour les tailleurs), Butcher (pour les bouchers), Baker (pour les boulangers), CandleStickMaker (pour les fabricants de chandeliers), Lawyer (pour les avocats), Judge (pour les juges), etc. En outre, les sous-classes peuvent avoir des sous-classes. Par exemple, la sous-classe Student pourrait avoir la sous-classe CollegeStudent (voir l'exercice d'entraînement 8.12) pour les étudiants à l'université, et cette sous-classe pourrait elle-même avoir une sous-classe GradStudent (voir l'exercice d'entraînement 8.13) pour les étudiants diplômés. Ces relations créent une arborescence de classes naturelle, comme illustré à la figure 8.11.

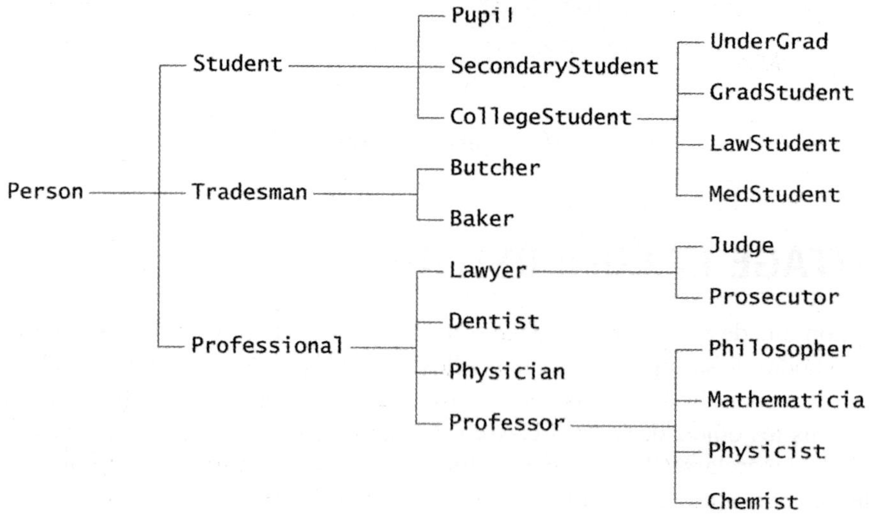

Figure 8.11 Une hiérarchie de spécialisation

Dans une hiérarchie de classe comme celle-ci, nous disons que la classe *Y* est un descendant de la classe *X* s'il existe une séquence de classes commençant par *Y* et finissant par *X* dans laquelle chaque classe est la superclasse de celle qui la précède. Par exemple, dans la hiérarchie de la figure 8.11, la classe UnderGrad (étudiants de premier cycle) est un descendant de la classe Person en raison de la séquence UnderGrad → CollegeStudent (étudiant à l'université) → Student (étudiant)

→ Person. En outre, si la classe *Y* est un descendant de la classe *X*, nous pouvons dire que *X* est un ancêtre de *Y*. Ainsi, dans l'exemple ci-dessus, la classe `Person` est un ancêtre de la classe `UnderGrad`. Les termes « sous-classe » et « extension » sont utilisés transitivement en Java, c'est pourquoi ils sont aussi synonymes du terme « descendant » : la classe `UnderGrad` est une sous-classe de la classe `Person`.

Dans une hiérarchie de classes, vous trouverez des classes abstraites et finales qui sont identifiées par les modificateurs `abstract` et `final`.

Une classe abstraite peut posséder des méthodes abstraites. Une méthode abstraite est déclarée uniquement avec sa signature, elle n'a aucune implémentation. Une classe abstraite ne peut pas être instanciée. Les classes et les méthodes sont déclarées comme abstraites à l'aide du modificateur `abstract`.

Exemple 8.11 Une classe `abstract`

Cet exemple définit trois classes : la classe abstraite `Shape` et les deux classes concrètes `Circle` et `Square`. Les deux dernières sont des sous-classes de la première.

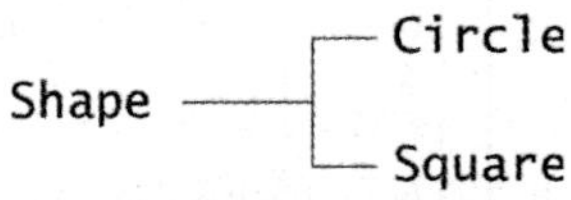

Figure 8.12
Formes spécialisées

```
abstract class Shape {
  abstract Point center();

  abstract double diameter();
  abstract double area();
}
```

La classe abstraite `Shape` a trois méthodes abstraites : `center()`, `diameter()` et `area()`. À l'instar des méthodes abstraites, elles sont déclarées uniquement avec leurs prototypes.

```
class Circle extends Shape {
  private Point center;
  private double radius;

  Circle(Point center, double radius) {
    this.center = center;
    this.radius = radius;
  }

  Point center() {
    return center;
  }

  double diameter() {
    return 2*radius;
  }

  double area() {
    return Math.PI*radius*radius;
  }

  public String toString() {
    return new String("{ centre = " + center
        + ", rayon = " + radius + "}");
  }
}
```

La classe `Circle` a deux champs, un constructeur et quatre méthodes. Les champs spécifient le centre et le rayon du cercle. Les trois méthodes concrètes `center()`, `diameter()` et `area()` implémentent les méthodes abstraites correspondantes déclarées dans la superclasse.

```
class Square extends Shape {
  private Point northWestCorner;
  private double side;

  Square(Point northWestCorner, double side) {
    this.northWestCorner = northWestCorner;
    this.side = side;
  }

  Point center() {
    int x = northWestCorner.getX() + (int)side/2;
    int y = northWestCorner.getY() - (int)side/2;
    return new Point(x, y);
  }

  double diameter() {
    return side*Math.sqrt(2.0);
  }

  double area() {
    return side*side;
  }

  public String toString() {
    return new String("{northWestCorner = " + northWestCorner
                   + ", cote = " + side + "}");
  }
}
```

La classe `Square` a également deux champs, un constructeur et quatre méthodes. Les champs spécifient la taille et l'emplacement du carré. Les trois méthodes concrètes `center()`, `diameter()` et `area()` implémentent les méthodes abstraites correspondantes déclarées dans la superclasse.

Avec ce pilote test pour la classe `Circle` :

```
class TestCircle {
  public static void main(String[] args) {
    Circle circle = new Circle(new Point(3,1),2.0);
    System.out.println("Le cercle est " + circle);
    System.out.println("Son centre est " + circle.center());
    System.out.println("Son diametre est " + circle.diameter());
    System.out.println("Son aire est " + circle.area());
  }
}
```

La sortie est :

```
Le cercle est : { centre = (3.0, 1.0), rayon = 2.0}
Son centre est (3.0, 1.0)
Son diametre est 4.0
Son aire est 12.566370614359172
```

Avec ce pilote test de la classe `Square` :

```
class TestSquare {
  public static void main(String[] args) {
    Square square = new Square(new Point(1,5),3.0);
    System.out.println("Le carre est : " + square);
    System.out.println("Son centre est " + square.center());
    System.out.println("Son diametre est " + square.diameter());
    System.out.println("Son aire est " + square.area());
  }
}
```

La sortie est :

```
Le carre est {northWestCorner = (1.0, 5.0), cote = 3.0}
Son centre est (2.5, 3.5)
Son diametre est 4.242640687119286
Son aire est 9.0
```

Notez que le diamètre de la forme géométrique est défini comme la longueur du segment linéaire le plus long dans la forme. Dans le cas du carré, il s'agit donc de la longueur de la diagonale.

Les objets cercle et carré, ainsi que leurs point d'emplacement de référence, sont décrits à la figure 8.13.

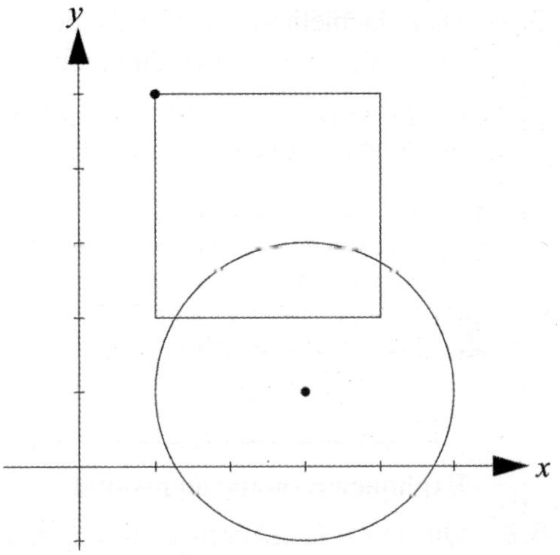

Figure 8.13 Objets Square et Circle

Une méthode `abstract` peut être considérée comme un résumé ou un contrat de spécification. En effet, elle indique ce qui doit être implémenté par les sous-classes, mais laisse ces dernières libres de procéder aux implémentations.

Par exemple, la méthode abstraite `area()` est déclarée dans la classe `Shape` précédente parce que chaque sous-classe doit avoir une méthode complète qui renvoie l'aire de ses instances. De plus, toutes ces méthodes doivent avoir la même signature :

```
double area()
```

La méthode `abstract` de la superclasse `abstract` force cette spécification.

Une méthode `abstract` est destinée à être remplacée dans chaque sous-classe, contrairement à la méthode `final` qui ne peut être remplacée dans aucune sous-classe. Vous déclarez une méthode comme `final` essentiellement lorsque vous souhaitez vous assurer qu'elle ne sera pas modifiée.

? QUESTIONS

8.1 Quelle est la différence entre la composition et l'héritage ?

8.2 Combien d'objets de l'exemple 8.2 mourront si l'instruction

```
ann = new Person(new Name("Ann","Landers"), 'F');
```

est exécutée après les autres ?

8.3 Combien d'objets de l'exemple 8.2 mourront si l'instruction

```
bob = new Person(new Name("Robert","Bruce"), 'M');
```

est exécutée après les autres ?

8.4 Le champ `tab` ne fonctionnerait pas correctement à l'exemple 8.3 s'il n'était pas déclaré comme `static`. Pourquoi ?

8.5 Que se passerait-il si les deux lignes de l'exemple 8.4

```
this.next = list;
list = this;
```

étaient inversées dans le constructeur ?

8.6 Dans la méthode `print()` de l'exemple 8.4, pourquoi est-il nécessaire d'utiliser la variable locale `friend` au lieu du champ `list` directement ?

8.7 Supprimez la méthode `toString()` de la `ClassY` de l'exemple 8.9, puis exécutez ce programme à nouveau. Vous obtenez la sortie :

```
Maintenant dans ClassX.f().
Maintenant dans ClassX.g().
x = { m=22, n=44 }
Maintenant dans ClassX.f().
Maintenant dans ClassY.g().
y = { m=22, n=0 }
```

Expliquez ce nouveau résultat.

8.8 Quelle est la différence entre le remplacement et la surcharge d'une méthode ?

8.9 Qu'est-ce que le polymorphisme ?

¿ RÉPONSES

8.1 Dans le cadre de la composition, une classe est le composant d'une autre classe. Par exemple, la classe `Name` est un composant de la classe `Person`. En revanche, l'héritage consiste à étendre une classe pour en créer une nouvelle. Par exemple, la classe `Student` étend la classe `Person`.

La composition implémente donc une relation d'appartenance (« a un »), alors que l'héritage implémente une relation d'existence (« est un »). Ainsi, une personne **a** un nom, alors qu'un étudiant **est** une personne.

8.2 Cette instruction supprime la référence `ann` de son référent courant et tue par conséquent l'objet `Person`. Dans la mesure où il y a deux références non `null`, les référents (un objet `Name` et un objet `String`) sont également tués. En outre, les deux objets `String` qui sont référencés par les champs de l'objet `Name` meurent. Résultat des courses : 5 objets morts.

8.3 Ce code déréférence uniquement l'objet `Person`. L'objet `Name`, et les trois objets `String` liés, survivent parce qu'ils conservent leur référence indépendante, `bobsName`.

8.4 Si ce champ n'était pas déclaré comme `static`, un champ `tab` distinct serait défini dans chaque objet `Person` et pas uniquement pour toute la classe. Il serait alors réinitialisé pour chaque `Person` ancêtre. Vous avez donc affaire à un champ de classe et non à un champ d'instance.

8.5 Si les deux lignes de l'exemple 8.4 :

```
this.next = list;
list = this;
```

du constructeur étaient inversées, la variable de classe `list` serait réaffectée avant l'enregistrement de sa valeur existante. Or, cette valeur fait référence au premier objet de la liste. Lorsque toutes les références à un objet sont supprimées, celui-ci meurt. Dans le cas présent, toute la liste serait donc perdue. En outre, si la première ligne de ce code suit la seconde, l'objet fait référence à lui-même.

8.6 Si nous utilisons le champ de liste de l'exemple 8.4 directement au lieu de définir une variable locale et static `friend`, la liste est vidée. Chaque fois que l'affectation :

```
list = list.next;
```

est exécutée, l'objet auquel `friend` fait référence est déréférencé et il est donc tué.

8.7 Si la méthode `toString()` de la classe `ClassY` est supprimée, l'instruction :

```
System.out.println("y = " + y);
```

appelle la méthode `toString()` de la classe `ClassX` à sa place.

8.8 Une méthode est dite surchargée lorsqu'une autre méthode portant le même nom, mais ayant une liste de types de paramètres différente, est déclarée dans une même classe. Une méthode est remplacée lorsqu'une autre méthode avec la même signature est déclarée dans une sous-classe. Ainsi, à l'exemple 8.1, le constructeur `Name()` est surchargé deux fois dans la classe `Name`, alors que la méthode `g()` déclarée dans `ClassY` remplace la méthode `g()` déclarée dans `ClassX` à l'exemple 8.9.

8.9 En programmation orientée objet, la polymorphisme fait référence à la capacité des objets à prendre la forme d'objets de diverses classes. Ainsi, à l'exemple 8.9, l'objet `y` est une instance de `ClassY`, mais il est capable de prendre la forme de l'objet `ClassX` lorsqu'il appelle la méthode `f()` de la classe `ClassX`.

? EXERCICES D'ENTRAÎNEMENT

8.1 Modifiez la classe `Name` définie à l'exemple 8.1 en ajoutant les trois champs suivants :

```
protected String prefix; // ex., "Dr."
protected String suffix; // ex., "Jr."
protected String nick; // ex., "Bill"
```

8.2 Implémentez une classe `Address` destinée aux adresses postales.

8.3 Implémentez une classe `Phone` destinée aux numéros de téléphone.

8.4 Implémentez une classe `Email` destinée aux adresses de courrier électronique.

8.5 Implémentez une classe `Url` destinée aux URL.

8.6 Modifiez la classe `Person` de l'exemple 8.2 en ajoutant les six champs suivants :

```
protected Phone phone; // numéro de téléphone domicile
protected Email email; // adresse e-mail
protected Url url; // URL de page personnelle
```

8.7 Implémentez une classe des corps célestes (le soleil, les planètes, leurs lunes, etc.). Insérez les champs suivants :

```
private String name;
private double mass; // en grammes
private double diameter; // en kilomètres
private double period; // en jours terrestres
private CelestialBody orbits;
private CelestialBody next;
static CelestialBody list;
```

Le champ de liste gère une liste liée de tous les objets créés, comme à l'exemple 8.4.

8.8 Modifiez la classe `Person` définie à l'exemple 8.3 en ajoutant ces champs :

```
protected int number; // le numéro de l'objet
protected static int count; // nombre d'objets Person de l'arbre
```

8.9 Ajoutez à chaque constructeur une instruction permettant d'incrémenter le compteur et modifiez la méthode `toString()` pour qu'elle imprime le numéro du compteur. Testez ensuite la classe modifiée. Si vous utilisez les données de l'exemple 8.3, vous devriez obtenir une sortie similaire à celle-ci :

```
William Windsor (H) #1
mere : Diana Spencer (F) #2
pere : Edward Spencer (H) #4
pere : Charles Windsor (H) #3
mere : Elizabeth Windsor (F) #5
mere : Elizabeth Bowes-Lyon (F) #7
pere : George Windsor (H) #8
pere : Philip Mountbatten (H) #6
```

Cette sortie indique par exemple que l'objet `Charles` a été créé en troisième.

8.10 Écrivez une méthode `insert()` de la classe `Friend` définie à l'exemple 8.4 pour que les objets soient insérés dans la liste par ordre alphabétique. Utilisez la méthode `compareTo()` définie dans la classe `String` afin de déterminer l'ordre alphabétique de deux chaînes `p` et `q` de la façon suivante :

```
(p.name.compareTo(q.name) < 0)    // signifie que p précède q
(p.name.compareTo(q.name) == 0)   // signifie que p égal q
(p.name.compareTo(q.name) > 0)    // signifie que p suit q
```

8.11 Modifiez la classe `Friend` de l'exemple 8.4 pour qu'elle devienne une sous-classe de la classe `Person`.

8.12 Ajoutez la méthode suivante à la classe `Student` de l'exemple 8.10 :

```
void update(int credit, char grade);
// Met à jour les uv et la moyenne de l'étudiant
// en ajoutant la nouvelle uv
// et recalcule la moyenne avec la nouvelle note
```

Par exemple, si `ann` a les données de l'exemple 8.10, l'action

```
ann.update(4,'B');
```

remplace la valeur de `ann.credit` par 20 et celle de `ann.gpa` par 3.4. Utilisez la formule :

$$\text{newgpa} = \frac{\text{credits} \times \text{gpa} + \text{credit} \times \text{points}}{\text{credits} + \text{credit}}$$

où `points` est l'équivalent numérique (4, 3, 2 ou 1) des notes exprimées sous forme de lettres (A, B, C ou D).

8.13 Étendez la classe `Student` de l'exemple 8.10 afin de créer une sous-classe nommée `CollegeStudent` avec un champ nommé `year` pour l'année de remise du diplôme.

8.14 Étendez la classe `CollegeStudent` (exercice d'entraînement 8.12) afin de créer une sous-classe nommée `GradStudent` avec un champ nommé `degree` pour les diplômes de premier cycle de l'étudiant.

8.15 Étendez la classe `abstract Shape` (exemple 8.11) afin de créer une sous-classe concrète nommée `Triangle` dont les instances représentent des triangles sur un plan cartésien. Pour la méthode `area()`, utilisez la formule $\pm(x_1y_2 + x_2y_3 + x_3y_1 - x_1y_2 - x_2y_3 - x_3y_1)/2$ pour la surface du triangle avec des verticales à (x_1, y_1), (x_2, y_2) et (x_3, y_3). Vous pouvez également avoir recours à une méthode utilitaire `private static` afin d'implémenter la formule suivante de calcul de la distance entre deux points (x_1, y_1) et(x_2, y_2) :

$$\sqrt{(x_1 - x_2)^2 + (y_1 - y_2)^2}$$

Voir l'exercice d'entraînement 6.20.

SOLUTIONS

8.1

```
class Name {
 protected String prefix; // ex., "M."
  protected String first; // ex., "William"
  protected String middle; // ex., "Jefferson"
  protected String last; // ex., "Clinton"
  protected String suffix; // ex., "Jr."
  protected String nick; // ex., "Bill"

  Name() { // constructeur par défaut
  }

  Name(String nick) {
    this.nick = nick;
  }

  Name(String first {
    this.first = first;
    this.last = last;
  }

  Name(String first, String middle, String last) {
    this(first,last);
    this.middle = middle;
  }

  Name(String first, String middle, String last, String nick) {
    this(first,middle,last);
    this.nick = nick;
  }

  Name(String prefix, String first, String middle,
            String last, String suffix) {
    this(first,middle,last);
    this.prefix = prefix;
    this.suffix = suffix;
  }

  Name(String prefix, String first, String middle,
            String last, String suffix, String nick) {
    this(prefix,first,middle,last,suffix);
    this.nick = nick;
  }

  String prefix() {
    return prefix;
  }

  String first() {
    return first;
  }
```

```
  String middle() {
    return middle;
  }

  String last() {
    return last;
  }

  String suffix() {
    return suffix;
  }

  String nick() {
    return nick;
  }

  void setPrefix(String prefix) {
    this.prefix = prefix;
  }

  void setFirst(String first) {
    this.first = first;
  }

  void setMiddle(String middle) {
    this.middle = middle;
  }

  void setLast(String last) {
    this.last = last;
  }

  void setSuffix(String suffix) {
    this.suffix = suffix;
  }

  void setNick(String nick) {
    this.nick = nick;
  }

  public String toString() {
    String s = new String();
    if (prefix != null) s += prefix + " ";
    if (first != null) s += first + " ";
    if (middle != null) s += middle + " ";
    if (last != null) s += last + " ";
    if (suffix != null) s += suffix + " ";
    if (nick != null) s += "(\"" + nick + "\")";
    return s.trim();
  }
}

class TestName {
  public static void main(String[] args) {
    Name mlk = new Name("Dr.", "Martin", "Luther", "King", "Jr.");
```

```
    System.out.println(mlk + " a eu le Prix Nobel de la Paix en
                                                         1964.");
  }
}
```

8.2

```
class Address {
  private String street;
  private String city;
  private String state;
  private String zip;
  private String country;

  Address() {
  }

  Address(String city) {
    this.city = city;
  }

  Address(String street, String city) {
    this(city);
    this.street = street;
  }

  Address(String street, String city, String state) {
    this(street,city);
    this.state = state;
  }

  Address(String street, String city, String state, String zip) {
    this(street,city,state);
    this.zip = zip;
  }

  Address(String street, String city, String state,
    String zip, String country) {
    this(street,city,state,zip);
    this.country = country;
  }

  void setStreet(String street) {
    this.street = street;
  }

  void setCity(String city) {
    this.city = city;
  }

  void setState(String state) {
    this.state = state;
  }

  void setZip(String zip) {
    this.zip = zip;
  }
```

```
  void setCountry(String country) {
    this.country = country;
  }

  public String toString() {
    String s = new String();
    if (street != null) s += street + "\n";
    if (city != null) s += city + ", ";
    if (state != null) s += state + " ";
    if (zip != null) s += zip + "\n";
    if (country != null) s += country + " ";
    return s.trim();
  }
}

class TestAddress {
  public static void main(String[] args) {
    Name bg = new Name("William", "H.", "Gates", "Bill");
    Address bga = new Address("One Microsoft Way", "Redmond",
                              "WA", "98052");
    System.out.println("La personne la plus riche du monde est " +
                       Bg + ".\nSon adresse est :\n" + bga);
  }
}
```

8.3

```
class Phone {
  private String area;
  private String number;

  Phone() {
  }

  Phone(String s) {
    if (s.length() == 13) { // ex., s = "(012)345-6789"
     area = s.substring(1,4); // ex., "012"
     s = s.substring(5,13); // ex., "345-6789"
    }
    if (s.length() == 10) { // ex., s = "0123456789"
      area = s.substring(0,3); // ex., "012"
      s = s.substring(3,10); // ex., "3456789"
    }
    setNumber(s);
  }

  void setArea(String area) {
    this.area = area;
  }

  void setNumber(String s) {
    if (s.length() == 8) // ex., s = "345-6789"
      number = s.substring(0,3) + s.substring(4,8);
    if (s.length() == 7) // ex., s = "3456789"
      number = s;
  }

  public String toString() {
    String s = new String();
```

```
      if (area != null) s += "(" + area + ")";
      if (number != null)
        s += number.substring(0,3) + "-"
          + number.substring(3,7);
      return s;
    }
}

class TestPhone {
  public static void main(String[] args) {
    Name bg = new Name("William", "H.", "Gates", "Bill");
    Address bga = new Address("One Microsoft Way", "Redmond",
                              "WA", "98052");
    Phone bgp = new Phone("(425)882-8080");
    Phone bgf = new Phone("4259367329");
    System.out.println("La personne la plus riche du monde est "
      + bg
      + ".\nSon adresse est :\n" + bga + "\ntel : " + bgp
      + "\nFax : " + bgf);
  }
}
```

8.4

```
class Email {
  private String username;
  private String hostname;

  Email() {
  }

  Email(String s) {
    int i = s.indexOf('@');
    if (i > -1) { // e.g., s = "jhubbard@richmond.edu"
    username = s.substring(0,i); // ex., "jhubbard"
    hostname = s.substring(i+1); // ex., "richmond.edu"
  }
}

void setUsername(String username) {
  this.username = username;
}

public String toString() {
  String s = new String();
  if (username != null && hostname != null)
    s += username + "@" + hostname;
  return s;
  }
}

class TestEmail {
  public static void main(String[] args) {
    Name bg = new Name("William", "H.", "Gates", "Bill");
    Address bga = new Address("One Microsoft Way", "Redmond",
                              "WA", "98052");
    Phone bgp = new Phone("(425)882-8080");
    Phone bgf = new Phone("4259367329");
```

```
    Email bge = new Email("bgates@micrrosost.com");
    System.out.println("La personne la plus riche du monde est "
          + bg
          + ".\nSon adresse est :\n" + bga + "\nTel : " + bgp
          + "\nFax: " + bgf + "\nEmail : " + bge);
  }
}
```

8.5

```
class Url {
  private String service; // ex., "http"
  private String host; // ex., "www.dell.com"
  private String path; // ex., "products/dim/xpsr"
  private String file; // ex., s = "index.html"

  Url() {
  }

  Url(String url) {
    setUrl(url);
  }

  String service() {
    return service;
  }

  String host() {
    return host;
  }

  String path() {
    return path;
  }

  String file() {
    return file;
  }

  void setUrl(String s) {
    int i = s.indexOf("://"); // ex., i = 4
    if (i < 0) service = "http"; // introuvable
    else service = s.substring(0,i); // ex., "http"
    s = s.substring(i+3);
    // ex., s = "www.dell.com/products/dim/xpsr/index.htm"
    i = s.indexOf('/'); // ex., i = 13
    if (i < 0) return; // introuvable
    host = s.substring(0,i); // ex., "www.dell.com"
    s = s.substring(i+1);
    // ex., s = "products/dim/xpsr/index.htm"
    i = s.lastIndexOf('/'); // ex., i = 17
    if (i < 0) return; // introuvable
    path = s.substring(0,i); // ex., "products/dim/xpsr"
    file = s.substring(i+1); // ex., s = "index.html"
  }
  public String toString() {
    String s = new String();
    if (host != null) {
```

```
      if (service == null) s += "http://" + host + "/";
      else s += service + "://" + host + "/";
      if (path != null) s += path + "/";
      if (file != null) s += file;
    }
    return s;
  }
}

class TestUrl {
  public static void main(String[] args) {
    String s = "http://www.dell.com/products/dim/xpsr/index.htm";
    Url url = new Url(s);
    System.out.println("service = " + url.service());
    System.out.println("hote = " + url.host());
    System.out.println("chemin = " + url.path());
    System.out.println("fichier = " + url.file());
    System.out.println("url = " + url);
    s = "http://gum.richmond.edu/~hubbard/books/pwj.html";
    url = new Url(s);
    System.out.println("service = " + url.service());
    System.out.println("hote = " + url.host());
    System.out.println("chemin = " + url.path());
    System.out.println("fichier = " + url.file());
    System.out.println("url = " + url);
  }
}
```

8.6

```
class Person {
  protected Name name;
  protected char sex; // 'H' ou 'F'
  protected String id; // ex., numéro de sécurité sociale
  protected Phone phone; // numéro de téléphone domicile
  protected Email email; // Adresse e-mail
  protected Url url; // URL de page personnelle

  Person(Name name, char sex) {
    this.name = name;
    this.sex = sex;
  }

   Person(Name name, char sex, String id) {
    this.name = name;
    this.sex = sex;
    this.id = id;
  }

  Name name() {
    return name;
  }

  char sex() {
    return sex;
  }
```

```
  String id() {
    return id;
  }

  Phone phone() {
    return phone;
  }

  Email email() {
    return email;
  }

  Url url() {
    return url;
  }

  void setId(String id) {
    this.id = id;
  }

  void setPhone(Phone phone) {
    this.phone = phone;
  }

  void setEmail(Email email) {
    this.email = email;
  }

  void setUrl(Url url) {
    this.url = url;
  }

  public String toString() {
    String s = new String( "\n\t nomc : " + name
                  + "\n\t sex : " + sex);
    if (id != null) s += "\n\t id: " + id;
    if (phone != null) s += "\n\t telephone : " + phone;
    if (email != null) s += "\n\t email : " + email;
    if (url != null) s += "\n\t url : " + url;
    return s;
  }
}

class TestPerson {
  public static void main(String args[]) {
    Person ann = new Person(new Name("Ann", "Baker"), 'F');
    System.out.println("ann : " + ann);
    ann.setId("053011736");
    System.out.println("ann : " + ann);
    ann.setPhone(new Phone("8043790610"));
    System.out.println("ann : " + ann);
    ann.setEmail(new Email("abaker@richmond.com"));
    System.out.println("ann : " + ann);
    ann.setUrl(new Url("www.richmond.edu/~abaker/index.html"));
    System.out.println("ann : " + ann);
  }
}
```

8.7

```
class CelestialBody {
  private String name;
  private double mass; // en grammes
  private double diameter; // en kilomètres
  private double period; // en jours terrestres
  private CelestialBody orbits;
  private CelestialBody next;
  static CelestialBody list;

  static void print() {
    CelestialBody cb = list;
    int count = 0;
    while (cb != null) {
      System.out.println("\n" + ++count + ". " + cb);
      cb = cb.next;
    }
  }

  CelestialBody(String name) {
    this.name = name;
    next = list;
    list = this;
  }

  CelestialBody(String name, double mass, double diameter,
                double period) {
    this.name = name;
    this.mass = mass;
    this.diameter = diameter;
    this.period = period;
    next = list;
    list = this;
  }

  CelestialBody(String name, double mass, double diameter,
               double period, CelestialBody orbits) {
    this(name, mass, diameter, period);
    this.orbits = orbits;
  }

  public String toString() {
    String s = new String( "\t nom : " + name);
    if (mass > 0.0) s += "\n\t masse : " + mass + " grammes";
    if (diameter > 0.0)
        s += "\n\t diametre : " + diameter + " kilometres";
    if (period > 0.0) s += "\n\t periode : " + period + " jours";
    if (orbits != null) s += "\n\t orbites : " + orbits.name;
    return s;
  }
}

class TestCelestialBody {
  public static void main(String args[]) {
    CelestialBody sun
      = new CelestialBody("Sol", 1.99E33, 1.392E6, 8.218E10);
    CelestialBody mars
```

```
      = new CelestialBody("Mars", 6.418E28, 6.7938E3, 686.98, sun);
    CelestialBody marsMoon1
      = new CelestialBody("Deimos", 2E18, 15, 1.26244, mars);
    CelestialBody.print();
  }
}
```

8.8

```
class Person {
  private Name name;
  private char sex; // 'H' ou 'F'
  private String id; // ex., numéro de sécurité sociale
  private Person mother;
  private Person father;
  private int number; // le numéro de l'objet

  private static final String blanks = "  ";
  private static String tab = "";
  private static int count; // nombre d'objets person dans l'arbre

  Person(Name name, char sex) {
    this.name = name;
    this.sex = sex;
    number = ++count;
  }

  Person(Name name, char sex, String id) {
    this.name = name;
    this.sex = sex;
    this.id = id;
    number = ++count;
  }

  public String toString() {
    String s = new String(name + " (" + sexe + ") #" + number);
    if (id != null) s += "; id: " + id;
    s += "\n";
    if (mother != null) {
      tab += blanks;
      s += tab + "mere r: " + mother;
      tab = tab.substring(0, tab.length() - 2);
    }
    if (father != null) {
      tab += blanks;
      s += tab + "pere : " + father;
      tab = tab.substring(0, tab.length() - 2);
    }
    return s;
  }
// les autres méthodes sont identiques à celles de l'exemple 8.3
}
```

8.9

```
class Friend {
  private String name; // ex., "Bill Ross"
  private String telephone; // ex., "283-9104"
  private Friend next; // objet suivant dans la liste
  static Friend list;
```

```
  static void print() {
    Friend friend = list;
    if (friend == null) System.out.println("La liste est vide.");
    else do {
      System.out.println(friend);
      friend = friend.next;
    } while (friend != null);
  }

  Friend(String name, String telephone) {
    this.name = name;
    this.telephone = telephone;
    if (list == null) list = this;
    else if (list.name.compareTo(name) > 0) {
      next = list;
      list = this;
    }
    else {
      Friend p = list;
      Friend q = p.next;
      while (q != null && q.name.compareTo(name) < 0) {
        p = q;
        q = q.next;
      }
      p.next = this;
      next = q;
    }
  }

  public String toString() {
    return new String(name + ":\t" + telephone);
  }
}

class TestFriend {
  public static void main(String args[]) {
    Friend.print();
    new Friend("Ryle, Martin", "388-1095");
    new Friend("Ross, Bill", "283-9104");
    new Friend("Withers, Nat", "217-5912");
    new Friend("Anderson, Gene", "283-4490");
    new Friend("Tarver, Jerry", "379-0226");
    new Friend("Martin, Erika", "217-8451");
    Friend.print();
    try { System.in.read(); }
    catch (Exception e) {}
  }
}
```

8.10

```
class Friend extends Person {
  protected String telephone; // ex., "283-9104"
  protected Friend next; // objet suivant de la liste
  static Friend list;

  static void print() {
    Friend friend = list;
```

```
    if (friend == null) System.out.println("La liste est vide.");
    else do {
      System.out.println(friend);
      friend = friend.next;
    } while (friend != null);
  }

  static void insert(Friend f) {
    f.next = list;
    list = f;
  }

  Friend(String name, char sex, String telephone) {
    super(null,sex);
    int i = name.indexOf(' ');
    String firstName = name.substring(0,i);
    String lastName = name.substring(i+1);
    this.name = new Name(firstName,lastName);
    this.telephone = telephone;
  }

  public String toString() {
    return new String(name + ":\t" + telephone);
  }
}
class TestFriend {
  public static void main(String args[]) {
    Friend.print();
    Friend.insert(new Friend("Clarence Jung", 'M', "388-1905"));
    Friend.insert(new Friend("Rob James", 'M', "217-6143"));
    Friend.insert(new Friend("Dick Dunsing", 'M', "217-5192"));
    Friend.print();
  }
}
```

8.11

```
class Student extends Person {
  protected int credits; // uv passées
  protected double gpa; // moyenne des notes

  Student(Name name, char sex) {
    super(name, sex);
  }

  int credits() {
    return credits;
  }

  double gpa() {
    return gpa;
  }

  void setCredits(int credits) {
    if (credits < 0 || credits > 200) this.credits = 0;
    else this.credits = credits;
  }
```

```
  void setGpa(double gpa) {
    if (gpa < 0.0 || gpa > 4.0) this.gpa = 0.0;
    else this.gpa = gpa;
  }

  void update(int credit, char grade) {
  // Met à jour les uv et la moyenne des notes de l'étudiant
  // en ajoutant la nouvelle uv et en recalculant la moyenne
   int points = 0;
   switch (grade) {
     case 'A': ++points;
     case 'B': ++points;
     case 'C': ++points;
     case 'D': ++points;
  }
    double num = credits*gpa + credit*points;
    credits += credit;
    gpa = num/credits;
  }

  public String toString() { // remplace Person.toString()
    String s = new String(super.toString());
    if (credits > 0) s += "\n\tuv : " + credits;
    if (gpa > 0.0) s += "\n\tmoyenne : " + gpa;
    return s;
  }
}

class TestStudent {
  public static void main(String args[]) {
    Name annsName = new Name("Ann", "Baker");
    Student ann = new Student(annsName, 'F');
    ann.setCredits(16);
    ann.setGpa(3.5);
    System.out.println("ann : " + ann);
    ann.update(4,'A');
    System.out.println("ann : " + ann);
  }
}
```

8.12

```
class CollegeStudent extends Student {
  protected String year; // année du diplôme

  CollegeStudent(Name name, char sex, int credits, double gpa,
                 String year) {
    super(name, sex, credits, gpa);
    this.year = year;
  }

  String year() {
    return year;
  }

  public String toString() {
    String s = new String(super.toString());
```

```
    s += "\n\tannee : " + year;
    return s;
  }
}
class TestCollegeStudent {
  public static void main(String args[]) {
    Name annsName = new Name("Ann", "Baker");
    CollegeStudent ann
        = new CollegeStudent(annsName, 'F', 16, 3.5, "2002");
    System.out.println("ann : " + ann);
  }
}
```

8.13

```
class GradStudent extends CollegeStudent {
  protected String degree; // diplôme de premier cycle
  GradStudent(Name name, char sex, int credits, double gpa,
                String year, String degree) {
    super(name, sex, credits, gpa, year);
    this.degree = degree;
  }

  String degree() {
    return degree;
  }

  public String toString() {
    String s = new String(super.toString());
    s += "\n\tdiplome : " + degree;
    return s;
  }
}

class TestGradStudent {
  public static void main(String args[]) {
    Name annsName = new Name("Ann", "Baker");
    GradStudent ann
      = new GradStudent(annsName, 'F', 16, 3.5, "2002", "A.B.");
    System.out.println("ann : " + ann);
  }
}
```

8.14

```
class Triangle extends Shape {
  private Point a, b, c;

  Triangle(Point a, Point b, Point c) {
    this.a = a;
    this.b = b;
    this.c = c;
  }

  Point center() {
    double x = (a.x + b.x + c.x)/3;
    double y = (a.y + b.y + c.y)/3;
    return new Point(x,y);
  }

  private static double d(Point p, Point q) {
    double dx = p.x - q.x;
```

```
    double dy = p.y - q.y;
    return Math.sqrt(dx*dx + dy*dy);
  }

  double diameter() {
    double diam = d(a,b);
    if (d(b,c) > diam) diam = d(b,c);
    if (d(c,a) > diam) diam = d(c,a);
    return diam;
  }

  double area() {
    double d = a.x*b.y + b.x*c.y + c.x*a.y - a.y*b.x - b.y*c.x
             - c.y*a.x;
    return 0.5*( d>0 ? d : -d );
  }

  public String toString() {
    return new String("{a= = " + a + ", b = " + b
                    + ", c = " + c + "}");
  }
}

class TestTriangle {
  public static void main(String[] args) {
    Point a = new Point(2,1);
    Point b = new Point(4,-1);
    Point c = new Point(5,4);
    Triangle triangle = new Triangle(a,b,c);
    System.out.println("Le triangle est : " + triangle);
    System.out.println("Son centre est " + triangle.center());
    System.out.println("Son diametre est " + triangle.diameter());
    System.out.println("Son aire est " + triangle.area());
  }
}
```

Chapitre 9

Les interfaces

Une *interface* est une classe qui ne peut pas être instanciée. Elle a pour but de spécifier un ensemble de directives destinées à l'implémentation des classes. Ces directives sont considérées comme un « contrat » entre la classe de l'implémentation et la classe client qui l'utilise. Pour utiliser les méthodes correspondant à une interface, il suffit de spécifier celle-ci dans l'en-tête.

Les directives du contrat sont indiquées par un ensemble d'en-têtes de méthodes pour lesquels les classes d'implémentation doivent impérativement définir un corps de code exécutable. La conception orientée objet consiste en grande partie à créer des interfaces dont les implémentations de classes seront effectuées ultérieurement. Ce chapitre est consacré à la définition et à l'utilisation des interfaces dans Java.

9.1 PROPRIÉTÉS DES INTERFACES

Concrètement, l'interface décrit une fonctionnalité : elle liste les méthodes qui doivent être implémentées par une classe afin de mettre en œuvre cette fonctionnalité. Chaque classe principale d'une application doit implémenter les interfaces correspondantes. Une classe peut implémenter plusieurs interfaces et une interface peut être implémentée par plusieurs classes.

À l'instar d'une classe, une interface :

- est compilée en un fichier de bytecode nommé `Xyz.class` pour une interface `Xyz` ;
- propose un accès de paquetage, `public`, `protected` ou `private` ;
- ne peut pas être `public` à moins de porter le même nom que le fichier de code source ;
- est utilisée comme type lors de la déclaration des variables et des paramètres ;
- peut inclure des classes et des interfaces imbriquées.

Mais, contrairement à une classe, une interface :

- déclare uniquement les en-têtes de méthode et les constantes `public` ;
- n'a pas de constructeurs ;
- ne peut pas être instanciée ;
- peut être implémentée par une classe ;
- ne peut pas implémenter d'interface ;
- ne peut pas étendre de classe ;
- peut étendre plusieurs autres interfaces.

```
Object
└─ AbcXyz - - - - - - - - - - - Xyz
                                 └─ UvwXyz
```

Figure 9.1 Implémentation et extension d'une interface

En Java, un *type* est une interface, une classe, un tableau ou un type primitif. Une variable ou un paramètre peuvent être déclarés avec ces quatre types. La figure 9.1 représente une hiérarchie composée de deux classes et de deux interfaces. La classe `AbcXyz` étend la classe `Object` et implémente l'interface `Xyz`. L'interface `UvwXyz` étend l'interface `Xyz`. Dans ce type de diagramme, les interfaces sont représentées à droite et leur nom est imprimé en italique. La ligne en pointillés indique que la classe située à gauche implémente l'interface de droite.

La figure 9.1 illustre quatre types : deux classes et deux interfaces. Ces deux dernières seraient définies de la façon suivante :

```
interface Xyz {
// les méthodes sont déclarées ici
}
interface UvwXyz extends Xyz {
// des méthodes supplémentaires sont déclarées ici
}
```

Quant à la classe `AbcXyz`, elle serait définie ainsi :

```
class AbcXyz implements Xyz {
// bases des méthodes Xyz sont définies ici
}
```

Ce programme utilise le mot-clé `implements`. Notez que la classe `extends Object` pourrait également être insérée dans l'en-tête de classe, mais qu'elle n'est pas indispensable dans la mesure où chaque classe étend automatiquement la classe `Object`.

Lorsqu'une classe ou une interface implémente ou étend une autre classe ou interface, la première devient le *sous-type* de la seconde, qui est alors qualifiée de *supertype* de la première. Par conséquent, la classe `AbcXyz` et l'interface *`UvwXyz`* de la figure 9.1 sont des sous-types de l'interface *`Xyz`*, qui est leur supertype. En outre, la classe `AbcXyz` est un sous-type de la classe `Object`, qui est le supertype de toutes les classes.

9.2 L'INTERFACE Comparable

Les bibliothèques standard de Java 1.4 définissent 653 interfaces. Cette section est consacrée à l'une des plus importantes d'entre elles, l'interface `Comparable`, qui est définie dans le paquetage `java.lang`. L'exemple 9.1 fournit une définition complète de cette interface.

Exemple 9.1 L'interface `Comparable` de `java.lang`

```
public interface Comparable {
  public int compareTo(Object object);
}
```

Cette interface décrit la comparaison des objets en vue de leur classement. La fonctionnalité est intégrée à la méthode `compareTo()`, la seule de l'interface.

Le contrat de cette interface spécifie que l'appel `x.compareTo(y)` doit renvoyer un entier négatif lorsque `x < y`, 0 lorsque `x` est égal à `y` et un entier positif lorsque `x > y`.

Les variables de type numérique (`int`, `double`, *etc.*) sont comparées à l'aide des opérateurs de comparaison arithmétique <, ≤, et ≥. Cependant, ces opérateurs ne s'appliquent pas aux objets.

La plupart des objets (par exemple, les personnes, les horloges, les planètes) ne peuvent pas être classés à l'aide d'un opérateur de comparaison. Par conséquent, le mécanisme de tri de ces objets dans une classe doit être géré par une méthode de la classe concernée. Afin de standardiser cette fonctionnalité, nous utilisons l'interface `Comparable`.

`String` fait partie des classes qui implémentent l'interface `Comparable`. Cela permet une comparaison lexicographique des chaînes en vue de leur organisation par ordre alphabétique, comme illustré à l'exemple 9.2.

Exemple 9.2 Comparaison de chaînes

```
public class Main {
  public static void main(String[] args) {
    String s="MANE";
    System.out.println("s: " + s);
    System.out.println("s.compareTo(s): " + s.compareTo(s));
    System.out.println("s.compareTo(\"MAN\"): " +
                       s.compareTo("MAN"));
    System.out.println("s.compareTo(\"MAT\"): " +
                       s.compareTo("MAT"));
  }
}
```

Vous obtenez la sortie suivante :

```
s: MANE
s.compareTo(s): 0
s.compareTo("MAN"): 1
s.compareTo("MAT"): -6
```

Ce programme définit `s` comme étant la chaîne `"MANE"`. La méthode `compareTo()` renvoie 0 lorsque l'objet `s` est comparé à lui-même. En revanche, si `"MANE"` est comparée à `"MAN"`, la méthode `compareTo()` renvoie 1 parce que `"MANE"` est supérieure à `"MAN"` d'un point de vue lexicographique, c'est-à-dire qu'elle est située plus loin dans le dictionnaire. Cependant, lorsque `"MANE"` est comparée à `"MAT"`, la méthode `compareTo()` renvoie – 6 parce que `"MANE"` est inférieure à `"MAT"` lexicographiquement parlant. Cette situation respecte le contrat défini pour l'interface `Comparable`, comme nous l'avons vu à l'exemple 9.1.

Le tableau 9.1 résume l'utilisation de la méthode `ComparedTo` ().

Tableau 9.1 Contrat de l'interface **`Comparable`**

Valeur renvoyée	Interprétation
`x.CompareTo(y) < 0`	x < y
`x.CompareTo(y) == 0`	x est égal à y
`x.CompareTo(y) > 0`	x > y

Notez que la valeur renvoyée par la méthode peut être de type `int`. Son interprétation varie selon qu'il s'agit d'une valeur négative, nulle ou positive. La plupart des classes d'implémentation définissent la méthode pour qu'elle renvoie – `1`, `0`,ou `1`, mais cela n'est pas obligatoire.

L'exemple suivant indique comment une classe définie par l'utilisateur peut implémenter l'interface `Comparable`. Il étend la classe `Point` de l'exemple 8.5.

Exemple 9.3 Une classe `Point` qui implémente l'interface `Comparable`

```
public class ComparablePoint extends Point implements Comparable {
  public ComparablePoint(int x, int y) {
    super(x, y);
  }

  public int compareTo(Object object) {
    if (this == object) return 0; // même objet
    if (!(object instanceof Comparable))
       throw new IllegalArgumentException();
    ComparablePoint that = (ComparablePoint)object;
    if (this.x < that.x) return -1;
    if (this.x < that.x) return -1;
    if (this.x == that.x)
    if (this.y < that.y) return -1;
        else if (this.y == that.y) return 0;
    return 1;
  }
}
```

Les instances de cette classe sont des points bidimensionnels dont l'ordre est déterminé par l'implémentation de la méthode `compareTo()`. Un point est considéré comme étant « inférieur » à un autre si sa coordonnée *x* est inférieure à l'autre. Lorsque les deux points ont la même coordonnée *x*, l'ordre est déterminé en comparant les coordonnées *y*. Vous obtenez alors un classement linéaire des deux points bidimensionnels.

Exemple 9.4 Test de la classe `ComparablePoint`

```
public class TestComparablePoint {
  public static void main(String[] args) {
    Comparable p1 = new ComparablePoint(2, 4);
    Comparable p2 = new ComparablePoint(2, -1);
    Comparable p3 = new ComparablePoint(3, 1);
    System.out.println("p1: " + p1);
    System.out.println("p2: " + p2);
    System.out.println("p3: " + p3);
    System.out.println("p1.compareTo(p1): " + p1.compareTo(p1));
    System.out.println("p1.compareTo(p2): " + p1.compareTo(p2));
    System.out.println("p1.compareTo(p3): " + p1.compareTo(p3));
    System.out.println("p2.compareTo(p3): " + p2.compareTo(p3));
  }
}
```

Vous obtenez la sortie suivante :

```
p1: (2.0, 4.0)
p2: (2.0, -1.0)
p3: (3.0, 1.0)
p1.compareTo(p1): 0
p1.compareTo(p2): 1
p1.compareTo(p3): -1
p2.compareTo(p3): -1
```

Les points `p1` et `p2` ont la même coordonnée x (2), c'est pourquoi leur classement est déterminé par la valeur de leur coordonnée y : `p1` est donc supérieur à `p2` parce que sa coordonnée y est supérieure ($4 > -1$). Cependant, `p1` et `p2` sont tous les deux inférieurs à `p3` puisque leur coordonnée x est inférieure à celle de celui-ci ($2 < 3$).

9.3 TYPES ET POLYMORPHISME

En Java, un *type* est une classe, une interface, un tableau ou bien l'un des huit types primitifs. Les types permettent de déclarer des champs de classe, des variables locales, des paramètres de méthode et des types de renvoi, sur le modèle suivant :

```
Person person;                          // type de classe
Comparable point;                       // type d'interface
String[] args;                          // type de tableau
int cube(int n) { return n*n*n; }       // type primitif
```

Comme nous l'avons vu à la section 9.1, les classes et les interfaces peuvent être reliées par l'héritage et l'implémentation.

Par exemple, la classe `ComparablePoint` de l'exemple 9.3 est un sous-type de la classe `Point` et de l'interface `Comparable`, qui sont ses supertypes. Les types de tableau sont reliés de la même façon. Par conséquent, si le type `T1` est un supertype de `T2`, `T1[]` est également un supertype de `T2[]`. En outre, chaque type de tableau est également un sous-type de la classe `Object`.

Les sous-types jouent un rôle important dans la mesure où ils prennent en charge le *polymorphisme*. Si l'objet `x` est de type `T2` et que `T2` est un sous-type de `T1`, alors `x` est également de type `T1`. L'objet a donc plusieurs formes puisqu'il est à la fois de type `T2` et `T1`.

Le programme de l'exemple 9.4 illustre cette situation de polymorphisme : ses objets `p1`, `p2` et `p3` sont déclarés avec le type `Comparable`. Ils ont donc la fonctionnalité spécifiée par l'interface `Comparable`, c'est-à-dire qu'ils peuvent être comparés. Mais ils sont également instanciés comme des objets de la classe `ComparablePoint`, qui est un sous-type de l'interface `Comparable`, car les interfaces ne peuvent pas être instanciées.

L'exemple 9.5 illustre le cas d'un polymorphisme avec des variables locales et des paramètres de méthode.

Exemple 9.5 Utilisation du polymorphisme

```
public class Main {
  public Main() {
    Comparable[] s = {"US", "CA", "MX", "AR"};
    print(s);
    sort(s);
```

```
6       print(s);
7       s[0] = new ComparablePoint(3, 5);
8       s[1] = new ComparablePoint(2, 4);
9       s[2] = new ComparablePoint(2, -1);
10      s[3] = new ComparablePoint(3, 1);
11      print(s);
12      sort(s);
13      print(s);
14    }
15
16    public static void print(Object[] a) {
17    if (a == null || a.length == 0) return;
18    System.out.print("{" + a[0]);
19    for (int i=1; i<a.length; i++)
20    System.out.print(", " + a[i]);
21    System.out.println("}");
22    }
23
24    void sort(Comparable[] a) {
25    for (int i = 1; i < a.length; i++) {
26      Comparable ai = a[i];
27      int j = i;
28      for (j = i; j > 0 && a[j-1].compareTo(ai) > 0; j--)
29        a[j] = a[j-1];
30      a[j] = ai;
31     }
32    }
33
34    public static void main(String[] args) {
35      new Main();
36    }
37  }
```

Vous obtenez la sortie suivante :

```
{US, CA, MX, AR}
{AR, CA, MX, US}
{(3.0, 5.0), (2.0, 4.0), (2.0, -1.0), (3.0, 1.0)}
{(2.0, -1.0), (2.0, 4.0), (3.0, 1.0), (3.0, 5.0)}
```

Ce programme utilise six types : `Object`, `String`, `Comparable`, `ComparablePoint`, `Object[]` et `Comparable[]`. Leurs relations supertype/sous-type sont représentées à la figure 9.2.

Le polymorphisme est utilisé à plusieurs reprises. Ainsi, à la ligne 2, le tableau `s[]` est déclaré avec le type `Comparable[]`, chacun de ses éléments a donc le type `Comparable`. Ces quatre éléments sont ensuite définis comme objet `String`, ce qui est correct du point de vue du polymorphisme puisque `String` est un sous-type de `Comparable`. À la ligne 3, la méthode `print()` est appelée : elle passe `s` à son paramètre `a`. Mais `a` est déclaré avec le type `Object[]`. Le polymorphisme est pertinent dans ce cas également puisque `Comparable[]` est un sous-type d'`Object[]`.

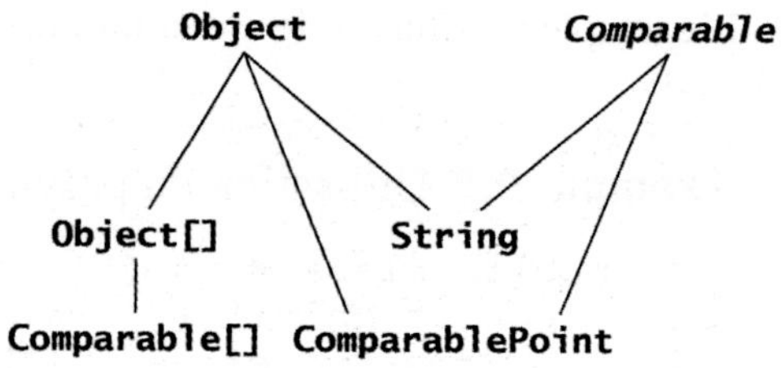

Figure 9.2 Sous-types et supertypes

9.4 CLASSES ABSTRAITES

Les interfaces sont particulièrement utiles lorsqu'il s'agit de spécifier les actions possibles d'une classe, en remettant à plus tard l'implémentation du contrat, qui peut en outre être mis en œuvre par une autre équipe de développeurs. Cependant, dans certains cas, les interfaces sont trop restrictives. Elles n'autorisent ni les définitions de variables, à l'exception des constantes `public final`, ni les instructions exécutables. Il est donc généralement préférable de procéder à une implémentation de classe partielle et de remettre à plus tard les méthodes qui dépendent directement de la sauvegarde de la structure des données. C'est à ce moment-là que les classes `abstract` vous serviront.

Une *classe abstraite* peut posséder des *méthodes abstraites*, c'est-à-dire une méthode sans corps d'instructions exécutables. Par conséquent, une classe abstraite est un hybride entre une interface et une classe. Elle n'est pas implémentée en totalité comme une interface, ce qui signifie qu'elle ne peut pas être instanciée. Elle reste cependant une classe.

À l'instar d'une classe concrète, une classe abstraite :

- est compilée en un fichier de bytecode nommé `Xyz.class` pour une classe `Xyz` ;
- a un accès de paquetage, `public`, `protected` ou `private` ;
- ne peut pas être `public` à moins de porter le même nom que le fichier de code source ;
- est utilisée comme type de déclaration des variables et des paramètres ;
- peut inclure des constructeurs ;
- peut inclure des classes et des interfaces intégrées.

Cependant, contrairement à une classe concrète, une classe abstraite :

- peut contenir des méthodes `abstract` ;
- ne peut pas être instanciée.

En définissant une classe abstraite, vous éviterez surtout les redondances de code, notamment lorsque plusieurs classes concrètes ont un code commun qui peut être implémenté dans une seule superclasse.

Généralement, dans ce genre de situation, les méthodes qui doivent être implémentées séparément par les sous-classes concrètes dépendent des structures de stockage de données spécifiques à chaque classe. Ces méthodes seraient déclarées comme `abstract` dans la superclasse abstraite.

Les cinq exemples suivants illustrent ces concepts. La figure 9.3 résume les relations entre les interfaces et les classes. Les interfaces `Movable` et `Geometric` sont toutes les deux implémentées par la classe `abstract Shape`, qui est ensuite étendue aux deux classes concrètes `Circle` et `Rectangle`.

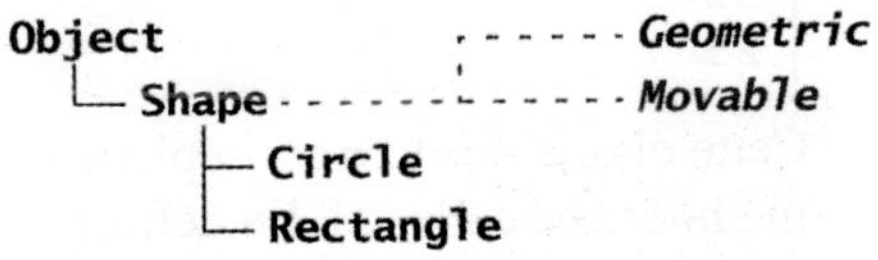

Figure 9.3 Comportement commun dans une classe abstraite

Exemple 9.6 Une interface pour les formes géométriques

```
public interface Geometric {
  public double getArea();
  public double getCircumference();
  public double getX();
  public double getY();
}
```

Cette interface spécifie les *accesseurs* susceptibles d'être utilisés avec les formes géométriques. Les méthodes `getX()` et `getY()` renvoient les coordonnées x et y du point se trouvant dans la partie supérieure gauche de la forme. Il s'agit de l'emplacement du point sur le plan de coordonnées.

Exemple 9.7 Une interface avec des formes déplaçables

```
public interface Movable {
  public void setX(double x);
  public void setY(double y);
}
```

Cette interface spécifie les *mutateurs* susceptibles d'être utilisés afin de déplacer une forme vers un nouvel emplacement du plan de coordonnées.

Exemple 9.8 Une classe abstraite pour les formes géométriques déplaçables

```
public abstract class Shape implements Movable, Geometric {
  private double x, y;

  public abstract double getArea();

  public abstract double getCircumference();

  public double getX() {
return x;
   }

  public double getY() {
return y;
  }

  public void setX(double x) {
this.x = x;
  }

  public void setY(double y) {
this.y = y;
 }
}
```

Cette classe `abstract` implémente les interfaces `Movable` et `Geometric` et déclare donc les six méthodes de celles-ci. En définissant les coordonnées x et y de l'emplacement, cette classe est capable d'implémenter l'accesseur et le mutateur de ces champs, qui ne dépendent pas des formes concrètes qui seront réellement représentées. Les seules méthodes qui ne peuvent pas être implémentées par cette classe sont celles qui dépendent des champs déterminant le type spécifique de la forme géométrique. En effet, la définition de ces champs revient aux extensions concrètes de la classe.

Exemple 9.9 Une classe concrète pour les cercles

```
public class Circle extends Shape {
  double x, y, radius;

  public Circle(double x, double y, double radius) {
       this.x = x;
       this.y = y;
```

```
        this.radius = radius;
    }

  public double getArea() {
        return Math.PI*radius*radius;
    }

  public double[] getCenter() {
        return new double[]{x, y};
    }

  public double getCircumference() {
        return 2*Math.PI*radius;
    }

  public double getRadius() {
        return radius;
  }
}
```

Les instances de cette classe représentent les cercles d'un plan de coordonnées. Cet objet a un `radius` (rayon) et un point central dont les coordonnées sont *x* et *y*. Ces champs dépendent de la forme réelle du cercle.

Exemple 9.10 Une classe concrète pour les rectangles

```
public class Rectangle extends Shape {
  private double height, width;

  public Rectangle(double height, double width) {
    this.length = length;
    this.width = width;
  }

  public double getArea() {
    return length*width;
  }

  public double getCircumference() {
    return 2*(height + width);
  }

  public double getHeight() {
    return height;
  }

  public double getWidth() {
    return width;
  }
}
```

Les instances de cette classe représentent les rectangles du plan de coordonnées. Les champs `height` et `width` forment un rectangle.

? QUESTIONS

9.1 Quelle est la différence entre une interface et une classe ?

9.2 Quel est l'objectif d'une interface ?

9.3 Qu'est-ce qu'un type en Java ?

9.4 Quel est le rôle d'une interface `Comparable` ?

9.5 Comment fonctionne la méthode `compareTo()` ?

9.6 Qu'est-ce qu'un sous-type et qu'est-ce qu'un supertype ?

9.7 Quelle est la différence entre une classe abstraite et une classe concrète ?

9.8 Quelle est la différence entre une classe abstraite et une interface ?

9.9 Quel est le rôle d'une classe abstraite ?

¿ RÉPONSES

9.1 Une interface n'a pas de code exécutable et ne peut donc pas être instanciée.

9.2 Une interface joue le rôle d'un « contrat » de directives pour les classes à implémenter.

9.3 En Java, un type est une interface, une classe, un tableau ou bien un type primitif.

9.4 L'interface `Comparable` identifie les classes dont les instances peuvent être comparées à l'aide de la méthode `compareTo()`.

9.5 L'entier renvoyé par l'appel `x.compareTo(y)` indique que `x < y`, `x` égal `y` ou `x > y` selon la valeur traitée, à savoir négative, nulle ou positive.

9.6 Un type est le sous-type d'un autre type s'il l'étend ou s'il l'implémente. Le second type est alors un supertype du premier.

9.7 Une classe abstraite ne peut pas être instanciée contrairement à une classe concrète.

9.8 Une interface ne peut pas être instanciée dans la mesure où ses méthodes n'ont pas de corps exécutable. En outre, elle est implémentée, alors qu'une classe abstraite est étendue.

9.9 Une classe abstraite limite les redondances de code en implémentant le code commun à tous ses sous-types.

? EXERCICES D'ENTRAÎNEMENT

9.1 Compilez cette interface :

```
public interface Speaker {
public String speak();
}
```

Puis écrivez et testez les trois classes qui l'implémentent :

```
public class Person implements Speaker
public class Dog implements Speaker
public class Cow implements Speaker
```

```
Object
└─ Animal ----------- Speaker
     ├─ Dog
     └─ Cow
```

Figure 9.4 Types de l'exercice 9.1

9.2 Modifiez la hiérarchie des types de la figure 9.3 en ajoutant une interface `Scalable`, comme illustré à la figure 9.6.

```
                     .----- Geometric
Object               :----- Movable
└─ Shape ------------'----- Scalable
     ├─ Circle
     └─ Rectangle
```

Figure 9.5 Types de l'exercice 9.2

9.3 Compilez ces deux interfaces :

```
public interface Swimmer {
  int getMaxDepth();
  int getMaxSpeed();
}
public interface Driver {
  String getDriversLicense();
  String[] getVINs();
}
```

Puis écrivez et testez la classe qui les implémente :

```
public class Human implements Swimmer, Driver
```

9.4 Écrivez une classe `Person` comprenant un champ destiné au revenu annuel imposable :

```
private int income;
```

Faites en sorte que cette classe implémente l'interface `Comparable` en utilisant le champ `income` afin de comparer les objets `Person`. Exécutez ensuite un programme test, similaire à celui de l'exemple 9.5, de façon à trier un groupe de quatre objets `Person`.

9.5 Implémentez et testez une classe `Triangle` qui soit un sous-type de la classe `Shape`, comme illustré à la figure 9.7.

```
Object               .----- Movable
└─ Shape ------------'----- Scalable
     ├─ Circle
     ├─ Rectangle
     └─ Triangle
```

Figure 9.6 Types de l'exercice 9.5

9.6 Modifiez la hiérarchie des types représentée à la figure 9.5 pour que `Circle` implémente l'interface `Movable`, comme illustré à la figure 9.7. Concrètement, les cercles pourront être déplacés, contrairement aux rectangles.

```
Object
└─ Shape ----------- Geometric
     ├─ Circle ------ Movable
     └─ Rectangle
```

Figure 9.7 Types de l'exercice 9.6

9.7 Modifiez la hiérarchie des types représentée à la figure 9.3 en ajoutant l'interface `Colored`, comme illustré à la figure 9.8.

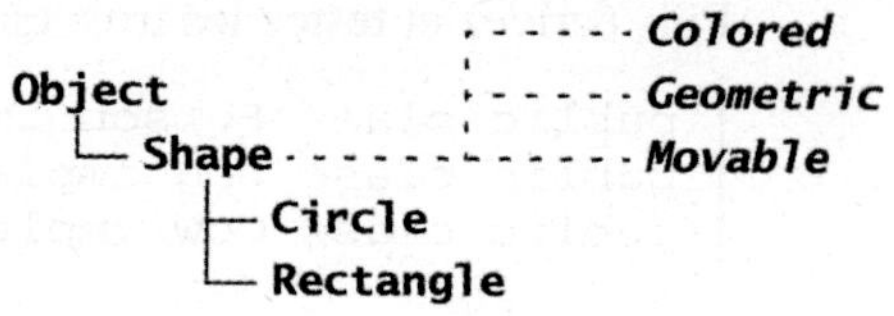

Figure 9.8 Types de l'exercice 9.7

SOLUTIONS

9.1

```
public class Person implements Speaker {
  public Person() {
  }
  public void speak() {
    System.out.println("Hello, World!");
  }
}

public class Dog implements Speaker {
  public Dog() {
  }
  public void speak() {
    System.out.println("Woof!");
  }
}

public class Cow implements Speaker {
  public Cow() {
  }
  public void speak() {
    System.out.println("Moo...");
  }
}

public class TestSpeakers {
  public static void main(String[] args) {
    Speaker speaker = new Person();
    speaker.speak();
    speaker = new Dog();
    speaker.speak();
    speaker = new Cow();
    speaker.speak();
  }
}
```

Vous obtenez la sortie suivante :

```
Hello, World!
Woof!
Moo...
```

9.2

```
public interface Scalable {
  public void scaleBy(double factor)
}

public abstract class Shape implements Movable, Geometric,
                      Scalable {
  private double x, y;
  public abstract double getArea();
  public abstract double getCircumference();
  public double getX() { return x; }
  public double getY() { return y; }
  public void setX(double x) { this.x = x; }
  public void setY(double y) { this.y = y; }
  public abstract void scaleBy(double factor);
}

public class Circle extends Shape {
  double x, y, radius;
  public Circle(double x, double y, double radius) {
    this.x = x;
    this.y = y;
    this.radius = radius;
  }
public double getArea() { return Math.PI*radius*radius; }
public double[] getCenter() { return new double[]{x, y}; }
public double getCircumference() { return 2*Math.PI*radius; }
public double getRadius() { return radius; }
public void scaleBy(double factor) { radius *= factor; }
}

public class Rectangle extends Shape {
  private double height, width;
  public Rectangle(double height, double width) {
    this.height = height;
    this.width = width;
  }
  public double getArea() { return height*width; }
  public double getCircumference() { return 2*(height + width); }
  public double getHeight() { return height; }
  public double getWidth() { return width; }
  public void scaleBy(double factor) {
    height *= factor;
    width *= factor;
  }
}
```

9.3

```
public class Human implements Swimmer, Driver {
  private int maxDepth, maxSpeed;
  private String driversLicense;
  private String[] VINs = new String[20];
  public Human(int maxDepth, int maxSpeed, String driversLicense) {
    this.maxDepth = maxDepth;
    this.maxSpeed = maxSpeed;
    this.driversLicense = driversLicense;
  }
  public void addVIN(String vin) {
```

```
      int i=0;
      while (VINs[i] != null)
        ++i;
      VINs[i] = vin;
    }
    public int getMaxDepth() { return maxDepth; }
    public int getMaxSpeed() { return maxSpeed; }
    public String getDriversLicense() { return driversLicense; }
    public String[] getVINs() { return VINs; }
  }

  public class TestHuman {
    public static void main(String[] args) {
      Human human = new Human(8, 18, "888888");
      human.addVIN("1HGCE1895TA000088");
      human.addVIN("1HGCG1659YA065888");
      System.out.println("getMaxDepth(): " + human.getMaxDepth());
      System.out.println("getMaxSpeed(): " + human.getMaxSpeed());
      System.out.println("getDriversLicense(): "
        + human.getDriversLicense());
      String VINs[] = human.getVINs();
      System.out.println("VINs[0]: " + VINs[0]);
      System.out.println("VINs[1]: " + VINs[1]);
    }
  }
```

Vous obtenez la sortie suivante :

```
getMaxDepth(): 8
getMaxSpeed(): 18
getDriversLicense(): 888888
VINs[0]: 1HGCE1895TA000088
VINs[1]: 1HGCG1659YA065888
```

9.4

```
public class Human implements Comparable {
  private String name;
  private int income;
  public Human(String name, int income) {
    this.name = name;
    this.income = income;
  }
  public int getIncome() { return income; }
  public String getName() { return name; }
  public int compareTo(Object object) {
    if (object == this) return 0;
    if (!(object instanceof Human)) throw new
              IllegalArgumentException();
    Human that = (Human)object;
    return this.income - that.income;
  }
}

public class TestHuman {
  public static void main(String[] args) {
```

```
    Human howard = new Human("H. Hughes", 1000000000);
    Human bill = new Human("W. Gates", 2000000000);
    System.out.println("howard.getName(): " + howard.getName());
    System.out.println("howard.getIncome): " + howard.getIncome());
    System.out.println("bill.getName(): " + bill.getName());
    System.out.println("bill.getIncome): " + bill.getIncome());
    System.out.println("howard.compareTo(bill): "
      + howard.compareTo(bill));
  }
}
```

Vous obtenez la sortie suivante :

```
howard.getName(): H. Hughes
howard.getIncome): 1000000000
bill.getName(): W. Gates
bill.getIncome): 2000000000
howard.compareTo(bill): -1000000000
```

9.5

```
public class Triangle extends Shape {
  private double height, width, angle;
  public Triangle(double height, double width, double angle) {
    this.height = height;
    this.width = width;
    this.angle = angle;
  }
  public double getArea() { return height*width/2; }
  public double getCircumference() {
    double side1 = height/Math.sin(angle);
    double base1 = height/Math.cos(angle);
    double base2 = width - base1;
    double side2 = Math.sqrt(height*height + base2*base2);
    return side1 + side2 + width;
  }
  public double getHeight() { return height; }
  public double getWidth() { return width; }
}

public class TestTriangle {
  public static void main(String[] args) {
    Triangle t = new Triangle(2, 3, Math.PI/4);
    System.out.println("t.getHeight(): " + t.getHeight());
    System.out.println("t.getWidth(): " + t.getWidth());
    System.out.println("t.getArea(): " + t.getArea());
    System.out.println("t.getCircumference(): " +
                       t.getCircumference());
    t.scaleBy(10);
    System.out.println("t.getHeight(): " + t.getHeight());
    System.out.println("t.getWidth(): " + t.getWidth());
    System.out.println("t.getArea(): " + t.getArea());
    System.out.println("t.getCircumference(): " +
                       t.getCircumference());
  }
}
```

Vous obtenez la sortie suivante :

```
t.getHeight(): 2.0
t.getWidth(): 3.0
t.getArea(): 3.0
t.getCircumference(): 7.835772947349476
t.getHeight(): 20.0
t.getWidth(): 30.0
t.getArea(): 300.0
t.getCircumference(): 78.35772947349476
```

9.6

```
public abstract class Shape implements Geometric {
  private double x, y;
  public abstract double getArea();
  public abstract double getCircumference();
  public double getX() { return x; }
  public double getY() { return y; }
  public void setX(double x) { this.x = x; }
  public void setY(double y) { this.y = y; }
}

public class Circle extends Shape implements Movable {
  double x, y, radius;
  public Circle(double x, double y, double radius) {
    this.x = x;
    this.y = y;
    this.radius = radius;
  }
  public double getArea() { return Math.PI*radius*radius; }
  public double[] getCenter() { return new double[]{x, y}; }
  public double getCircumference() { return 2*Math.PI*radius; }
  public double getRadius() { return radius; }
}

public class Rectangle extends Shape {
  private double height, width;
  public Rectangle(double height, double width) {
    this.height = height;
    this.width = width;
  }
  public double getArea() { return height*width; }
  public double getCircumference() { return 2*(height + width); }
  public double getHeight() { return height; }
  public double getWidth() { return width; }
}
```

9.7

```
public interface Colored {
  public String getColor();
}

public abstract class Shape implements Movable, Geometric, Colored {
  private double x, y;
  private String color;
  public abstract double getArea();
  public abstract double getCircumference();
```

```
   public double getX() { return x; }
   public double getY() { return y; }
   public void setX(double x) { this.x = x; }
   public void setY(double y) { this.y = y; }
   public String getColor() { return color; }
}
```

Chapitre 10

Collections

Une *collection* est un objet qui contient d'autres objets, qualifiés d'*éléments* de collection. Le paquetage `java.util` définit trois types génériques de collection : `List`, `Set` et `Map`. Ceux-ci sont définis comme des interfaces qui sont étendues et implémentées dans un framework d'interfaces et de classes plus important dans le cadre du paquetage `java.util`. Il s'agit du framework de collections Java `JCF` (*Java Collections Framework*).

10.1 LE FRAMEWORK DE COLLECTIONS JAVA

La hiérarchie d'héritage complète de JCF est illustrée à la figure 10.1.

```
Object
 ├── AbstractCollection - - - - - - - - - - - - - - - - - - - - Collection
 │    ├── AbstractList - - - - - - - - - - - - - - - - - - - - ├── List
 │    │    ├── AbstractSequentialList                          │
 │    │    │    └── LinkedList                                 │
 │    │    └── ArrayList                                       │
 │    └── AbstractSet - - - - - - - - - - - - - - - - - - - - └── Set
 │         ├── HashSet                                              │
 │         │    └── LinkedHashSet                                   │
 │         └── TreeSet - - - - - - - - - - - - - - - - - - - - - - └── SortedSet
 └── AbstractMap - - - - - - - - - - - - - - - - - - - - - - - Map
      ├── HashMap                                              │
      │    └── LinkedHashMap                                   │
      └── TreeMap - - - - - - - - - - - - - - - - - - - - - - └── SortedMap
```

Figure 10.1 Hiérarchie d'héritage de framework de collections Java

Les interfaces sont indiquées à droite et les classes qui les implémentent à gauche. Les lignes en pointillés signalent les implémentations directes. Vous remarquerez que certains noms de classe ont « Abstract » pour préfixe. Il s'agit des classes `abstract` qui contiennent des méthodes abstraites implémentées par leurs sous-classes.

Les trois types fondamentaux qui composent JCF sont `List`, `Set` et `Map`. Une *liste* est une séquence d'éléments, un *ensemble* (set) est une collection non structurée d'éléments distincts et une *mappe* (map) est une collection non structurée de paires d'éléments qui fonctionnent comme un index ou un dictionnaire dans lequel le premier composant permet de rechercher les informations stockées dans le deuxième.

Cette hiérarchie indique que les interfaces `Set` et `Map` sont étendues de façon à créer les sous-interfaces `SortedSet` et `SortedMap`. Ces types plus spécialisés fonctionnent uniquement avec les objets susceptibles d'être comparés, comme les chaînes.

JCF implémente chaque interface avec plusieurs structures de données différentes. La structure la plus simple est un tableau qui est utilisé par les classes `ArrayList`, `HashSet` et `HashMap`.

Les autres implémentations ont recours à une structure liée. La classe `LinkedList` utilise une structure linéaire doublement liée, les classes `TreeSet` et `TreeMap` utilisent un arbre de recherche binaire lié et les classes `LinkedHashSet` et `LinkedHashMap` ont recours à une structure de tableau liée hybride. Le tableau 10.1 résume ces huit implémentations.

Tableau 10.1 Structures de données utilisées par les classes concrètes dans JCF

Structure de données	**List**	**Set**	**Map**
Indexée	`ArrayList`	`HashSet`	`HashMap`
Liée	`LinkedList`	`TreeSet`	`TreeMap`
Indexée avec des liens		`LinkedHashSet`	`LinkedHashMap`

Le paquetage `java.util` comprend quatre autres classes conteneur qui ont été créées avant l'intégration de JCF dans la version Java 1.2. Il s'agit des classes `Vector`, `Stack`, `Dictionary` et `Hashtable`. Dans la mesure où elles ne sont pas cohérentes avec JCF, nous les considérerons comme des classes « d'héritage » susceptibles de disparaître à l'avenir. Les classes `Vector` et `Stack` ont été supplantées par `ArrayList` et les classes `Dictionary` et `Hashtable` par `HashMap`.

10.2 LES LISTES LIÉES

Le tableau est la structure de données la plus simple qui existe. Il présente l'avantage de permettre un accès direct grâce à l'indexage. Ainsi, pour accéder au 200e élément d'un tableau `a[]`, il suffit d'utiliser la valeur d'index 200 dans l'expression `a[200]`. Aucun autre élément du tableau ne doit être utilisé pour obtenir celui-ci. En outre, vous accédez aussi rapidement et aussi facilement à `a[200]` qu'à `a[2]`.

Cependant, l'accès direct entraîne nécessairement un manque de souplesse du tableau lors des insertions et des suppressions. Par exemple, pour insérer `x` entre `a[99]` et `a[100]` sans modifier les positions relatives des autres éléments, vous devez déplacer vers la droite tous les éléments situés entre `a[100]` et la fin du tableau. De la même manière, pour supprimer `a[100]`, vous devez décaler vers la gauche tous les éléments situés entre `a[101]` et la fin du tableau.

D'autre part, les tableaux ont malheureusement une longueur statique, qui ne peut donc pas être modifiée. Par conséquent, si vous allouez un espace de 1 000 éléments à `a[]` de la façon suivante :

```
String[] a = new String[1000];
```

le tableau ne pourra jamais contenir plus de 1 000 éléments. Vous pouvez stocker moins de 1 000 chaînes dans `a[]`, mais pas une de plus. Si vous devez insérer une 1 001e chaîne, il est nécessaire de reconstruire complètement le tableau en allouant le nouvel espace de stockage, puis en copiant tous les éléments courants comme suit :

```
String[] aa = new String[1000];
System.arraycopy(a,0,aa,0,1000);
a = aa;
```

Cette méthode est totalement inefficace. C'est pourquoi, au lieu d'opter pour la structure indexée d'un tableau, vous pouvez implémenter la structure liée d'une liste dynamique. Les listes liées figurent parmi les premiers thèmes abordés lors des cours sur les structures de données (voir notamment **[Hubbard1]** ou **[Hubbard2]**) Dans cette section, nous nous contenterons de présenter leurs principes de base.

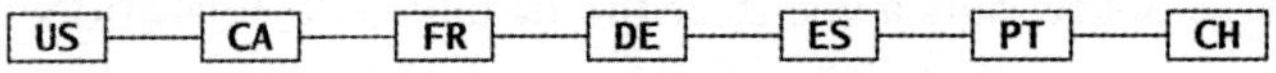

Figure 10.2 Une liste liée simple composée de sept objets

La figure 10.2 présente une liste liée simple de sept objets `String`. Cette liste est séquentielle. Elle commence à gauche par la chaîne `'US'` et se termine à droite par la chaîne `'CH'`. Pour accéder aux éléments, vous devez procéder comme si vous passiez d'un wagon à l'autre dans un train. Ainsi, pour atteindre le cinquième élément, vous devez accéder aux quatre précédents. Il s'agit d'un *accès séquentiel* qui caractérise les listes liées et s'oppose à l'accès direct des tableaux. Les cassettes audio et vidéo ont un accès séquentiel, alors que les disques de stockage comme les CD ont un accès direct.

Exemple 10.1 Test d'un objet `ArrayList`

```
import java.util.*;
public class TestList {
  public static void main(String[] args) {
    Collection list = new ArrayList();
    list.add("US");
    list.add("CA");
    list.add("FR");
    list.add("DE");
    System.out.println("liste : " + list);
    System.out.println("list.contains(\"FR\"): " +
                       list.contains("FR"));
    System.out.println("list.contains(\"GB\"): " +
                       list.contains("GB"));
     Object[] a = list.toArray();
     list.remove("FR");
     System.out.println("liste : " + list);
     System.out.println("list.contains(\"FR\"): " +
                        list.contains("FR"));
     System.out.println("list.size(): " + list.size());
     System.out.println("a[2]: " + a[2]);
  }
}
```

Vous obtenez la sortie :

```
Liste : [US, CA, FR, DE]
list.contains("FR"): true
list.contains("GB"): false
liste : [US, CA, DE]
list.contains("FR"): false
list.size(): 3
a[2]: FR
```

La variable `list` est déclarée à la ligne 4 avec le type `Collection`. Cela signifie que son comportement est limité aux méthodes déclarées dans l'interface `Collection` (voir l'exemple 10.2), et ce quelle que soit son instanciation. Pour instancier la référence, nous devons utiliser un constructeur et, par conséquent, sélectionner l'un des sous-types concrets de l'interface `Collection` (voir la figure 10.1). Dans le cas présent, nous utilisons la méthode `ArrayList()`.

Pour les lignes 5 à 8, nous avons recours à la méthode `add()` afin d'ajouter quatre objets `String` à la collection. La sortie de la ligne 9 indique qu'ils se trouvent dans la liste. Aux lignes 10 et 11, nous testons la méthode `contains()`. La sortie indique que la liste contient la chaîne `"FR"`, mais pas la chaîne `"GB"`.

À la ligne 12, nous utilisons la méthode `toArray()` pour créer un tableau de références aux quatre objets de la liste. Les deux structures de données, `list` et `a[]`, seraient similaires à celles illustrées à la figure 10.3.

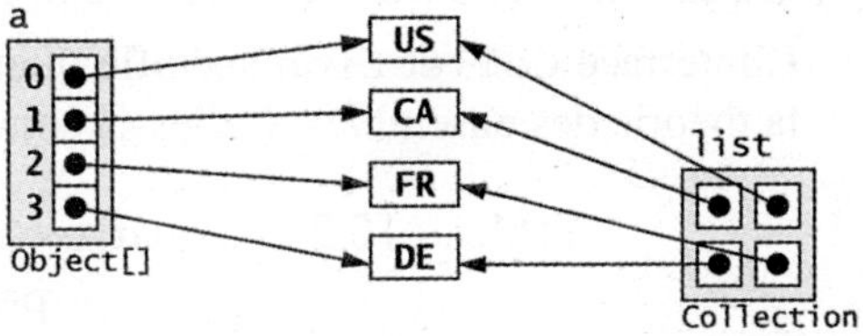

Figure 10.3 Les collections de tableau et de liste des mêmes objets

La méthode `remove()` est testée ligne 13. Les sorties des lignes 14 et 15 indiquent que son exécution est réussie. En outre, la méthode `size()` de la ligne 16 signale qu'un élément a été supprimé de la collection.

La sortie de la ligne 17 indique que la méthode `remove()` a uniquement supprimé la référence à la chaîne `"FR"`.

L'objet reste et sa référence dans le tableau `a[]` n'est pas affectée par l'appel.

10.3 L'INTERFACE `java.util.Collection`

Comme l'indique la figure 10.1, l'interface `Collection` est le supertype indispensable à tous les types `List` et `Set`. Elle spécifie toutes les méthodes communes à toutes les collections génériques : accesseurs (`contains()`, `isEmpty()`, `size()`, `toArray()`), mutateurs (`add()`, `clear()`, `remove()`, `retainAll()`), remplacements de méthodes `Object` (`equals()`, `hashCode()`) et une méthode `iterator()` permettant de parcourir une collection. L'interface complète est illustrée à l'exemple 10.2.

Exemple 10.2 Interface `java.util.Collection` complète

Voici l'interface `Collection` complète, telle qu'elle est définie dans le paquetage `java.util` :

```
public interface Collection {
   public boolean add(Object object);
   public boolean addAll(Collection collection);
   public void clear();
```

```
5      public boolean contains(Object object);
6      public boolean containsAll(Collection collection);
7      public boolean equals(Object object);
8      public int hashCode();
9      public boolean isEmpty();
10     public Iterator iterator();
11     public boolean remove(Object object);
12     public boolean removeAll(Collection collection);
13     public boolean retainAll(Collection collection);
14     public int size();
15     public Object[] toArray();
16     public Object[] toArray(Object[] objects);
17   }
```

Ces 15 méthodes sont implémentées par la classe `AbstractCollection` et ses huit sous-classes (voir la figure 10.1). Le programme de l'exemple 10.1 illustre le fonctionnement des méthodes `add()`, `contains()`, `toArray()` et `size()`. Il présente également la méthode `toString()` qui est appelée indirectement aux lignes 9 et 14 de ce programme lorsque la référence `list` est placée dans une expression `String`.

À l'instar des méthodes `equals()` et `hashCode` (lignes 7 et 8), la méthode `toString()` est définie dans la classe `Object`. Ces méthodes sont listées ici afin de suggérer leur remplacement.

L'interface `Collection` spécifie quatre méthodes destinées à l'implémentation des opérations de la théorie des ensembles. Celles-ci sont résumées au tableau 10.2.

Tableau 10.2 Les quatre opérations de la théorie des ensembles spécifiées par l'interface Collection

Méthode	Opération sur l'ensemble	Représentation
`x.addAll(y)`	Union	$x = x \cup y$
`x.removeAll(y)`	Complément relatif	$x = x - y$
`x.retainAll(y)`	Intersection	$x = x \cap y$
`x.containsAll(y)`	Sous-ensemble	$x \supseteq y$

La méthode `x.addAll(y)` ajoute chaque élément de la collection `y` pour que l'argument implicite `x` termine avec l'union `x ∪ y` de tous les éléments de `x` et `y`. La méthode `x.removeAll(y)` supprime chaque élément de l'argument implicite `x` se trouvant également dans la collection `y` pour que l'argument implicite `x` termine avec le complément relatif `x - y`. La méthode `x.retainAll(y)` supprime chaque élément de l'argument implicite `x` à l'exception de ceux qui se trouvent également dans la collection `y` pour que l'argument implicite `x` termine avec l'intersection `x ∩ y` des éléments communs à `x` et `y`. Et enfin, la méthode `x.containsAll(y)` renvoie `true` si et seulement si la collection `y` est un sous-ensemble de l'argument implicite `x`.

Par exemple, supposons que $x = \{A, B, C, D, E\}$ et $y = \{A, E, I, O, U\}$. L'appel de `x.addAll(y)` remplace alors x par $x \cup y = \{A, B, C, D, E, I O, U\}$, l'appel de `x.removeAll(y)` remplace x par $x - y = \{B, C, D\}$ et l'appel de `x.retainAll(y)` remplace x par $x \cap y = \{A, E\}$. Avant l'appel de `x.retainAll(y)`, `x.containsAll(y)` renvoie `false`, mais il renvoie `true` après l'appel.

Exemple 10.3 Test des quatre méthodes de la théorie des ensembles de l'interface `Collection`

Cet exemple teste les quatre méthodes du tableau 10.2. Dans la mesure où celles-ci correspondent aux opérations de la théorie des ensembles, nous utilisons l'interface `Set` et son implémentation `hashSet`.

```
public class TestSets {
  public static void main(String[] args) {
    Set setA = new HashSet();
    setA.add("US");
    setA.add("CA");
    setA.add("FR");
    setA.add("DE");
    System.out.println("setA: " + setA);
    Set setB = new HashSet(setA);
    System.out.println("setB: " + setB);
    Set setC = new HashSet();
    setC.add("US");
    setC.add("JP");
    setC.add("KO");
    setC.add("AU");
    System.out.println("setC: " + setC);
    System.out.println("setB.containsAll(setC): " +
                       setB.containsAll(setC));
    System.out.println("setB.addAll(setC): " +
                       setB.addAll(setC));
    System.out.println("setB: " + setB);
    System.out.println("setB.containsAll(setC): " +
                       setB.containsAll(setC));
    System.out.println("setB.removeAll(setC): " +
                       setB.removeAll(setC));
    System.out.println("setB: " + setB);
    System.out.println("setA.retainAll(setC): " +
                       setA.retainAll(setC));
    System.out.println("setA: " + setA);
    System.out.println("setC: " + setC);
  }
}
```

Vous obtenez le résultat suivant :

```
setA: [DE, CA, US, FR]
setB: [DE, CA, US, FR]
setC: [KO, JP, AU, US]
setB.containsAll(setC): false
setB.addAll(setC): true
setB: [DE, KO, JP, CA, AU, US, FR]
setB.containsAll(setC): true
setB.removeAll(setC): true
setB: [DE, CA, FR]
setA.retainAll(setC): true
setA: [US]
setC: [KO, JP, AU, US]
```

L'objet `Set` nommé `setA` est instancié à la ligne 3 en tant que `HashSet`. Il est chargé avec quatre objets `String` aux lignes 4 à 7 et imprimé à la ligne 8. Il est ensuite dupliqué comme `setB` à la ligne 9. L'objet `Set` nommé `setC` est créé de la même façon aux lignes 11 à 15.

À la ligne 17, la méthode de sous-ensemble `containsAll()` est testée. Elle renvoie `false` parce que `setC` n'est pas un sous-ensemble de `setB`. Par exemple, la chaîne `"KO"` est un élément de `setC`, mais pas de `setB`.

À la ligne 19, la méthode d'union `addAll()` est exécutée. `setC` devient alors un sous-ensemble de `setB` parce que tous ses éléments ont été ajoutés. Vous remarquerez que, dans la mesure où ces collections sont des ensembles, la duplication des éléments n'est pas autorisée. La chaîne `"US"` n'est donc pas ajoutée puisqu'elle est déjà un élément.

À la ligne 23, la méthode d'intersection `removeAll()` est exécutée. Après cette étape, `setB` ne contient plus que les trois éléments qui étaient communs à `setB` et `setC`.

En dernier lieu, à la ligne 25, la méthode de complément `retainAll()` est exécutée. L'objet `setA` ne contient plus que des éléments qui ne se trouvaient pas dans `setC`.

10.4 LES ITÉRATEURS

Un *itérateur* est un objet qui donne accès aux éléments d'un objet `Collection`. Les capacités réelles d'un itérateur sont spécifiées dans l'interface `java.util.Iterator` illustrée à l'exemple 10.4.

Exemple 10.4 L'interface `java.util.Iterator` complète

```
public interface Iterator {
  public boolean hasNext();
  public Object next();
  public void remove();
}
```

La méthode `next()` renvoie l'élément auquel l'itérateur est en train d'accéder. À chaque appel de cette méthode, l'itérateur passe à l'élément suivant de la collection.

La méthode `hasNext()` renvoie `true` si la méthode `next()` peut être appelée à nouveau sans atteindre la fin de la collection.

La méthode `remove()` supprime l'élément auquel l'itérateur accède. Lorsqu'elle a été appelée une fois, vous devez attendre un nouvel appel de `next()` pour pouvoir l'appeler à nouveau. Cette restriction est due au fait que la méthode `remove()` laisse parfois l'itérateur dans un état non défini, susceptible d'être corrigé par un appel de `next()` uniquement.

Les itérateurs sont généralement obtenus à l'aide d'un appel à la méthode `iterator()` de la collection. Dans le cadre de l'interface `Collection` (voir l'exemple 10.2), chaque collection doit fournir la méthode suivante :

```
public Iterator iterator();
```

Elle renvoie un itérateur qui est initialisé au début de la collection, comme illustré à l'exemple 10.5.

Exemple 10.5 Utilisation d'un itérateur

```
public class TestIterators {
  public static void main(String[] args) {
    Set setA = new TreeSet();
```

```
4         setA.add("US");
5         setA.add("CA");
6         setA.add("FR");
7         setA.add("DE");
8         setA.add("JP");
9         setA.add("KO");
10        setA.add("AU");
11       System.out.println("setA: " + setA);
12       Iterator it = setA.iterator();
13       System.out.println("it.next(): " + it.next());
14       System.out.println("it.next(): " + it.next());
15       System.out.println("it.next(): " + it.next());
16       System.out.println("it.remove(): ");
17       it.remove();
18       System.out.println("setA: " + setA);
19       System.out.println("it.next(): " + it.next());
20       System.out.println("it.remove(): ");
21       it.remove();
22       System.out.println("setA: " + setA);
23       System.out.println("it.next(): " + it.next());
24       System.out.println("it.next(): " + it.next());
25       System.out.println("it.remove(): ");
26       it.remove();
27       System.out.println("setA: " + setA);
28       System.out.println("it.hasNext(): " + it.hasNext());
29       System.out.println("it.next(): " + it.next());
30       System.out.println("it.hasNext(): " + it.hasNext());
31   }
32 }
```

Vous obtenez le résultat suivant :

```
setA: [AU, CA, DE, FR, JP, KO, US]
it.next(): AU
it.next(): CA
it.next(): DE
it.remove():
setA: [AU, CA, FR, JP, KO, US]
it.next(): FR
it.remove():
setA: [AU, CA, JP, KO, US]
it.next(): JP
it.next(): KO
it.remove():
setA: [AU, CA, JP, US]
it.hasNext(): true
it.next(): US
it.hasNext(): false
```

L'objet `Set` nommé `setA` est instancié à la ligne 3 en tant que `TreeSet`. Il est chargé de sept objets `String` aux lignes 4 à 10 et imprimé à la ligne 8. Il est ensuite dupliqué en tant que `setB` à la ligne 11.

À la ligne 12, un objet `Iterator` est demandé par l'objet `setA` et `s` est attribué à la référence `it`.

Chaque appel de `it.next()` renvoie l'élément courant et avance l'itérateur, ce qui fournit un accès séquentiel aux éléments `AU, CA, DE, . . .`

À la ligne 16, l'appel de `it.remove()` supprime l'élément courant `DE`, le dernier renvoyé par l'appel de `next()`. L'appel de `println()` qui suit vérifie la suppression.

De la même manière, les appels suivants de `next()` et `remove()` suppriment `FR` à la ligne 21 et `KO` à la ligne 26.

L'appel de `hasNext()` à la ligne 28 indique que l'itérateur n'a pas encore atteint la fin de la collection, ce qui est chose faite à la ligne 30.

L'itérateur qui parcourt une collection procède comme l'index qui fournit un accès direct à un tableau. Ainsi, les tableaux sont généralement parcourus dans une boucle `for` comme suit :

```
for (int i = 0; i < a.length; i++)
System.out.print( a[i] + " ");
```

De la même manière, les collections peuvent être parcourues dans une boucle `for` de la façon suivante :

```
for (Iterator it = setA.iterator(); it.hasNext(); )
System.out.print( it.next() + " ");
```

Vous remarquerez qu'il n'y a pas de mise à jour indépendante dans la boucle `for` dans la mesure où l'itérateur est avancé automatiquement par l'appel de la méthode `next()`.

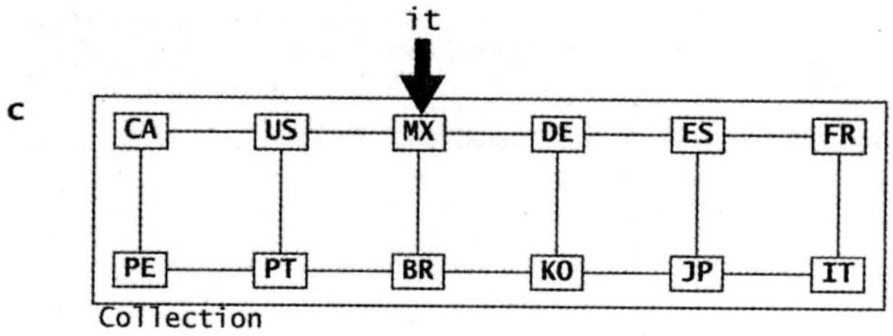

La figure 10.4 illustre le fonctionnement d'un itérateur nommé `it` qui parcourt une collection `c`. L'itérateur recherche un élément à la fois dans la collection. Il incombe à la classe de collection de déterminer l'algorithme selon lequel les itérateurs se déplacent au sein de la collection.

Figure 10.4 Un itérateur **`it`** parcourt une collection **`c`**

10.5 MÉTHODE `java.util.Arrays.asList()`

Nous avons déjà vu la classe `java.util.Arrays` à la section 7.4. Elle fournit un ensemble de méthodes utilitaires `static` permettant de traiter les tableaux. Elle comprend également une méthode de génération d'un objet `Collection` à partir d'un tableau d'objets spécifié.

La méthode `Arrays.asList()` renvoie un objet `List` qui contient les éléments du tableau qui lui est passé. Ce procédé permet de créer aisément l'objet `Collection`.

Exemple 10.6 Utilisation de la méthode `java.util.Arrays.asList()` pour créer une collection

```
import java.util.*;

public class TestPrint {
```

```
4 public static void main(String[] args) {
5 Collection c = Arrays.asList(new String[]{"US","CA","PO","IT","ES"});
6 System.out.println(c);
7 }
8 }
```

Vous obtenez la sortie suivante :

```
[US, CA, PO, IT, ES]
```

La collection est créée à la ligne 5. L'expression `new String[]{"US","CA","PO","IT","ES"}` crée un *tableau anonyme* de cinq éléments `String`. Ce tableau est passé à la méthode `asList()` qui renvoie un objet `List` contenant les mêmes éléments. Étant donné que l'interface `List` étend l'interface `Collection`, l'objet `List` peut être attribué à la référence de collection `c`.

La sortie de la ligne 6 confirme que `c` contient des éléments identiques à ceux du tableau anonyme.

? QUESTIONS

10.1 Qu'est-ce que le framework de collections Java ?

10.2 Qu'est-ce que l'interface `Collection` ?

10.3 Quelles classes de la collection sont implémentées avec une structure indexée ?

10.4 Quelles classes de la collection sont implémentées avec une structure liée ?

10.5 Quelles classes de la collection sont implémentées avec une structure indexée liée ?

10.6 Qu'est-ce qu'un objet `ArrayList` ?

10.7 Quelles méthodes de la théorie des ensembles sont prises en charge par le framework de collections Java ?

10.8 Qu'est-ce qu'un itérateur ?

10.9 En quoi les itérateurs sont-ils similaires aux index de tableau ?

10.10 En quoi les itérateurs diffèrent-ils des index de tableau ?

¿ RÉPONSES

10.1 Le framework de collections Java est un groupe d'interfaces et de classes interconnectées qui prennent en charge la création et l'utilisation des listes, des ensembles et des itérateurs.

10.2 L'interface `Collection` Java spécifie les 15 méthodes de l'exemple 10.2.

10.3 Les classes `ArrayList` et `HashSet` sont implémentées avec une structure : elles permettent un accès direct aux élémentscomme un simple tableau.

10.4 Les classes `LinkedList`, `TreeSet` et `TreeMap` sont implémentées à l'aide d'une structure liée (une liste liée ou un arbre).

10.5 Les classes `LinkedHashSet` et `LinkedHashMap` sont implémentées à l'aide d'une structure indexée liée.

10.6 Un objet `ArrayList` est une instance de la classe `java.util.ArrayList`. Dans la mesure où il fait partie du framework de collections Java, il prend en charge toutes les méthodes de l'interface `Collection`.

10.7 Les quatre méthodes de la théorie des ensembles spécifiées par l'interface `Collection` sont listées au tableau 10.2. Il s'agit de `addAll()` pour les unions, `removeAll()` pour les compléments, `retainAll()` pour les intersections et `containsAll()` pour le test de la relation entre les sous-ensembles.

10.8 Un itérateur est un objet qui se déplace dans une collection et permet d'accéder aux éléments de celle-ci.

10.9 Un itérateur peut être utilisé afin de parcourir une collection à l'aide d'une boucle `for`, de la même manière qu'un index permet de parcourir un tableau.

10.10 Un index de tableau fournit un accès direct à un tableau, alors qu'un itérateur offre uniquement un accès séquentiel.

? EXERCICES D'ENTRAÎNEMENT

10.1 Écrivez et testez cette méthode client à l'aide d'un itérateur :

```
void print(Collection c)
// imprime tous les éléments de la collection spécifiée
```

10.2 Écrivez et testez cette méthode client à l'aide d'un itérateur :

```
int frequency(Collection c, Object x)
// renvoie le nombre d'occurrences de l'objet x spécifié
// dans la collection spécifiée
```

10.3 Écrivez et testez cette méthode client à l'aide d'un itérateur :

```
Object getLast(Collection c)
// supprime le dernier élément de la collection spécifiée
```

10.4 Écrivez et testez cette méthode client à l'aide d'un itérateur :

```
Object TestGetElementAt(Collection c, int index)
// renvoie l'élément de c se trouvant à l'index spécifié
```

10.5 Écrivez et testez cette méthode client à l'aide d'un itérateur :

```
void removeLast(Set set)
// supprime le dernier élément de l'ensemble spécifié
```

10.6 Écrivez et testez cette méthode client à l'aide d'un itérateur :

```
void removeOdd(Set set)
// supprime un élément sur deux de l'ensemble spécifié
```

SOLUTIONS

10.1

```
void print(Collection c) {
  for (Iterator it=c.iterator(); it.hasNext(); )
    System.out.print(it.next() + " ");
  System.out.println();
}
```

10.2

```
int frequency(Collection c, Object x) {
  int f = 0;
  for (Iterator it=c.iterator(); it.hasNext(); )
    if (it.next().equals(x)) ++f;
  return f;
}
```

10.3

```
Object getLast(Collection c) {
  Object last = null;
  for (Iterator it=c.iterator(); it.hasNext(); )
    last = it.next();
  return last;
}
```

10.4

```
Object TestGetElementAt(Collection c, int index) {
  Object element = null;
  int i=0;
  for (Iterator it=c.iterator(); it.hasNext() && i++ <= index; )
    element = it.next();
  return element;
}
```

10.5

```
void removeLast(Set set) {
  Iterator it=set.iterator();
  while (it.hasNext())
    it.next();
  it.remove();
}
```

10.6

```
void removeOdd(Set set) {
  Iterator it=set.iterator();
  int i=0;
  while (it.hasNext()) {
    it.next();
    if (++i%2==0) it.remove();
  }
}
```

Chapitre 11

Les exceptions

Une *exception* est une erreur qui a lieu au cours de l'exécution d'un programme. Java facilite la gestion de ce type d'erreur en donnant le contrôle à des blocs de programme spécifiques, les *gestionnaires d'exceptions*, qui sont exécutés dès que l'erreur est détectée. Ce chapitre est consacré aux règles d'écritures de ces gestionnaires.

11.1 LA HIÉRARCHIE DE CLASSES `Throwable`

Une exception Java est une instance de la classe `Throwable` ou de l'une de ses extensions. Cet objet peut être instancié par un programme en cours d'exécution de deux façons : explicitement à l'aide d'une instruction `throw` dans le programme ou implicitement par l'environnement d'exécution Java lorsqu'il est incapable d'exécuter une instruction dans le programme.

Une exception lancée peut être attrapée par la clause `catch` d'une instruction `try`. Si elle n'est pas attrapée, elle est relancée par la méthode qui a appelé la méthode courante, sauf si elle est lancée dans la méthode `main()`, ce qui entraîne la fin du programme. L'utilisation d'une instruction `try` pour attraper une exception est qualifiée de gestion des exceptions. Cette solution est préférable aux autres dans la mesure où c'est le programme qui gère l'exception.

La hiérarchie de l'héritage de classe illustrée à la figure 11.1 présente certains types d'exception standard en Java, notamment les deux plus courants, à savoir `ArrayIndexOutOfBoundsException` et `NullPointerException`.

Vous pouvez distinguer deux types d'exception : celles qui peuvent être évitées en améliorant le code et celles qui ne le peuvent pas. Les premières sont qualifiées *d'exceptions non vérifiées*. Il s'agit d'instances des classes `Error` et `RuntimeException`, ainsi que de leurs extensions. Par exemple, lorsque vous cherchez à diviser un entier par zéro, le système génère une `ArithmeticException`.

La seconde catégorie regroupe les *exceptions vérifiées*, c'est-à-dire celles qui sont vérifiées par le compilateur avant l'exécution du programme. Les instructions qui les lancent doivent être soit insérées dans une instruction `try`, soit déclarées dans l'en-tête de la méthode. Les exceptions vérifiées sont traitées par un gestionnaire d'exceptions puisqu'elles sont anticipées.

```
Object
 └─ Throwable
     ├─ Error
     │   ├─ AssertionError                  ┐
     │   ├─ LinkageError                    │
     │   │   └─ NoClassDefFoundError        ├ Exceptions non vérifiées
     │   └─ VirtualMachineError             │
     │       └─ OutOfMemoryError            ┘
     └─ Exception
         ├─ ClassNotFoundException          ┐
         ├─ InstantiationException          │
         ├─ IOException                     ├ Exceptions vérifiées
         │   ├─ EOFException                │
         │   └─ FileNotFoundException       ┘
         └─ RuntimeException                          ┐
             ├─ ArithmeticException                   │
             ├─ IllegalArgumentException              │ Exceptions
             ├─ IndexOutOfBoundsException             │ non vérifiées
             │   └─ ArrayIndexOutOfBoundsException    │
             └─ NullPointerException                  ┘
```

Figure 11.1 Une partie de la hiérarchie d'héritage des exceptions vérifiées et non vérifiées

11.2 LANCEMENT D'UNE EXCEPTION NON VÉRIFIÉE

Le programme de l'exemple 11.1 illustre le cas d'une exception non vérifiée lancée par l'environnement d'exécution Java. Si vous cherchez à effectuer une division par zéro à la ligne 3, une exception `ArithmeticException` est lancée par l'exécution.

Exemple 11.1 Lancement implicite d'une exception non vérifiée

```
1   class Main {
2     public static void main(String[] args) {
3       int n = 4/0;
4       System.out.println("OK");
5     }
6   }
```

Vous obtenez la sortie suivante :

```
Exception in thread "main" java.lang.ArithmeticException: / by zero
at Main.main(TestImplicitUncheckedException.java:3)
```

Le programme de l'exemple 11.2 illustre le cas d'une exception non vérifiée lancée par une instruction `throw` explicite.

Exemple 11.2 Lancement explicite d'une exception non vérifiée

```
1    class Main {
2      static double sqrt(double x) {
3        if (x<0) throw new IllegalArgumentException();
4        return Math.sqrt(x);
5      }
6
7      public static void main(String[] args) {
8        System.out.println(sqrt(-25));
9        System.out.println("FIN DE METHODE MAIN.");
10     }
11   }
```

Vous obtenez le résultat suivant :

```
Exception in thread "main" java.lang.IllegalArgumentException
at Main.sqrt(TestExplicitUncheckedException.java:3)
at Main.main(TestExplicitUncheckedException.java:8)
```

Cette sortie indique que l'exception a été lancée ligne 3 depuis la méthode `sqrt()` qui a été appelée ligne 8 depuis `main()`.

L'exception a stoppé le programme, c'est pourquoi la méthode `println()` de la ligne 9 n'a jamais été exécutée.

11.3 ATTRAPER LES EXCEPTIONS NON VÉRIFIÉES

Dans les exemples de la section 11.2, l'exception n'est pas attrapée, ce qui entraîne la fin du programme. Or, les programmeurs préfèrent généralement éviter le plantage du programme en intégrant le code à risque dans un bloc `try`, dont la syntaxe est la suivante :

```
try {                              // bloc try
    <statement-sequence>
} catch(Exception exception) { // clause catch
    <statement-sequence>
}
```

La syntaxe (`Exception exception`) de la clause `catch` est en fait une liste de paramètres similaire à celles des méthodes, à une exception près. En effet, cette liste ne peut contenir qu'un seul paramètre dont le type est la classe `Exception` ou l'une de ses extensions.

Le programme de l'exemple 11.3 diffère du précédent sur un point : l'instruction qui appelle `sqrt(-25)`, c'est-à-dire le code à risque, est encapsulée dans un bloc `try`.

Exemple 11.3 Attraper une exception non vérifiée

```
class Main {
  static double sqrt(double x) {
    if (x<0) throw new IllegalArgumentException();
    return Math.sqrt(x);
  }

  public static void main(String[] args) {
```

```
8          try { // try block
9            System.out.println(sqrt(-25));
10         } catch(Exception exception) { // clause catch
11           System.out.println("exception: " + exception);
12         }
13         System.out.println("L'exception a ete attrapee.");
14         System.out.println("FIN DE METHODE MAIN.");
15       }
16 }
```

Vous obtenez le résultat suivant :

```
exception: java.lang.IllegalArgumentException
L'exception a ete attrapee.
FIN DE METHODE MAIN.
```

L'objet `IllegalArgumentException` est lancé ligne 3, comme à l'exemple 11.2. Mais, dans le cas présent, il est attrapé à la ligne 10 parce qu'il a été généré par l'instruction de la ligne 9 intégrée au bloc `try`. Par conséquent, l'instruction de la ligne 11 à l'intérieur de la clause `catch` est exécutée et imprime la première ligne de la sortie. Ensuite, le contrôle du programme reprend l'exécution avec le code qui suit l'instruction `try` aux lignes 13 à 14.

Cependant, sachez que le programme de l'exemple 11.3 n'est pas réaliste. En effet, les instructions `try` sont généralement utilisées uniquement pour les exceptions vérifiées (voir la section 11.4) puisqu'elles ont pour but de gérer les erreurs qui n'ont pas été anticipées. Les erreurs correspondant à des exceptions non vérifiées peuvent et doivent être anticipées, et donc gérées par un code standard.

11.4 ATTRAPER LES EXCEPTIONS VÉRIFIÉES

Les erreurs qui correspondent aux exceptions vérifiées ne peuvent généralement pas être évitées dans la mesure où elles sont en majeure partie provoquées par un accès externe, par exemple un fichier d'entrée ou de sortie. Faute de les empêcher, vous pouvez les relancer ou les attraper. Ce processus est qualifié de *gestion des exceptions*.

Une méthode qui lance une exception vérifiée doit déclarer celle-ci à l'aide d'une clause `throws` dans son en-tête. Elle doit soit relancer l'exception, soit encapsuler l'appel dans un bloc `try` dont la syntaxe est la suivante :

```
try {                                      // bloc try
  <statement-sequence>
} catch(ExceptionType1 exception) {        // clause catch 1
  <statement-sequence>
} catch(ExceptionType2 exception) {        // clause catch 2
  <statement-sequence>
}
:
:
  catch(ExceptionTypeN exception)     { // clause catch n
  <statement-sequence>
} finally {                                // clause finally
  <statement-sequence>
}
```

Dans le cas présent, les deux-points (`:`) indiquent que vous pouvez inclure un nombre illimité de clauses `catch`, voire aucune.

La clause `finally` est également facultative. Mais vous devez insérer soit une clause `finally`, soit au moins une clause `catch`.

L'exemple 11.4 vous indique comment relancer une exception. La seconde solution qui consiste à utiliser un gestionnaire d'exceptions est illustrée à l'exemple 11.5.

Exemple 11.4 Relancer une exception vérifiée

```
1   import java.io.*;
2
3   class CopyFile {
4     public static void main(String[] args) throws IOException {
5       FileInputStream in = new FileInputStream(args[0]);
6       long bytes=0;
7       FileOutputStream out = new FileOutputStream(args[1]);
8       byte[] buf = new byte[512];
9       for (int count = in.read(buf); count > 0; count =
10        in.read(buf)) {
11        out.write(buf,0,count);
12        bytes += count;
13      }
14      System.out.println(bytes + " bytes ont ete copies.");
15    }
16  }
```

L'exécution suivante utilise deux arguments en ligne de commande :

```
java ch11.ex03.Main Report.txt NewReport.txt
```

Elle essaie de copier un fichier nommé `Report.txt` qui est introuvable :

```
Exception in thread "main" java.io.FileNotFoundException: Report.txt
(The system cannot find the file specified)
        at java.io.FileInputStream.open(Native Method)
        at java.io.FileInputStream.<init>(FileInputStream.java:106)
        at java.io.FileInputStream.<init>(FileInputStream.java:66)
        at ch11.ex03.Main.main(Main.java:12)
```

Notez que la clause `throws` de la ligne 4 spécifie la classe `IOException` bien que l'exception lancée soit un objet `FileNotFoundException`. Ce processus est qualifié de polymorphisme : la classe `FileNotFoundException` étant une extension de la classe `IOException`, toute exception de type `FileNotFoundException` peut être considérée comme étant de type `IOException`.

Exemple 11.5 Gestion d'une exception vérifiée

```
import java.io.*;

class CopyFile {
  public static void main(String[] args) {
    int bytes=0;
    try {
      FileInputStream in = new FileInputStream(args[0]);
      FileOutputStream out = new FileOutputStream(args[1]);
      byte[] buf = new byte[512];
      for (int count=in.read(buf); count>0; count=in.read(buf)) {
```

```
11          out.write(buf,0,count);
12          bytes += count;
13        }
14      } catch (IOException e) { e.printStackTrace(); }
15      System.out.println(bytes + " octets ont ete copies.");
16    }
17  }
```

Cette exécution tente de copier le même fichier que celui de l'exemple 11.4 :

```
java ch11.ex04.Main Report.txt NewReport.txt
```

Cette fois, vous obtenez la sortie suivante :

```
java.io.FileNotFoundException: Report.txt (The system cannot find the
file specified)
    at java.io.FileInputStream.open(Native Method)
    at java.io.FileInputStream.<init>(FileInputStream.java:106)
    at java.io.FileInputStream.<init>(FileInputStream.java:66)
    at ch11.ex04.Main.main(Main.java:14)
0 octets ont ete copies.
```

Contrairement à l'exemple précédent, celui-ci attrape l'exception. Après avoir signalé l'erreur `FileNotFoundException`, l'exécution passe directement au bloc `catch` de la ligne 14. Il exécute l'instruction dans le bloc, puis reprend l'exécution normale du programme à la ligne 15.

11.5 L'INSTRUCTION GÉNÉRIQUE try

L'instruction générique `try` a la syntaxe suivante en Java :

```
try {
  statements
} catch (exception-type1 identifier1) {
  statements
} catch (exception-type2 identifier2) {
  statements
...
} finally {
  statements
}
```

Comme vous pouvez le constater, une instruction `try` peut avoir plusieurs clauses `catch` et une clause `finally` facultative. Chaque clause `catch` attrape un type d'exception différent.

Exemple 11.6 Utilisation de plusieurs clauses `catch` et d'une clause `finally`

```
class Main {
 public static void main(String[] args) {
  int n = 0;
  try {
    String input = args[0];
    System.out.println("input: " + input);
    n = Integer.parseInt(input);
  } catch (ArrayIndexOutOfBoundsException e) {
    System.err.println(e + ": Pas d'entree.");
  } catch (NumberFormatException e) {
```

```
11     System.err.println(e + " n'a pas pu etre analysee.");
12    } finally {
13     System.out.println("n = " + n);
14    }
15     System.out.println("Cela suit l'instruction try.");
16  }
17  }
```

Lorsque vous utilisez la commande suivante pour l'exécution :

```
B:\>java Main
```

vous obtenez la sortie suivante :

```
java.lang.ArrayIndexOutOfBoundsException: Pas d'entree.
n = 0
Cela suit l'instruction try.
```

Dans le cas présent, il n'y aucun argument en ligne de commande, c'est pourquoi le tableau `args[]` a une longueur égale à 0. La référence `args[0]` de la ligne 5 provoque donc le lancement d'une exception `ArrayIndexOutOfBoundsException`. Cette dernière est attrapée à la ligne 8, permettant ainsi à l'instruction de sortie de la ligne 9 d'être exécutée. Le programme passe ensuite à la clause `finally` de la ligne 12, ce qui entraîne l'exécution de l'instruction de sortie à la ligne 13. Étant donné que la valeur de `n` n'a pas été modifiée, elle est toujours égale à 0, comme l'indique la sortie.

Si vous utilisez la commande :

```
B:\>java Main #123
```

vous obtenez la sortie :

```
input: #123
java.lang.NumberFormatException: #123 n'a pas pu etre analysee.
n = 0
Cela suit l'instruction try.
```

Cette exécution comprend un argument en ligne de commande, c'est pourquoi la ligne 5 est exécutée avec succès. La ligne 6 imprime ensuite la chaîne d'entrée `"#123"`. Cependant, la présence du caractère dièse non numérique (`'#'`) empêche l'analyse de cette chaîne comme entier. C'est pourquoi la méthode `parseInt()` lance `NumberFormatException` ligne 7. Cette exception est attrapée ligne 10. La sortie de la ligne 11 est alors exécutée et signale l'erreur d'analyse. Le programme poursuit le traitement comme lors de la première exécution : il exécute la clause `finally` à la ligne 12 et l'instruction de sortie à la ligne 15.

Si vous entrez cette commande :

```
B:\>java Main 123
```

vous obtenez la sortie suivante :

```
input: 123
n = 123
Cela suit l'instruction try.
```

L'argument en ligne de commande est la chaîne `"123"`. Elle est analysée correctement à la ligne 7, sans lancement d'exception. L'exécution passe donc directement à la clause `finally` de la ligne 12, puis à l'instruction de sortie de la ligne 15.

? QUESTIONS

11.1 Que se passe-t-il lorsqu'une exception lancée n'est pas attrapée ?

11.2 Quelle est la différence entre une exception vérifiée et une exception non vérifiée ?

11.3 Comment une exception peut-elle être relancée ?

11.4 Combien de clauses `catch` une instruction `try` peut-elle comporter ?

11.5 Quelle est la différence entre une clause `catch` et une clause `finally` ?

¿ RÉPONSES

11.1 Si une exception lancée n'est pas attrapée, le programme s'arrête immédiatement.

11.2 Une exception vérifiée est une exception lancée par une méthode appelée dans un bloc `try` ou depuis une méthode qui la relance. Le compilateur peut alors la vérifier.

11.3 Une exception de type (ou supertype) *`ExceptionType`* est relancée si elle est lancée vers dans méthode dont l'en-tête comprend la clause *`throws ExceptionType`*.

11.4 Une instruction `try` peut comporter un nombre illimité de clauses dès lors qu'elle en a au moins une ou qu'elle a une clause `finally`. Chaque clause `catch` doit attraper un type d'exception différent.

11.5 Une clause `catch` est exécutée lorsque l'exception dont elle déclare le type est lancée, alors qu'une clause `finally` est exécutée à la fin d'une instruction `try`, qu'une clause `catch` ait été exécutée ou non.

? EXERCICES D'ENTRAÎNEMENT

11.1 Essayez de deviner la sortie du programme suivant, puis exécutez-le afin de vérifier si vous aviez vu juste.

```
class Main {
  public static void main(String[] args) {
    String[] a = {"ABC", "123", "0", ""};
    for (int i=0; i<4; i++) {
      try {
```

```
          String s = a[i];
          System.out.println("\ts: " + s);
          int n = Integer.parseInt(s);
          System.out.println("\tn: " + n);
          int m = 1234/n;
          System.out.println("\tm: " + m);
        } catch (NumberFormatException e) {
          System.err.println(e);
        } catch (ArrayIndexOutOfBoundsException e) {
          System.err.println(e);
        } catch (ArithmeticException e) {
          System.err.println(e);
        } finally {
          System.out.println("\ti: " + i);
        }
      }
      System.out.println("Goodbye.");
    }
  }
```

11.2 Écrivez et testez une méthode sécurisée capable d'imprimer une chaîne d'invite, de lire un entier interactivement et de le renvoyer. Utilisez un gestionnaire d'exceptions. Par exemple, vous pourriez mettre en œuvre un pilote test similaire au suivant :

```
Entrez un entier : sept
Ce n'est pas un numerique entier.
Entrez un entier : ok
Ce n'est pas un numerique entier.
Entrez un entier : 123.45
Ce n'est pas un numerique entier.
Entrez un entier : 123
Vous avez saisi 123.
```

11.3 Écrivez un programme capable de lancer et d'attraper `ArrayIndexOutOfBoundsException` et `NegativeArraySizeException` dans la même boucle.

11.4 Écrivez un programme dans lequel `main()` appelle `methodA()`, qui appelle `methodB()`, qui appelle `methodC()`, qui appelle `methodD()`. Dans la `methodD()`, insérez un code qui lance une `Exception` attrapée par la `methodA()` une fois que `methodC()` et `methodB()` l'ont relancée. Pour chaque méthode, ajoutez des instructions de sortie qui signalent quand la méthode s'arrête et quand elle renvoie les données.

¿ SOLUTIONS

11.1 Vous obtenez la sortie suivante :

```
        s: ABC
java.lang.NumberFormatException: ABC
        i: 0
        s: 123
        n: 123
```

```
        m: 10
        i: 1
        s: 0
        n: 0
java.lang.ArithmeticException: / by zero
        i: 2
        s:
java.lang.NumberFormatException:
        i: 3
Goodbye.
```

11.2

```
import java.io.*;
class TestIntInput {
  public static void main(String[] args) {
    int n = intInput("Entrez un entier");
    System.out.println("Vous avez saisi " + n);
  }

  static int intInput(String prompt) {
    int n = 0;
    BufferedReader in =
      new BufferedReader(new InputStreamReader(System.in));
    for (;;) {
      System.out.print(prompt + ": ");
      try {
        String input = in.readLine();
        n = Integer.parseInt(input);
        return n;
      } catch (IOException e) {
      } catch (NumberFormatException e) {
        System.out.println("Ce n'est pas un numerique entier.");
      }
    }
  }
}
```

11.3

```
class Main {
  public static void main(String[] args) {
    int[] a = {77, 55, 33, 11, -11};
    for (int i = 0; ; i++) {
      try {
        System.out.println("i: " + i);
        int ai = a[i];
        System.out.println("a[i]: " + ai);
        int[] b = new int[ai];
        System.out.println("b.length: " + b.length);
      } catch (ArrayIndexOutOfBoundsException e) {
        System.err.println(e);
        break;
      } catch (NegativeArraySizeException e) {
        System.err.println(e);
      }
    }
  }
}
```

11.4

```
class Main {
  public static void main(String[] args) {
    System.out.println("Appel de methodA():");
    methodA();
  }

  static void methodA() {
    System.out.println("Maintenant dans methodA():");
    try {
      System.out.println("Appel de methodB():");
      methodB();
    } catch (Exception e) {
      System.out.println(e);
    }
    System.out.println("Renvoi de methodA().");
  }

  static void methodB() throws Exception {
    System.out.println("Maintenant dans methodB():");
    System.out.println("Appel de methodC():");
    methodC();
    System.out.println("Renvoi de methodB().");
  }

  static void methodC() throws Exception {
    System.out.println("Maintenant dans methodC():");
    System.out.println("Appel de methodD():");
    methodD();
    System.out.println("Renvoi de methodC().");
  }

  static void methodD() throws Exception {
    System.out.println("Maintenant dans methodD():");
    throw new Exception(": de methodD()" );
  }
}
```

Chapitre 12

Fichiers et flux

Dans les programmes Java, les entrées et les sorties (I/O en anglais) sont gérées par les objets de flux. Les données sont fournies au programme *via* un *flux d'entrée*, puis elles en ressortent *via* un *flux de sortie*. Les types de flux les plus courants sont les fichiers de données externes. Ce chapitre est consacré à l'utilisation de ces fichiers et à d'autres sortes de flux.

12.1 LES CLASSES D'ENTRÉES/SORTIES

La figure 12.1 représente les classes d'entrées/sorties les plus courantes, qui sont définies dans le paquetage `java.io`.

Cette hiérarchie de classes révèle les quatre sous-hiérarchies disponibles : les classes `InputStream`, `OutputStream`, `Reader` et `Writer`. Les relations qui existent entre ces quatre groupes sont spécifiées dans le tableau 12.1.

Tableau 12.1 Les quatre groupes principaux des classes d'entrées/sorties

	Entrée	Sortie
Binaire	`InputStream`	`OutputStream`
Texte	`Reader`	`Writer`

Les classes `InputStream` et `Reader` sont destinées aux entrées, et les classes `OutputStream` et `Writer` aux sorties. Les classes `InputStream` et `OutputStream` vous permettent de traiter des fichiers binaires, alors que les classes `Reader` et `Writer` sont adaptées aux fichiers texte.

Java distingue les fichiers binaires et les fichiers texte. Les premiers peuvent être lus et écrits par des programmes exécutés. Il s'agit des fichiers image, vidéo, audio et exécutables qui sont transférés en octets de 8 bits. Quant aux fichiers texte, ils sont lus et écrits par des éditeurs de texte. Java les transfère sous forme de caractères Unicode 16 bits.

```
Object                                                    ┌------- Comparable
├─ File ------------------------------------------------+------- Serializable
├─ FileDescriptor
├─ InputStream
│   ├─ ByteArrayInputStream
│   ├─ FileInputStream
│   ├─ FilterInputStream
│   │   ├─ BufferedInputStream
│   │   ├─ DataInputStream -------------------- DataInput ------------┐
│   │   └─ PushbackInputStream          ┌------ └─ ObjectInput         ¦
│   └─ ObjectInputStream ---------------+------ ObjectStreamConstants  ¦
├─ OutputStream                                                        ¦
│   ├─ ByteArrayOutputStream                                           ¦
│   ├─ FileOutputStream                                                ¦
│   ├─ FilterOutputStream                                              ¦
│   │   ├─ BufferedOutputStream                                        ¦
│   │   ├─ DataOutputStream ------------------- DataOutput ------------┤
│   │   └─ PrintStream                  ┌------ └─ ObjectOutput        ¦
│   └─ ObjectOutputStream --------------+------ ObjectStreamConstants  ¦
├─ RandomAccessFile ---------------------------------------------------┘
├─ Reader
│   ├─ BufferedReader
│   │   └─ LineNumberReader
│   ├─ CharArrayReader
│   ├─ FilterReader
│   │   └─ PushbackReader
│   ├─ InputStreamReader
│   │   └─ FileReader
│   └─ StringReader
└─ Writer
    ├─ BufferedWriter
    ├─ CharArrayWriter
    ├─ FilterWriter
    ├─ OutputStreamWriter
    │   └─ FileWriter
    ├─ PrintWriter
    └─ StringWriter
```

Figure 12.1 Hiérarchie d'héritage des classes `java.io`

Le tableau 12.2 représente la sous-classe la plus courante de chaque groupe principal que nous venons de voir. Ces sous-classes définissent les méthodes de gestion des quatre types d'entrées/sorties. Les classes `ObjectInputStream` proposent des méthodes de stockage et d'extraction d'objets et d'autres données binaires. Les classes `BufferedReader` et `PrintWriter` fournissent des méthodes de lecture et d'écriture du texte.

Le tableau 12.3 liste la méthode la plus utilisée pour chacune de ces quatre classes. Ces méthodes sont détaillées dans les exemples qui suivent.

Tableau 12.2 Les quatre classes d'entrées/sorties les plus utilisées

	Entrée	Sortie
Binaire	`ObjectInputStream`	`ObjectOutputStream`
Texte	`BufferedReader`	`PrintWriter`

Tableau 12.3 Les méthodes d'entrées/sorties les plus courantes

	Entrée	Sortie
Binaire	`read()`	`write()`
Texte	`readLine()`	`println()`

12.2 TRAITEMENT DES FICHIERS TEXTE

Cette section illustre l'utilisation des objets `BufferedReader` et `PrintWriter` pour traiter les fichiers texte.

Exemple 12.1 Conversion d'un fichier texte en majuscules

Ce programme lit la totalité du texte d'un fichier nommé `Alice.txt` sur le lecteur `A:`, il le copie dans un nouveau fichier nommé `AliceUpperCase.txt`, toujours sur le lecteur `A:`, en remplaçant chaque minuscule par son équivalent en majuscule. Le résultat obtenu est illustré à la figure 12.2.

```
import java.io.*;

 public class ToUpperCase {
   public static void main(String[] args) {
     String inFile = "A:\\Alice.txt";
     String outFile = "A:\\AliceUpperCase.txt";
     try {
       FileReader fileReader = new FileReader(inFile);
       BufferedReader in = new BufferedReader(fileReader);
       FileWriter fileWriter = new FileWriter(outFile);
       PrintWriter out = new PrintWriter(fileWriter);
       String line = null;
       int numLines = 0;
       while ((line = in.readLine()) != null) {
         out.println(line.toUpperCase());
         ++numLines;
       }
       in.close();
       out.close();
       System.out.println("Copie de " + numLines + " lignes.");
     } catch(IOException exception) {
       System.out.println("exception: " + exception);
     }
   }
}
```

Vous obtenez la sortie suivante :

```
Copie de 8 lignes.
```

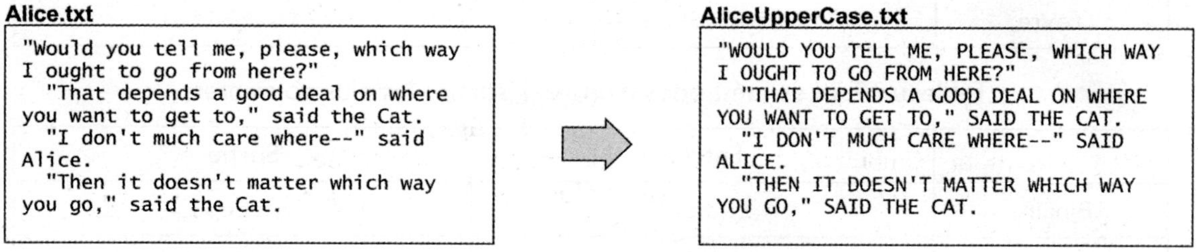

Figure 12.2 Le programme **`ToUpperCase`**

Le programme commence par stocker le nom des deux fichiers externes dans les variables `inFile` et `outFile` aux lignes 5 et 6. Le reste du programme est inséré dans un bloc `try` de façon à attraper les objets `IOException` susceptibles d'être lancés.

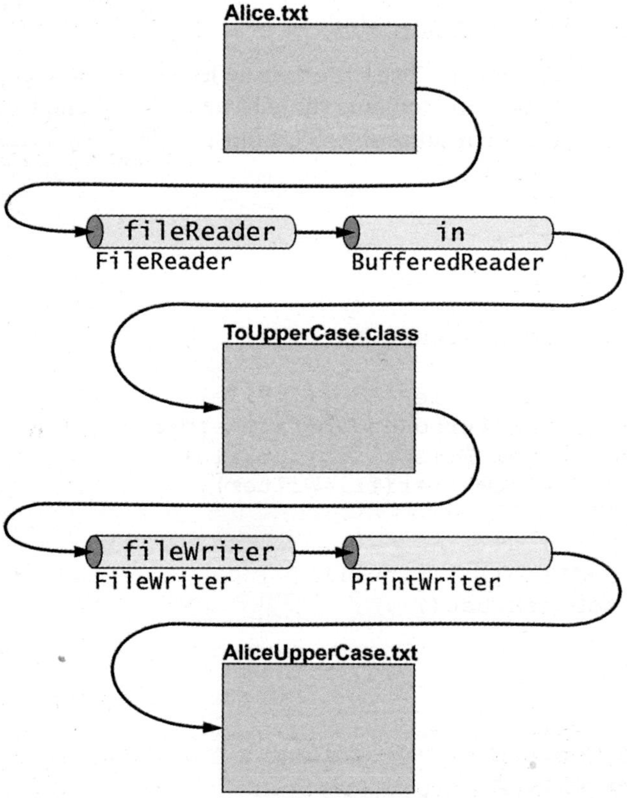

Figure 12.3 Flux de texte de l'exemple 12.1

Pour utiliser la méthode `reaLine()` (voir le tableau 12.3, nous construisons l'objet `BufferedReader` nommé `in` à la ligne 9. Le constructeur `BufferedReader` a besoin d'un objet `FileReader` que nous construisons à la ligne 8 et relions au fichier spécifié à l'aide de la variable `inFile`. Il s'agit du flux d'entrée qui transportera le texte, caractère par caractère du fichier `Alice.txt` vers le programme. Les objets des flux d'entrée et de sortie sont représentés à la figure 12.3.

Les caractères sont transférés du fichier `Alice.txt` vers le programme `ToUpperCase` *via* les objets `fileReader` et `in`, puis *via* les objets `out` et `fileWriter` vers le fichier `AliceUpperCase.txt`.

Le texte est traité dans la boucle `while` aux lignes 14 à 17. L'objet `in` utilise la méthode `readLine()` pour lire les caractères l'un après l'autre. À la ligne 15, un objet `String` anonyme est renvoyé par l'appel `toUpperCase()`. Cet objet est passé à la méthode `println()` de l'objet `out`, qui l'envoie au flux de sortie allant vers le fichier `AliceUpperCase.txt`.

Le compteur `numLines` est incrémenté ligne 16, puis imprimé ligne 20. La sortie indique donc que les huit lignes de texte ont été traitées.

Notez que les deux fichiers sont fermés aux lignes 18 et 19. D'autre part, la barre oblique inversée qui est utilisée dans le chemin des fichiers aux lignes 5 et 6 doit être échappée à l'aide d'une autre barre oblique inversée placée devant les littéraux de chaîne.

Exemple 12.2 Génération d'un texte aléatoire

Ce programme lit cinq fichiers texte : `Prnns.txt`, `Nouns.txt`, `Verbs.txt`, `Adjvs.txt` et `Advbs.txt`. La première ligne de chaque fichier spécifie un nombre correspondant au nombre de mots du fichier, puis toutes les lignes suivantes sont composées d'un mot. Par exemple, le fichier `Nouns.text` est représenté à la figure 12.4.

Nouns.txt

```
21
aunt
barber
best friend
boyfriend
broker
brother
cat
cousin
dentist
dog
ex-boyfriend
ex-girlfriend
fiance
girlfriend
mailman
neighbor
professor
psychiatrist
roomate
sister
uncle
```

Figure 12.4
Un fichier de noms

```
import java.io.*;
import java.util.Random;

public class WriteGossip {
  private static Random random = new Random();
  private static String[] prnns;
  private static String[] nouns;
  private static String[] verbs;
  private static String[] adjvs;
  private static String[] advbs;

  public static void main(String[] args) {
    try {
      prnns = read("A:\\Prnns.txt");
      nouns = read("A:\\Nouns.txt");
      verbs = read("A:\\Verbs.txt");
      adjvs = read("A:\\Adjvs.txt");
      advbs = read("A:\\Advbs.txt");
      write("A:\\Gossip.txt");
    } catch(IOException exception) {
      System.out.println("exception: " + exception);
    }
  }

  static String[] read(String file) throws IOException {
    FileReader reader = new FileReader(file);
    BufferedReader in = new BufferedReader(reader);
    int n = Integer.parseInt(in.readLine());
    String[] array = new String[n];
    for (int i=0; i<n; i++)
      array[i] = in.readLine();
    in.close();
    return array;
  }

  static void write(String paper) throws IOException {
    FileWriter writer = new FileWriter(paper);
    PrintWriter out = new PrintWriter(writer);
    out.print(randomSentence("First"));
    out.print(randomSentence(" Then"));
    out.print(randomSentence(" Earlier"));
    out.print(randomSentence(" Later that afternoon"));
```

```
43       out.println(randomSentence(" Finally"));
44       out.close();
45     }
46
47     static String randomSentence(String firstWord) {
48       StringBuffer buf = new StringBuffer(firstWord + ", ");
49       buf.append(next(prnns) + " ");
50       buf.append(next(adjvs) + " ");
51       buf.append(next(nouns) + " ");
52       buf.append(next(advbs) + " ");
53       buf.append(next(verbs) + " ");
54       buf.append(next(prnns) + " ");
55       buf.append(next(adjvs) + " ");
56       buf.append(next(nouns) + ".");
57       return buf.toString();
58     }
59
60     static String next(String[] array) {
61       int i=random.nextInt(array.length);
62       return array[i];
63     }
64 }
```

Gossip.txt

```
First, your intellectual boyfriend
immediately whispered to Bob's
inarticulate psychiatrist. Then, my
roommate's silly boyfriend without
hesitation snuggled up to my hot
boyfriend. Earlier, his burly sister
idiotically walked with my
roommate's exciting brother. Later
that afternoon, your suspicious ex-
boyfriend optimistically screamed at
my boyfriend's irrepressible
dentist. Finally, your roommate's
late barber unexpectedly licked
Bob's tidy dog.
```

Figure 12.5 Sortie de **`WriteGossip`**

La figure 12.5 illustre une sortie aléatoire après exécution du programme.

La méthode `main()` des lignes 12 à 23 commence par lire les données des cinq fichiers texte, puis elle les charge dans cinq tableaux de chaînes. Elle utilise une méthode `read()` qui relance les exceptions `IOException` susceptibles d'avoir lieu aux lignes 26, 27 ou 31. Étant donné que la méthode `main()` en tant que tel ne relance pas l'exception, elle doit insérer l'appel de `read()` dans un bloc `try`. Elle intègre également l'appel de `write()` pour les mêmes raisons.

La méthode `write()` imprime cinq phrases aléatoires dans le fichier de sortie `Gossip.txt`. Chaque phrase est générée par la méthode `randomSentence()` qui utilise la méthode `next()` afin de sélectionner des mots de façon aléatoire dans des tableaux de cinq chaînes.

12.3 SÉRIALISATION DES OBJETS

La *sérialisation* fait référence à la représentation d'un objet dans un flux d'octets de façon à permettre son transfert *via* un réseau ou sa sauvegarde dans un fichier ou une base de données sur disque. L'objet flux est ensuite reconstitué et reprend sa forme initiale.

L'interface `java.io.Serializable` permet de marquer les classes dont les objets peuvent être sérialisés. Notez qu'il s'agit uniquement d'une interface de marqueur, c'est-à-dire qu'elle ne spécifie aucune méthode.

Les classes `Object`, `ObjectOutputStream` et `ObjectInputStream` définissent les méthodes d'entrées/sorties destinées à la sérialisation des objets. Si `out` est une instance de la classe `ObjectOutputStream`, `out.writeObject(x)` sérialise l'objet `x` dans ce flux. D'autre part, si `in` est une instance de la classe `ObjectInputStream`, qui est liée à un objet sérialisé, alors `in.readObject(x)` désérialise l'objet en `x`.

Les trois exemples suivants illustrent le processus de sérialisation. L'exemple 12.3 définit une classe `Country` dont les instances représentent les pays du monde. L'exemple 12.4 crée un tableau de cinq objets `Country`, il les charge depuis le fichier texte nommé `Countries.text`, puis il sérialise chaque objet en un fichier binaire nommé `Countries.dat`. Quant à l'exemple 12.5, il désérialise les cinq objets `Country` du fichier `Countries.dat`, puis il les imprime.

Exemple 12.3 Une classe `Country`

Les instances de cette classe représentent les pays du monde.

```
public class Country implements java.io.Serializable {
  private String key, name, capital;
  private int area, population;

  public Country(String key) {
    this.key = key;
  }

  public Country(String key, String name, String cap, int area,
                          int pop) {
    this.key = key;
    this.name = name;
    this.capital = cap;
    this.area = area;
    this.population = pop;
  }

  public int getArea() {
    return area;
  }

  public String getCapital() {
    return capital;
  }

  public String getKey() {
    return key;
 }

  public String getName() {
    return name;
  }

  public int getPopulation() {
    return population;
  }

  public void setArea(int area) {
    this.area = area;
  }

  public void setCapital(String capital) {
     this.capital = capital;
```

```
  }

  public void setName(String name) {
    this.name = name;
  }

  public void setPopulation(int population) {
    this.population = population;
  }

  public String toString() {
    return key + ":\tNom : " + name
              + "\n\tCapitale : " + capital
              + "\n\tSuperficie : " + area
              + "\n\tPopulation : " + population;
  }
}
```

Exemple 12.4 Sérialisation des objets `Country`

Ce programme crée cinq objets `Country` issus des données stockées dans un fichier nommé `Countries.txt`. Il sérialise ensuite ces cinq objets en un fichier binaire nommé `Countries.dat`.

```
import java.io.*;
import java.util.*;
public class WriteCountries {
  private final String PATH="A:\\ch12\\ex03\\";
  private final String SOURCE="Countries.txt";
  private final String DATA="Countries.dat";

  public WriteCountries() {
    try {
      Country[] countries = getData();
      writeData(countries);
    } catch(IOException exception) {
      System.out.println("exception : " + exception);
    }
  }

  private Country[] getData() throws IOException {
     List list = new ArrayList();
     BufferedReader in = null;
     int n = 0;
     try {
       in = new BufferedReader(new FileReader(PATH+SOURCE));
       for (String line=in.readLine(); line!=null;
               line=in.readLine()) {
        StringTokenizer tok = new StringTokenizer(line, "\t");
        Country country = new Country(tok.nextToken());
        country.setName(tok.nextToken());
        country.setCapital(tok.nextToken());
        country.setArea(Integer.parseInt(tok.nextToken()));
        country.setPopulation(Integer.parseInt(tok.nextToken()));
        list.add(country);
        ++n;
       }
     } catch(IOException exception) {
```

```
35          System.out.println("exception : " + exception);
36        } finally {
37          if (in != null) in.close();
38        }
39        System.out.println("Lecture de " + n + " lignes du fichier
40                               texte :\t" + PATH+SOURCE );
41        return (Country[])list.toArray(new Country[0]);
42    }
43
44    private void writeData(Country[] c) throws IOException {
45        ObjectOutputStream out = null;
46        int n = c.length;
47        try {
48          out = new ObjectOutputStream(new
49                FileOutputStream(PATH+DATA));
50          for (int i=0; i<n; i++) {
51            out.writeObject(c[i]);
52          }
53        } finally {
54          if (out != null) out.close();
55        }
56          System.out.println("Ecriture de " + n + " objets dans
57                             fichier binaire :\t" + PATH+DATA );
58        }
59
60        public static void main(String[] args) {
61          new WriteCountries();
62        }
63    }
```

Vous obtenez la sortie suivante :

```
Lecteur de 5 lignes du fichier texte :
B:\MHPWJ2\src\ch12\ex03\Countries.txt
Ecriture de 5 objets dans le fichier binaire :
B:\MHPWJ2\src\ch12\ex03\Countries.dat
```

Countries.txt

AU	Australie	Canberra	7686850	19731984
BR	Brésil	Brasilia	8511965	182032604
CN	Chine	Beijing	9596960	1286975468
DE	Allemagne	Berlin	357021	82398326
ES	Espagne	Madrid	504782	40217413

Figure 12.6 Fichier texte source de l'exemple 12.4

À la ligne 17, la méthode `getData()` lit les données du fichier texte `Countries.txt` (voir la figure 12.6) ligne par ligne.

La méthode utilise un `StringTokenizer` pour extraire chaque champ de données de chaque ligne. Le premier champ est une clé (`key`) composée de deux caractères et passée au constructeur à la ligne 25 afin d'instancier l'objet `Country`. Les quatre autres champs sont chargés dans l'objet à l'aide des méthodes « setter ». Les objets sont ensuite stockés temporairement dans un objet de collection `java.util.ArrayList`, qui est converti en tableau avant d'être renvoyé ligne 41.

À la ligne 11, l'appel de la méthode `writeData(countries)` sérialise chaque objet `Countries` du tableau. Les cinq objets sont ensuite écrits dans le fichier binaire `Countries.dat` ligne 51.

La figure 12.7 illustre le processus de sérialisation de l'exemple 12.4 et celui de désérialisation de l'exemple 12.5.

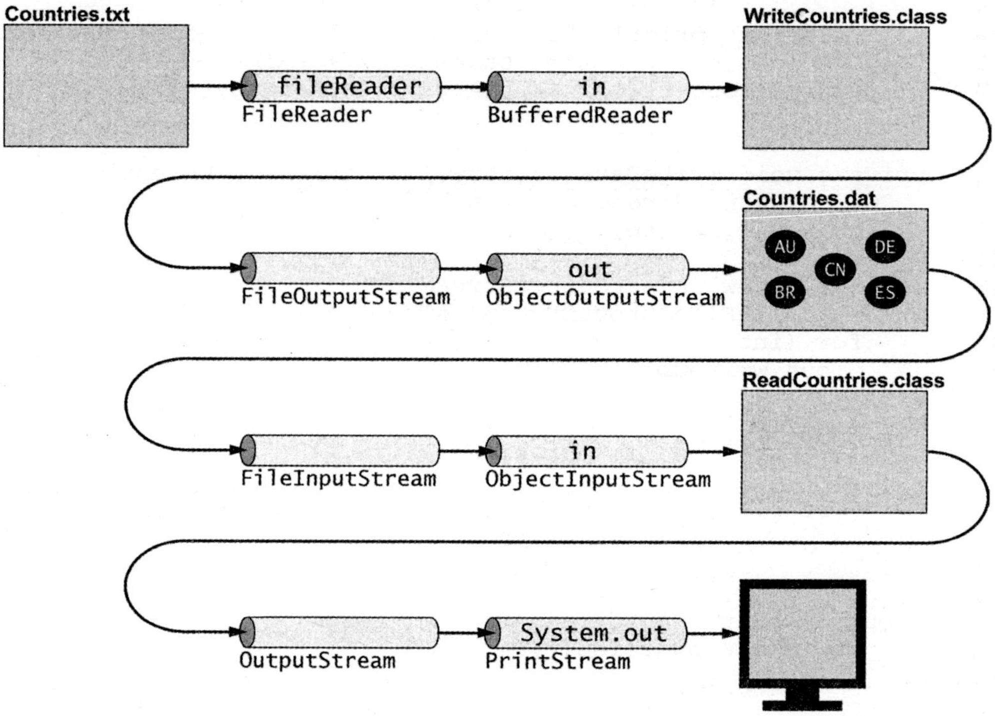

Figure 12.7 Action de flux des programmes des exemples 12.4 et 12.5

Exemple 12.5 Désérialisation des objets `Country`

Ce programme désérialise les cinq objets `Country` du fichier binaire `Countries.dat`, puis il utilise la méthode `toString()` afin de les imprimer.

```
import java.io.*;
import java.util.*;
public class ReadCountries {
  private final String PATH="A:\\ch12\\ex03\\";
  private final String DATA="Countries.dat";

  public ReadCountries() throws IOException {
    System.out.println("Lecture de :\t" + PATH+DATA);
    ObjectInputStream in = null;
    try {
      in = new ObjectInputStream(new FileInputStream(PATH+DATA));
      Object object=null;
      while ((object=in.readObject()) != null) {
        System.out.println(object);
    }
      } catch(EOFException exception) {
        System.out.println("Fini.");
      } catch(IOException exception) {
        System.out.println("exception : " + exception);
```

```
20       } catch(ClassNotFoundException exception) {
21         System.out.println("exception : " + exception);
22       } finally {
23         if (in != null) in.close();
24       }
25         System.out.println("Objets lus dans le fichier binaire
26                :\t" + PATH+DATA );
27     }
28
29     public static void main(String[] args) {
30       try {
31         new ReadCountries();
32       } catch(IOException exception) {
33         System.out.println("exception : " + exception);
34       }
35     }
36   }
```

Vous obtenez la sortie suivante :

```
AU : Nom : Australie
Capitale : Canberra
Superficie : 7686850
Population : 19731984
BR : Nom : Brésil
Capitale : Brasilia
Superficie : 8511965
Population : 182032604
CN : Nom : Chine
Capitale : Beijing
Superficie : 9596960
Population : 1286975468
DE : Nom : Allemagne
Capitale : Berlin
Superficie : 357021
Population : 82398326
ES : Nom : Espagne
Capitale : Madrid
Superficie : 504782
Population : 40217413
Fini.
Objets lus dans le fichier binaire : A:\ch12\ex03\Countries.dat
```

Chaque objet `Country` est désérialisé à la ligne 13.

Notez que le bloc `try` des lignes 10 à 15 a trois clauses `catch`. La première est `EOFException` qui indique que la fin du fichier d'entrée a été atteinte. Dans l'exemple précédent, cette exception est attrapée à la ligne 16.

Les lignes 17 et 25 impriment ensuite les deux dernières lignes de sortie.

La clause `catch` de `IOException`, qui peut être lancée avant que la fin du fichier ne soit atteinte, doit être située après la clause `catch` de `EOFException` parce que la classe `EOFException` étend la classe `OException`. Grâce au polymorphisme, `EOFException` est attrapée comme `IOException`.

La classe `ClassNotFoundException` n'étend pas la classe `IOException`, c'est pourquoi elle peut être traitée séparément.

Notez également l'utilisation des clauses `finally` aux lignes 35 et 51 du programme `WriteCountries` et à la ligne 23 du programme `ReadCountries`. Grâce à ces clauses, les fichiers seront nécessairement fermés, que des exceptions soient lancées ou non.

La méthode `close()` lance `EOFException`. Cependant, étant donné qu'elle ne se trouve pas dans un bloc `try`, sa méthode doit relancer l'exception. Cette opération est effectuée à l'aide de la clause `throws` aux lignes 17 et 44 du programme `WriteCountries` et à la ligne 7 du programme `ReadCountries`. Les appels de méthode doivent bien évidemment être insérés dans des blocs `try`, comme c'est le cas aux lignes 10 et 11 du programme `WriteCountries` et à la ligne 31 du programme `ReadCountries`.

12.4 SÉRIALISATION DES OBJETS À L'AIDE DES CHAMPS `transient`

Dans certains cas, il est préférable de sérialiser uniquement certains champs d'un objet. Dans cette optique, tout champ déclaré comme `transient` ou `static` est exclu de la sérialisation.

Exemple 12.6 Une classe Person persistante avec des champs `transient et static`

Les instances de cette classe représentent des personnes avec un nom et une date de naissance. Chaque objet a également un champ `id` qui est paramétré automatiquement lors de la création de l'objet et un champ `age` qui est calculé automatiquement la première fois que vous y accédez.

```
import java.util.*;

public class Person implements java.io.Serializable {
   private static long nextId = 1000;
   private static final long
        MILLIS_PER_YR=(long)(365.2422*24*60*60*1000);
   private String name;
   private final long id = nextId++;
   private Date dob;
   private transient int age;
   private transient boolean ageComputed;

   public Person(String name) {
     this.name = name;
   }

   public int getAge() {
     if (!ageComputed && dob!=null) {
       Date now = new Date();
       age = (int)((now.getTime()-dob.getTime())/MILLIS_PER_YR);
       ageComputed = true;
     }
     return age;
   }

   public void setDob(int year, int month, int day) {
     Calendar cal = new GregorianCalendar(year, month-1, day);
```

```
28        this.dob = cal.getTime();
29      }
30
31      public String toString() {
32        return name + ", " + id + ", " + age;
33      }
34  }
```

Cette classe définit sept champs (lignes 4 à 11). Le champ `nextId` fournit des numéros `id` séquentiels aux objets lors de leur instanciation. Le champ `MILLIS_PER_YR` est une constante entière de type `long` qui est égale au nombre de millisecondes dans une année. Le champ `name` est initialisé par le constructeur à la ligne 14.

Le champ `dob` est défini par la méthode `setDob()` à la ligne 28. Le champ `id` est paramétré automatiquement par la valeur séquentielle suivante du champ `nextId`, qui est incrémenté à chaque accès ligne 8, c'est-à-dire à chaque création d'objets de cette classe. Le champ `age` est calculé par la méthode `getAge()` ligne 20 à partir du champ `dob`. Le champ `ageComputed` est un indicateur qui empêche de recalculer le champ `age`, sauf après une désérialisation.

La méthode `getAge()` joue un rôle double. Si les conditions de la ligne 18 sont vraies, l'âge courant de la personne est calculé en soustrayant la date de naissance de la date du jour, puis en convertissant la différence obtenue en années. Sinon, la valeur 0 est renvoyée.

Exemple 12.7 Test de la classe persistante `Person`

Ce programme teste la classe `Person` définie à l'exemple 12.6.

```
import java.io.*;
import java.util.*;
public class TestPerson {
  private final static String PATH="A:\\ch12\\ex07\\";
  private ObjectOutputStream out;
  private ObjectInputStream in;

  public TestPerson() {
    Person ghwb = new Person("GHWB");
    Person gwb = new Person("GWB");
    System.out.println("ghwb: " + ghwb);
    System.out.println("gwb: " + gwb);
    ghwb.setDob(1924, 6, 12);
    ghwb.getAge();
    System.out.println("ghwb: " + ghwb);
    try {
      out = new ObjectOutputStream(new
               FileOutputStream(PATH+"GHWB"));
      System.out.println("Serialiser ghwb...");
      out.writeObject(ghwb);
      out.close();
      ghwb = null;
      in = new ObjectInputStream(new
             FileInputStream(PATH+"GHWB"));
      System.out.println("Deserialiser ghwb...");
      ghwb = (Person)in.readObject();
      in.close();
    } catch(Exception e) { System.out.println("e: " + e); }
    System.out.println("ghwb: " + ghwb);
```

```
30      System.out.println("ghwb.getAge(): " + ghwb.getAge());
31      System.out.println("ghwb: " + ghwb);
32    }
33
34    public static void main(String[] args) {
35      new TestPerson();
36    }
37 }
```

Vous obtenez la sortie suivante :

```
ghwb: GHWB, 1000, 0
gwb: GWB, 1001, 0
ghwb: GHWB, 1000, 79
Serialiser ghwb...
Deserialiser ghwb...
ghwb: GHWB, 1000, 0
ghwb.getAge(): 79
ghwb: GHWB, 1000, 79
```

Ce programme instancie et imprime deux objets `Person` (aux lignes 9 à 12) : `ghwb` et `gwb`. Les deux premières lignes de sortie indiquent que les champs `name` et `id` des objets ont été initialisés, contrairement aux champs `age`.

Notez que les numéros d'`id` définis automatiquement sont consécutifs.

À la ligne 13, le champ `dob` de `ghwb` est défini de façon à représenter la date du 12 juin 1924, à savoir la date de naissance de George Herbert Walker Bush. Ensuite, l'appel de `getAge()` à la ligne 14 entraîne le calcul de l'âge courant de l'objet (en décembre 2003), qui est stocké dans le champ `age`. La sortie de la ligne 15 confirme que cette valeur est paramétrée à 79.

Le bloc `try` sérialise l'objet `ghwb` en fichier externe binaire à la ligne 20, puis il le désérialise ligne 26. Notez qu'entre ces deux actions, l'objet `ghwb` est défini sur `null` (ligne 21), simplement afin de vérifier si la désérialisation fonctionne. La sortie de la ligne 29 confirme qu'elle fonctionne correctement.

Lorsqu'un objet `Person` est instancié, son champ `age` est initialisé à la valeur par défaut 0. Étant donné que ce champ est déclaré comme `transient` (ligne 7 de l'exemple 12.6), sa valeur n'est pas incluse dans la sérialisation de l'objet. Par conséquent, lorsque l'objet est désérialisé, son champ `age` est encore défini par défaut à 0, comme le confirme la sortie de la ligne 29.

Notez que le champ `ageComputed` est également déclaré comme `transient`. Lorsque la méthode `getAge()` est appelée ligne 14, ce champ `boolean` est paramétré à `true` (ligne 20 de l'exemple 12.6). Cependant, étant donné que ce champ n'est pas inclus dans la sérialisation de l'objet, il est réinitialisé à la valeur `false` par défaut lorsqu'il est reconstitué après la désérialisation. La sortie de la ligne 30 confirme cette opération. Si le champ avait la valeur `true`, la condition de la ligne 21 `(!ageComputed && dob!=null)` de l'exemple 12.6 serait `false` et empêcherait par conséquent le recalcul de la valeur `age`. Cependant, la sortie indique que cet âge recalculé est toujours 79.

La classe `Person` et son pilote test illustrent le fait que les champs `transient` soient ignorés lorsqu'un objet est sérialisé.

12.5 FICHIERS À ACCÈS ALÉATOIRE

Dans le cadre des exemples précédents, les accès aux fichiers étaient séquentiels, ce qui signifie que les caractères, les octets et les objets sont lus dans le fichier dans l'ordre selon lequel ils ont été écrits. Cependant, Java permet d'accéder de façon aléatoire aux fichiers, et par conséquent de lire et d'écrire les éléments dans n'importe quel ordre. Les fichiers à *accès aléatoire*, ou *accès direct*, sont similaires aux tableaux auxquels vous accédez grâce à des numéros d'index associés aux éléments contenus.

La classe `RandomAccessFile` permet d'obtenir un accès aléatoire en lecture ou en écriture. Comme illustré par la hiérarchie d'héritage de la figure 12.1, cette classe n'est associée à aucune autre classe de flux. L'exemple 12.8 spécifie comment l'utiliser.

Exemple 12.8 Traitement d'un fichier à accès aléatoire

Ce programme crée un fichier texte simple nommé `Test.txt` et le remplit avec 250 copies du caractère `'#'` sur les cinq lignes de 50 caractères chacune. Il utilise ensuite un accès direct pour remplacer 15 de ces caractères au milieu de la ligne centrale par la chaîne `" Hello, World! "`.

```
import java.io.*;
public class TestRandomAccessFile {
  private final static String PATH="A:\\ch12\\ex08\\";
  private final static String FILE=PATH+"Test.dat";
  private final static int CHARS_PER_LINE=50;
  private final static int CHARS=250;
  private final static int CHAR=35;
  private final static int OVERWRITE_POSITION=120;
  private final static String OVERWRITE_STRING=" Hello, World! ";

  public static void main(String[] args) throws IOException {
    OutputStream out = new FileOutputStream(FILE);
    for (int i=0; i<CHARS; i++) {
      if (i%CHARS_PER_LINE==0) out.write((byte)'\n');
      else out.write((byte)CHAR);
    }
    out.close();
    System.out.println("Ecriture de " + CHARS + " '" + (char)CHAR
       + "' caracteres dans " + PATH+"Test.dat");
    RandomAccessFile raf = new RandomAccessFile(FILE, "rw");
    raf.seek(OVERWRITE_POSITION);
    raf.writeBytes(OVERWRITE_STRING);
    System.out.println("La longueur du fichier est
           " + raf.length());
    raf.seek(100);
    raf.close();
    System.out.println("Lecture de :\t"+FILE);
    FileReader fileReader = new FileReader(FILE);
    BufferedReader in = new BufferedReader(fileReader);
    String line = null;
    while ((line = in.readLine()) != null) {
      System.out.println(line);
    }
    in.close();
  }
}
```

Vous obtenez la sortie suivante :

```
Ecriture de 250 '#' caracteres dans A:\ch12\ex08\Test.dat
La longueur du fichier est 250
Lecture de : A:\ch12\ex08\Test.dat
##################################################
##################################################
#################### Hello, World! ###############
##################################################
##################################################
```

Ce programme crée un fichier nommé `Test.txt` à la ligne 12. Ensuite, la boucle de la ligne 13 le remplit de 250 copies du caractère `'#'`.

À la ligne 20, un flux `RandomAccessFile` est instancié en vue de l'accès aléatoire du fichier `Test.txt`. Notez la chaîne `"rw"` qui est passée au second paramètre du constructeur `RandomAccessFile` à la ligne 20. Elle indique que l'accès aléatoire doit être utilisé pour lire et écrire dans le fichier.

À la ligne 21, la méthode `seek()` est appelée sur l'objet `raf`. La valeur (120) de la constante symbolique `OVERWRITE_POSITION` est passée à la méthode `seek()`. Le pointeur de lecture/écriture est alors positionné à l'octet numéro 120. La chaîne `" Hello, World! "` est ensuite écrite à cet emplacement du fichier et remplace par conséquent les 15 caractères `'#'` qui s'y trouvent déjà. Le résultat obtenu est vu dans les cinq dernières lignes de sortie. Il est généré par l'instruction `while` de la ligne 31.

Notez que les fichiers à accès aléatoire n'existent pas réellement en Java. Il s'agit plutôt d'un flux de fichier à accès aléatoire qui fournit un accès aléatoire au fichier.

D'autre part, ce type d'accès permet l'utilisation du fichier comme tableau externe. La méthode `seek()` fonctionne comme l'opérateur d'index utilisé avec les tableaux.

L'exemple suivant spécifie comment lire un fichier à accès aléatoire et y inscrire des données.

Exemple 12.9 Mise à jour d'un fichier d'inventaire

Ce programme se sert des données obtenues en ligne de commande pour mettre à jour un fichier d'inventaire de produits alimentaires. Ce processus est illustré à la figure 12.8 qui représente les vues avant et après l'inventaire effectué chez un petit épicier (très petit…). Le seul changement est dans le nombre de pommes qui passe de 33 à 26 lorsque le programme est exécuté en ligne de commande par :

```
java UpdateInventory pommes -7
```

```
import java.io.*;

public class UpdateInventory {
  private final static String
       FILE="A:\\ch12\\ex09\\Inventory.dat";
   private static String[] foods =
    {"ananas ", "bananes ", "courgettes ", "dattes ", "endives ",
     "figues ","goyaves ", "laitues ", "mandarines ", "oranges ",
     "pommes ","raisins ", "tomates ", "topinambours"};
    private final static int LINE_LENGTH=16;

   public static void main(String[] args) {
     if (args.length != 2) {
```

```
        System.err.println("Utilisation : java UpdateInventory
                                   <food> <n>" +
          "\n\twhere:\t<food> sont dans l'inventaire;" +
          "\n\t \t<n> est un entier (+/-);");
        System.exit(0);
      }
      String food = args[0];
      int d = Integer.parseInt(args[1]);
      int n = getLineNumber(food);
      if (n == foods.length) {
        System.err.println("Erreur : " + food + " ne sont pas
                                     dans l'inventaire .");
        System.exit(0);
      }
      System.out.println("Mise a jour des " + food + " de " + d);
      try {
        RandomAccessFile raf = new RandomAccessFile(FILE, "rw");
        raf.seek(LINE_LENGTH*n);
        String line = raf.readLine();
        line = update(line, d);
        if (line == null) {
          System.err.println("Erreur : inventaire hors limites.");
          System.exit(0);
        }
        raf.seek(LINE_LENGTH*n);
        raf.writeBytes(line);
        raf.close();
      } catch (IOException e) {
        System.err.println(e);
      }
    }

    private static int getLineNumber(String food) {
       int i=0;
       while (i<foods.length && food.charAt(0) !=
                     foods[i].charAt(0))
         ++i;
       return i;
    }

    private static String update(String line, int d) {
       int n = Integer.parseInt(line.substring(12,14));
       n += d;
       if (n < 10 || n > 99) return null;
       System.out.println("Remplacement de " + (n-d) + " par
              " + n);
       return line.substring(0,12) + String.valueOf(n);
    }
}
```

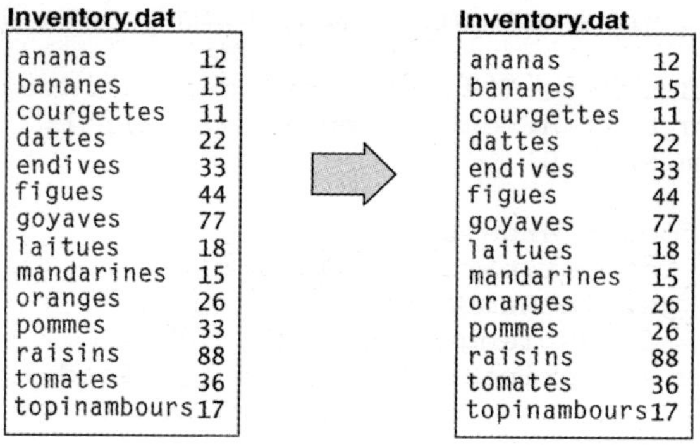

Figure 12.8 Mise à jour d'un inventaire

Vous obtenez la sortie suivante :

```
Mise à jour des pommes de -7
Remplacement de 33 par 26
```

Le fichier `Inventory.dat` liste 14 types de produits alimentaires. Leurs noms sont chargés dans le tableau `foods` ligne 6. La constante `LINE_LENGTH` est paramétrée à 16 parce que chaque ligne contient 14 caractères imprimables plus les caractères de retour chariot et de saut de ligne (`'CR'` et `'LF'`). Cette constante permet de déterminer où aura lieu la mise à jour. Par exemple, pour placer le pointeur de fichier au début de la ligne 11 (l'entrée `pommes`), la valeur `LINE_LENGTH*10`, c'est-à-dire 16*10 = 160 (il y a 160 octets devant cet emplacement dans le fichier), est passée à la méthode `seek()`.

L'exécution test est effectuée depuis la ligne de commande :

```
java UpdateInventory pommes -7
```

`args[0]` et `args[1]` contiennent donc les chaînes `"pommes"` et `"-7"`, respectivement. C'est pourquoi l'entier `d` est initialisé avec la valeur `int` –7 à la ligne 21.

Ligne 22, la méthode `getLineNumber()` est appelée afin de rechercher dans le fichier `Inventory.dat` le numéro de la ligne qui contient le terme `"pommes"`. Cette méthode incrémente le compteur `i` dix fois avant que la condition `food.charAt(0) != foods[i].charAt(0)` ne soit `false`. Nous pouvons comparer uniquement les premières lettres des mots parce que chacun commence par une lettre différente. L'entier 10 est donc renvoyé à `n` ligne 22.

Le fichier `Inventory.dat` est ouvert ligne 30 et sa référence est affectée à la variable `raf`. Ensuite, ligne 31, la méthode `seek()` est appelée afin de placer le pointeur de fichier à l'octet numéro 160 (c'est-à-dire la valeur de l'argument `LINE_LENGTH*n`). La méthode `readLine()` est utilisée ligne 32 afin de copier `pommes 33` dans la variable `line` de type `String`. Cette chaîne et la valeur –7 sont ensuite passées à la méthode `update()`.

À la ligne 54, cette méthode `update()` se sert du fait que chaque ligne du fichier `Inventory.dat` contienne 14 caractères, les deux derniers correspondant à la quantité du produit listé sur cette ligne. Elle analyse donc `n` qui se trouve dans `line.substring(12,14)`. Cette valeur est ensuite mise à jour à la ligne 57. La condition de cette dernière a besoin d'une valeur mise à jour composée de deux chiffres. Si tel n'est pas le cas, la valeur ne peut pas être écrite dans la sous-chaîne de deux caractères.

La chaîne renvoyée à la ligne 58 est `pommes 26`, ce qui remplace la valeur initiale de 33.

Notez que le pointeur de fichier (ligne 38) a dû être réinitialisé au début de la ligne qui contient l'entrée des pommes. En effet, après l'exécution de la méthode `readLine()` (ligne 32), le pointeur de fichier se trouvait à la fin de la ligne.

? QUESTIONS

12.1 Qu'est-ce qu'un flux en programmation Java ?

12.2 Quelle est la différence entre un flux binaire et un flux de texte ?

12.3 Quelle est la méthode standard de lecture d'un fichier texte en Java ?

12.4 Quelle est la méthode standard d'écriture d'un fichier texte en Java ?

12.5 Qu'est-ce que la sérialisation d'un objet ?

12.6 Comment les objets sont-ils sérialisés en Java ?

12.7 Comment les objets sont-ils désérialisés en Java ?

12.8 Que doit implémenter une classe pour être sérialisable ?

12.9 Qu'est-ce qu'un objet persistant ?

12.10 Qu'est-ce qu'un champ `transient` ?

12.11 Qu'est-ce qu'un fichier à accès aléatoire ?

12.12 Quel est le but de la méthode `seek()` de la classe `RandomAccessFile` ?

¿ RÉPONSES

12.1 Un flux est un objet Java qui fournit un accès à un fichier ou à une autre source, comme un réseau ou une base de données. Les données (octets, caractères et objets) sont transférées *via* des flux entre les programmes exécutés et les fichiers ou réseaux.

12.2 Un flux binaire est utilisé pour les fichiers binaires (audio, image et vidéo par exemple), tandis qu'un flux de texte est utilisé pour les fichiers texte (par exemple, les documents lisibles par des humains et le code source). Vous accédez aux fichiers binaires *via* des octets à 8 bits, alors que vous traitez les fichiers texte *via* des caractères Java à 16 bits.

12.3 Pour lire un fichier texte `Text.txt`, nous utilisons un objet `BufferedReader` qui peut être instancié de la façon suivante :

```
in = new BufferedReader(new FileReader(Text.txt));
```

Puis on utilise la méthode `readline()` sur `in`.

Consultez par exemple la ligne 9 de l'exemple 12.1.

12.4 Pour écrire un fichier texte `Text.txt`, nous utilisons un objet `PrintWriter` qui peut être instancié de la façon suivante :

```
out = new PrintWriter(new FileWriter(Text.txt));
```

Puis on utilise la méthode `private()` sur `out`.

Consultez par exemple la ligne 11 de l'exemple 12.1.

12.5 La sérialisation fait référence à la représentation d'un objet Java dans un flux binaire. Dans le cadre de ce processus, les objets sont stockés sur disque ou envoyés *via* des réseaux, puis reconstitués selon leur forme initiale.

12.6 Pour sérialiser un objet `x` en fichier `X.dat`, nous utilisons l'objet `ObjectOutputStream` qui peut être instancié de la façon suivante :

```
out = new ObjectOutputStream(new FileOutputStream(X.dat));
```

Puis on utilise la méthode `writeObject()` sur `out`.

Voyez par exemple la ligne 47 de l'exemple 12.4.

12.7 Pour désérialiser un objet `x` d'un fichier `X.dat`, nous utilisons l'objet `ObjectInputStream` qui peut être instancié de la façon suivante :

```
in = new ObjectInputStream(new FileInputStream(X.dat));
```

Puis on utilise la méthode `readObject()` sur `in`.

Voyez par exemple la ligne 11 de l'exemple 12.5.

12.8 Pour être sérialisable, une classe doit implémenter l'interface `java.io.Serializable`. Cette interface ne spécifie aucune méthode, elle se contente d'identifier les classes à sérialiser.

12.9 Un objet persistant est sérialisé en vue d'un stockage permanent, par exemple sur un disque ou dans une base de données.

12.10 Un champ `transient` est un champ de classe déclaré à l'aide du mot-clé `transient`. Ces champs ne sont pas stockés lorsque les objets de la classe sont sérialisés.

12.11 Un fichier à accès aléatoire comporte des éléments (caractères ou octets) susceptibles d'être lus ou écrits à l'aide de la méthode `seek()` qui permet de les rechercher directement.

12.12 Si `raf` est une instance de la classe `RandomAccessFile`, l'appel `raf.seek(k)` place le pointeur de fichier sur l'offset `k`, c'est-à-dire au numéro d'octet `k` (en commençant par le numéro d'octet 0).

? EXERCICES D'ENTRAÎNEMENT

12.1 Écrivez un programme capable de compter le nombre de lignes, de mots et de caractères d'un fichier de texte donné.

Par exemple, si vous exécutez le fichier `Alice.txt` de l'exemple 12.1, vous obtenez la sortie suivante :

```
Lignes : 8
Mots : 46
Cars : 229
```

12.2 Écrivez un programme capable de justifier à droite un fichier texte. Soit un fichier nommé `inFile` et un entier `n`, votre programme doit imprimer en sortie le texte de ce fichier, mais en positionnant la fin de chaque ligne dans la colonne verticale n. Par exemple, si le fichier d'entrée est Alice.text (voir l'exemple 12.1) et que n est égal à 40, vous obtenez la sortie suivante :

```
"Would you tell me, please, which way
I ought to go from here?"
"That depends a good deal on where
you want to get to," said the Cat.
"I don't much care where--" said
Alice.
"Then it doesn't matter which way
you go," said the Cat.
```

Vous pouvez coder programme les paramètres inFile et n ou bien les lire interactivement depuis les arguments en ligne de commande.

12.3 Écrivez une classe Encryptor ayant le constructeur

```
public Encryptor(int key) {
```

qui paramètre son champ key et définit la méthode

```
public void encrypt(String inFile, String outFile)
throws IOException
```

qui crypte le fichier inFile selon la méthode du chiffre de César en utilisant key pour décaler les lettres. Un chiffre de César remplace chaque lettre latine d'un fichier texte par celle qui vient n lettres après dans l'alphabet, n étant la clé de cryptage. Le fichier chiffré obtenu peut ensuite être décrypté en appliquant le même algorithme, mais avec la clé -n. Par exemple, si le fichier d'entrée est Alice.text (voir l'exemple 12.1) et que n est égal à 7, le fichier chiffré est le suivant :

```
#Xpvme!zpv!ufmm!nf-!qmfbtf-!xijdi!xbz
J!pvhiu!up!hp!gspn!ifsf@#
!!#Uibu!efqfoet!b!hppe!efbm!po!xifsf
zpv!xbou!up!hfu!up-#!tbje!uif!Dbu/
!!#J!epo(u!nvdi!dbsf!xifsf..#!tbje
Bmjdf/
!!#Uifo!ju!epfto(u!nbuufs!xijdi!xbz
zpv!hp-#!tbje!uif!Dbu/
```

12.4 Réécrivez le code des exemples 12.4 et 12.5 pour que chaque objet Country soit sérialisé dans un fichier distinct.

12.5 Réécrivez le programme WriteGossip de l'exemple 12.2 pour qu'il utilise l'accès aléatoire à des fichiers de mots au lieu de les charger dans des tableaux de chaînes.

12.6 Ajoutez et testez une méthode public computeAge() à la classe Person de l'exemple 12.6. Utilisez le code des lignes 19 à 23 en omettant la condition !ageComputed. Remplacez ensuite ces lignes par :

```
if (!ageComputed) computeAge();
```

Vous conserverez ainsi la logique de la méthode existante getAge(), tout en ajoutant la possibilité de recalculer l'âge de la Person sans avoir à la désérialiser.

12.7 Modifiez la classe `Person` de l'exemple 12.6 pour que le champ `age` soit calculé automatiquement lorsque l'objet est instancié ou désérialisé, et uniquement dans ces deux cas.

12.8 Modifiez le programme de l'exemple 12.9 pour qu'il charge le tableau `foods` du fichier `Inventory.dat` (au lieu de le coder programme comme à la ligne 6).

¿ SOLUTIONS

12.1

```
import java.io.*;
import java.util.StringTokenizer;
public class Count {
  public static void main(String[] args) {
    String inFile = "A:\\Alice.txt";
    int width = 40;
    try {
      System.out.println("Lecture de :\t" + inFile);
      FileReader fileReader = new FileReader(inFile);
      BufferedReader in = new BufferedReader(fileReader);
      String line=null;
      int numLines=0, numWords=0, numChars=0;
      while ((line = in.readLine()) != null) {
        ++numLines;
        numChars += line.length();
        StringTokenizer tok = new StringTokenizer(line);
        while (tok.hasMoreTokens()) {
          ++numWords;
          tok.nextToken();
        }
      }
      in.close();
      System.out.println("Lignes :\t" + numLines);
      System.out.println("Mots :\t" + numWords);
      System.out.println("Cars :\t" + numChars);
    } catch(IOException exception) {
      System.out.println("exception : " + exception);
    }
  }
}
```

12.2

```
import java.io.*;
public class RightJustify {
  private static final String BLANKS =
      " ";
  public static void main(String[] args) {
    String inFile = "A:\\Alice.txt";
    int width = 40;
    try {
      System.out.println("Lecture de :\t" + inFile);
      System.out.println("Justification a droite dans un champ de
                          largeur :\t" + width);
      FileReader fileReader = new FileReader(inFile);
      BufferedReader in = new BufferedReader(fileReader);
```

```
      String line=null;
      while ((line = in.readLine()) != null) {
      int len = line.length();
      System.out.println(space(width-len) + line);
      }
      in.close();
    } catch(IOException exception) {
      System.out.println("exception: " + exception);
    }
  }
  private static String space(int n) {
    return BLANKS.substring(0, n);
  }
}
```

12.3

```
import java.io.*;
public class Encryptor {
  private int key;
  public Encryptor(int key) {
    this.key = key;
  }
  public void encrypt(String inFile, String outFile)
                throws IOException {
    FileReader fileReader = new FileReader(inFile);
    BufferedReader in = new BufferedReader(fileReader);
    FileWriter fileWriter = new FileWriter(outFile);
    PrintWriter out = new PrintWriter(fileWriter);
    String line=null;
    while ((line = in.readLine()) != null) {
      out.println(encrypted(line));
    }
    in.close();
    out.close();
  }
  private String encrypted(String line) {
  StringBuffer buf = new StringBuffer();
  for (int i=0; i<line.length(); i++)
    buf.append(encrypted(line.charAt(i)));
  return buf.toString();
  }
  private char encrypted(char ch) {
  return (char)(ch + key);
  }
}

public class Encrypt {
  public static void main(String[] args) {
    String inFile = "A:\\Alice.txt";
    String outFile = "A:\\Alice1.txt";
    int key = 7;
    System.out.println("Cryptage " + inFile + " dans " + outFile
                      + " avec une cle de " + key);
    Encryptor encryptor = new Encryptor(key);
    try {
      encryptor.encrypt(inFile, outFile);
    } catch(IOException exception) {
      System.out.println("exception: " + exception);
```

```
      }
    }
  }
  public class Decrypt {
    public static void main(String[] args) {
      String inFile = "A:\\Alice.txt";
      String outFile = "A:\\Alice1.txt";
      int key = -7;
      System.out.println("Decryptage " + inFile + " dans " + outFile
              + " avec une cle de " + key);
      Encryptor encryptor = new Encryptor(key);
      try {
        encryptor.encrypt(inFile, outFile);
      } catch(IOException exception) {
        System.out.println("exception: " + exception);
      }
    }
  }
```

12.4 Remplacez les lignes 47 à 57 de l'exemple 12.4 par :

```
try {
  for (int i=0; i<n; i++) {
    String key = c[i].getKey();
    out = new ObjectOutputStream(new FileOutputStream(PATH+key));
    out.writeObject(c[i]);
    System.out.println("Ecriture de " + key + " objet dans :\t"
                     + PATH+key );
    if (out != null) out.close();
  }
} catch(IOException e) {
  System.out.println(e);
}
System.out.println("Ecriture de " + n + " objets dans
                   fichiers binaires.");
```

Remplacez les lignes 5 à 26 de l'exemple 12.5 par :

```
private final String[] data = {"AU", "BR", "CN", "DE", "ES"};
public ReadCountries() throws IOException {
  ObjectInputStream in = null;
  try {
    for (int i=0; i<data.length; i++) {
      String key = data[i];
      in = new ObjectInputStream(new FileInputStream(PATH+key));
      Object object=in.readObject();
      System.out.println(object);
    }
  } catch(EOFException exception) {
    System.out.println("Fini.");
  } catch(IOException exception) {
    System.out.println("exception : " + exception);
  } catch(ClassNotFoundException exception) {
    System.out.println("exception : " + exception);
  } finally {
    if (in != null) in.close();
  }
```

```
  System.out.println("Objets lus dans des fichiers
                     binaires distincts.");
}
```

12.5

```
import java.io.*;
import java.util.Random;
public class WriteGossip {
  private static Random random = new Random();
  private static RandomAccessFile adjvs;
  private static RandomAccessFile advbs;
  private static RandomAccessFile nouns;
  private static RandomAccessFile prnns;
  private static RandomAccessFile verbs;
  private static int numAdjvs;
  private static int numAdvbs;
  private static int numNouns;
  private static int numPrnns;
  private static int numVerbs;
  private static final String PATH =
                 "B:\\MHPWJ2\\src\\ch12\\pr05\\";
  private static final int WIDTH = 32; // octets

  public static void main(String[] args) {
    try {
      openFiles();
      countLines();
      write(PATH + "Gossip.txt");
      closeFiles();
    } catch(IOException exception) {
      System.out.println("exception : " + exception);
    }
  }

  private static void closeFiles() throws IOException {
    if (adjvs != null) adjvs.close();
    if (advbs != null) advbs.close();
    if (nouns != null) nouns.close();
    if (prnns != null) prnns.close();
    if (verbs != null) verbs.close();
  }

  private static void countLines() throws IOException {
    numAdjvs = (int)adjvs.length()/WIDTH;
    numAdvbs = (int)advbs.length()/WIDTH;
    numNouns = (int)nouns.length()/WIDTH;
    numPrnns = (int)prnns.length()/WIDTH;
    numVerbs = (int)verbs.length()/WIDTH;
  }

  private static void openFiles() throws IOException {
    adjvs = new RandomAccessFile(PATH+"Adjvs.txt", "r");
    advbs = new RandomAccessFile(PATH+"Advbs.txt", "r");
    nouns = new RandomAccessFile(PATH+"Nouns.txt", "r");
    prnns = new RandomAccessFile(PATH+"Prnns.txt", "r");
    verbs = new RandomAccessFile(PATH+"Verbs.txt", "r");
  }
```

```
  private static void write(String paper) throws IOException {
    System.out.print(randomSentence("First"));
    System.out.print(randomSentence(" Then"));
    System.out.print(randomSentence(" Earlier"));
    System.out.print(randomSentence(" Later that afternoon"));
    System.out.println(randomSentence(" Finally"));
  }

  private static String randomSentence(String firstWord)
      throws IOException {
    StringBuffer buf = new StringBuffer(firstWord + ", ");
    buf.append(next(prnns,numPrnns) + " ");
    buf.append(next(adjvs,numAdjvs) + " ");
    buf.append(next(nouns,numNouns) + " ");
    buf.append(next(advbs,numAdvbs) + " ");
    buf.append(next(verbs,numVerbs) + " ");
    buf.append(next(prnns,numPrnns) + " ");
    buf.append(next(adjvs,numAdjvs) + " ");
    buf.append(next(nouns,numNouns) + ".");
    return buf.toString();
  }

  private static String next(RandomAccessFile file, int n)
      throws IOException {
    int i = random.nextInt(n);
    file.seek(WIDTH*i);
    return file.readLine().trim();
  }
}
```

12.6 Remplacez les lignes 17 à 24 de l'exemple 12.6 par :

```
public void computeAge() {
  if (dob != null) {
    Date now = new Date();
    age = (int)((now.getTime()-dob.getTime())/MILLIS_PER_YEAR);
    ageComputed = true;
  }
}

public int getAge() {
  if (!ageComputed) computeAge();
  return age;
}
```

12.7 Remplacez les lignes 13 à 24 de l'exemple 12.6 par :

```
public Person(String name) {
  this.name = name;
  computeAge();
}

private void computeAge() {
  if (dob != null) {
    Date now = new Date();
    age = (int)((now.getTime()-dob.getTime())/MILLIS_PER_YEAR);
    ageComputed = true;
  }
```

```
}

public int getAge() {
  return age;
}
```

Notez que la méthode `computeAge()` est `private`.

12.8 Remplacez les lignes 5 à 44 de l'exemple 12.9 par :

```
private static String[] foods;
private final static int LINE_LENGTH=16;

public static void main(String[] args) {
  if (args.length != 2) {
    System.err.println("Utilisation : java UpdateInventory <food>
                <n>" + "\n\twhere:\t<food> est un des produits
                   de l'inventaire;" +
                   "\n\t \t<n> est un entier (+/-);");
    System.exit(0);
  }
  String food = args[0];
  int d = Integer.parseInt(args[1]);
  try {
    RandomAccessFile raf = new RandomAccessFile(FILE, "rw");
    getFoods(raf);
    int n = getLineNumber(food);
    if (n == foods.length) {
      System.err.println("Erreur : " + food + " ne sont pas
                      dans le fichier d'inventaire.");
      System.exit(0);
    }
    System.out.println("Mise a jour de" + food + " de " + d);
    raf.seek(LINE_LENGTH*n);
    String line = raf.readLine();
    line = update(line, d);
    if (line == null) {
      System.err.println("Erreur : inventaire hors limites.");
      System.exit(0);
    }
    raf.seek(LINE_LENGTH*n);
    raf.writeBytes(line);
    raf.close();
  } catch (IOException e) {
    System.err.println(e);
  }
}

private static void getFoods(RandomAccessFile raf) throws
                         IOException {
  int len = (int)raf.length();
  foods = new String[len];
  String line = null;
  int i=0;
  while ((line = raf.readLine()) != null) {
    foods[i++] = line.substring(0,12).trim();
  }
}
```

Chapitre 13

Les graphiques

Java bénéficie d'une grande popularité notamment en raison de ses fonctionnalités graphiques impressionnantes. En effet, ce langage de programmation propose une importante bibliothèque de classes graphiques.

13.1 LA HIÉRARCHIE DES CLASSES GRAPHIQUES

La hiérarchie d'héritage des classes graphiques Java est représentée sur les figures 13.1 et 13.2 qui contiennent les classes les plus couramment utilisées pour les graphiques. La figure 13.2 illustre les extensions de la classe `JComponent`, qui figure sous la classe `Container` de la figure 13.1.

La plupart de ces classes se trouvent dans l'un des deux paquetages `java.awt` ou `javax.swing`. Les classes dont le nom commence par le préfixe `J`, par exemple `JComponent` et `JWindow`, sont définies dans le paquetage `javax.swing`.

Notez que la plupart des classes de cette hiérarchie se trouvent dans une des catégories « component », c'est-à-dire `Component`, `JComponent`, `TextComponent`, `MenuComponent`. La programmation des graphiques en Java est sans aucun doute orientée composant. Les images de l'écran sont organisées en ajoutant divers composants à une instance de la classe `Container`, qui est elle-même une extension de la classe `Component`.

13.2 LA CLASSE `javax.swing.JFrame`

La classe `javax.swing.JFrame` permet de créer des programmes graphiques en Java. Définie au niveau 6 de la hiérarchie, elle hérite bien évidemment des fonctionnalités des classes mères `Frame`, `Window`, `Container`, `Component` et `Object`. En effet, outre les 25 méthodes qui lui sont propres, elle hérite des 23 méthodes de la classe `Frame`, des 48 méthodes de la classe `Window`, des 53 méthodes de la classe `Container`, des 160 méthodes de la classe `Component` et des 9 méthodes de la classe `Object`. Pour obtenir une liste complète de toutes les méthodes disponibles, consultez la documentation API Java en ligne sur `http://java.sun.com/j2se/1.4.2/docs/api/javax/swing/JFrame.html`

Les exemples suivants illustrent l'utilisation de base des conteneurs `JFrame`.

```
Object
 ├─BorderLayout
 ├─BoxLayout
 ├─CardLayout
 ├─CheckboxGroup
 ├─Color
 ├─Component
 │   ├─Button
 │   ├─Canvas
 │   ├─Checkbox
 │   ├─Choice
 │   ├─Container
 │   │   ├─JComponent
 │   │   │   └─JPanel
 │   │   ├─Panel
 │   │   │   └─Applet
 │   │   │       └─JApplet
 │   │   ├─ScrollPane
 │   │   └─Window
 │   │       ├─Dialog
 │   │       ├─Frame
 │   │       │   └─JFrame
 │   │       └─JWindow
 │   ├─Label
 │   ├─List
 │   ├─Scrollbar
 │   └─TextComponent
 │       ├─TextArea
 │       └─TextField
 ├─FlowLayout
 ├─Font
 ├─Graphics
 │   └─Graphics2D
 ├─GridBagLayout
 ├─GridLayout
 ├─Image
 └─MenuComponent
     ├─MenuBar
     └─MenuItem
         ├─CheckBoxMenuItem
         └─Menu
             └─PopupMenu
```

Figure 13.1 La hiérarchie de classes des graphiques

```
JComponent
 ├─JColorChooser
 ├─JComboBox
 ├─JFileChooser
 ├─JLabel
 ├─JList
 ├─JMenuBar
 ├─JOptionPane
 ├─JPanel
 ├─JPopupMenu
 ├─JProgressBar
 ├─JRootPane
 ├─JScrollBar
 ├─JSeparator
 ├─JSlider
 ├─JSpinner
 ├─JSplitPane
 ├─JTabbedPane
 ├─JTable
 ├─JTableHeader
 ├─JTextComponent
 ├─JToolbar
 └─JTree
```

Figure 13.2 Extensions de **JComponent**

Exemple 13.1 Une fenêtre vierge

Ce premier exemple vous indique simplement comment créer un programme graphique.

```
import javax.swing.*;

public class Main {
```

```
4     public static void main(String[] args) {
5       JFrame frame = new MainFrame();
6       frame.show();
7     }
8   }
9
10  class MainFrame extends JFrame {
11    MainFrame() {
12     setDefaultCloseOperation(JFrame.EXIT_ON_CLOSE);
13     setSize(300, 200);
14    }
15  }
```

Figure 13.3 Sortie de l'exemple 13.1

La sortie de ce code est une fenêtre identique à celle de la figure 13.3. Elle apparaît dans la partie supérieure gauche de l'écran. Cliquez sur le bouton de fermeture, le x situé en haut à droite, pour fermer la fenêtre et quitter le programme.

La méthode `main()` instancie la classe `MainFrame` à la ligne 5. La classe `MainFrame` est définie ligne 10 comme extension de la classe `JFrame`. L'appel de la ligne 12 permet de quitter le programme en cliquant sur le bouton de fermeture de la fenêtre. L'appel de la ligne 13 définit la taille de la fenêtre à 300 pixels de large et 200 pixels de hauteur. Après avoir créé l'objet `MainFrame` à la ligne 5, le programme l'affiche en appelant sa méthode `show()` à la ligne 6. Il s'agit de l'une des 48 méthodes héritées de la classe `Window`.

La structure du programme de l'exemple 13.1 est utilisée dans les exemples suivants qui ajoutent chacun leur tour une nouvelle fonctionnalité.

Exemple 13.2 Définition du titre et de l'emplacement de la fenêtre

Ce programme ajoute la définition de la taille et de l'emplacement de la fenêtre au code que nous venons de voir.

```
import javax.swing.*;

public class Main {
  public static void main(String[] args) {
    JFrame frame = new MainFrame();
    frame.show();
  }
}

class MainFrame extends JFrame {
  MainFrame() {
    setDefaultCloseOperation(JFrame.EXIT_ON_CLOSE);
    setTitle("Cadre principal");
```

```
14     setSize(300, 200);
15     setLocation(250, 150);
16   }
17 }
```

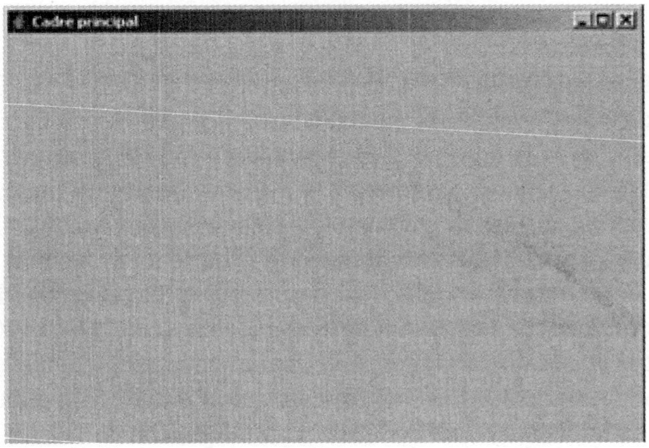

Figure 13.4 Sortie de l'exemple 13.2

La fenêtre obtenue se nomme maintenant « Cadre principal » dans la barre de titre, comme illustré à la figure 13.4. Elle apparaît avec sa partie supérieure gauche située à 250 pixels du bord gauche de l'écran et à 150 pixels du haut de l'écran :

La chaîne `"Cadre principal"` qui est passée à la méthode `setTitle()` ligne 13 est le titre de l'objet `JFrame`, c'est pourquoi elle apparaît dans sa barre de titre. La méthode `setLocation()` appelée ligne 15 positionne l'objet à l'écran pour que sa partie supérieure gauche se trouve au niveau des coordonnées *x* et *y* qui sont passées à la méthode. Dans le cas présent, $x = 250$ et $y = 150$.

Notez que le système de coordonnées bidimensionnel utilisé sur les écrans d'ordinateur est inversé. La coordonnée *x* part de l'origine qui se trouve dans la partie supérieure gauche de l'écran pour mesurer son déplacement vers la droite, comme dans le cas de coordonnées cartésiennes. En revanche, la coordonnée *y* mesure son déplacement du bas vers le haut, comme illustré à la figure 13.5, à l'opposé des coordonnées cartésiennes dont *y* mesure son déplacement vers le haut depuis l'axe des abscisses.

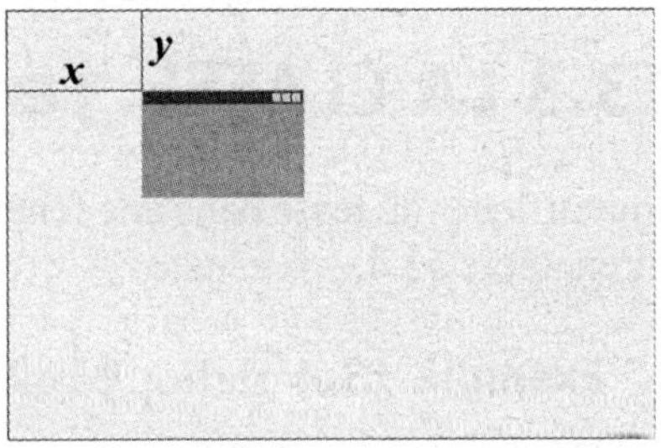

Figure 13.5 Objet situé à (*x*,*y*)

Exemple 13.3 Une fenêtre centrée

Ce programme modifie celui de l'exemple 13.2 en plaçant la fenêtre au centre de l'écran et en définissant sa taille à 1/4 de l'écran (deux fois moins haute et large).

```
import java.awt.*;
import javax.swing.*;

public class Main {
  public static void main(String[] args) {
    Dimension screenSize =
           Toolkit.getDefaultToolkit().getScreenSize();
    int w = screenSize.width;
    int h = screenSize.height;
    JFrame frame = new MainFrame(w/2, h/2, w/4, h/4);
    frame.show();
  }
}

class MainFrame extends JFrame {
  MainFrame(int width, int height, int x, int y) {
```

```
17      setDefaultCloseOperation(JFrame.EXIT_ON_CLOSE);
18      setTitle("Cadre principal");
19      setSize(width, height);
20      setLocation(x, y);
21    }
22 }
```

Pour ajuster la taille et la position de la fenêtre, nous utilisons la boîte à outils par défaut ligne 6. Cet objet extrait les données comme la taille locale de l'écran de la machine virtuelle Java qui exécute le programme. La méthode `getScreenSize()` renvoie un objet `Dimension` qui stocke la largeur et la hauteur de l'écran comme champs `public`. L'accès à ces champs `w` et `h` est direct aux lignes 8 et 9. Pour que le cadre de la fenêtre soit deux fois moins large et haut que l'écran, nous passons `w/2` et `h/2` à la méthode `setSize()`. Cependant, l'appel de cette méthode doit rester encapsulé dans sa classe (ligne 19) pour que l'objet `MainFrame` continue à définir sa propre taille. Nous créons les paramètres `width` et `height` dans le constructeur (ligne 15) et nous leur passons `w` et `h` (ligne 10). De la même manière, nous passons `w/4` et `h/4` comme arguments aux paramètres `x` et `y`, qui sont ensuite passés à la méthode `setLocation()` ligne 20. La fenêtre se retrouve ainsi centrée dans l'écran, son bord gauche se trouvant à 1/4 de la distance qui le sépare du bord gauche de l'écran et son bord supérieur à 1/4 de la distance qui le sépare du haut de l'écran.

Notez que les classes `Toolkit` et `Dimension` sont définies dans le paquetage `java.awt`. C'est pourquoi nous devons importer `java.awt.*` avec `javax.swing.*`.

13.3 LA CLASSE `javax.swing.JLabel`

Pour afficher du texte dans une fenêtre graphique Java, nous utilisons les objets `JLabel`, comme illustré à l'exemple 13.4.

Exemple 13.4 Hello, World!

Ce programme modifie celui de l'exemple précédent en ajoutant un message textuel dans la fenêtre.

```
import java.awt.*;
import javax.swing.*;

public class Main {
  public static void main(String[] args) {
    Dimension screenSize =
           Toolkit.getDefaultToolkit().getScreenSize();
    int w = screenSize.width;
    JFrame frame = new MainFrame(w/5, 100, 2*w/5, 0);
    frame.show();
  }
}

class MainFrame extends JFrame {
  MainFrame(int width, int height, int x, int y) {
    setDefaultCloseOperation(JFrame.EXIT_ON_CLOSE);
    setTitle("Cadre principal");
    setSize(width, height);
    setLocation(x, y);
```

```
20        JLabel label = new JLabel("Hello, World!");
21        label.setFont(new Font("Serif", Font.BOLD|Font.ITALIC,
22                                      height/2));
23        label.setForeground(Color.red);
24        getContentPane().add(label);
25    }
26 }
```

Figure 13.6 Sortie de l'exemple 13.4

La sortie est illustrée à la figure 13.6. La fenêtre apparaît centrée dans la partie supérieure de l'écran.

Les quatre arguments passés au constructeur `MainFrame()` à la ligne 8 sont `w/5`, `100`, `2*w/5` et `0`. L'argument `w/5` spécifie que la fenêtre doit occuper 1/5e de la largeur de l'écran et l'argument `2*w/5` indique que cette fenêtre sera centrée horizontalement. L'argument `100` spécifie que la fenêtre fait 100 pixels de hauteur, et l'argument `0` qu'elle est positionnée en haut de l'écran.

À la ligne 20, nous instancions un objet `JLabel` qui contient le texte à afficher. Nous définissons ses propriétés aux lignes 21, 22 et 23, puis nous l'ajoutons au cadre principal à la ligne 24.

Pour définir les propriétés de police de l'étiquette, nous instancions un objet `Font` aux lignes 21 et 22, puis nous le passons à la méthode `setFont()` de l'étiquette. Le constructeur `Font()` à trois arguments a la signature suivante :

```
public Font(String name, int style, int size)
```

Le premier argument correspond au nom de la police. Nous choisissons `"Serif"`, qui est l'un des six noms logiques possibles. Le deuxième argument est un entier qui détermine le style de police. L'expression `Font.BOLD|Font.ITALIC` spécifie que la police sera à la fois en gras et en italique. Les valeurs `BOLD` et `ITALIC` sont des constantes entières `static` définies dans la classe `Font`. Dans le cas présent, `BOLD` = 1 et `ITALIC` = 2, c'est pourquoi l'opérateur « ou logique » de ces deux nombres est `BOLD|ITALIC` = 3. Voir l'annexe A.9 pour en savoir plus sur l'opérateur « ou logique ». Le troisième argument, `height/2`, détermine la taille de la police, à savoir la moitié de la hauteur de la fenêtre principale.

Comme vous pouvez le constater à la figure 13.2, la classe `JLabel` est une extension de `JComponent`. En outre, la figure 13.1 vous permet de voir que la classe `Font` est de type `Object`. La classe `JLabel` est définie dans le paquetage `javax.swing` et la classe `Font` dans le paquetage `java.awt`.

13.4 LA CLASSE javax.swing.JPanel

Bien que les composants comme les objets `JLabel` puissent toujours être ajoutés directement au panneau de contenu du cadre principal, comme nous l'avons vu à la ligne 24 de l'exemple 13.4, il est généralement préférable de les ajouter à un conteneur intermédiaire, qui est lui-même ajouté au panneau de contenu du cadre principal. La classe `javax.swing.JPanel` est alors la plus appropriée.

Comme représenté à la figure 13.1, la classe `JPanel` étend la classe `JComponent`. Java fait la distinction entre les composants, les conteneurs, les fenêtres et les cadres.

Un *composant* est un objet susceptible d'être affiché à l'écran et d'interagir avec l'utilisateur. Par exemple, le bouton de fermeture situé dans le coin supérieur droit d'une fenêtre (sous Microsoft Windows) est un composant. Il en va de même pour la barre de défilement qui longe le bord droit de la fenêtre et pour la fenêtre elle-même. Les composants ont des propriétés spécifiques, notamment la couleur d'arrière-plan, l'image du curseur et la police.

Un *conteneur* est un composant qui contient d'autres composants. Les fenêtres sont des conteneurs, contrairement aux boutons qui n'en sont pas. Les conteneurs ont également des propriétés qui leur sont propres, comme les gestionnaires de présentation.

Une *fenêtre* est un conteneur avec des propriétés spécifiques, notamment un paramètre de lieu permettant de gérer diverses langues, une boîte à outils facilitant la création des composants et un message d'avertissement destiné à la sécurité.

Un *cadre* est une fenêtre composée d'une barre de titre, d'une barre de menus, d'une bordure, d'un curseur et d'une image d'icône. Les cadres sont des objets standard lors de la création des graphiques.

Exemple 13.5 Utilisation d'un conteneur `JPanel`

Ce programme modifie le précédent en ajoutant un objet `JPanel` destiné à contenir l'objet `JLabel`.

```
1  import java.awt.*;
2  import javax.swing.*;
3
4  public class Main {
5    public static void main(String[] args) {
6      Dimension screenSize =
7        Toolkit.getDefaultToolkit().getScreenSize();
8      int w = screenSize.width;
9      JFrame frame = new MainFrame(w/5, 100, 2*w/5, 0);
10     frame.show();
11   }
12 }
13
14 class MainFrame extends JFrame {
15   MainFrame(int width, int height, int x, int y) {
16     setDefaultCloseOperation(JFrame.EXIT_ON_CLOSE);
17     setTitle("Cadre principal");
18     setSize(width, height);
19     setLocation(x, y);
20     JPanel panel = new MainPanel();
21     getContentPane().add(panel);
22   }
23 }
24
25 class MainPanel extends JPanel {
26   MainPanel() {
27     setBackground(Color.black);
28     JLabel label = new JLabel("Hello, World!");
29     label.setFont(new Font(null, Font.BOLD, 40));
30     label.setForeground(Color.red);
31     add(label);
32   }
33 }
```

La fenêtre obtenue est illustrée à la figure 13.7 ; elle apparaît centrée en haut de l'écran.

Une classe `MainPanel` est définie à la ligne 25 comme extension de la classe `JPanel`. Pour faire apparaître le panneau, nous demandons au constructeur de définir la couleur de l'arrière-plan en noir ligne 27. Le texte rouge est ensuite ajouté au panneau des lignes 28 à 31. L'objet `JLabel` est ajouté à l'objet `JPanel` (ligne 31), qui est ensuite ajouté à l'objet `JFrame` (ligne 21).

Figure 13.7 Sortie de l'exemple 13.5

13.5 LA CLASSE java.awt.Color

Les deux derniers exemples ont recours à la couleur pour afficher les objets `JPanel` et `JLabel`. La classe `java.awt.Component` définit ces deux méthodes :

```
public void setBackground(java.awt.Color c)
public void setForeground(java.awt.Color c)
```

Par conséquent, il est possible de définir les couleurs d'arrière et d'avant-plan de tout composant en passant un objet `java.awt.Color` à l'une de ces deux méthodes. Dans l'exemple 3.15, nous avons défini le noir comme couleur d'arrière-plan du panneau principal à la ligne 27 :

```
setBackground(Color.black);
```

et le rouge comme couleur de texte à la ligne 30 :

```
label.setForeground(Color.red);
```

La classe `java.awt.Color` définit 13 champs de couleur `public static final` : `black`, `blue`, `cyan`, `darkGray`, `gray`, `green`, `lightGray`, `magenta`, `orange`, `pink`, `red`, `white` et `yellow`. D'autre part, vous pouvez créer l'un des 16 777 216 (2^{24}) objets `Color` en passant les entiers `r`, `g` et `b` (pour red/rouge, green/vert et blue/bleu) au constructeur

```
public Color(int r, int g, int b)
```

Chaque entier est compris entre 0 et 255.

Pour définir une couleur, vous pouvez notamment utiliser le *code RGB* (Red, Green, Blue). Par exemple, le code RGB de la couleur orange est (255, 200, 0). Ces trois nombres identifient la quantité de rouge, de vert et de bleu utilisée pour créer la couleur. Ainsi, (255, 200, 0) signifie que la quantité de rouge est à son maximum, qu'il y a 80 % de vert et pas du tout de bleu. D'autres couleurs couramment utilisées sont le doré (255, 215, 0), l'aigue-marine (127, 255, 212) et le pourpre (160, 32, 240).

Notez que plus les nombres sont bas, plus les couleurs sont sombres et que, plus ils sont élevés, plus les couleurs sont claires. Le noir a donc le code RGB (0, 0, 0) et le blanc (255, 255, 255).

Étant donné que chaque entier constituant le code RGB est compris entre 0 et 255, il est souvent exprimé au format hexadécimal (pour plus d'informations sur le sujet, consultez l'annexe A, section A.8). Par exemple, le code RGB (160, 32, 240) de l'aigue-marine peut également être exprimé comme `(7F, FF, D4)` ou simplement `7FFFD4`.

Le tableau 13.1 donne les codes RGB des 13 constantes de couleur définies dans la classe `Color`.

Tableau 13.1 Constantes de la classe `Color`

Objet	Code RGB	Hex
`Color.black`	(0, 0, 0)	000000
`Color.blue`	(0, 0, 255)	0000FF
`Color.cyan`	(0, 255, 255)	00FFFF
`Color.darkGray`	(64, 64, 64)	404040
`Color.gray`	(128, 128, 128)	808080
`Color.green`	(0, 255, 0)	00FF00
`Color.lightGray`	(192, 192, 192)	C0C0C0
`Color.magenta`	(255, 0, 255)	FF00FF
`Color.orange`	(255, 200, 0)	FFC800
`Color.pink`	(255, 175, 175)	FFAFAF
`Color.red`	(255, 0, 0)	FF0000
`Color.white`	(255, 255, 255)	FFFFFF
`Color.yellow`	(255, 255, 0)	FFFF00

Exemple 13.6 Affichage de divers panneaux de couleurs

Ce programme modifie celui de l'exemple précédent en affichant une série d'objets `JPanel`, chacun ayant une couleur différente.

```
import java.awt.*;
import javax.swing.*;
import javax.swing.border.Border;

public class Main {
  public static void main(String[] args) {
    Dimension screenSize =
       Toolkit.getDefaultToolkit().getScreenSize();
    int w = screenSize.width;
    JFrame frame = new MainFrame(w/5, 100, 2*w/5, 0);
    frame.show();
  }
}

class MainFrame extends JFrame {
  MainFrame(int width, int height, int x, int y) {
    setDefaultCloseOperation(JFrame.EXIT_ON_CLOSE);
    setTitle("Couleurs");
    setSize(width, height);
    setLocation(x, y);
    JPanel mainPanel = new JPanel();
```

```
22     mainPanel.setBackground(Color.white);
23     mainPanel.add(new ColoredPanel(Color.cyan, "cyan"));
24     mainPanel.add(new ColoredPanel(Color.magenta, "magenta"));
25     mainPanel.add(new ColoredPanel(Color.green, "vert"));
26     mainPanel.add(new ColoredPanel(Color.orange, "orange"));
27     mainPanel.add(new ColoredPanel(255, 255, 255));
28     mainPanel.add(new ColoredPanel(255, 205, 255));
29     mainPanel.add(new ColoredPanel(255, 255, 205));
30     mainPanel.add(new ColoredPanel(255, 205, 205));
31     getContentPane().add(mainPanel);
32   }
33 }
34
35 class ColoredPanel extends JPanel {
36   Border blackline = BorderFactory.createLineBorder(Color.black);
37
38   ColoredPanel(Color color, String label) {
39     setBackground(color);
40     setBorder(blackline);
41     add(new JLabel(label));
42   }
43
44   ColoredPanel(int r, int g, int b) {
45     setBackground(new Color(r, g, b));
46     setBorder(blackline);
47     add(new JLabel("("+r+", "+g+", "+b+")"));
48   }
49 }
```

La fenêtre obtenue est similaire à celle de la figure 13.8 (cet ouvrage étant en noir et blanc, vous ne pouvez pas voir les couleurs). Pour afficher les huit panneaux de couleur visibles sur la fenêtre de droite, il suffit d'élargir la fenêtre obtenue initialement.

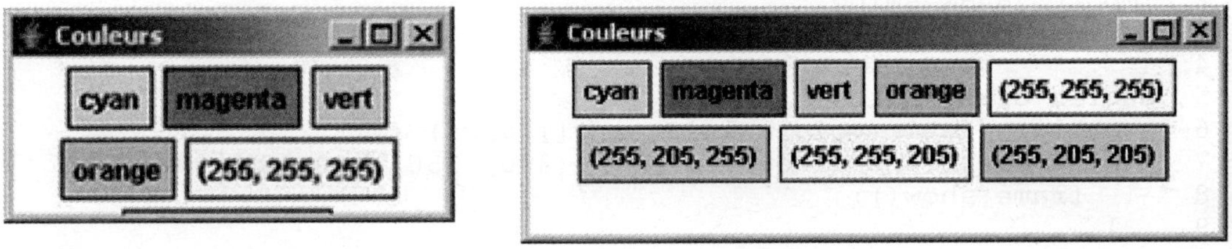

Figure 13.8 Sortie de l'exemple 13.6

La classe `MainPanel` de l'exemple 13.5 est remplacée ici (lignes 35 à 48) par une classe `ColoredPanel`. Son premier constructeur (lignes 38 à 42) prend un objet `java.awt.Color` et une étiquette `String` comme arguments afin de construire un panneau comportant la couleur et son étiquette. Le deuxième constructeur (lignes 44 à 48) prend trois arguments `int`, construit un panneau de couleur à l'aide du code RGB défini par le niveau de rouge, vert et bleu, puis il affiche ces nombres dans une étiquette.

La classe `ColoredPanel` définit également un objet spécial `javax.swing.border.Border` (ligne 35) qui permet d'ajouter une bordure noire au panneau (lignes 40 à 46). Notez que seul l'objet `Border` est nécessaire aux deux constructeurs. D'autre part, la classe `javax.swing.border.Border` a été importée ligne 3.

Le constructeur de classe `MainFrame` ajoute huit objets `ColoredPanel` à son panneau principal (lignes 23 à 30). Les quatre premiers panneaux sont créés avec un constructeur à deux arguments (ligne 38), en utilisant les constantes `cyan`, `magenta`, `green` et `orange`. Les quatre derniers panneaux sont créés par le constructeur à trois arguments (ligne 44) et ont recours aux codes RGB.

13.6 LES GESTIONNAIRES DE PRÉSENTATION

La disposition de plusieurs composants dans un conteneur est qualifiée de *présentation*. Java définit 18 classes permettant de gérer la présentation, dont `BorderLayout`, `FlowLayout` et `GridLayout`. Il s'agit de classes qui implémentent l'interface `java.awt.LayoutManager`. La présentation d'un conteneur peut être définie en passant un objet `LayoutManager` à la méthode `setLayout()` du conteneur.

Le gestionnaire `FlowLayout` organise les composants du conteneur de gauche à droite et de haut en bas, comme les mots d'un texte sur une page imprimée. Lorsque le conteneur est redimensionné, les composants élastiques conservent l'ordre dans lequel ils sont placés quand ils passent à la ligne. La classe `FlowLayout` est le gestionnaire par défaut des conteneurs `JPanel`. Nous avons donc déjà vu comment elle fonctionne à l'exemple 13.6.

Le gestionnaire `GridLayout` organise également les composants du conteneur de gauche à droite et de haut en bas. Cependant, contrairement au gestionnaire `FlowLayout`, il spécifie le nombre de lignes et de colonnes à utiliser et garde des dimensions constantes, comme un tableau bidimensionnel. Si la fenêtre qui contient la grille est redimensionnée, les formes des composants sont redimensionnées proportionnellement.

Exemple 13.7 Utilisation du gestionnaire `GridLayout`

Ce programme est similaire à celui de l'exemple 13.6, mais son panneau principal spécifie le gestionnaire `GridLayout` au lieu du gestionnaire par défaut `FlowLayout`. Il ajoute 26 panneaux étiquetés au panneau principal.

```
import java.awt.*;
import javax.swing.*;
import javax.swing.border.Border;

public class Main {
  public static void main(String[] args) {
    JFrame frame = new MainFrame(300, 150, 400, 0);
    frame.show();
  }
}

class MainFrame extends JFrame {
  MainFrame(int width, int height, int x, int y) {
    setDefaultCloseOperation(JFrame.EXIT_ON_CLOSE);
    setTitle("Présentation en grille");
    setSize(width, height);
    setLocation(x, y);
    JPanel panel = new JPanel();
    panel.setLayout(new GridLayout(4, 7));
    for (int i=0; i<26; i++) {
      panel.add(new LabeledPanel("" + (char)('A' + i)));
    }
    getContentPane().add(panel);
  }
```

```
25 }
26
27 class LabeledPanel extends JPanel {
28   Border blackline = BorderFactory.createLineBorder(Color.black);
29
30   LabeledPanel(String label) {
31     setBackground(Color.white);
32     setBorder(blackline);
33     add(new JLabel(label));
34   }
35 }
```

La fenêtre obtenue est illustrée à la figure 13.9.

Figure 13.9 Sortie de l'exemple 13.7

Le panneau principal est construit à la ligne 18 et sa présentation est définie comme une grille composée de quatre lignes et de sept colonnes à la ligne 19. La boucle `for` des lignes 20 à 22 construit 26 panneaux étiquetés en utilisant les 26 lettres de l'alphabet en majuscule comme étiquettes.

Le constructeur `LabeledPanel()` de la ligne 30 prend un argument `String` pour que chaque lettre soit passée comme une chaîne. Pour cela, nous utilisons une expression peu orthodoxe : `"" + (char)('A' + i)`. L'expression `('A' + i)` est évaluée au code entier de la `i`^e^ lettre majuscule. Par exemple, si `i` égal 2, l'expression est évaluée à 67 parce que `'A'` est évalué à l'entier Unicode 65. L'expression de forçage de type `(char)` renvoie le caractère Unicode correspondant à l'entier, c'est-à-dire `'C'` lorsque `i` égal 2. En dernier lieu, l'opération de concaténation `"" +` force le type `String` pour l'expression `(char)('A' + i)`, comme requis par le constructeur `LabeledPanel()`.

Exemple 13.8 Utilisation d'un gestionnaire `BorderLayout`

Ce programme est presque identique à celui de l'exemple 13.7, mais son panneau principal utilise un gestionnaire `BorderLayout` et non `GridLayout`. En outre, il ajoute uniquement cinq panneaux étiquetés au panneau principal, un pour chaque position des sections qui constituent le gestionnaire.

```
import java.awt.*;
import javax.swing.*;
import javax.swing.border.Border;

public class Main {
  public static void main(String[] args) {
    JFrame frame = new MainFrame(200, 120, 400, 0);
    frame.show();
```

```
9     }
10 }
11
12 class MainFrame extends JFrame {
13   MainFrame(int width, int height, int x, int y) {
14     setDefaultCloseOperation(JFrame.EXIT_ON_CLOSE);
15     setTitle("Présentation en sections");
16     setSize(width, height);
17     setLocation(x, y);
18     JPanel panel = new JPanel();
19     panel.setLayout(new BorderLayout());
20     panel.add(new LabeledPanel("Supérieur"), BorderLayout.NORTH);
21     panel.add(new LabeledPanel("Michigan"), BorderLayout.WEST);
22     panel.add(new LabeledPanel("Huron"), BorderLayout.CENTER);
23     panel.add(new LabeledPanel("Ontario"), BorderLayout.EAST);
24     panel.add(new LabeledPanel("Erié"), BorderLayout.SOUTH);
25     getContentPane().add(panel);
26   }
27 }
28
29 class LabeledPanel extends JPanel {
30   Border blackline = BorderFactory.createLineBorder(Color.black);
31
32   LabeledPanel(String label) {
33     setBackground(Color.white);
34     setBorder(blackline);
35     add(new JLabel(label));
36   }
37 }
```

La fenêtre obtenue est illustrée à la figure 13.10.

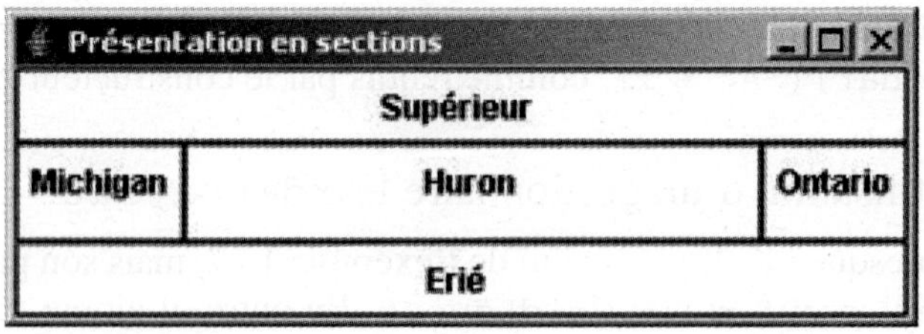

Figure 13.10 Sortie de l'exemple 13.8

Le gestionnaire `BorderLayout` est spécifié à la ligne 19 et divise le panneau principal en cinq sections : `north`, `west`, `center`, `east` et `south`. La méthode `add()` à deux arguments est utilisée aux lignes 20 à 24 pour ajouter un panneau étiqueté à chaque section. Notez que les étiquettes sont centrées horizontalement dans chaque section. De plus, les largeurs des sections ouest et est suivent la taille de leur contenu, tandis que celles des trois autres sections sont étendues de façon à remplir le panneau jusqu'à sa largeur donnée.

13.7 INTERFACE java.awt.event.ActionListener

Une interface utilisateur graphique est un programme graphique qui répond aux entrées utilisateur effectuées *via* le clavier et la souris. Dans le cadre des programmes Java, ce type d'interaction est géré par les objets `java.util.Eventlistener` qui sont capables de détecter des événements d'entrée et de leur répondre. Cette section illustre l'implémentation de l'interface `java.awt.event.ActionListener`, qui étend l'interface `java.util.Eventlistener`.

Les objets `JButton` qui produisent des effets visuels lorsque vous cliquez dessus avec la souris figurent parmi les plus simples à implémenter en programmation graphique. Il suffit en effet d'ajouter un objet écouteur (`listener`) à chaque bouton et de définir la méthode qu'il appellera dès qu'il « entendra » l'action du bouton. Vous ajoutez un écouteur à un `button` comme lorsque vous ajoutez un composant à un conteneur :

```
button.addActionListener(listener);
```

Dans le cas présent, l'objet `listener` est une instance d'une classe personnalisée chargée d'implémenter l'interface `ActionListener` qui requiert l'implémentation de cette méthode :

```
public void actionPerformed(ActionEvent event)
```

Cette méthode est appelée automatiquement par l'environnement d'exécution Java lorsque le `listener` « entend » un événement issu de l'objet `button`. L'action définie en réponse est exécutée par la méthode `actionPerformed()`.

Ce modèle de gestion d'événements est implémenté par l'exemple 13.9.

Exemple 13.9 Gestion des événements **JButton**

Ce programme affiche une fenêtre qui occupe tout l'écran et contient trois boutons étiquetés Rouge, Bleu et Vert. Lorsque l'utilisateur appuie sur l'un de ces boutons, la couleur correspondante est appliquée à la totalité de la fenêtre.

```
import java.awt.*;
import java.awt.event.*;
import javax.swing.*;

public class Main {
  public static void main(String[] args) {
    Dimension screenSize =
       Toolkit.getDefaultToolkit().getScreenSize();
    int w = screenSize.width;
     int h = screenSize.height;
    JFrame frame = new MainFrame(w, h, 0, 0);
    frame.show();
  }
}

class MainFrame extends JFrame {
  MainFrame(int width, int height, int x, int y) {
    setDefaultCloseOperation(JFrame.EXIT_ON_CLOSE);
    setTitle("Boutons de couleur");
    setSize(width, height);
    setLocation(x, y);
    getContentPane().add(new ButtonPanel());
```

```
23    }
24 }
25
26 class ButtonPanel extends JPanel {
27   ButtonPanel() {
28     JButton redButton = new JButton("Rouge");
29     JButton greenButton = new JButton("Vert");
30     JButton blueButton = new JButton("Bleu");
31     add(redButton, BorderLayout.WEST);
32     add(greenButton, BorderLayout.CENTER);
33     add(blueButton, BorderLayout.EAST);
34     redButton.addActionListener(new ColorAction(Color.red));
35     greenButton.addActionListener(new ColorAction(Color.green));
36     blueButton.addActionListener(new ColorAction(Color.blue));
37 }
38
39 class ColorAction implements ActionListener {
40   private Color color;
41
42   ColorAction(Color color) {
43     this.color = color;
44 }
45
46     public void actionPerformed(ActionEvent event) {
47       setBackground(color);
48     }
49   }
50 }
```

La classe `ButtonPanel` est définie à la ligne 26. Elle spécifie et ajoute les trois objets `JButton` : `redButton`, `greenButton` et `blueButton`. Pour que ces objets soient actifs, nous leurs ajoutons des objets `ActionListener` (lignes 34 à 36). Chaque bouton a son propre auditeur d'action dont le champ `color` stocke la couleur associée. Les trois auditeurs d'action sont des instances de la classe personnalisée `ColorAction` définie ligne 39. Étant donné que cette classe sert uniquement à créer les trois auditeurs, nous la définissons comme classe *interne* imbriquée dans la classe `ButtonPanel`.

Dans la mesure où elle implémente l'interface `ActionListener`, la classe `ColorAction` est nécessaire à la définition d'une méthode `actionPerformed()`, comme vous pouvez le constater à la ligne 46. Cette méthode se contente de remplacer la couleur d'arrière-plan du panneau par la nouvelle couleur obtenue *via* le constructeur ligne 42. Nous pouvons appeler la méthode `setBackground()` directement parce que sa classe est interne, comme nous venons de le voir.

13.8 LA CLASSE `javax.swing.JTextField`

Un *champ de texte* est un composant textuel qui affiche un texte modifiable. Ce mécanisme permet d'entrer des données dans les programmes graphiques. Dans cette optique, Java propose la classe `javax.swing.JTextField`, dont l'utilisation est présentée à l'exemple 13.10.

Exemple 13.10 Un programme de conversion de température

Ce programme lit un entier dans un objet `JTextField`, puis il l'affiche sous forme de température exprimée en Fahrenheit et en Celsius.

```
1  import java.awt.*;
2  import java.awt.event.*;
3  import javax.swing.*;
4
5  public class Main {
6    public static void main(String[] args) {
7      JFrame frame = new MainFrame(300, 100, 400, 0);
8      frame.show();
9    }
10 }
11
12 class MainFrame extends JFrame {
13   MainFrame(int width, int height, int x, int y) {
14     setDefaultCloseOperation(JFrame.EXIT_ON_CLOSE);
15     setTitle("Fahrenheit en Celsius");
16     setSize(width, height);
17     setLocation(x, y);
18     getContentPane().add(new TemperaturePanel());
19   }
20 }
21
22 class TemperaturePanel extends JPanel implements ActionListener{
23   JLabel directions;
24   JTextField fahrenheit;
25   JLabel celsius;
26
27 TemperaturePanel() {
28   directions = new JLabel("Entrez la température en
29                              Fahrenheit :");
30   fahrenheit = new JTextField(3);
31   fahrenheit.addActionListener(this);
32   celsius = new JLabel();
33   celsius.setFont(new Font(null, 0, 28));
34   add(directions);
35   add(fahrenheit);
36   add(celsius);
37 }
38
39 public void actionPerformed(ActionEvent event) {
40   double f = Double.parseDouble(fahrenheit.getText());
41   int c = (int)Math.round(5*(f-32)/9);
42   fahrenheit.setText("");
43   celsius.setText(f + "\u00B0F = " + c + "\u00B0C");
44  }
45 }
```

La fenêtre obtenue est représentée à la figure 13.11.

La classe `TemperaturePanel` est définie ligne 22. Elle ne se contente pas d'étendre la classe `JPanel`, mais implémente également la classe `ActionListener`. Pour cela, la méthode `actionPerformed()` définie ligne 39 est nécessaire, ce qui

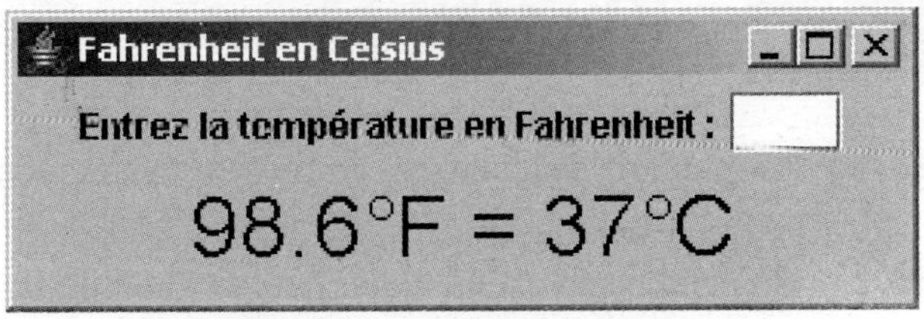

Figure 13.11 Sortie de l'exemple 13.10

permet à l'objet de panneau d'être l'auditeur de l'action effectuée (passé comme `this` à la méthode `addActionListener()` ligne 31). Cette action correspond au moment où l'utilisateur appuie sur la touche Entrée dans le champ de texte. Le panneau est désigné comme l'auditeur d'action du champ ligne 31. Le panneau contient trois composants : deux objets `JLabel` et un objet `JTextField`. Ils sont définis aux lignes 23 à 25 comme champs de la classe `TemperaturePanel` et non comme variables locales du constructeur, c'est pourquoi vous pouvez y accéder depuis la méthode `actionPerformed()`. En effet, cette action doit accéder à la fois à l'objet `fahrenheit` et à l'objet `celsius` (lignes 40 à 43).

La température en Fahrenheit est lue à la ligne 40. Dans la mesure où la méthode `getText()` renvoie une chaîne, nous devons analyser celle-ci afin d'obtenir une valeur numérique pour `f`. La conversion en Celsius est effectuée ligne 41, puis la ligne 42 efface le champ de texte. La formule de sortie s'affiche ligne 43.

Notez que le symbole de degré est un Unicode 176, soit `0xB0` en hexadécimal (voir l'annexe A pour en savoir plus). Par conséquent, la chaîne `"\u00B0"` est imprimée sous forme de symbole du degré et `"\u00B0F"` sous forme de ce même symbole suivi de la lettre F (pour Fahrenheit).

? QUESTIONS

13.1 Quelles sont les deux familles de paquetages qui définissent les classes graphiques Java ?

13.2 Quelle est la différence entre un composant et un conteneur ?

13.3 Quel est l'objectif d'une méthode `add()` ?

13.4 Comment la classe `javax.swing.JFrame` est-elle utilisée ?

13.5 Comment la classe `javax.swing.JLabel` est-elle utilisée ?

13.6 Comment la classe `javax.swing.JPanel` est-elle utilisée ?

13.7 Comment la classe `java.awt.Color` est-elle utilisée ?

13.8 Qu'est-ce que le code RGB ?

13.9 Qu'est-ce qu'un gestionnaire de présentation ?

13.10 Qu'est-ce qu'un auditeur d'action ?

13.11 De quoi une classe qui implémente l'interface `java.awt.event.ActionListener` a-t-elle besoin ?

13.12 Comment la classe `javax.swing.JTextField` est-elle utilisée ?

¿ RÉPONSES

13.1 La plupart des classes graphiques Java sont définies dans les paquetages `java.awt` et `javax.swing`.

13.2 Un composant est un objet, par exemple un bouton ou une barre de défilement, avec une représentation visuelle dans une fenêtre à l'écran. Un conteneur est un composant qui peut contenir d'autres composants. Chaque composant a un conteneur unique dans lequel il est contenu.

13.3 La méthode `add()` est appelée pour ajouter un composant dans un conteneur.

13.4 Un objet `javax.swing.JFrame` est utilisé comme fenêtre qui s'affiche à l'écran pour les programmes graphiques.

13.5 Un objet `javax.swing.JLabel` permet d'afficher du texte dans une fenêtre.

13.6 Un objet `javax.swing.JPanel` est utilisé dans `JFrame` pour contenir les autres composants.

13.7 Un objet `java.awt.Color` permet de fournir une couleur donnée à un composant.

13.8 Le code RGB est un vecteur de trois composants, dont chaque élément est un entier compris entre 0 et 255. Ces trois nombres spécifient comment le rouge, le vert et le bleu sont mélangés afin de former des couleurs.

13.9 Un gestionnaire de présentation est un objet qui contrôle l'organisation des composants d'un conteneur lorsqu'ils sont affichés.

13.10 Un auditeur d'action est un objet capable de détecter un événement d'action de clavier ou de souris sur un composant et de répondre à cette action.

13.11 Toute classe qui implémente l'interface `java.awt.event.ActionListener` est nécessaire à la définition de la méthode

```
public void actionPerformed(ActionEvent e)
```

Le corps de cette méthode doit contenir les instructions à exécuter lorsque l'événement de l'action sur le composant graphique est détecté.

13.12 Un objet `javax.swing.JTextField` permet d'obtenir les entrées d'un programme graphique.

? EXERCICES D'ENTRAÎNEMENT

13.1 Modifiez le programme de l'exemple 13.1 pour qu'il crée une fenêtre de 400 pixels de largeur et 500 pixels de hauteur.

13.2 Modifiez le programme de l'exemple 13.1 pour qu'il ait le même effet sans définir de classe distincte. Déplacez le constructeur `MainFrame()` dans la classe `main()`, renommez la classe `MainFrame`, ajoutez l'appel `show()` au constructeur et instanciez la classe depuis l'intérieur de la méthode `main()`.

13.3 Modifiez le programme de l'exemple 13.3 pour que la fenêtre apparaisse dans la partie inférieure droite de l'écran.

13.4 Modifiez le programme de l'exemple 13.3 pour que la fenêtre remplisse la totalité de l'écran.

13.5 Modifiez le programme de l'exemple 13.3 pour que la fenêtre occupe 1/4 de l'écran en hauteur et en largeur, et qu'elle soit centrée.

13.6 Modifiez le programme de l'exemple 13.3 pour qu'il utilise la boîte à outils par défaut afin d'imprimer la largeur, la hauteur et la résolution (pixels par pouce) de l'écran.

13.7 Modifiez le programme de l'exemple 13.3 pour qu'il affiche le texte dans une police Dialog gras (mais pas italique) de 40 pixels de hauteur.

13.8 Modifiez le programme de l'exemple 13.5 pour qu'il affiche le texte « Allez les bleus ! » en lettres bleues sur un arrière-plan jaune.

13.9 Réécrivez le programme de l'exemple 13.6 pour qu'il utilise les codes RGB hexadécimaux au lieu des codes RGB décimaux.

13.10 Réécrivez le constructeur à trois arguments de la ligne 44 de l'exemple 13.6 pour qu'il appelle le constructeur à deux arguments.

13.11 Ajoutez un constructeur à un argument à la classe `ColoredPanel` de l'exemple 13.6. Ce constructeur prendra un entier hexadécimal de longueur 6 pour définir la couleur RGB.

13.12 Écrivez un programme similaire à celui de l'exemple 13.7, mais utilisez cette fois le gestionnaire `GridLayout` pour afficher chacun des 94 caractères ASCII imprimables dans un tableau de panneaux de 6 × 16, en insérant un caractère par panneau. Les valeurs Unicode et ASCII de ces caractères sont comprises entre 33 et 126. Vous devriez obtenir une sortie similaire à celle de la figure 13.12.

Figure 13.12 Sortie de l'exercice d'entraînement 13.12

13.13 Modifiez le programme de l'exemple 13.9 de façon à ajouter un bouton fonctionnel pour chacune des 13 constantes `Color`.

13.14 Modifiez le programme de l'exemple 13.10 pour qu'il affiche la température en Celsius sous forme de numéral décimal, avec un chiffre à droite du point décimal. Par exemple, l'entrée 70.0 Fahrenheit afficherait la sortie 21.1 Celsius.

13.15 Modifiez le programme de l'exemple 13.10 de façon à ajouter des champs d'entrée pour les températures en Fahrenheit et en Celsius, puis à imprimer la formule de conversion quelle que soit l'entrée sélectionnée. Par exemple, si vous entrez 22 en Celsius, vous obtenez un résultat identique à celui de la figure 13.13.

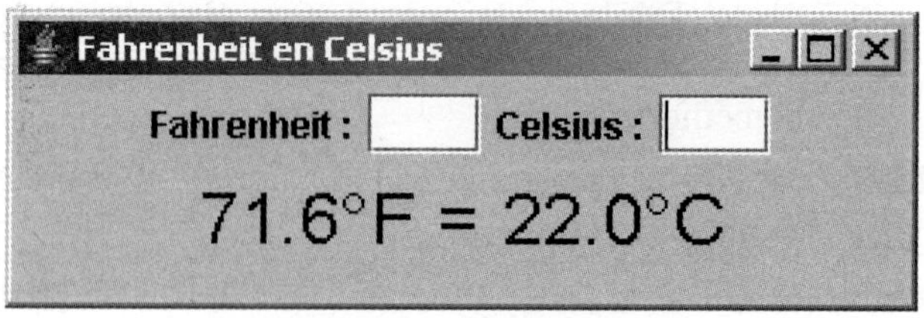

Figure 13.13 Sortie de l'exercice d'entraînement 13.15

SOLUTIONS

13.1

```
import javax.swing.*;
public class Main {
  public static void main(String[] args) {
    JFrame frame = new MainFrame();
    frame.show();
  }
}
class MainFrame extends JFrame {
  MainFrame() {
    setDefaultCloseOperation(JFrame.EXIT_ON_CLOSE);
    setSize(400, 500);
  }
}
```

13.2

```
import javax.swing.*;
public class MainFrame extends JFrame {
  MainFrame() {
    setDefaultCloseOperation(JFrame.EXIT_ON_CLOSE);
    setSize(300, 200);
    show();
  }
  public static void main(String[] args) {
    new MainFrame();
  }
}
```

13.3 Remplacez la ligne 8 de l'exemple 13.3 par :

```
JFrame frame = new MainFrame(w/2, h/2, w/2, h/2);
```

13.4 Remplacez la ligne 8 de l'exemple 13.3 par :

```
JFrame frame = new MainFrame(w, h, 0, 0);
```

13.5 Remplacez la ligne 8 de l'exemple 13.3 par :

```
JFrame frame = new MainFrame(w/4, h/4, 3*w/8, 3*h/8);
```

13.6

```
import java.awt.*;
import javax.swing.*;
public class Main {
  public static void main(String[] args) {
    Toolkit kit = Toolkit.getDefaultToolkit();
    Dimension screenSize = kit.getScreenSize();
    System.out.println("screenSize.width:\t" + screenSize.width);
    System.out.println("screenSize.height:\t" + screenSize.height);
    int res = kit.getScreenResolution();
    System.out.println("screen resolution:\t" + res);
  }
}
```

Voici un exemple de sortie :

```
screenSize.width: 1600
screenSize.height: 1200
screen resolution: 96
```

13.7 Remplacez la ligne 20 de l'exemple 13.4 par :

```
label.setFont(new Font("Dialog", Font.BOLD, 40));
```

13.8 Remplacez les lignes 26 à 29 de l'exemple 13.5 par :

```
setBackground(Color.yellow);
JLabel label = new JLabel("Allez les bleus !");
label.setFont(new Font(null, Font.BOLD, 40));
label.setForeground(Color.blue);
```

13.9 Remplacez les lignes 22 à 30 de l'exemple 13.6 par :

```
mainPanel.add(new ColoredPanel(0xFF, 0xFF, 0xFF));
mainPanel.add(new ColoredPanel(0xFF, 0xCD, 0xFF));
mainPanel.add(new ColoredPanel(0xFF, 0xFF, 0xCD));
mainPanel.add(new ColoredPanel(0xFF, 0xCD, 0xCD));
mainPanel.add(new ColoredPanel(0xFF, 0xD7, 0x00)); // doré
mainPanel.add(new ColoredPanel(0x7F, 0xFF, 0xD4)); // aigue-marine
mainPanel.add(new ColoredPanel(0xA0, 0x20, 0xF0)); // pourpre
```

13.10 Remplacez les lignes 45 à 47 de l'exemple 13.6 par :

```
this(new Color(r, g, b), "("+r+", "+g+", "+b+")");
```

13.11

```
ColoredPanel(int color) {
    this(color/0x10000, color%0x10000/0x100, color%0x100);
}
```

13.12 Définissez la taille du cadre principal à 360 par 200 et remplacez les lignes 19 à 22 de l'exemple 13.7 par :

```
panel.setLayout(new GridLayout(6, 16));
for (int i=33; i<127; i++) {
  panel.add(new LabeledPanel("" + (char)i));
}
```

13.13 Remplacez le constructeur `ButtonPanel()` (lignes 26 à 36) de l'exemple 13.9 par :

```
ButtonPanel() {
  Field[] colorFields = Color.black.getClass().getFields();
  for (int i=3; i<colorFields.length; i++) {
    Field field = colorFields[i];
    String name = field.toString().substring(50);
    JButton button = new JButton(name);
    try {
      Color color = (Color)field.get(Color.black);
      button.addActionListener(new ColorAction(color));
      add(button, BorderLayout.CENTER);
    } catch(IllegalAccessException e) { System.out.println(e);
    }
  }
}
```

13.14 Remplacez la ligne 40 de l'exemple 13.10 par :

```
double c = Math.round(50*(f-32)/9)/10.;
```

13.15 Remplacez la classe `TemperaturePanel` (lignes 22 à 44) de l'exemple 13.10 par :

```
class TemperaturePanel extends JPanel implements ActionListener{
  JLabel fLabel, cLabel, rLabel;
  JTextField fField, cField;
  TemperaturePanel() {
    fLabel = new JLabel("Fahrenheit :");
    cLabel = new JLabel("Celsius :");
    rLabel = new JLabel();
    fField = new JTextField(3);
    cField = new JTextField(3);
    fField.addActionListener(this);
    cField.addActionListener(this);
    rLabel.setFont(new Font(null, 0, 24));
    add(fLabel);
    add(fField);
    add(cLabel);
    add(cField);
    add(rLabel);
  }

  public void actionPerformed(ActionEvent event) {
    String fString = fField.getText();
    String cString = cField.getText();
    double f=0, c=0;
    if (fString.length() > 0) {
      f = Double.parseDouble(fString);
      c = Math.round(50*(f-32)/9)/10.;
      fField.setText("");
    } else if (cString.length() > 0) {
      c = Double.parseDouble(cString);
      f = Math.round(90*c/5 + 320)/10.;
      cField.setText("");
    } else {
      return;
    }
    rLabel.setText(f + "\u00B0F = " + c + "\u00B0C");
  }
}
```

? EXERCICES D'ENTRAÎNEMENT SUPPLÉMENTAIRES

13.16 Écrivez et testez un programme qui dessine huit panneaux encadrés en choisissant la couleur et les emplacements de façon aléatoire.

13.17 Écrivez et testez un programme qui dessine des caractères de couleur aléatoire à des emplacements aléatoires.

13.18 Écrivez un programme qui implémente une calculatrice simple avec des boutons d'addition, de soustraction, de multiplication et de division.

13.19 Écrivez un programme permettant d'amortir un prêt. L'utilisateur doit simplement entrer un montant, un taux d'intérêt et un remboursement mensuel pour afficher le calendrier des mensualités.

13.20 Écrivez un programme qui dessine la position (deux coordonnées) de la souris lorsque l'utilisateur clique dessus.

Chapitre 14

Les applets

Un *applet* est un petit programme Java qui doit être exécuté depuis un autre programme *hôte*. Il est généralement exécuté dans les navigateurs web, par exemple Microsoft Internet Explorer.

La classe de l'applet doit être une extension de la classe `java.applet.Applet`. La classe `javax.swing.JApplet` la plus récente fait partie de ces extensions et vous permet d'hériter de fonctionnalités supplémentaires en étendant plutôt la classe `JApplet`.

14.1 UN APPLET `HelloWorld`

Nous commençons par l'applet le plus simple, celui qui affiche la chaîne `Hello, World!`.

Exemple 14.1 L'applet `HelloWorld`

Nous avons écrit sous forme d'applet le programme `HelloWorld` du chapitre 1 :

```
1  import java.awt.*;
2  import javax.swing.*;
3
4  public class Hello extends JApplet {
5    public void init() {
6      Container contentPane = getContentPane();
7      contentPane.setLayout(new FlowLayout());
8      JLabel label = new JLabel("Hello, World!");
9      contentPane.add(label);
10   }
11 }
```

Cet applet se distingue d'une application parce qu'il a une méthode `init()` au lieu d'une méthode `main()` et que la classe étend `javax.swing.JApplet`.

Le code exécutable (lignes 6 à 9) présente de nombreux points communs avec les extensions de la classe `javax.swing.JFrame` que nous avons vues au chapitre 13. Pour être plus précis, `JApplet` utilise le panneau de contenu comme un objet `JFrame`.

Vous savez déjà qu'un applet peut uniquement être exécuté depuis un autre programme. Cependant, lorsque vous procédez à des tests, il est pratique d'utiliser un *visualiseur d'applet*. Vous en trouverez un, nommé `appletviewer.exe` dans le répertoire `bin` du SDK. Pour exécuter le code de l'exemple 14.1, commencez par compiler le programme afin d'obtenir le fichier en bytecode `Hello.class`. Entrez, créez une page HTML appelé `Hello.htm` ou `Hello.html` et tappez ensuite la commande suivante dans la fenêtre d'invite de commande :

```
appletviewer Hello.htm
```

ou

```
appletviewer Hello.html
```

Nous décrivons la page HTML ci-dessous.

Le visualiseur d'applet est lancé et il affiche la fenêtre de la figure 14.1.

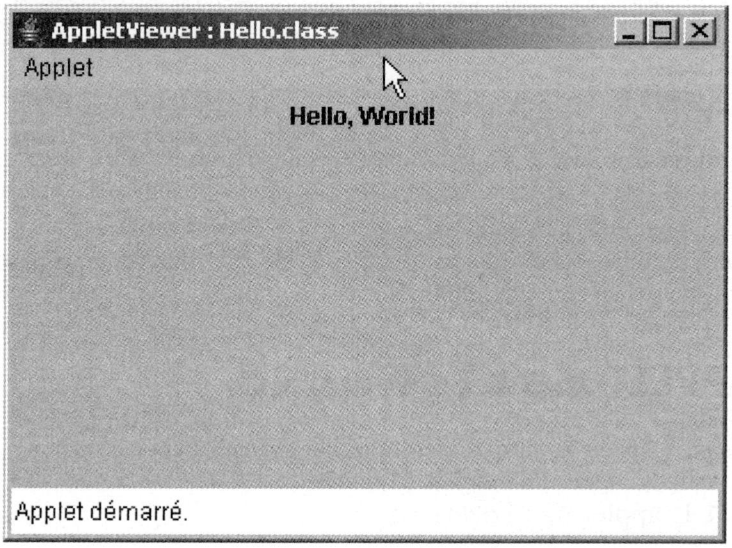

Figure 14.1 Exécution de l'applet dans le visualiseur d'applet

Une autre méthode courante consiste à exécuter un applet depuis un navigateur web, par exemple Microsoft Internet Explorer ou Netscape Navigator. Pour cela, vous devez d'abord écrire du code HTML (*Hypertext Markup Language*) pour que le fichier soit compris par le navigateur. L'exemple 14.2 vous propose donc une page HTML simple qui demande à exécuter l'applet `Hello`.

Exemple 14.2 Une page HTML permettant d'exécuter l'applet `HelloWorld`

```
<html>
<title>Hello</title>
<body>
  Bonjour à tous...<br>
  <hr>
  <applet code="Hello.class" width=300 height=50>
  </applet>
  <hr>
</body>
</html>
```

La partie principale de cette page se trouve aux lignes 6 à 7. Il s'agit d'une balise d'applet composée de trois attributs : `code`, `width` et `height`. Les valeurs de ces attributs sont respectivement `"Hello.class"`, `300` et `50`. Chaque valeur est affectée ligne 6 et indique à l'environnement HTML (navigateur ou visualiseur d'applet) d'exécuter l'applet `Hello.class` dans un cadre de 300 pixels de large et 50 pixels de hauteur.

Notez que toute la page est insérée entre la balise ouvrante `<html>` et la balise fermante `</html>` (lignes 1 et 10). Cette page est composée de deux parties principales : son titre (`title`) et son corps (`body`). Chaque partie est insérée entre une balise ouvrante et une balise fermante correspondantes. C'est pourquoi le corps se trouve ici entre les lignes 4 à 8.

Le texte `Bonjour à tous...` de la ligne 4 sera affiché sur la page web tel qu'il est spécifié dans le programme. La balise `<br>` située en fin de ligne correspond à la balise `break` qui indique la fin de la ligne de texte. Les balises `<hr>` des lignes 5 et 8 indiquent au navigateur d'insérer une règle horizontale (une ligne) à cet emplacement de la page. Cela permet de délimiter la sortie de l'applet provenant des lignes 6 et 7.

La figure 14.2 illustre le résultat obtenu lorsque vous ouvrez la page HTML `Hello.html` dans un navigateur.

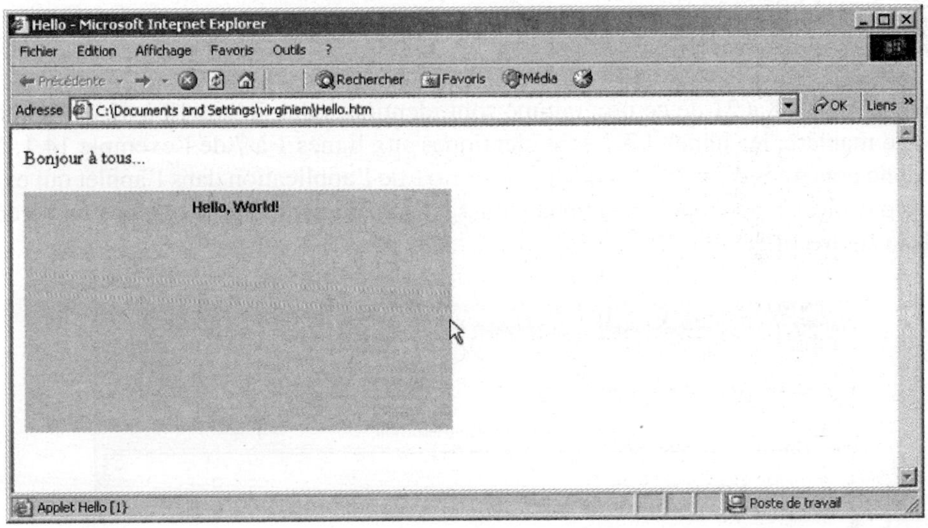

Figure 14.2

14.2 LA CLASSE javax.swing.JApplet

La classe `JApplet` est définie dans le paquetage `javax.swing`. La figure 13.1 indique que cette classe étend la classe précédente `Applet`, qui étend la classe `Panel`, qui étend la classe `Container`. Par conséquent, à l'instar des objets `JFrame`, les objets `JApplet` sont des conteneurs auxquels les composants sont ajoutés.

Ce point commun entre les objets `JApplet` et `JFrame` facilite la conversion des applications graphiques Java en applets, par exemple si l'application ajoute un objet `JPanel` au panneau de contenu d'un `JApplet`.

Exemple 14.3 Exécution d'une application comme applet

Ce programme utilise la classe `MainPanel` de l'exemple 13.5.

```
1  import java.awt.*;
2  import javax.swing.*;
3
4  public class Hello extends JApplet {
5    public void init() {
6      Container contentPane = getContentPane();
7      contentPane.setLayout(new FlowLayout());
8      JPanel panel = new MainPanel();
9      getContentPane().add(panel);
10   }
11 }
12
13  class MainPanel extends JPanel {
14   MainPanel() {
15     setBackground(Color.black);
16     JLabel label = new JLabel("Hello, World!");
17     label.setFont(new Font(null, Font.BOLD, 40));
18     label.setForeground(Color.red);
19     add(label);
20   }
21 }
```

Notez que les lignes 8 à 21 de ce programme sont identiques aux lignes 19 à 32 de l'exemple 13.5. De la même manière, les lignes 1 à 7 sont identiques aux lignes 1 à 7 de l'exemple 14.1. Nous nous sommes donc contentés d'insérer le code `MainPanel` de l'application dans l'applet qui existait déjà. Si vous recompilez l'applet, puis que vous rechargez le navigateur, vous obtenez un écran similaire à celui de la figure 14.3.

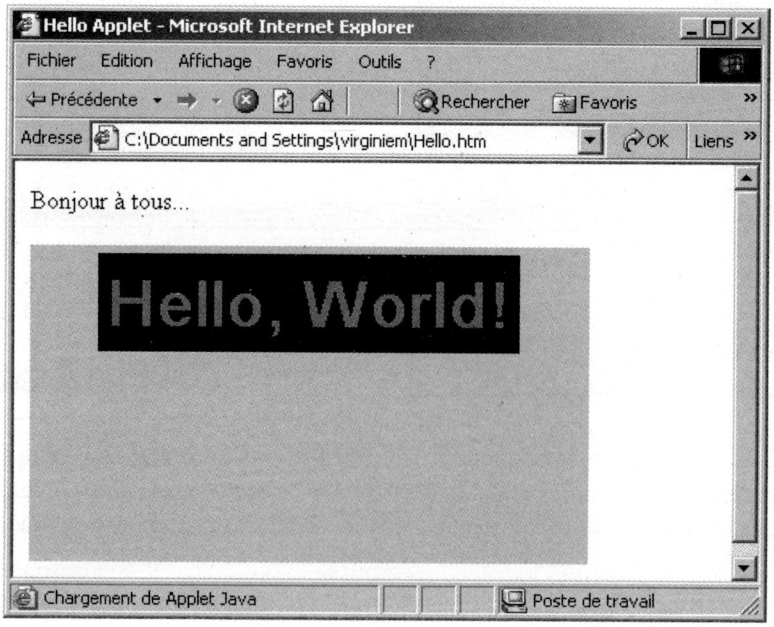

Figure 14.3 Exécution d'une application sous forme d'applet

14.3 LE CYCLE DE VIE D'UN APPLET

La hiérarchie d'héritage de la classe `JApplet` est représentée à la figure 14.4. Vous constatez donc que cette classe hérite de méthodes importantes, notamment de certaines qui sont appelées automatiquement par le navigateur.

```
Object
└─Component
   └─Container
      └─Panel
         └─Applet
            └─JApplet
```

Figure 14.4 Hiérarchie d'héritage de la classe **JApplet**

Les quatre méthodes qui suivent sont héritées de la classe `java.applet.Applet` :

```
public void init()
public void start()
public void stop()
public void destroy()
```

Quant aux deux méthodes suivantes, elles sont héritées de la classe `java.awt.Container` :

```
public void paint(Graphics g)
public void update(Graphics g)
```

Ces six méthodes sont destinées à être remplacées par les classes qui étendent la classe `JApplet`. Les trois exemples que nous venons de voir illustrent le remplacement de la méthode `init()`.

La méthode suivantest héritée de la classe `java.awt.Component` :

```
public void repaint()
```

Voici donc une description rapide de ces méthodes spéciales :

- **`init()`** est appelée automatiquement par le navigateur lors du chargement de l'applet dans la page web. À l'instar d'un constructeur, elle a pour but d'initialiser l'applet. Des threads d'applet peuvent alors être créés.
- **`start()`** est appelée automatiquement par le navigateur après l'exécution de la méthode `init()` ou peuvent dès que la page web de l'applet est réactivée. Les animations doivent recommencer ici.
- **`stop()`** est appelée automatiquement par le navigateur lorsque la méthode `destroy()` est appelée et dès que la page web de l'applet est désactivée, mise en icône ou fermée. La mise en attente des animations doit avoir lieu ici.
- **`destroy()`** est appelée automatiquement par le navigateur lorsqu'il est fermé. Les threads d'applet doivent être tués ici.
- **`paint(g)`** de la classe `Component` est appelée automatiquement par le navigateur dès que la méthode `start()` est appelée. Elle peint le conteneur (l'applet) et elle est appelée automatiquement par l'exécution dès qu'elle détecte un besoin en dessin de l'applet. Toute version destinée à remplacer cette méthode doit être terminée par l'appel `super.paint(g)` afin de garantir un rendu correct de tous les composants `java.swing`.
- **`update(g)`** de la classe `Component` met à jour le conteneur et appelle la méthode `paint()`. Toute version destinée à remplacer cette méthode doit être terminée par l'appel `super.update(g)` afin de garantir un rendu correct de tous les composants `java.swing`.
- **`repaint()`** de la classe `Component` appelle la méthode `update()` du composant. Cette méthode appelle à son tour la méthode `paint()`.

En règle générale, aucune de ces méthodes, à l'exception de `paint()` et de `repaint()`, n'est appelée explicitement par l'applet.

Exemple 14.4 Le cycle de vie d'un applet

Cet exemple illustre le cycle de vie d'un applet en temps réel.

Compilez cet applet :

```
import java.awt.*;
import javax.swing.*;

public class LifeCycle extends JApplet {
  int initCount, paintCount, startCount, stopCount;

  public void init() {
    System.out.println("init(): " + ++initCount);
  }

  public void paint(Graphics g) {
    super.paint(g);
    System.out.println("paint(): " + ++paintCount);
  }

  public void start() {
    System.out.println("start(): " + ++startCount);
  }

  public void stop() {
    System.out.println("stop(): " + ++stopCount);
  }
}
```

Créez ce programme HTML nommé `LifeCycle.html` :

```
<html>
<title>Applet Life Cycle</title>
<body>
   <applet code="LifeCycle.class" width=100 height=100>
   </applet>
</body>
</html>
```

Lancez votre navigateur web et ouvrez la fenêtre `Console Java`. Si vous utilisez Internet Explorer, sélectionnez `Console Java (Sun)` sous le menu `Outils`. Ouvrez le fichier `LifeCycle.html` dans le navigateur, puis regardez ce qui se produit dans la console Java. La première fois que vous ouvrez le fichier, la console devrait afficher :

```
init(): 1
start(): 1
paint(): 1
```

Ouvrez une autre fenêtre de navigateur et activez chaque fenêtre alternativement. Observez ce qui se passe dans la console, comme illustré à la figure 14.5. Chaque fois que le carré gris réapparaît, la méthode `paint()` est appelée une fois. Lorsque vous cliquez sur le bouton de rafraîchissement du navigateur, les méthodes `stop()`, `start()` et `paint()` sont appelées.

Si vous cliquez sur la flèche `Précédente` du navigateur pour recharger la page web précédente, la méthode `stop()` est appelée.

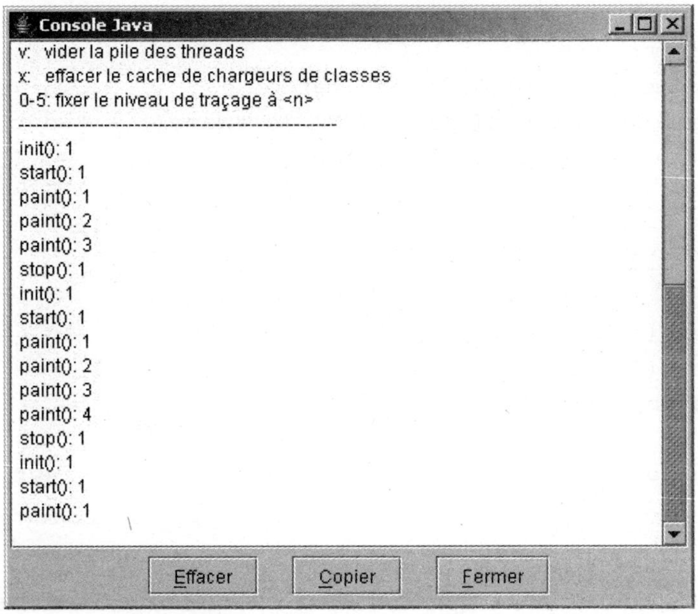

Figure 14.5 Sortie de l'exemple 14.4

14.4 LA CLASSE `Thread`

Un *thread* est un flux de contrôle séquentiel indépendant dans un processus. Il est exécuté dans les programmes. Plusieurs threads peuvent exécuter des tâches indépendantes dans une seule application ou un seul applet.

La classe `Thread` est définie dans le paquetage `java.lang`. Pour utiliser les threads dans un programme, vous devez définir votre propre extension locale de la classe `Thread` et remplacer sa méthode `run()`.

Exemple 14.5 Un programme multithread

Ce programme illustre l'utilisation de la méthode `sleep()` pour les threads. Nous allons donc créer quatre threads indépendants, affecter à chacun un temps de sommeil aléatoire, puis signaler leurs réveils respectifs.

```
class TestThreads {
  public static void main(String[] args) {
    MyThread[] threads = new MyThread[4];
    for (int i=0; i<4; i++) {
      threads[i] = new MyThread("" + i);
      threads[i].start();
    }
  }
}

```

```
11 class MyThread extends Thread {
12   int sleepTime;
13
14   public MyThread(String s) {
15     super(s);
16     sleepTime = (int)(500*Math.random());
17     System.out.println("Thread " + getName() + " dort " +
                                   sleepTime);
18   }
19
20   public void run() {
21     try {
22       sleep(sleepTime);
23     } catch(InterruptedException e) {
24       System.out.println(e);
25     }
26     System.out.println("Thread " + getName() + " est reveille.");
27   }
28 }
```

Les quatre threads sont instanciés à la ligne 5 et lancés à la ligne 6. Le constructeur attribue un entier aléatoire compris entre 0 et 499 au champ `sleepTime` du thread ligne 16. À la ligne 15, il passe la chaîne `s` au constructeur correspondant de la classe `Thread`, qui affecte `s` à son champ `name`. La méthode `sleep()`, qui est appelée ligne 22, peut lancer une exception vérifiée `InterruptedException`. C'est pourquoi elle doit être appelée dans un bloc `try`.

Un exemple d'exécution pourrait générer la sortie suivante :

```
Thread 0 dort 232
Thread 1 dort 5
Thread 2 dort 469
Thread 3 dort 344
Thread 1 est reveille.
Thread 0 est reveille.
Thread 3 est reveille.
Thread 2 est reveille.
```

Le thread 1 dort seulement 5 millisecondes, c'est pourquoi il se réveille en premier. Les trois autres threads se réveillent dans l'ordre croissant de leur durée de sommeil.

14.5 L'INTERFACE `Runnable`

Lorsqu'un objet est contrôlé par un thread, sa méthode `run()` doit être appelée par celui-ci. Cette opération est effectuée automatiquement lorsque la méthode `start()` du thread est appelée si la classe de l'objet implémente l'interface `Runnable`. Par conséquent, les applets qui exécutent des animations à l'aide de threads implémentent normalement `Runnable`.

Exemple 14.6 Un applet d'horloge digitale

Cet applet affiche une horloge digitale avec l'heure courante. Vous devriez obtenir une fenêtre de sortie similaire à celle-ci :

```
1  import java.awt.*;
2  import java.text.DateFormat;
3  import java.util.Date;
4  import javax.swing.*;
5
6  public class Clock extends JApplet implements Runnable {
7    MainPanel panel;
8    Thread thread;
9
10   public void init() {
11     setSize(400, 80);
12     panel = new MainPanel();
13     getContentPane().add(panel);
14   }
15
16   public void run() {
17     while (thread != null) {
18      try {
19        Thread.sleep(10);
20      } catch (InterruptedException e) {
21      }
22      panel.repaint();
23      }
24   }
25
26   public void start() {
27     if (thread == null) {
28       thread = new Thread(this);
29       thread.start();
30     }
31   }
32
33   public void stop() {
34     thread = null;
35     }
36   }
37
38   class MainPanel extends JPanel {
39     DateFormat dateFormat =
40         DateFormat.getTimeInstance(DateFormat.DEFAULT);
41
42   public void paintComponent(Graphics g) {
43     super.paintComponent(g);
44     g.setFont(new Font("Monospaced", Font.BOLD, 50));
45     g.drawString(dateFormat.format(new Date()), 50, 50);
46   }
47
```

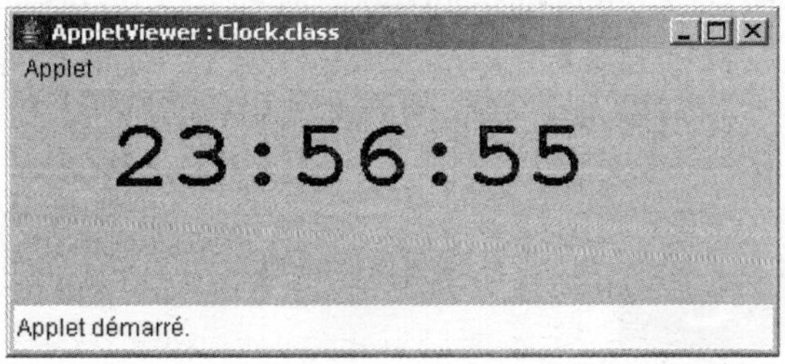

Figure 14.6 Un applet d'horloge digitale

L'applet commence son exécution ligne 10 avec la méthode `init()` qui initialise la taille de la fenêtre de l'applet, instancie un panneau principal et l'ajoute au panneau principal de l'applet. Ensuite, la méthode `start()` de l'applet est appelée (automatiquement par le navigateur ou le visualiseur d'applet). Dans la mesure où le thread est `null` au départ, cette opération crée un nouveau thread qui est démarré à la ligne 29. Puisque la classe d'applet implémente `Runnable`, la méthode `start()` du thread appelle la méthode `run()` de l'applet, qui appelle la méthode `repaint()` du panneau (ligne 20) toutes les 10 millisecondes.

La méthode `repaint()` de la classe `JPanel` appelle la méthode `paint()`, qui appelle la méthode `paintComponent()`. Cette étape est remplacée dans la classe `MainPanel` à la ligne 42. La méthode `paintComponent()` de la classe `JPanel` est alors appelée ligne 43 : elle définit une grosse police en gras ligne 43, puis dessine l'heure courante ligne 44.

? QUESTIONS

14.1 Quelle est la différence entre un applet et une application ?

14.2 Qu'est-ce qu'un visualiseur d'applet ?

14.3 Qu'est-ce qu'une balise HTML ?

14.4 Qu'est-ce qu'une balise `applet` ?

14.5 Comment la méthode `init()` de la classe `Applet` est-elle appelée ?

14.6 Comment la méthode `destroy()` de la classe `Applet` est-elle appelée ?

14.7 Comment la méthode `start()` de la classe `Applet` est-elle appelée ?

14.8 Comment la méthode `stop()` de la classe `Applet` est-elle appelée ?

¿ RÉPONSES

14.1 Un applet est un programme Java qui doit être intégré à un autre programme pour être exécuté. Les applets sont généralement insérés dans des pages HTML (pages web).

14.2 Le visualiseur d'applet (`AppletViewer`) est un programme fourni avec le JDK (kit du développeur Java). Il vous permet d'exécuter les applets.

14.3 La balise HTML fait partie de la syntaxe du langage HTML. Elle donne une indication (souvent de présentation) à être traitée par un navigateur web.

14.4 La balise HTML applet demande à exécuter un applet Java.

14.5 La méthode `init()` de la classe `Applet` est appelée automatiquement par l'environnement d'exécution Java lors du chargement de l'applet.

14.6 La méthode `destroy()` de la classe `Applet` est appelée automatiquement par l'environnement d'exécution Java lors du déchargement de l'applet.

14.7 La méthode `start()` de la classe `Applet` est appelée automatiquement par l'environnement d'exécution Java après la méthode `init()` lors du chargement ou lors du rechargement de la page web à laquelle elle est intégrée.

14.8 La méthode `stop()` de la classe `Applet` est appelée automatiquement par l'environnement d'exécution Java lors du de la page web ou du chargement de la page web.

? EXERCICES D'ENTRAÎNEMENT SUPPLÉMENTAIRES

14.1 Convertissez et exécutez sous forme d'applet le programme de l'exemple 13.5.

14.2 Convertissez et exécutez sous forme d'applet le programme de l'exemple 13.6.

14.3 Convertissez et exécutez sous forme d'applet le programme de l'exemple 13.7.

14.4 Convertissez et exécutez sous forme d'applet le programme de l'exemple 13.10.

14.5 Convertissez et exécutez sous forme d'applet le programme de l'exercice d'entraînement 13.8.

14.6 Convertissez et exécutez sous forme d'applet le programme de l'exercice d'entraînement 13.9.

14.7 Convertissez et exécutez sous forme d'applet le programme de l'exercice d'entraînement 13.10.

14.8 Convertissez et exécutez sous forme d'applet le programme de l'exercice d'entraînement 13.11.

14.9 Convertissez et exécutez sous forme d'applet le programme de l'exercice d'entraînement 13.12.

14.10 Convertissez et exécutez sous forme d'applet le programme de l'exercice d'entraînement 13.14.

14.11 Convertissez et exécutez sous forme d'applet le programme de l'exercice d'entraînement 13.15.

14.12 Convertissez et exécutez sous forme d'applet le programme de l'exercice d'entraînement supplémentaire 13.16.

14.13 Convertissez et exécutez sous forme d'applet le programme de l'exercice d'entraînement supplémentaire 13.17.

14.14 Convertissez et exécutez sous forme d'applet le programme de l'exercice d'entraînement supplémentaire 13.18.

14.15 Convertissez et exécutez sous forme d'applet le programme de l'exercice d'entraînement supplémentaire 13.19.

14.16 Convertissez et exécutez sous forme d'applet le programme de l'exercice d'entraînement supplémentaire 13.20.

Annexes

A. LES NOMBRES INFORMATIQUES

Les nombres utilisés par les ordinateurs sont similaires à ceux des mathématiques théoriques, mais un certain nombre de différences importantes méritent d'être mentionnées dans cette annexe.

A.1 LES NOMBRES MATHÉMATIQUES

En mathématiques, les nombres sont classés selon la hiérarchie illustrée à la figure A.1. Les nombres réels (non complexes) sont soit rationnels, soit irrationnels. Les nombres rationnels sont exprimés sous forme d'un rapport m/n, m et n étant des nombres entiers. En revanche, les nombres rationnels ont des représentations décimales qui se terminent ou se répètent. Quant aux nombres entiers, ils peuvent être positifs, négatifs ou égaux à zéro.

- Nombres réels
  - Nombres irrationnels
  - Nombres rationnels
    - Entiers
    - Fractions

Figure A.1 Nombres mathématiques

Exemple A.1 Les nombres mathématiques

Il s'agit notamment des nombres suivants :

0	entier nul	= 0,0
65535	entier positif	= 65535,0
– 92	entier négatif	= – 92,0
22/250	fraction	= 0,088
22/7	fraction	= 3,142857142857142857142857142857···
$\sqrt{2}$	nombre irrationnel	= 1,414213562373095048801688724210···
π	(pi) nombre irrationnel	= 3,141592653589793238462643383280···

Les formes décimales sont indiquées dans la colonne de droite. Notez que les fractions ont soit de nombreux chiffres, soit un schéma de chiffres qui se répète. Les chiffres des nombres irrationnels n'ont aucun schéma qui se répète.

A.2 LES APPROXIMATIONS DÉCIMALES

Les formes décimales de la plupart des nombres réels ont une infinité de chiffres. Par conséquent, la plupart des nombres doivent être transformés en approximations à l'aide de nombres décimaux qui ont un nombre fini de chiffres. Il s'agit du processus d'*arrondi* des nombres.

Exemple A.2 La notion d'arrondi

Arrondissons le nombre π afin d'obtenir un nombre d composé de chiffres significatifs :

$d = 31$ $\pi = 3{,}141592653589793238462643383280$
$d = 30$ $\pi = 3{,}14159265358979323846264338328$
$d = 29$ $\pi = 3{,}1415926535897932384626433833$
$d = 17$ $\pi = 3{,}1415926535897932$
$d = 16$ $\pi = 3{,}141592653589793$
$d = 15$ $\pi = 3{,}14159265358979$
$d = 14$ $\pi = 3{,}1415926535898$
$d = 13$ $\pi = 3{,}141592653590$
$d = 12$ $\pi = 3{,}14159265359$
$d = 11$ $\pi = 3{,}1415926536$
$d = 6$ $\pi = 3{,}14159$
$d = 5$ $\pi = 3{,}1416$
$d = 3$ $\pi = 3{,}14$
$d = 1$ $\pi = 3$

Notez qu'il est parfois nécessaire d'ajouter un zéro à la fin afin d'indiquer le nombre correct de chiffres significatifs. Par exemple, les approximations 3,141592653590 et 3,14159265359 sont différentes parce que le premier est composé de deux chiffres significatifs, contre 12 pour le second.

Lorsqu'une approximation décimale y est donnée pour le nombre x, cela signifie que la valeur réelle de x est inconnue, mais qu'elle est estimée à un intervalle de valeurs possibles :

$$y - e < x < y + e$$

où e correspond à l'erreur d'approximation. Cette équation est souvent écrite sous la forme :

$$x = y \pm e$$

Par exemple, ces deux écritures ont la même signification :

$$\pi = 3{,}14 \pm 0{,}005$$

$$3{,}135 < \pi < 3{,}145$$

La figure A.2 illustre ce cas de figure.

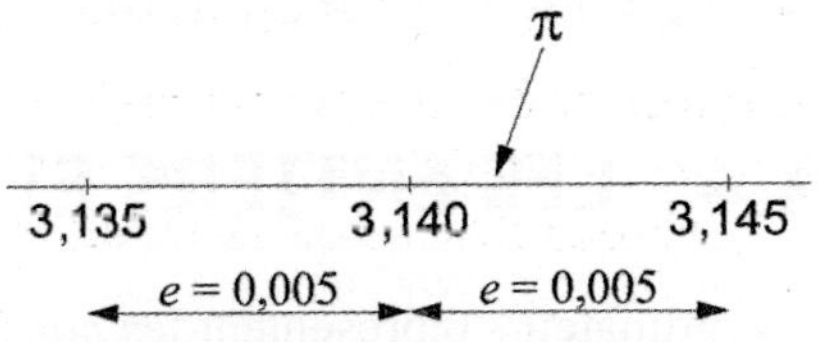

Figure A.2 $\pi = 3{,}14 \pm 0{,}005$

Le nombre de chiffres significatifs d'une approximation décimale est qualifié de précision. Le nombre de chiffres situés à droite de la virgule décimale est qualifié d'exactitude. Par exemple, l'approximation $\pi = 3{,}14$ a une précision de 3 chiffres et une exactitude de 2 chiffres. L'erreur e d'une approximation décimale est limitée par la formule :

$$e < 10^{-a}/2$$

où a indique l'exactitude de l'approximation. Par exemple, π = 3,14 a une exactitude a = 2 chiffres, c'est pourquoi l'erreur e < $10^{-a}/2$ = 10 – 2/2 = 0,01/2 = 0,005.

A.3 LES NOMBRES INFORMATIQUES

L'espace de stockage d'un ordinateur est limité, ce qui a deux conséquences importantes :

1. L'ensemble des nombres informatiques est fini.
2. La plupart des nombres informatiques sont des approximations de nombres mathématiques.

Cela implique tout d'abord que, pour tout type de nombre, il existe des constantes B1 et B2 qui limitent toutes les valeurs de ce type : B1 ≤ x ≤ B2 pour tout x. Par exemple, le type `int` en Java a les limites B_1 = –2 147 483 648 et B_2 = 2 147 483 647. Lorsque les opérations mathématiques donnent des valeurs mathématiques situées hors de ces limites, le résultat généré par l'ordinateur est inexact. Il s'agit du *dépassement de capacité*.

Ensuite, à l'exception des entiers, les nombres informatiques ont des erreurs d'approximation. Par exemple, le type `double` en Java a une précision de 16 chiffres uniquement (voir l'exemple A.3). Il s'agit d'une *erreur d'arrondi*.

Exemple A.3 Les erreurs d'arrondi en Java

Ce programme imprime la valeur de 22/7, stockée comme type `double`.

```
public class Main {
    double y = 22./7;
    System.out.println("y = " + y);
  }
}
```

La sortie obtenue est :

```
y = 3.142857142857143
```

La sortie est composée de 16 chiffres. L'erreur d'arrondi peut être calculée à l'aide de la valeur de 22/7, qui est plus exacte, bien qu'elle reste approximative :

$$y = 3{,}142857142857143$$

$$22/7 = 3{,}1428571428571428571428571428 57$$

$$e = \mathbf{y} - 22/7 = 0{,}000000000000000142857142857143 = 1{,}4 \times 10^{-16}$$

L'exactitude est donc de a = 15 chiffres, c'est pourquoi $10^{-a}/2 = 10^{-15}/2 = 0{,}5 \times 10^{-15} = 5.0 \times 10^{-16}$ et $e = 1{,}4 \times 10^{-16} < 5{,}0 \times 10^{-16}$.

A.4 LES ENTIERS ET LES NOMBRES À VIRGULE FLOTTANTE

Les ordinateurs représentent les *nombres entiers* et les *nombres à virgule flottante*. Les entiers sont toujours exacts, contrairement aux nombres à virgule flottante qui sont généralement approximatifs.

En Java, les types d'entier sont : `byte`, `char`, `short`, `int`, `long` et `java.math.BigInteger`. Leurs caractéristiques sont résumées au tableau A.1.

Tableau A.1 Caractéristiques des types primitifs entiers

Type	Bits	Minimum	Maximum
`byte`	8	– 128	127
`char`	16	0	65 535
`short`	16	– 32 768	32 767
`int`	32	– 2 146 473 648	2 147 483 647
`long`	64	– 9 223 372 036 854 775 808	9 223 372 036 854 775 807

Le type `BigInteger` est une classe définie dans le paquetage `java.math`. Il utilise une liste liée afin de stocker arbitrairement de grands entiers. C'est pourquoi les limites réelles de ce type dépendent de l'espace mémoire disponible sur l'ordinateur.

Les types à virgule flottante Java sont : `float`, `double` et `java.math.BigDecimal`. Les caractéristiques de stockage et les limites sont illustrées au tableau A.2.

Tableau A.2 Caractéristiques des types primitifs à virgule flottante

Type	Bits	Le plus petit	Le plus grand
`float`	32	$\pm 1{,}4 \times 10^{-45}$	$\pm 3{,}4 \times 10^{38}$
`double`	64	$\pm 4{,}9 \times 10^{-324}$	$\pm 1{,}8 \times 10^{304}$

Exemple A.4 Les limites à virgule flottante

Ce programme imprime les constantes `MIN_VALUE` et `MAX_VALUE` (champs `final static`) qui sont définies dans les classes `Float` et `Double`.

```
public class Main {
  public static void main(String[] args) {
    System.out.println("Float.MIN_VALUE = " + Float.MIN_VALUE);
    System.out.println("Float.MAX_VALUE = " + Float.MAX_VALUE);
    System.out.println("Double.MIN_VALUE = " + Double.MIN_VALUE);
    System.out.println("Double.MAX_VALUE = " + Double.MAX_VALUE);
  }
}
```

La sortie est la suivante :

```
Float.MIN_VALUE = 1.4E-45
Float.MAX_VALUE = 3.4028235E38
Double.MIN_VALUE = 4.9E-324
Double.MAX_VALUE = 1.7976931348623157E308
```

Cette sortie confirme les valeurs du tableau A.2.

A.5 LE DÉPASSEMENT DE CAPACITÉ DES ENTIERS

Lorsque la valeur calculée d'une expression entière dépasse la limite du type, elle passe aux valeurs négatives, comme illustré au programme de l'exemple A.5.

Exemple A.5 Le dépassement de capacité des entiers

Ce programme double une valeur du type d'entier `byte` jusqu'au dépassement de capacité.

```
1  public class Main {
2    public static void main(String[] args) {
3      byte n = 1;
4      for (int i=1; i<9; i++) {
5        n *= 2;
6        System.out.println("2^" + i + ": " + n);
7      }
8    }
9  }
```

La sortie est la suivante :

```
2^1: 2
2^2: 4
2^3: 8
2^4: 16
2^5: 32
2^6: 64
2^7: -128
2^8: 0
```

À la septième itération de la boucle `for`, la valeur de `n` est doublée et passe ainsi de 64 à 128 ligne 13. Cependant, `n` a le type `byte` qui est limité par 127 (voir le tableau A.1). Par conséquent, le numéro qui suit 127 est –128, c'est-à-dire la valeur affectée à `n`. L'erreur est donc due à un dépassement de capacité des entiers.

Exemple A.6 La classe `BigInteger`

La classe `BigInteger` est définie dans le paquetage `java.math`. Elle fournit des entiers de précision arbitraire.

```
1  import java.math.*;
2  class Test {
3    public static void main(String args[]) {
4      long p = Integer.parseInt(args[0]);
5               // depuis la ligne de commande
6      final BigInteger two = BigInteger.valueOf(2);
7      BigInteger n = BigInteger.valueOf(1);
8      for (int i=0; i<p; i++) {
9        n = n.multiply(two);
10      }
11     System.out.println("2^" + p + " = " + n);
12   }
13 }
```

Ce programme suppose qu'un entier est tapé en ligne de commande. La première ligne de `main()` extrait cette valeur entière (reçue par `main()` via la chaîne `args[0]`) et sert à initialiser `p`.

Le premier exemple d'exécution est

```
A:\apB\ex02>java Test 7
2^7 = 128
```

2^7 est alors calculé comme étant égal à 128.

Le deuxième exemple d'exécution est

```
A:\apB\ex02>java Test 63
2^63 = 9223372036854775808
```

2^7 est alors calculé comme étant égal à 128.

Le troisième exemple d'exécution est

```
A:\apB\ex02>java Test 1000
2^1000 = 10715086071862673209484250490600018105614048117055336074
4437503883703510511249361224931983788156958581275946729175531468
251871452856923140435984577574698574803934567774824230985421074 6
0506237114187795418215304647498358194126739876755916554394607706
291457119647768654216766042983165262438683720566806 9376
```

A.6 L'INFINI ET LES CONSTANTES NaN

Le dépassement de capacité des nombres à virgule flottante ne fonctionne pas comme le dépassement de capacité des entiers. En effet, au lieu de passer à des valeurs négatives, il passe à la constante `Infini` qui n'est pas un nombre, comme nous allons le voir à l'exemple A.7.

Exemple A.7 Le dépassement de capacité des virgules flottantes

Ce programme est similaire à celui de l'exemple 5, mais cette fois ce sont les nombres à virgule flottante de type `float` qui connaissent un dépassement de capacité au lieu des entiers.

```
public class Main {
  public static void main(String[] args) {
    float x = 2;
    for (int i=0; i<8; i++) {
      x *= x;
      System.out.println(x);
    }
  }
}
```

La sortie est :

```
4.0
16.0
256.0
65536.0
4.2949673E9
1.8446744E19
Infinity
Infinity
```

À chaque itération de la boucle `for`, la variable `x` de type `float` est mise au carré. Nous obtenons donc des puissances de 2 qui croissent exponentiellement à partir de la sortie de la ligne 6. La dernière valeur finie est $2^{64} = 1{,}8446744 \times 10^{19}$. Le carré de cette valeur est supérieur à $3{,}4 \times 10^{38}$, c'est pourquoi le dépassement de capacité se produit. La valeur affectée à `x` est donc l'`infini`.

En fait, chaque type à virgule flottante (`float` et `double`) a trois valeurs qui ne sont pas des nombres et sont issues du dépassement de capacité : `POSITIVE_INFINITY`, `NEGATIVE_INFINITY` et `NaN` (qui signifie Not a Number, c'est-à-dire N'est pas un nombre). Cette notion est trompeuse puisque l'infini et l'infini négatif ne sont pas des nombres non plus. En mathématique, `NaN` est qualifié de *forme indéterminée*.

Les valeurs à virgule flottante qui ne sont pas des nombres peuvent être utilisées comme des opérandes avec les opérateurs arithmétiques `+`, `-`, `*` et `/`, ainsi qu'avec les opérateurs relationnels <, == et >. Les résultats sont résumés dans les tableaux A.3 à A.6. Les programmes des exemples A.8 et A.9 illustrent certaines de ces opérations qui font partie de l'arithmétique transfinie.

Exemple A.8 Test de l'arithmétique transfinie

Ce programme illustre le fonctionnement des opérations arithmétiques sur les nombres transfinis :

```
class Test {
  public static void main(String args[]) {
    final double PInf = Double.POSITIVE_INFINITY;
    final double NInf = Double.NEGATIVE_INFINITY;
    final double NaN = Double.NaN;
    System.out.println("1.0/0.0 = " + 1.0/0.0);
    System.out.println("-1.0/0.0 = " + -1.0/0.0);
    System.out.println("0.0/0.0 = " + 0.0/0.0);
    System.out.println("0.0*Infinity = " + 0.0*PInf );
    System.out.println("Infinity*Infinity = " + PInf*PInf );
    System.out.println("Infinity*(-Infinity) = " + PInf*NInf );
    System.out.println("0.0*(-Infinity) = " + 0.0*NInf );
    System.out.println("0.0*NaN = " + 0.0*NaN);
  }
}
```

La sortie est :

```
1.0/0.0 = Infinity
-1.0/0.0 = -Infinity
0.0/0.0 = NaN
0.0*Infinity = NaN
Infinity*Infinity = Infinity
Infinity*(-Infinity) = -Infinity
0.0*(-Infinity) = NaN
0.0*NaN = NaN
```

Exemple A.9 Test des comparaisons transfinies

Ce programme illustre le fonctionnement des opérateurs relationnels appliqués aux nombres transfinis.

```
class Test {
  public static void main(String args[]) {
    final double PInf = Double.POSITIVE_INFINITY;
```

```
        final double NInf = Double.NEGATIVE_INFINITY;
        final double NAN = Double.NaN;
        System.out.println("(4.0 < Infinity) = " + (4.0 < PInf));
        System.out.println("(4.0 < -Infinity) = " + (4.0 < NInf));
        System.out.println("(4.0 < NaN) = " + (4.0 < NAN));
        System.out.println("(Infinity == Infinity) = " +
                                (PInf == PInf));
        System.out.println("(-Infinity == -Infinity) = " +
                                (NInf == NInf));
        System.out.println("(NaN == NaN) = " + (NAN == NAN));
    }
}
```

La sortie est :

```
(4.0 < Infinity) = true
(4.0 < -Infinity) = false
(4.0 < NaN) = false
(Infinity == Infinity) = true
(-Infinity == -Infinity) = true
(NaN == NaN) = false
```

Dans les tableaux qui suivent, c est un nombre positif fini :

Tableau A.3 Addition transfinie

+	0	$-c$	c	$-\infty$	∞	NaN
0	0	$-c$	c	$-\infty$	∞	NaN
$-c$	$-c$	$2c$	0	$-\infty$	∞	NaN
c	c	0	$2c$	$-\infty$	∞	NaN
$-\infty$	$-\infty$	$-\infty$	$-\infty$	$-\infty$	NaN	NaN
∞	∞	∞	∞	NaN	∞	NaN
NaN	NaN	NaN	NaN	NaN	NaN	NaN

Tableau A.4 Soustraction transfinie

–	0	$-c$	c	$-\infty$	∞	$-c$
0	0	c	$-c$	∞	$-\infty$	NaN
$-c$	$-c$	0	$-2c$	∞	$-\infty$	NaN
c	c	$2c$	0	∞	$-\infty$	NaN
$-\infty$	$-\infty$	$-\infty$	$-\infty$	NaN	$-\infty$	NaN
∞	∞	∞	∞	∞	NaN	NaN
NaN	NaN	NaN	NaN	NaN	NaN	NaN

Tableau A.5 Multiplication transfinie

*	**0**	**−c**	**c**	**−∞**	**∞**	**NaN**
0	0	0	0	NaN	NaN	NaN
$-c$	0	c^2	$-c^2$	∞	−∞	NaN
c	0	$-c^2$	c^2	−∞	∞	NaN
−∞	NaN	∞	−∞	∞	−∞	NaN
∞	NaN	−∞	∞	−∞	∞	NaN
NaN	NaN	NaN	NaN	NaN	NaN	NaN

Tableau A.6 Division transfinie

/	**0**	**−c**	**c**	**−∞**	**∞**	**NaN**
0	NaN	0	0	0	0	NaN
$-c$	−∞	1	−1	0	0	NaN
c	∞	−1	1	0	0	NaN
−∞	−∞	∞	−∞	NaN	NaN	NaN
∞	∞	∞	∞	NaN	NaN	NaN
NaN	NaN	NaN	NaN	NaN	NaN	NaN

Tableau A.7 Inégalité transfinie

<	**0**	**−c**	**c**	**−∞**	**∞**	**NaN**
0	false	false	true	false	true	false
$-c$	true	true	true	false	true	false
c	false	false	true	false	true	false
−∞	true	true	false	true	true	false
∞	false	false	true	false	false	false
NaN	false	false	false	false	false	false

Tableau A.8 Égalité transfinie

==	0	–c	c	–∞	∞	NaN
0	true	false	false	false	false	false
$-c$	false	true	false	false	false	false
c	false	false	true	false	false	false
–∞	false	false	false	true	true	false
∞	false	false	false	false	false	false
NaN	false	false	false	false	false	false

A.7 LES NUMÉRAUX BINAIRES

Les ordinateurs stockent les données sous forme binaire, à savoir en utilisant uniquement des zéros et des uns pour représenter tous les nombres quels qu'ils soient. Dans la mesure où les êtres humains utilisent généralement des numéraux décimaux pour représenter les nombres, il est utile de savoir convertir ces deux représentations.

Vous comprendrez plus aisément les algorithmes de conversion si vous gardez à l'esprit que chaque bit d'un numéral binaire représente des puissances de 2. Par exemple, le numéral binaire 110101 représente 53 parce que :

$$53 = \mathbf{1} \times 2^5 + \mathbf{1} \times 2^4 + \mathbf{0} \times 2^3 + \mathbf{1} \times 2^2 + \mathbf{0} \times 2^1 + \mathbf{1} \times 2^0$$

Pour convertir un nombre décimal en binaire, il suffit de diviser par deux à plusieurs reprises. À chaque division, enregistrez le reste obtenu, qui est égal à 0 ou à 1. La séquence de restes obtenue vous donne alors le numéral binaire en lisant de droite à gauche. Par exemple :

53/2 = 26, avec le reste 1
26/2 = 13, avec le reste 0
13/2 = 6, avec le reste 1
6/2 = 3, avec le reste 0
3/2 = 1, avec le reste 1
1/2 = 0, avec le reste 1

Pour convertir du binaire en décimal, il suffit d'ajouter les puissances de 2 qui sont indiquées par les 1 du numéral binaire. Par exemple :

$110101 = \mathbf{1} \times 2^5 + \mathbf{1} \times 2^4 + \mathbf{0} \times 2^3 + \mathbf{1} \times 2^2 + \mathbf{0} \times 2^2 + \mathbf{1} \times 2^0$
$= 32 + 16 + 4 + 1$
$= 53$

A.8 LES NUMÉRAUX HEXADÉCIMAUX

Les numéraux binaires utilisent une base 2, les numéraux décimaux une base 10 et les numéraux hexadécimaux une base 16. Il est nécessaire d'utiliser 16 symboles distincts pour les chiffres hexadécimaux. Dans la mesure où il n'existe que 10 chiffres décimaux (0, 1, 2, 3, 4, 5, 6, 7, 8 et 9), nous empruntons les six premières lettres de l'alphabet (A, B, C, D, E et F) pour arriver à 16. Les lettres sont acceptées en majuscule et en minuscule.

Étant donné que $16 = 2^4$, chaque groupe de 4 bits d'un numéral binaire est directement converti en un chiffre hexadécimal, et inversement, comme illustré au tableau A.9.

Tableau A.9 Conversion de binaire en hexadécimal

Binaire	Hex
0000	0
0001	1
0010	2
0011	3
0100	4
0101	5
0110	6
0111	7
1000	8
1001	9
1010	A
1011	B
1100	C
1101	D
1110	E
1111	F

Par exemple, le numéral binaire `00110101` est converti en numéral hexadécimal `0x35`. Les numéraux hexadécimaux sont préfixés de `0x` qui permet de les identifier comme hexadécimaux. Notez que $\mathbf{3} \times 16^1 + \mathbf{5} \times 16^0 = 48 + 5 = 53$, c'est-à-dire le numéral décimal de ce nombre.

Utilisez le même tableau pour convertir de l'hexadécimal en binaire. Prenons l'exemple du code RGB hexadécimal de six chiffres correspondant à la couleur magenta, `0x7FFFD4` (voir la section 13.5.). Le tableau nous permet de déterminer que le numéral binaire de ce nombre est `011111111111111111010100`.

L'algorithme de conversion du décimal en hexadécimal est similaire à celui permettant la conversion en binaire (voir la section A.7). La seule différence est que nous divisons à plusieurs reprises par 16 au lieu de 2. Par exemple, pour convertir le numéral décimal `2003`, nous procédons ainsi :

2003/16 = 125, avec le reste 3

125/16 = 7, avec le reste 13, c'est-à-dire D en hexadécimal

7/16 = 0, avec le reste 7

Par conséquent, le numéral hexadécimal de `2003` est `7D3`.

Si vous utilisez Microsoft Windows, vous pouvez aisément convertir du décimal, du binaire, de l'octal et de l'hexadécimal. Pour cela, accédez à l'application `Calculatrice` depuis le bouton `Démarrer`, en cliquant sur `Programmes > Accessoires > Calculatrice`. Sous le menu `Affichage`, sélectionnez `Scientifique`.

Pour convertir le numéral décimal `2003` en hexadécimal, entrez `2003` après avoir sélectionné l'option `Déc`, puis sélectionnez l'option `Hex`. De la même manière, pour convertir le numéral binaire `110101` en décimal, entrez `110101` après avoir sélectionné l'option `Bin`, puis sélectionnez l'option `Déc`.

A.9 OPÉRATEURS BIT À BIT

En Java, les valeurs entières (`byte`, `char`, `short`, `int` et `long`) peuvent être considérées comme des chaînes de bits brutes. Par exemple, 53 a la forme binaire `110101`. Par conséquent, cette valeur `byte` à 8 bits est la chaîne de bits `00110101`.

Pour les chaînes de bits, Java définit l'opérateur unaire :

~ Not bit à bit

et les six opérateurs binaires suivants :

Opérateur	Signification
&	Et bit à bit
|	Ou inclusif bit à bit
^	Ou exclusif bit à bit
<<	Décalage à gauche, remplissage avec des zéros
>>	Décalage à droite, remplissage avec un bit de signe
>>>	Décalage à droite, remplissage avec des zéro

Ces sept opérateurs bit à bit sont représentés à l'exemple A.10.

Exemple A.10 Opérateurs bit à bit

```
public class Main {
  public static void main(String[] args) {
    final int B = 53;
    final int MASK = 15;
    System.out.println("Integer.toBinaryString(B):\t" +
       Integer.toBinaryString(B));
    System.out.println("Integer.toBinaryString(~B):\t" +
       Integer.toBinaryString(~B));
    System.out.println("Integer.toBinaryString(MASK):\t" +
       Integer.toBinaryString(MASK));
    System.out.println("~B: \t" + ~B);
    System.out.println("B: \t" + B);
    System.out.println("B & MASK:\t" + (B & MASK));
    System.out.println("B | MASK:\t" + (B | MASK));
    System.out.println("B ^ MASK:\t" + (B ^ MASK));
```

```
        System.out.println("B << 3: \t" + (B << 3));
        System.out.println("B >> 3: \t" + (B >> 3));
        System.out.println("B >>> 3:\t" + (B >>> 3));
    }
}
```

La sortie est :

```
Integer.toBinaryString(B): 110101
Integer.toBinaryString(~B): 11111111111111111111111111001010
Integer.toBinaryString(MASK): 1111
~B: -54
B: 53
B & MASK: 5
B | MASK: 63
B ^ MASK: 58
B << 3: 424
B >> 3: 6
B >>> 3: 6
```

Le complément de `B`, `~B`, est égal à `–B–1` d'un point de vue numérique parce que la somme de `B` et `~B` doit être la chaîne de bits de tous les 1, ce qui est numériquement égal à –1.

La chaîne de bits `MASK` est `1111`, par conséquent `B & MASK` prend uniquement les quatre derniers bits de `B`, `1010`, évalué à 5.

Le OU inclusif, `B | MASK` remplace les quatre derniers bits de `B` par des 1 de façon à obtenir `111111`, évalué à 63. Le OU exclusif, `B ^ MASK` inverse les quatre derniers bits de `B` de façon à obtenir `110101`, évalué à 58.

L'expression `B << 3` décale tous les bits de trois positions vers la gauche de façon à obtenir `110101000`, évalué à 424. L'expression `B >> 3` décale tous les bits de trois positions vers la droite de façon à obtenir `110`, évalué à 6. L'expression `B >>> 3` génère le même résultat dans la mesure où le bit de signe attribué à `B` est 0.

L'application `Calculatrice` (option d'affichage scientifique) de Microsoft Windows (voir la section A.8) effectue ces opérations. Les opérateurs Non, Et, Ou inclusif et Ou exclusif sont exécutés respectivement par les boutons `Not`, `And`, `Or` et `Xor`.

B. L'UNICODE

L'*Unicode* est constitué par le jeu de caractères international standard utilisé par Java pour les chaînes et les flux de texte. Chaque caractère est associé à un code entier de 16 bits. Ces codes sont généralement exprimés sous une forme hexadécimale (pour plus d'informations, voir la section A.8 de l'annexe A). Par exemple, le symbole de l'infini ∞ correspond à l'Unicode `8737`, soit `221E` en hexadécimal.

En Java, le caractère de valeur hexadécimale `hhhh` est exprimé sous la forme `'\uhhhh'`. Par exemple, le symbole de l'infini est exprimé sous la forme `'\u221E'`. Les 127 premières valeurs constituent le code ASCII (*American Standard Code for Information Interchange*).

Unicode	Caractère	Description	Décimal	Hexadécimal
\u0000	Ctrl-@	Nul, fin de chaîne	0	0x0
\u0001	Ctrl-A	Début d'en-tête	1	0x1
\u0002	Ctrl-B	Début de texte	2	0x2
\u0003	Ctrl-C	Fin de texte	3	0x3
\u0004	Ctrl-D	Fin de transmission, fin de fichier	4	0x4
\u0005	Ctrl-E	Consultation	5	0x5
\u0006	Ctrl-F	Reconnaissance	6	0x6
\u0007	\a	Cloche, alerte, bip système	7	0x7
\u0008	\b	Espacement arrière	8	0x8
\u0009	\t	Tabulation horizontale	9	0x9
\u000A	\n	Saut de ligne, nouvelle ligne	10	0xA
\u000B	\v	Tabulation verticale	11	0xB
\u000C	\f	Page suivante, nouvelle page	12	0xC
\u000D	\r	Retour chariot	13	0xD
\u000E	Ctrl-N	Caractère hors code	14	0xE
\u000F	Ctrl-O	Caractère en code	15	0xF
\u0010	Ctrl-P	Caractère d'échappement de transmission	16	0x10
\u0011	Ctrl-Q	Commande de dispositif 1, reprise défilement	17	0x11
\u0012	Ctrl-R	Commande de dispositif 2	18	0x12
\u0013	Ctrl-S	Commande de dispositif 3, arrêt défilement	19	0x13
\u0014	Ctrl-T	Commande de dispositif 4	20	0x14
\u0015	Ctrl-U	Reconnaissance négative	21	0x15
\u0016	Ctrl-V	Inactivité synchrone	22	0x16
\u0017	Ctrl-W	Fin de transmission du bloc	23	0x17
\u0018	Ctrl-X	Annulation	24	0x18

Unicode	Caractère	Description	Décimal	Hexadécimal
\u0019	Ctrl-Y	Fin de message, interruption	25	0x19
\u001A	Ctrl-Z	Substitut, sortie	26	0x1A
\u001B	Ctrl-[	Échappement	27	0x1B
\u001C	Ctrl-/	Séparateur de fichier	28	0x1C
\u001D	Ctrl-]	Séparateur de groupe	29	0x1D
\u001E	Ctrl-^	Séparateur d'enregistrement	30	0x1E
\u001F	Ctrl-_	Séparateur d'unité	31	0x1F
\u0020		Blanc, espace	32	0x20
\u0021	!	Point d'exclamation	33	0x21
\u0022	"	Doubles guillemets	34	0x22
\u0023	#	Signe dièse	35	0x23
\u0024	$	Signe du dollar	36	0x24
\u0025	%	Signe du pourcentage	37	0x25
\u0026	&	Éperluette	38	0x26
\u0027	'	Guillement simple	39	0x27
\u0028	(	Parenthèse ouvrante	40	0x28
\u0029	)	Parenthèse fermante	41	0x29
\u002A	*	Astérisque, étoile, fois	42	0x2A
\u002B	+	Plus	43	0x2B
\u002C	,	Virgule	44	0x2C
\u002D	-	Moins, tiret	45	0x2D
\u002E	.	Point, point décimal	46	0x2E
\u002F	/	Barre oblique	47	0x2F
\u0030	0	Chiffre zéro	48	0x30
\u0031	1	Chiffre un	49	0x31
\u0032	2	Chiffre deux	50	0x32
\u0033	3	Chiffre trois	51	0x33
\u0034	4	Chiffre quatre	52	0x34
\u0035	5	Chiffre cinq	53	0x35
\u0036	6	Chiffre six	54	0x36
\u0037	7	Chiffre sept	55	0x37
\u0038	8	Chiffre huit	56	0x38
\u0039	9	Chiffre neuf	57	0x39
\u003A	:	Deux-points	58	0x3A
\u003B	;	Point-virgule	59	0x3B
\u003C	<	Inférieur à	60	0x3C
\u003D	=	Égal à	61	0x3D

Unicode	Caractère	Description	Décimal	Hexadécimal
\u003E	>	Supérieur à	62	0x3E
\u003F	?	Point d'interrogation	63	0x3F
\u0040	@	Signe du a commercial	64	0x40
\u0041	A	Lettre A majuscule	65	0x41
\u0042	B	Lettre B majuscule	66	0x42
\u0043	C	Lettre C majuscule	67	0x43
\u0044	D	Lettre D majuscule	68	0x44
\u0045	E	Lettre E majuscule	69	0x45
\u0046	F	Lettre F majuscule	70	0x46
\u0047	G	Lettre G majuscule	71	0x47
\u0048	H	Lettre H majuscule	72	0x48
\u0049	I	Lettre I majuscule	73	0x49
\u004A	J	Lettre J majuscule	74	0x4A
\u004B	K	Lettre K majuscule	75	0x4B
\u004C	L	Lettre L majuscule	76	0x4C
\u004D	M	Lettre M majuscule	77	0x4D
\u004E	N	Lettre N majuscule	78	0x4E
\u004F	O	Lettre O majuscule	79	0x4F
\u0050	P	Lettre P majuscule	80	0x50
\u0051	Q	Lettre Q majuscule	81	0x51
\u0052	R	Lettre R majuscule	82	0x52
\u0053	S	Lettre S majuscule	83	0x53
\u0054	T	Lettre T majuscule	84	0x54
\u0055	U	Lettre U majuscule	85	0x55
\u0056	V	Lettre V majuscule	86	0x56
\u0057	W	Lettre W majuscule	87	0x57
\u0058	X	Lettre X majuscule	88	0x58
\u0059	Y	Lettre Y majuscule	89	0x59
\u005A	Z	Lettre Z majuscule	90	0x5A
\u005B	[	Crochet ouvrant	91	0x5B
\u005C	\	Barre oblique inverse	92	0x5C
\u005D	]	Crochet fermant	93	0x5D
\u005E	^	Caret	94	0x5E
\u005F	_	Soulignement	95	0x5F
\u0060	`	Accent grave	96	0x60
\u0061	a	Lettre a minuscule	97	0x61
\u0062	b	Lettre b minuscule	98	0x62

Unicode	Caractère	Description	Décimal	Hexadécimal
\u0063	c	Lettre c minuscule	99	0x63
\u0064	d	Lettre d minuscule	100	0x64
\u0065	e	Lettre e minuscule	101	0x65
\u0066	f	Lettre f minuscule	102	0x66
\u0067	g	Lettre g minuscule	103	0x67
\u0068	h	Lettre h minuscule	104	0x68
\u0069	i	Lettre i minuscule	105	0x69
\u006A	j	Lettre j minuscule	106	0x6A
\u006B	k	Lettre k minuscule	107	0x6B
\u006C	l	Lettre l minuscule	108	0x6C
\u006D	m	Lettre m minuscule	109	0x6D
\u006E	n	Lettre n minuscule	110	0x6E
\u006F	o	Lettre o minuscule	111	0x6F
\u0070	p	Lettre p minuscule	112	0x70
\u0071	q	Lettre q minuscule	113	0x71
\u0072	r	Lettre r minuscule	114	0x72
\u0073	s	Lettre s minuscule	115	0x73
\u0074	t	Lettre t minuscule	116	0x74
\u0075	u	Lettre u minuscule	117	0x75
\u0076	v	Lettre v minuscule	118	0x76
\u0077	w	Lettre w minuscule	119	0x77
\u0078	x	Lettre x minuscule	120	0x78
\u0079	y	Lettre y minuscule	121	0x79
\u007A	z	Lettre z minuscule	122	0x7A
\u007B	{	Accolade ouvrante	123	0x7B
\u007C	|	Opérateur de transfert de données	124	0x7C
\u007D	}	Accolade fermante	125	0x7D
\u007E	~	Tilde	126	0x7E
\u007F	Suppr	Suppression	127	0x7F

Ce tableau résume les divers alphabets et les Unicodes correspondants :

Unicode	Alphabet
`\u0000 - \u024F`	Alphabets latins
`\u0370 - \u03FF`	Grec
`\u0400 - \u04FF`	Cyrillique
`\u0530 - \u058F`	Arménien
`\u0590 - \u05FF`	Hébreu
`\u0600 - \u06FF`	Arabe
`\u0900 - \u097F`	Devanagari
`\u0980 - \u09FF`	Bengali
`\u0A00 - \u0A7F`	Gurmukhi
`\u0A80 - \u0AFF`	Gujarati
`\u0B00 - \u0B7F`	Oriya
`\u0B80 - \u0BFF`	Tamoul
`\u0C00 - \u0C7F`	Teluga
`\u0C80 - \u0CFF`	Kannada
`\u0D00 - \u0D7F`	Malayam
`\u0E00 - \u0E7F`	Thaï
`\u0E80 - \u0EFF`	Lao
`\u0F00 - \u0FBF`	Tibétain
`\u10A0 - \u10FF`	Géorgien
`\u1100 - \u11FF`	Hangul Jamo
`\u2000 - \u206F`	Ponctuation
`\u2070 - \u0209F`	Exposants et indices
`\u20A0 - \u020CF`	Symboles monétaires
`\u20D0 - \u020FF`	Signes diacritiques
`\u2100 - \u0214F`	Symboles letterlike
`\u2150 - \u218F`	Formes numérales
`\u2190 - \u21FF`	Flèches

Unicode	Alphabet
\u2200 - \u22FF	Opérateurs mathématiques
\u2300 - \u23FF	Divers symboles techniques
\u2400 - \u243F	Images de contrôle
\u2440 - \u245F	Symboles de reconnaissance optique des caractères
\u2460 - \u24FF	Alphanumériques intégrés
\u2500 - \u257F	Tracé de cadre
\u2580 - \u259F	Éléments de bloc
\u25A0 - \u25FF	Formes géométriques
\u2700 - \u27BF	Dingbats
\u3040 - \u309F	Hiragana
\u30A0 - \u30FF	Katakana
\u3100 - \u312F	Bopomofo
\u3130 - \u318F	Jamo
\u3190 - \u319F	Kanbun
\u3200 - \u32FF	Lettres et mois CJK intégrés
\u4E00 - u9FFF	Idéogrammes CJK

Références

BIBLIOGRAPHIE

[Arnold] Ken ARNOLD, James GOSLING and David HOLMES, *The Java Programming Language, Third Edition*, Addison-Wesley, Boston, 2000.

[Bloch] Joshua BLOCH, *Effective Java Programming Language Guide*, Addison-Wesley, Boston, 2001.

[Boone] Barry BOONE, *Java Essentials for C and C++ Programmers*, Addison-Wesley, Boston, 1998.

[Brondeau] Jean BRONDEAU, *Introduction à la programmation objet en Java*, Sciences Sup, Dunod, Paris, 1999.

[Campione] Mary CAMPIONE and Kathy WALRATH, *The Java Tutorial*, Addison-Wesley, Boston, 1998.

[Chan1] Patrick CHAN, Rosanna LEE, and Douglas KRAMER, *The Java Class Libraries, Second Edition, volume 1*, Addison-Wesley, Boston, 1998.

[Chan2] Patrick CHAN, Rosanna LEE, and Douglas KRAMER, *The Java Class Libraries, Second Edition, volume 2*, Addison-Wesley, Boston, 1998.

[Chan3] Patrick CHAN, Rosanna LEE and Douglas KRAMER, *The Java Class Libraries, Second Edition, volume 1, Supplement for the Java 2 Platform Standard Edition, v 1.2*, Addison-Wesley, Boston, 1999.

[Chan4] Patrick CHAN, *The Java Developers ALMANAC 1.4. Volume 1: Examples and Quick Reference*, Addison-Wesley, Boston, 2002.

[Clavel] Gilles CLAVEL *et al.*, *Java la synthèse, 4e éd.*, InfoPro, Dunod, Paris, 2003.

[Divay] Michel DIVAY, *Java et la programmation objet*, InfoPro, Dunod, Paris, 2002.

[Eckstein] Robert ECKSTEIN, Marc LOY and Dave WOOD, *Java Swing*, O'Reilly, Sebastapol, CA, 1998.

[Farinone] Jean-Marc FARINONE, *Java et le multimédia*, InfoPro, Dunod, Paris, 2003.

[Gosling] James GOSLING, Bill JOY, Guy STEELE and Gilad BRACHA, *The Java Language Specification, Second Edition*, Addison-Wesley, Boston, 2000.

[Granet] Vincent GRANET, *Algorithme et programmation Java, 2e éd.*, Sciences Sup, Dunod, Paris, 2004.

[Horstmann] Cay S. HORSTMANN and Gary CORNELL, *Core Java, volume I – Fundamentals*, Sun Microsystems, Palo Alto, CA, 2003.

[Hubbard1] John R. HUBBARD, *Structures de données en Java,* Schaum's, EdiScience, Paris, 2003.

[Hubbard2] John R. HUBBARD and Anita HURAY, *Data Structures with Java,* Prentice Hall, Upper Saddle River, NJ, 2004.

[Hubbard3] John R. HUBBARD, *Programmer en Java,* Mini Schaum's, EdiScience, Paris, 2002.

[Kanerva] Jonni Kanerva, *The Java FAQ*, Addison-Wesley, Boston, 1997.

[Link] Johannes LINK, *Les tests unitaires en Java*, InfoPro, Dunod, Paris, 2003.

[Robinson] Matthew ROBINSON and Pavel VOROBIEV, *Swing, Second Edition*, Manning, Greenwich, CT, 2003.

[Unicode1] The Unicode Consortium, *The Unicode Standard, Version 2.0*, Addison-Wesley, Boston, 1996.

[Vermeulen] Allan VERMEULEN et al, *The Elements of Java Style*, Cambridge University Press, Cambridge, 2001.

[Wu] Thomas C. WU, *An Introduction to Object-Oriented Programming with Java*, McGraw-Hill, New-York, NY, 2004.

WEBOGRAPHIE

[Hubbard3] Site web de l'auteur :
www.mathcs.richmond.edu/~hubbard/

[Java1] Le site officiel de Java contenant toutes les informations sur Java :
www.java.sun.com

[Java2] La documentation complète sur les API de Java :
www.java.sun.com/j2se/1.4/docs/api/

[Java3] Java Collections Framework :
www.java.sun.com/j2se/1.4/docs/guide/collections/

[Java4] Tous les exemples de **[Chan1]** :
www.java.sun.com/docs/books/chanlee/second_edition/vol1/examples.htm

[Java5] Tutoriels Java :
www.java.sun.com/docs/books/tutorial/

[Java6] The Java Developers Connection :
www.developer.java.sun.com/developer/

[Java7] Information sur les nouveautés Java :
www.java.sun.com/j2se/1.4.2/docs/guide/lang/assert.html

[Java8] Conventions d'écriture pour la programmation Java :
www.java.sun.com/docs/codeconv/index.html

[Java9] Site en français pour les développeurs :
http://java.developpez.com

[Unicode2] Information sur le 16-bit Unicode characters utilisé dans Java :
www.unicode.org

Index

D

E

F

G

H

I

J

K - L

M

048664-(i)-(2,5)-PUM70-CP2-MMC
Dépôt légal : janvier 2005
Imprimé en France par I.M.E. 25110 Baume-les-Dames